배경지식이 문해력이다

3단계

초등 3 ~ 4학년 권장

배경지식이 문해력이다

3단계

초등 3 ~ 4학년 권장

교과서를 혼자 읽지 못하는 우리 아이?
평생을 살아가는 힘, '문해력'을 키워 주세요!

'배경지식이 문해력이다'

배경지식 학습으로 문해력 키우기

1

교과서 개념 학습의 배경지식이 되는 내용으로 문해력을 키울 수 있습니다.

어려운 뜻의 개념어를 학습자의 눈높이에 맞게 이해하기 쉽게 풀어서 설명하였습니다.

2

학년별&교과별 성취 수준에 맞는 개념어로 구성하였습니다.

각 학년 주요 교과인 국어, 수학, 사회, 과학 교과서의 학습 기준이 되는 성취 기준을 바탕으로 한 개념어 학습이 가능합니다.

3

하나의 개념어를 중심으로 개념을 확장하며 학습할 수 있습니다.

개념어 중심의 학습 내용에서 한 발짝 더 나아간 개념 설명을 제시하여 배경지식을 폭넓게 확장할 수 있습니다.

4

학습 내용을 시각화한 마인드맵과 확인 문제를 통해 배경지식을 체계적으로 익힐 수 있습니다.

개념어와 관련된 학습 내용을 간단한 구조의 마인드맵으로 구성하였습니다.
여러 가지 유형의 확인 문제로 배경지식을 제대로 학습하였는지 확인할 수 있습니다.

5

학습 내용과 함께 인성 동화를 제시하여 인성적인 측면을 강조하였습니다.

9가지 인성 덕목인 효, 예절, 정직, 책임, 존중, 배려, 협동, 소통, 용기를 주제로 한 동화를 구성하여 인성 발달에 도움이 되도록 하였습니다.

EBS 〈당신의 문해력〉 교재 시리즈는 약속합니다.

교과서를 잘 읽고 더 나아가 많은 책과 온갖 글을 읽는 능력을 갖출 수 있도록
문해력을 이루는 **핵심 분야별, 학습 단계별** 교재를 준비하였습니다.
한 권 **5회×4주 학습**으로
아이의 공부하는 힘, 평생을 살아가는 힘을 EBS와 함께 키울 수 있습니다.

어휘가 문해력이다

어휘 실력이 교과서를 읽고 이해할 수 있는지를 결정하는 척도입니다.
〈어휘가 문해력이다〉는 교과서 진도를 나가기 전에 꼭 예습해야 하는 교재입니다.
20일이면 한 학기 교과서 필수 어휘를 완성할 수 있습니다.
국어, 수학, 사회, 과학 교과서 수록 필수 어휘들을 교과서 진도에 맞춰
날짜별, 과목별로 공부하세요.

쓰기가 문해력이다

쓰기는 자기 생각을 표현하는 미래 역량입니다.
서술형, 논술형 평가의 비중은 점점 커지고 있습니다.
객관식과 단답형만으로는 아이들의 생각과 미래를 살펴볼 수 없기 때문입니다.
막막한 쓰기 공부. 이제 단어와 문장부터 하나씩 써 보며 차근차근 학습하는
〈쓰기가 문해력이다〉와 함께 쓰기 지구력을 키워 보세요.

ERI 독해가 문해력이다

독해를 잘하려면 체계적이고 객관적인 단계별 공부가 필수입니다.
기계적으로 읽고 문제만 푸는 독해 학습은 체격만 키우고 체력은 미달인 아이를 만듭니다.
〈ERI 독해가 문해력이다〉는 특허받은 독해 지수 산출 프로그램을 적용하여 글의 난이도를
체계화하였습니다.
단어 · 문장 · 배경지식 수준에 따라 설계된 단계별 독해 학습을 시작하세요.

배경지식이 문해력이다

배경지식은 문해력의 중요한 뿌리입니다.
하루 두 장, 교과서의 핵심 개념을 글과 재미있는 삽화로 익히고 한눈에 정리할 수 있습니다.
시간이 부족하여 다양한 책을 읽지 못하더라도 교과서의 중요 지식만큼은 놓치지 않도록
〈배경지식이 문해력이다〉로 학습하세요.

디지털독해가 문해력이다

디지털독해력은 다양한 디지털 매체 속 정보를 읽어내는 힘입니다.
아이들이 접하는 디지털 매체는 매일 수많은 정보를 만들어 내기 때문에
디지털 매체의 정보를 판단하는 문해력은 현대 사회의 필수 능력입니다.
〈디지털독해가 문해력이다〉로 교과서 내용을 중심으로 디지털 매체 속 정보를 확인하고
다양한 과제를 해결해 보세요.

교재의 구성과 특징

주차별 학습 내용

한 주에 5회 학습 계획을 세워 공부할 수 있도록 구성했습니다.

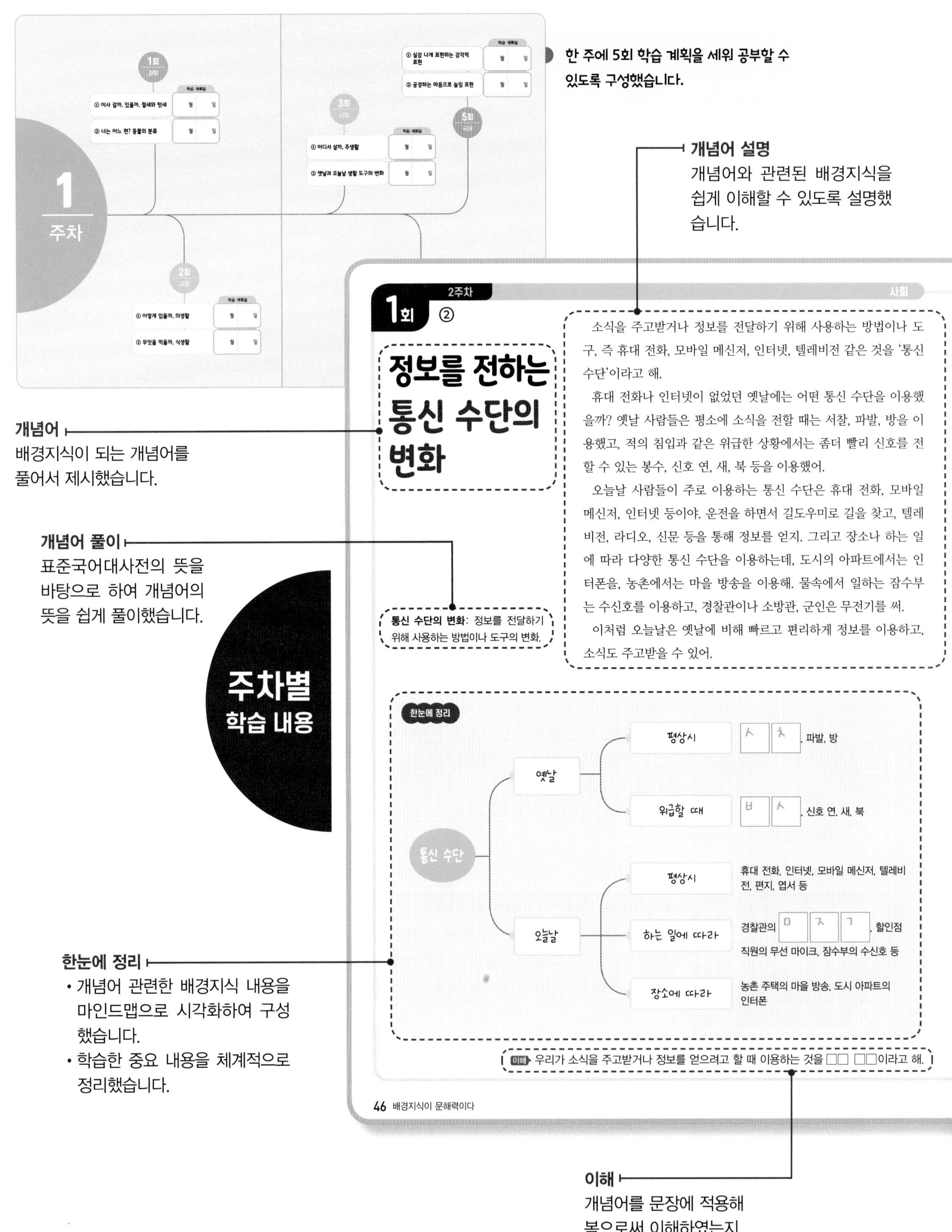

1 주차
1회 감각
① 이사 갈까, 있을까, 철새와 텃새
② 너는 어느 편? 동물의 분류
2회 사회
① 어떻게 입을까, 의생활
② 무엇을 먹을까, 식생활
3회 사회
① 어디서 살까, 주생활
② 옛날과 오늘날 생활 도구의 변화
5회 국어
① 실감 나게 표현하는 감각적 표현
② 공경하는 마음으로 높임 표현
1회 ② 2주차 사회
정보를 전하는 통신 수단의 변화
통신 수단의 변화: 정보를 전달하기 위해 사용하는 방법이나 도구의 변화.
소식을 주고받거나 정보를 전달하기 위해 사용하는 방법이나 도구, 즉 휴대 전화, 모바일 메신저, 인터넷, 텔레비전 같은 것을 '통신 수단'이라고 해.
휴대 전화나 인터넷이 없었던 옛날에는 어떤 통신 수단을 이용했을까? 옛날 사람들은 평소에 소식을 전할 때는 서찰, 파발, 방을 이용했고, 적의 침입과 같은 위급한 상황에서는 좀더 빨리 신호를 전할 수 있는 봉수, 신호 연, 새, 북 등을 이용했어.
오늘날 사람들이 주로 이용하는 통신 수단은 휴대 전화, 모바일 메신저, 인터넷 등이야. 운전을 하면서 길도우미로 길을 찾고, 텔레비전, 라디오, 신문 등을 통해 정보를 얻지. 그리고 장소나 하는 일에 따라 다양한 통신 수단을 이용하는데, 도시의 아파트에서는 인터폰을, 농촌에서는 마을 방송을 이용해. 물속에서 일하는 잠수부는 수신호를 이용하고, 경찰관이나 소방관, 군인은 무전기를 써.
이처럼 오늘날은 옛날에 비해 빠르고 편리하게 정보를 이용하고, 소식도 주고받을 수 있어.
한눈에 정리
통신 수단
옛날
평상시
ㅅ ㅊ, 파발, 방
위급할 때
ㅂ ㅅ, 신호 연, 새, 북
오늘날
평상시
휴대 전화, 인터넷, 모바일 메신저, 텔레비전, 편지, 엽서 등
하는 일에 따라
경찰관의 ㅁ ㅈ ㄱ, 할인점 직원의 무선 마이크, 잠수부의 수신호 등
장소에 따라
농촌 주택의 마을 방송, 도시 아파트의 인터폰
이해 우리가 소식을 주고받거나 정보를 얻으려고 할 때 이용하는 것을 □□ □□이라고 해.
46 배경지식이 문해력이다

개념어 설명
개념어와 관련된 배경지식을 쉽게 이해할 수 있도록 설명했습니다.

개념어
배경지식이 되는 개념어를 풀어서 제시했습니다.

개념어 풀이
표준국어대사전의 뜻을 바탕으로 하여 개념어의 뜻을 쉽게 풀이했습니다.

한눈에 정리
- 개념어 관련한 배경지식 내용을 마인드맵으로 시각화하여 구성했습니다.
- 학습한 중요 내용을 체계적으로 정리했습니다.

이해
개념어를 문장에 적용해 봄으로써 이해하였는지 확인하도록 구성했습니다.

개념어 학습
개념어 학습과 보충 학습으로 배경지식을 확장할 수 있게 구성했습니다.

문제
간단한 유형의 학습 내용 관련 문제를 제시했습니다.

▶ 정답과 해설 20쪽

옛날 통신 수단

한번에 많은 소식을 전하기 어렵고, 시간이 많이 걸리는 편이야. 또, 소식을 자세히 전하기 어렵고, 멀리 떨어져 있는 사람과 자주 연락을 주고받기가 어려워.

방
많은 사람이 볼 수 있도록 사람이 많이 다니는 곳에 글로 써 붙여서 알리는 통신 수단이야.

파발
공문서나 긴급한 군사 정보를 전달하기 위해 만든 통신 수단이야. 말을 타고 가서 전하는 기발과 사람이 직접 걸어서 전하는 보발이 있어.

오늘날 통신 수단

쉽고 빠르게 정보를 전할 수 있고, 한 번에 많은 사람에게 전할 수 있어. 또 때와 장소에 영향을 적게 받고, 하나의 통신 기계로 다양한 통신 방법을 이용할 수 있으며, 어떤 곳에 직접 가지 않고도 업무를 볼 수 있어서 편리한 생활을 할 수 있어.

봉수를 올리는 봉수대는 왜 5개야?

봉수는 높은 산에 봉수대를 설치하고, 연기나 횃불을 피워 소식을 전하던 방법을 말해. 이때 피어오르는 연기나 횃불의 개수에 따라 뜻하는 것이 달랐어. 1개는 평상시, 2개는 적이 나타났을 때, 3개는 적이 가까이 왔을 때, 4개는 적이 쳐들어왔을 때, 5개는 적과 싸움이 시작되었을 때를 나타내지.

전국의 주요 산 정상에 봉수대를 설치해 마치 이어달리기 경주를 하는 것처럼 봉수를 올려 서울의 남산 봉수대로 전달했어.

⊙ 옛날의 통신 수단에 해당하는 것을 모두 찾아 ○표를 하세요.

방	신호 연	전화
봉수	인터넷	텔레비전

⊙ 알맞게 선으로 이어 보세요.

길 도우미	• •	스마트폰 같은 모바일 기기로 채팅을 하거나 데이터를 주고받을 수 있는 통신 수단
모바일 메신저	• •	운전할 때 지도를 보여 주거나 지름길을 찾아 주고, 길을 안내하는 통신 수단

⊙ 봉수에 대한 설명으로 알맞은 것에 ○표를 하세요.

봉수대는 3개이다.	☐
횃불과 연기를 피워 소식을 전하는 방법이다.	☐
평상시에 사람... 받는 방법이다.	

확인 문제

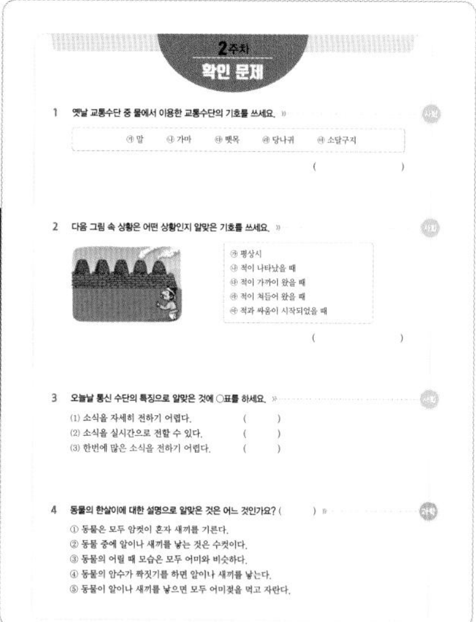

한 주 동안 학습한 내용을 다양한 문제 유형으로 확인할 수 있도록 구성했습니다.

정리 학습

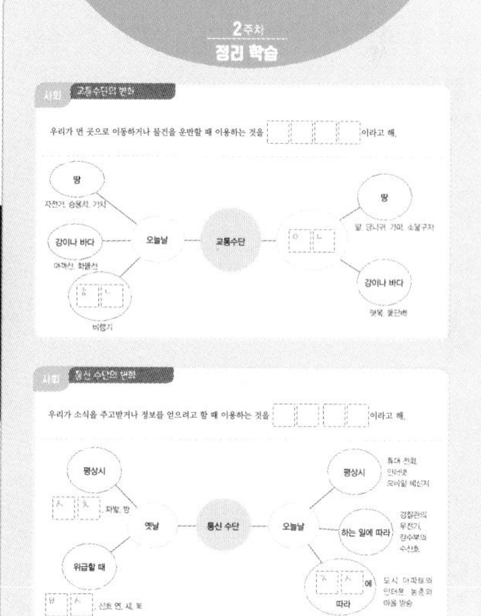

한 주의 학습 내용을 빈칸 학습을 통해 정리할 수 있도록 구성했습니다.

인성 동화

9가지 인성 덕목(효, 예절, 정직, 책임, 존중, 배려, 협동, 소통, 용기)을 담아 생활 속 이야기로 구성했습니다.

차례

1주차

회		제목	쪽
1	①	과학 이사 갈까, 있을까, 철새와 텃새	10
	②	과학 너는 어느 편? 동물의 분류	12
2	①	사회 어떻게 입을까, 의생활	14
	②	사회 무엇을 먹을까, 식생활	16
3	①	사회 어디서 살까, 주생활	18
	②	사회 옛날과 오늘날 생활 도구의 변화	20
4	①	수학 나누어 볼까, 분수	22
	②	국어 어떤 사이일까, 낱말 사이의 관계	24
5	①	국어 실감 나게 표현하는 감각적 표현	26
	②	국어 공경하는 마음으로 높임 표현	28
확인 문제			30
정리 학습			34
인성 동화 [존중] 나는 소중하니까요 ①			38

2주차

회		제목	쪽
1	①	사회 탈것이 달라, 교통수단의 변화	44
	②	사회 정보를 전하는 통신 수단의 변화	46
2	①	과학 태어나 죽을 때까지 동물의 한살이	48
	②	과학 화려한 변신, 곤충의 한살이	50
3	①	사회 신기하고 재미난 박물관	52
	②	사회 배움이 깃든 옛날의 교육 기관	54
4	①	국어 글쓴이가 하고 싶은 말, 중심 생각	56
	②	국어 이해가 쏙쏙 설명하는 글	58
5	①	수학 얼마나 될까, 들이와 무게	60
	②	수학 평평한 평면도형	62
확인 문제			64
정리 학습			68
인성 동화 [존중] 나는 소중하니까요 ②			72

3주차

회		제목	쪽
1	①	사회 지혜로운 조상들의 명절과 절기	78
	②	사회 풍년을 기원하는 세시 풍속	80
2	①	과학 철 여기 붙어! 자석	82
	②	과학 떨림을 느껴요, 소리의 성질	84
3	①	사회 나라의 경사를 기념하는 국경일	86
	②	사회 가정의 중요한 행사 예법, 관혼상제	88
4	①	과학 물질과 물체를 구분해요	90
	②	과학 섞어 보아요, 물질의 성질 변화	92
5	①	국어 그래서 그렇구나! 원인과 결과	94
	②	국어 서로 견주어 설명하는 비교와 대조	96
확인 문제			98
정리 학습			102
인성 동화 [존중] 나는 소중하니까요 ③			106

4주차

회		제목	쪽
1	①	사회 소중한 우리의 문화재	112
	②	사회 소중하게 지켜요, 문화유산	114
2	①	과학 우리가 살고 있는 지구	116
	②	과학 옥토끼는 어디에? 달	118
3	①	사회 생활을 편리하게 공공 기관	120
	②	사회 고장의 중심이 되는 중심지	122
4	①	과학 행성과 위성, 지구와 달	124
	②	과학 부서지고 깎이고, 풍화와 침식	126
5	①	국어 표준어와 방언을 구분해요	128
	②	국어 삶에 대한 기록, 전기문	130
확인 문제			132
정리 학습			136
인성 동화 [존중] 나는 소중하니까요 ④			140

1 주차

1회 과학

학습 계획일

① 이사 갈까, 있을까, 철새와 텃새	월 일
② 너는 어느 편? 동물의 분류	월 일

2회 사회

학습 계획일

① 어떻게 입을까, 의생활	월 일
② 무엇을 먹을까, 식생활	월 일

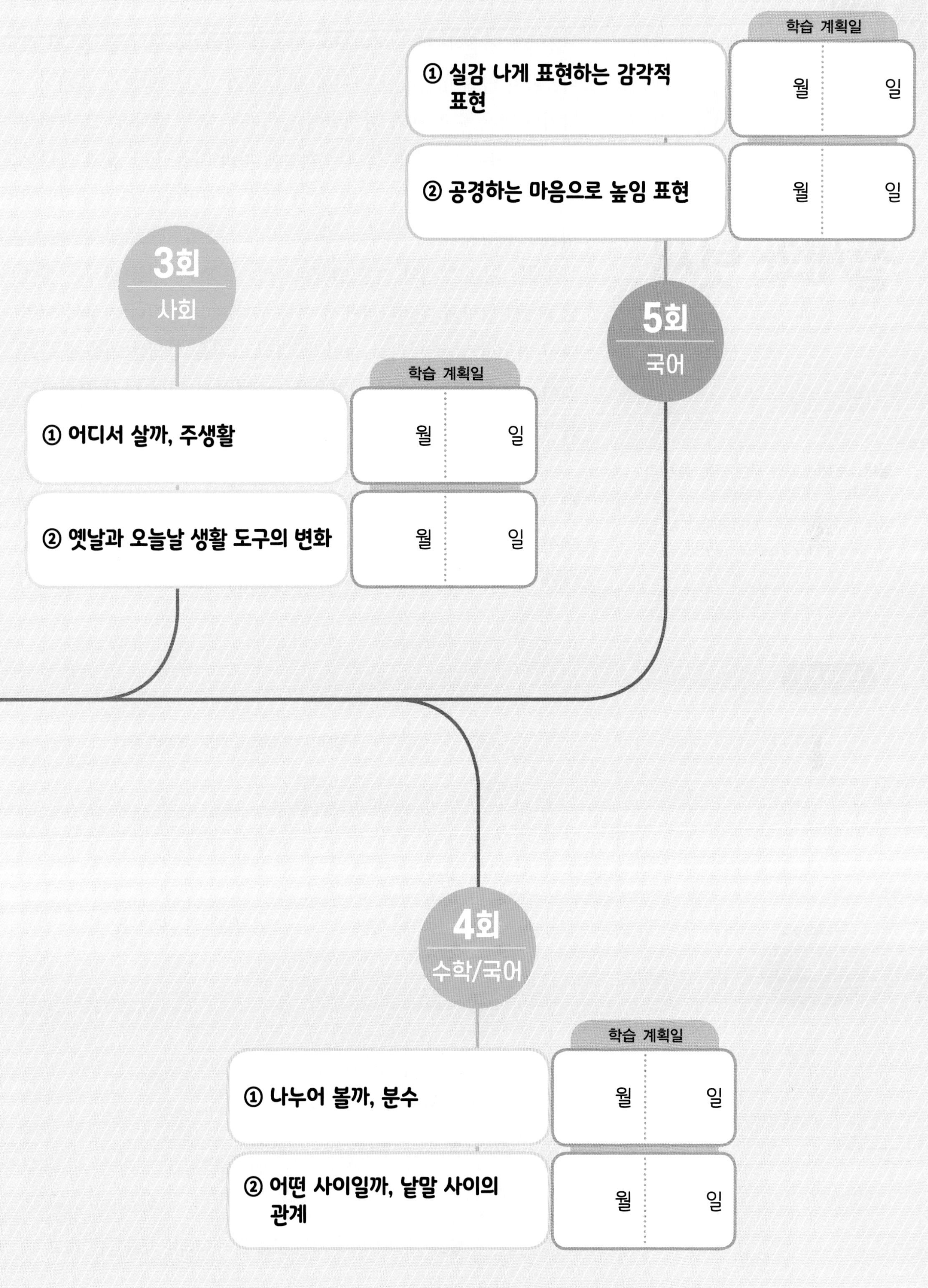
학습 계획일
① 실감 나게 표현하는 감각적 표현
월
일
② 공경하는 마음으로 높임 표현
월
일
3회
사회
5회
국어
학습 계획일
① 어디서 살까, 주생활
월
일
② 옛날과 오늘날 생활 도구의 변화
월
일
4회
수학/국어
학습 계획일
① 나누어 볼까, 분수
월
일
② 어떤 사이일까, 낱말 사이의 관계
월
일

이사 갈까, 있을까, 철새와 텃새

봄이나 가을에 새가 무리지어 하늘을 날아가는 모습을 본 적 있니? 마치 약속이라도 한 것처럼 새 무리가 V자 모양으로 줄지어서 날거나 많은 수의 새가 한꺼번에 날아가는 모습 말이야. 그건 철새가 이동하는 모습이야. 철새는 계절에 따라 사는 곳을 옮겨 다니는데, 봄이나 가을이 되면 알을 낳기 위해 한꺼번에 많은 수가 먼 거리를 이동하지.

철새는 여름 철새와 겨울 철새로 나눌 수 있어. 여름 철새는 봄에 남쪽에서 날아와 우리나라에서 여름을 나고, 가을이나 겨울이 되면 다시 따뜻한 남쪽 나라로 돌아가. 그리고 겨울 철새는 가을에 북쪽에서 날아와 우리나라에서 겨울을 나고, 봄이 되면 다시 북쪽으로 돌아가지.

모든 새가 계절에 따라 이동을 할까? 그건 아니야. 사계절 내내 한 지역에서 살아가는 새도 있는데, 그런 새를 '텃새'라고 해. 주변에서 흔히 볼 수 있는 참새, 까치, 까마귀 등이 텃새야. 간혹 철새였다가 우리나라 기후에 적응해서 텃새가 된 새도 있대.

철새: 계절에 따라 사는 곳을 옮겨 다니는 새.
텃새: 계절에 따라 자리를 옮기지 않고 한 곳에서만 사는 새.

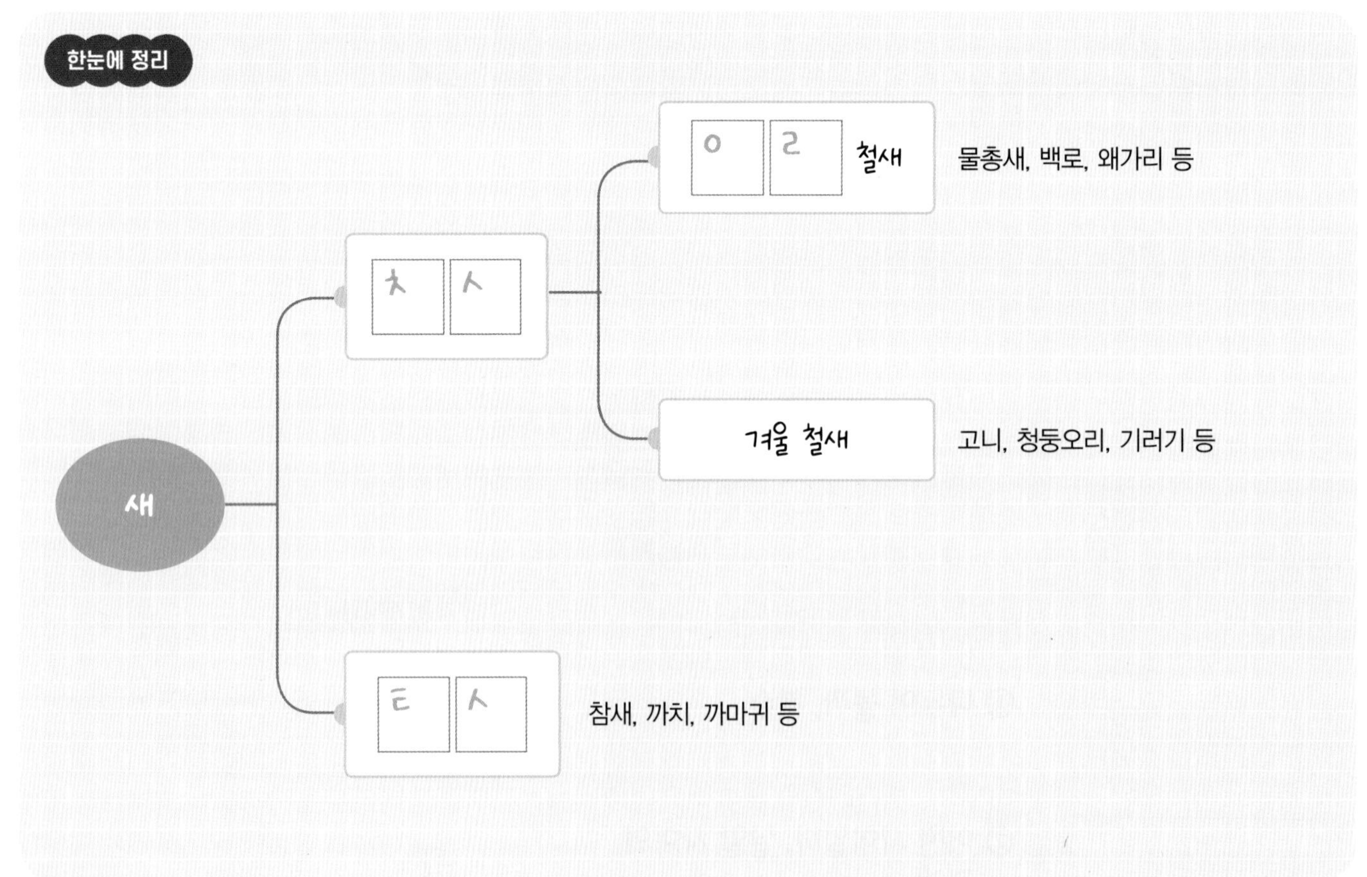

이해 계절에 따라 사는 곳을 옮겨 다니는 새를 □□라고 해.

철새

철새는 계절에 따라 사는 곳을 옮겨 다니는 새로, 먹잇감이 풍부하고 온도가 알맞은 곳을 찾아 이동해 알을 낳고 살아.

여름 철새

철새 가운데 우리나라에서 여름을 나는 새로, 제비, 뻐꾸기, 물총새, 백로, 왜가리 등이 대표적인 여름 철새야.

겨울 철새

철새 가운데 우리나라에서 겨울을 나는 새로, 고니, 두루미, 독수리, 청둥오리, 기러기 등이 대표적인 겨울 철새야.

텃새

철새와는 달리 계절에 따라 이동하지 않고 한곳에서 쭉 사는 새로, 참새, 까마귀, 까치, 박새, 꿩, 올빼미 등이 대표적인 텃새야.

철새가 계절에 따라 이동하는 까닭은?

먹잇감이 많은 곳을 찾기 위해서야

날씨가 더워지거나 추워지면 먹잇감이 없어질 수 있기 때문에 좋아하는 먹이가 있는 곳으로 이동하는 거야.

온도가 알맞은 곳에서 살기 위해서야

추운 곳에서 살던 새들은 날씨가 따뜻해지면 추운 곳을 찾아 이동하고, 따뜻한 곳에서 살던 새들은 날씨가 추워지면 따뜻한 곳을 찾아 이동하는 거야.

◉ 알맞게 선으로 이어 보세요.

텃새 •		• 참새, 까마귀, 까치
철새 •		• 백로, 고니, 청둥오리

◉ 알맞은 말에 ○표를 하세요.

계절에 따라 이동하지 않고 한곳에서 살아가는 새를 (철새 , 텃새)라고 한다.

◉ 철새가 계절에 따라 이동하는 까닭에 ○표를 하세요.

온도가 알맞은 곳에서 살기 위해서이다.	☐
호랑이, 사자와 같은 무서운 동물을 피하기 위해서이다.	☐

너는 어느 편? 동물의 분류

지구에 살고 있는 다양한 생물은 스스로 양분을 만드는지 아닌지에 따라서 동물과 식물로 구분해. 보통 동물이라고 하면 고양이나 강아지처럼 발이 네 개인 생물만 떠올리지. 하지만 다리가 없는 조개나 다리가 많은 문어도 동물이야. 이처럼 다양한 종류의 동물을 분류할 때에는 생김새가 다른 동물들을 하나의 공통적인 특징으로 묶기도 하고, 생김새는 비슷한데 다른 특징으로 구분하기도 해.

그렇다면 동물들은 어떤 특징과 기준으로 나눌 수 있을까?

쉽게 물에 사는지 땅에 사는지, 초식을 하는지 육식을 하는지, 날개가 있는지 없는지 등으로 나눌 수도 있지만, 좀더 과학적인 기준으로 등뼈가 있는지 없는지에 따라서 크게 척추동물과 무척추동물로 나눌 수 있어. 척추동물은 다시 외부 온도에 따라 체온이 변하는 변온동물과 외부의 온도와 관계없이 일정한 체온을 갖는 정온동물로 나눌 수 있지.

동물의 분류: 동물을 여러 가지 기준에 따라 종류를 나눈 것.

한눈에 정리

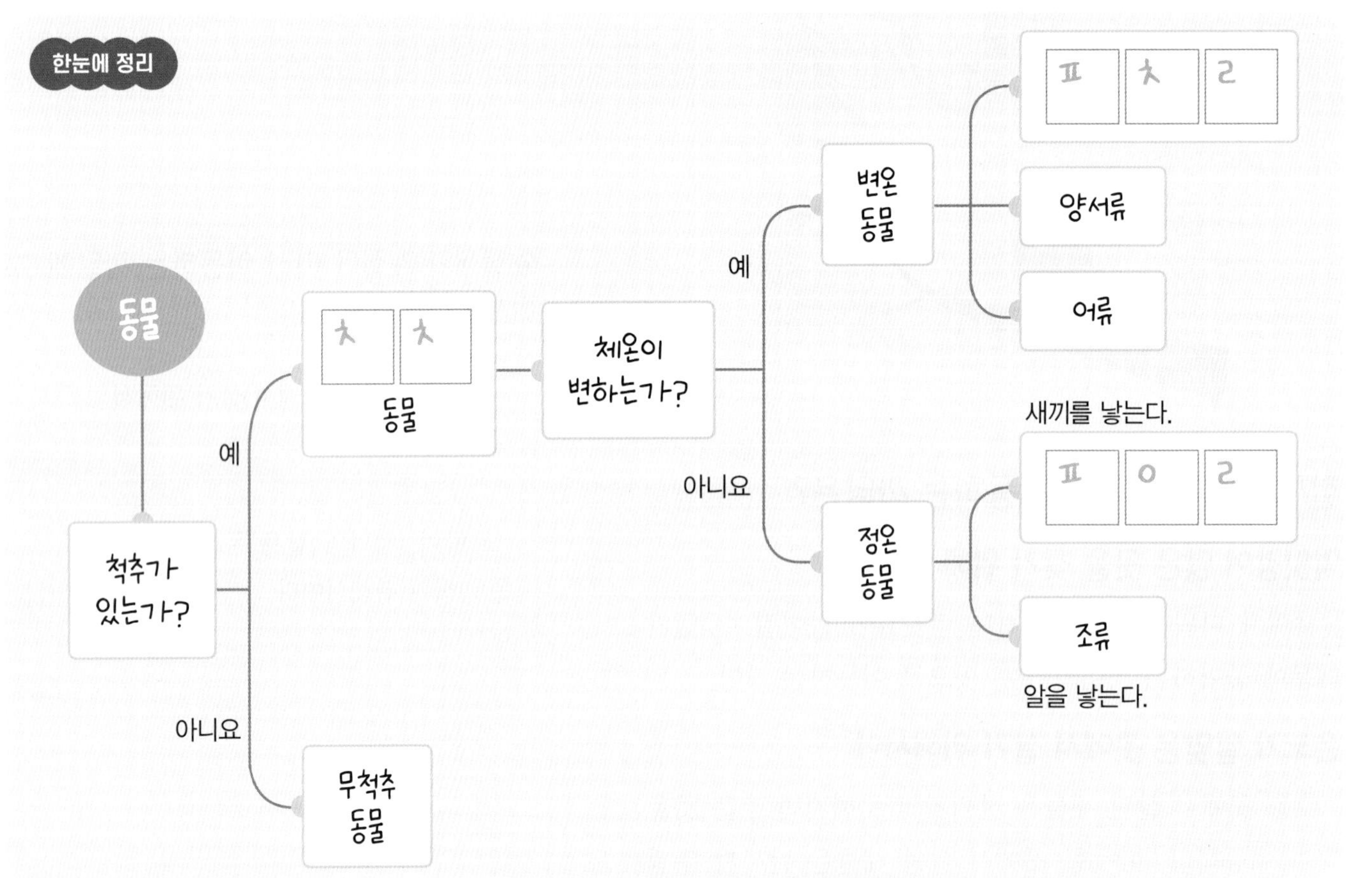

이해 식물과 달리 스스로 양분을 만들지 못하는 생물은 □□이야.

▶ 정답과 해설 4쪽

포유류

인간처럼 젖을 먹여 새끼를 키우는 동물을 '포유류'라고 해. 포유류는 일정한 체온을 갖는 정온동물이야. 이와 같은 기준에 따라 고래는 물고기인 어류가 아니라 포유류야.

고래야, 너도
나처럼 어류지?
모습은 비슷해도
난 포유류야. 새끼에게
젖을 먹이거든.

파충류 VS 양서류

파충류와 양서류는 둘 다 알을 낳고, 변온동물이라는 공통점이 있어.

하지만 호흡 방법과 피부가 서로 달라. 또, 새끼의 생김새가 파충류는 어미와 비슷하게 생겼지만, 양서류는 어미와 전혀 다르게 생겼어.

날 닮아
잘생겼네.
엄마!
나를 하나도
안 닮았네.
엄마!

알을 낳는 포유류가 있다?

포유류는 새끼를 낳아 젖을 먹여 키우는 척추동물로 알고 있는데, 예외적으로 '알을 낳는 포유류'도 있어. 오스트레일리아와 파푸아뉴기니에서 서식하는 오리너구리와 가시두더지는 알을 낳고, 새끼가 부화하면 젖을 먹여 키운다고 해. 특히 오리너구리는 독성 물질을 지니고 있다고 하니 마주치면 독에 쏘이지 않게 조심해.

◉ 동물의 특징으로 알맞은 것에 ○표를 하세요.

스스로 양분을 만들어 낸다.	☐
스스로 양분을 만들어 내지 못한다.	☐

◉ 알맞은 말에 ○표를 하세요.

외부의 온도와 관계없이 일정한 체온을 갖는 동물을 (변온동물 , 정온동물)이라고 한다.

◉ 다음 특징에 해당하는 동물에 ○표를 하세요.

새끼를 낳아 젖을 먹이고, 폐호흡을 한다.

고래	악어	상어
☐	☐	☐

2회 ①

어떻게 입을까, 의생활

무인도에서 혼자 살아가기 위해 가장 필요한 것은 무엇일까?

그렇지. 몸을 보호하는 옷, 영양분을 얻기 위한 음식, 안전하고 편안하게 쉴 수 있는 집일 거야. 이렇게 우리가 살아가는 데 가장 기본적이고 필수적인 것들을 의식주라고 해. 이 가운데 사람이 자신의 몸을 보호하기 위해 입는 옷과 관련된 생활을 **의생활**이라고 하지.

의생활은 계절과 날씨, 그리고 지역에 따라 다른 모습을 보이게 돼. 날씨가 더우면 더위를 피하기 위해 바람이 잘 통하는 소재의 옷과 뜨거운 햇볕을 막아 줄 옷을 찾게 되고, 날씨가 추우면 추위를 막기 위해 두꺼운 소재의 옷과 차가운 바람을 막아줄 옷을 찾게 되지.

그래서 세계 각 지역의 의생활 모습은 그 지역의 날씨 특징에 따라 다양하게 나타나게 돼. 예를 들면, 덥고 비가 많이 내리는 베트남에서는 바람이 잘 통하는 긴 옷과 챙이 넓은 모자를 쓰고, 춥고 눈이 많이 오는 캐나다 북쪽 고장에서는 동물의 털과 가죽으로 만든 두꺼운 옷을 입지.

의생활: 사람이 살아가면서 입는 일이나 입는 옷에 관한 생활.

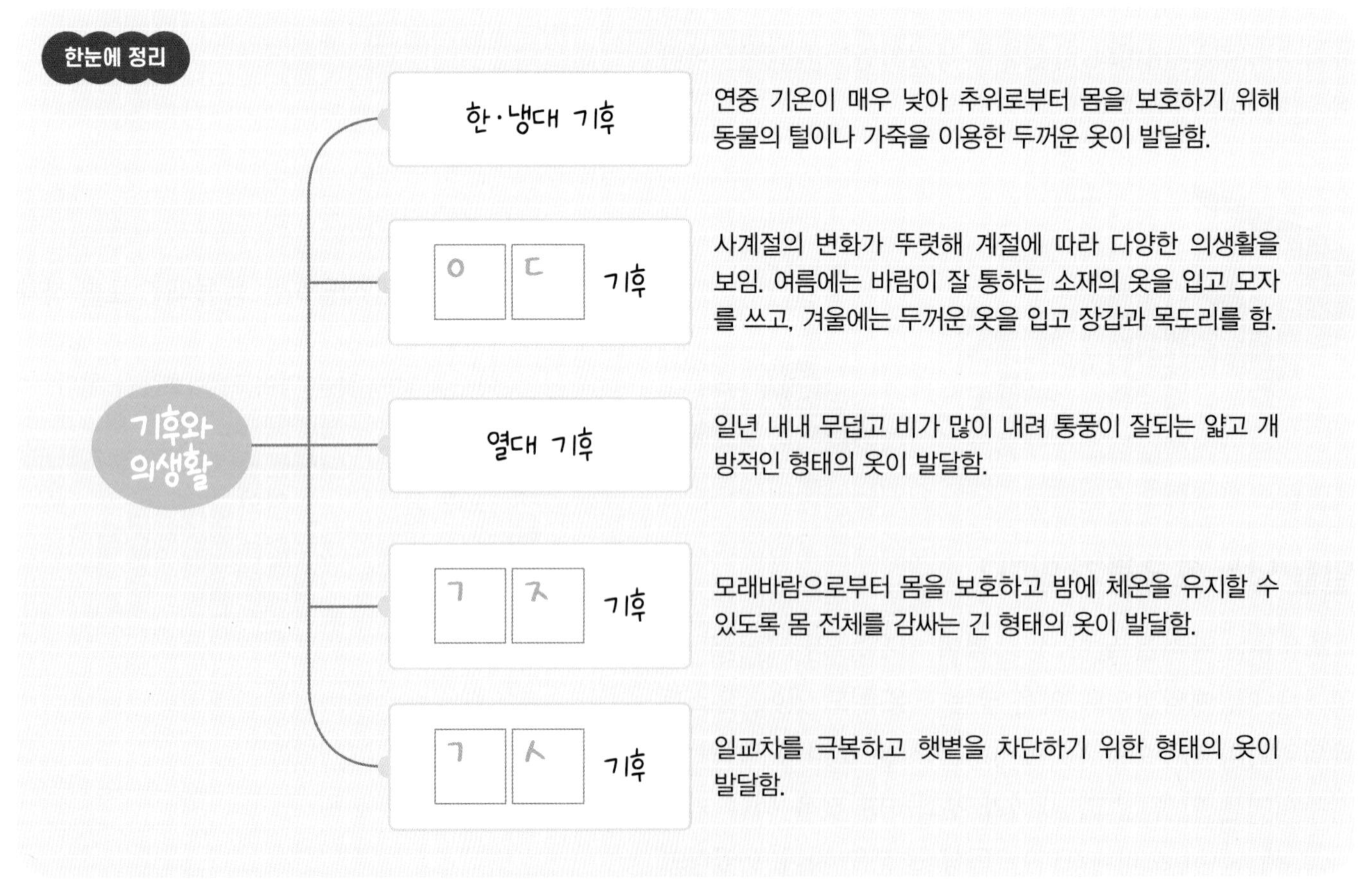

한눈에 정리
기후와 의생활
한·냉대 기후
연중 기온이 매우 낮아 추위로부터 몸을 보호하기 위해 동물의 털이나 가죽을 이용한 두꺼운 옷이 발달함.
ㅇ ㄷ 기후
사계절의 변화가 뚜렷해 계절에 따라 다양한 의생활을 보임. 여름에는 바람이 잘 통하는 소재의 옷을 입고 모자를 쓰고, 겨울에는 두꺼운 옷을 입고 장갑과 목도리를 함.
열대 기후
일년 내내 무덥고 비가 많이 내려 통풍이 잘되는 얇고 개방적인 형태의 옷이 발달함.
ㄱ ㅈ 기후
모래바람으로부터 몸을 보호하고 밤에 체온을 유지할 수 있도록 몸 전체를 감싸는 긴 형태의 옷이 발달함.
ㄱ ㅅ 기후
일교차를 극복하고 햇볕을 차단하기 위한 형태의 옷이 발달함.

이해 옷과 관련된 □□□ 모습은 계절과 날씨에 따라 달라져.

세계 여러 고장의 의생활 모습

사막이 많은 사우디아라비아

사막이 많은 고장에서는 뜨거운 햇볕과 모래바람을 막으려고 긴 옷을 입고, 머리에는 천을 둘러 감아.

덥고 비가 많이 내리는 베트남

덥고 비가 많이 내리는 고장에서는 바람이 잘 통하는 긴 옷을 입고, 챙이 넓은 모자를 써.

춥고 눈이 많이 오는 캐나다 북쪽 고장

춥고 눈이 많이 오는 고장에서는 동물의 털과 가죽으로 만든 두꺼운 옷을 입어.

낮과 밤의 기온 차가 큰 페루

낮과 밤의 기온 차가 큰 고장에서는 낮의 뜨거운 햇볕을 막고, 밤의 추위를 견디려고 망토와 같은 긴 옷을 걸치고, 모자를 써.

고장별로 사람들의 의생활 모습이 다른 까닭은?

고장별로 날씨 차이가 나기 때문이야.

예를 들어, 9월 중순에 부산광역시는 아직 더운 날씨 때문에 반소매 옷을 입는데, 강원도 평창군은 아침저녁으로 날씨가 서늘해서 긴소매 옷을 입어.

◉ 알맞게 선으로 이어 보세요.

페루 •		• 바람이 잘 통하는 긴 옷
베트남 •		• 가죽으로 만든 두꺼운 옷
캐나다 북쪽 고장 •		• 햇볕과 추위를 견디기 위한 망토

◉ 알맞은 말에 ○표를 하세요.

(사막 , 바다)이/가 많은 사우디아라비아는 뜨거운 햇볕과 모래바람을 막기 위해 긴 옷을 입고, 머리에 천을 두른다.

◉ 고장별로 사람들의 의생활 모습이 다른 까닭에 ○표를 하세요.

고장별로 전통의상이 다르기 때문이다. ☐

고장별로 날씨 차이가 나기 때문이다. ☐

2회 ②

무엇을 먹을까, 식생활

식생활: 사람이 살아가면서 먹는 일이나 먹는 음식에 관한 생활.

여행을 하며 찍은 사진을 보면 그곳의 음식 사진이 빠지지 않고 나오지. 이렇게 여러 고장을 여행하다 보면 전주의 전주비빔밥, 영월의 감자 옹심이, 제주의 옥돔구이처럼 그 고장을 대표하는 다양한 음식을 만나볼 수 있어.

사람이 영양분을 얻기 위해 먹는 음식과 관련된 생활을 식생활이라고 하는데, 식생활은 각 고장의 자연환경에 맞게 발달해 왔어. 고장의 자연환경이란, 고장의 날씨나 땅의 모양을 뜻해. 우리나라는 남북으로 길고 3면이 바다로 둘러싸인 지형을 가지고 있어. 북쪽 지방은 주로 산악 지대가 많고, 남쪽 지방은 평야 지대가 많아. 이러한 각지의 자연환경에 따라 생산되는 특산물의 특성에 맞게 독특하고 소박한 고장의 음식 문화가 형성되었지.

이렇게 고장의 식생활과 자연환경은 떼려야 뗄 수 없는 밀접한 관계에 있어.

평양의 '평양냉면'. 냉면, 만두, 녹두전 등 곡물로 만든 음식이 많고, 겨울이 추워 기름진 육류 음식을 즐김.

수원의 '불갈빗집'. 떡이 유명하며, 조선 시대부터 수원 소 시장에 전국의 소 장수가 모여들며 불갈빗집이 유명해짐.

영월의 '감자 옹심이'. 산악 지방에는 옥수수, 감자 등을 재료로 하는 음식이 많고, 해안 지방에서는 명태, 오징어 등을 가공한 음식이 많음.

서산의 '어리굴젓'. 내륙에서는 절이거나 말린 생선을 주로 먹고, 서해안에 가까운 지역에서 나는 굴을 이용한 어리굴젓이 유명함.

안동의 '간고등어'. 음식이 대체로 투박하지만 칼칼하고 감칠맛이 있음. 미더덕찜, 아귀찜, 간고등어, 동래파전이 유명함.

전주의 '전주비빔밥'. 재료가 다양하게 나고, 기후가 따뜻해 음식의 간이 센 편이며, 양념을 많이 넣음. 발효 음식이 발달함.

감귤, 전복, 옥돔이 특산물이며, 가까운 바다에서 잡히는 해산물을 재료로 하는 음식이 발달함.

이해 먹는 것과 관련된 □□□ 모습은 자연환경에 영향을 받아.

우리나라의 고장별 식생활

평양의 평양냉면

날씨가 서늘하고 비가 많이 내리지 않는 평양에서는 메밀을 많이 재배하고, 이 메밀로 면발을 만든 평양냉면이 대표적인 음식이야.

영월의 감자 옹심이

산지가 많고 날씨가 서늘한 영월에서는 감자를 많이 심으며, 감자로 만든 감자 옹심이가 대표적인 음식이야.

안동의 간고등어

바다와 멀리 떨어져 있는 안동에서는 고등어에 소금을 뿌려서 운반하는 동안 상하지 않게 한 간고등어가 유명해.

서산의 어리굴젓

서산 근처 바닷가에서는 굴이 잘 자라서 어리굴젓을 많이 담가 먹어.

전주의 전주비빔밥

넓은 들과 산에서 쌀과 채소를 쉽게 구할 수 있고, 장맛도 좋아 비빔밥이 유명해.

제주도의 옥돔구이

옥돔은 제주 근처 바다에서 많이 잡히는 생선으로 맛이 좋아 옥돔구이가 유명해.

고장마다 사람들의 식생활이 다른 까닭은?

고장의 땅 모양이나 날씨와 같은 자연환경이 고장 사람들의 식생활에 영향을 미쳤기 때문이야.

예를 들어, 전라도는 기후가 따뜻해 음식의 간이 센 편이고 발효 음식이 아주 많아. 김치와 젓갈이 수십 가지이고, 고추장을 비롯한 장류도 발달했으며, 장아찌류도 많지. 반면에 강원도의 산악 지방에서는 논농사보다 밭농사를 더 많이 지어서 옥수수, 메밀, 감자 등을 재료로 하는 메밀막국수, 감자떡과 같은 음식이 발달했어.

◉ 다음에서 설명하는 음식을 쓰세요.

바다와 멀리 떨어져 있는 안동에서 운반하는 동안 상하지 않게 하기 위해 고등어에 소금을 뿌린 것이다.

□□□□

◉ 알맞은 지역에 ○표를 하세요.

(서산 , 전주)은/는 넓은 들과 산에서 쌀과 채소를 쉽게 구할 수 있고, 장맛이 좋아 비빔밥이 유명하다.

◉ 알맞게 선으로 이어 보세요.

전라도 •	• 메밀막국수 감자떡
강원도 •	• 발효 음식

3회 ①

어디서 살까, 주생활

오래전부터 사람들은 잠을 자고, 무서운 동물을 피하고, 더위와 추위를 피하며, 몸을 안전하게 보호해 줄 수 있는 집을 짓고 살아왔어. 시대가 변함에 따라 집의 형태는 많은 변화를 겪어 왔지만, 우리가 살아가는 데 가장 기본적이고 필수적인 것이라는 면에서는 변함이 없지.

자연환경은 인간 생활에 폭넓게 영향을 미쳤는데, 주생활에도 역시 많은 영향을 주었어. 과거 사람들이 살았던 집 가운데 터돋움집, 우데기집, 너와집 등이 자연환경의 영향을 받은 주생활의 대표적인 예라고 할 수 있지. 인구가 늘면서 지금은 주로 아파트나 연립 주택에서 생활하는데, 과거 사람들이 살았던 집의 모양을 살펴보면 기후와 지형에 따라 다양한 형태를 갖춘 주생활 모습이 나타났음을 알 수 있어.

주생활: 사람이 사는 집이나 사는 곳에 관한 생활.

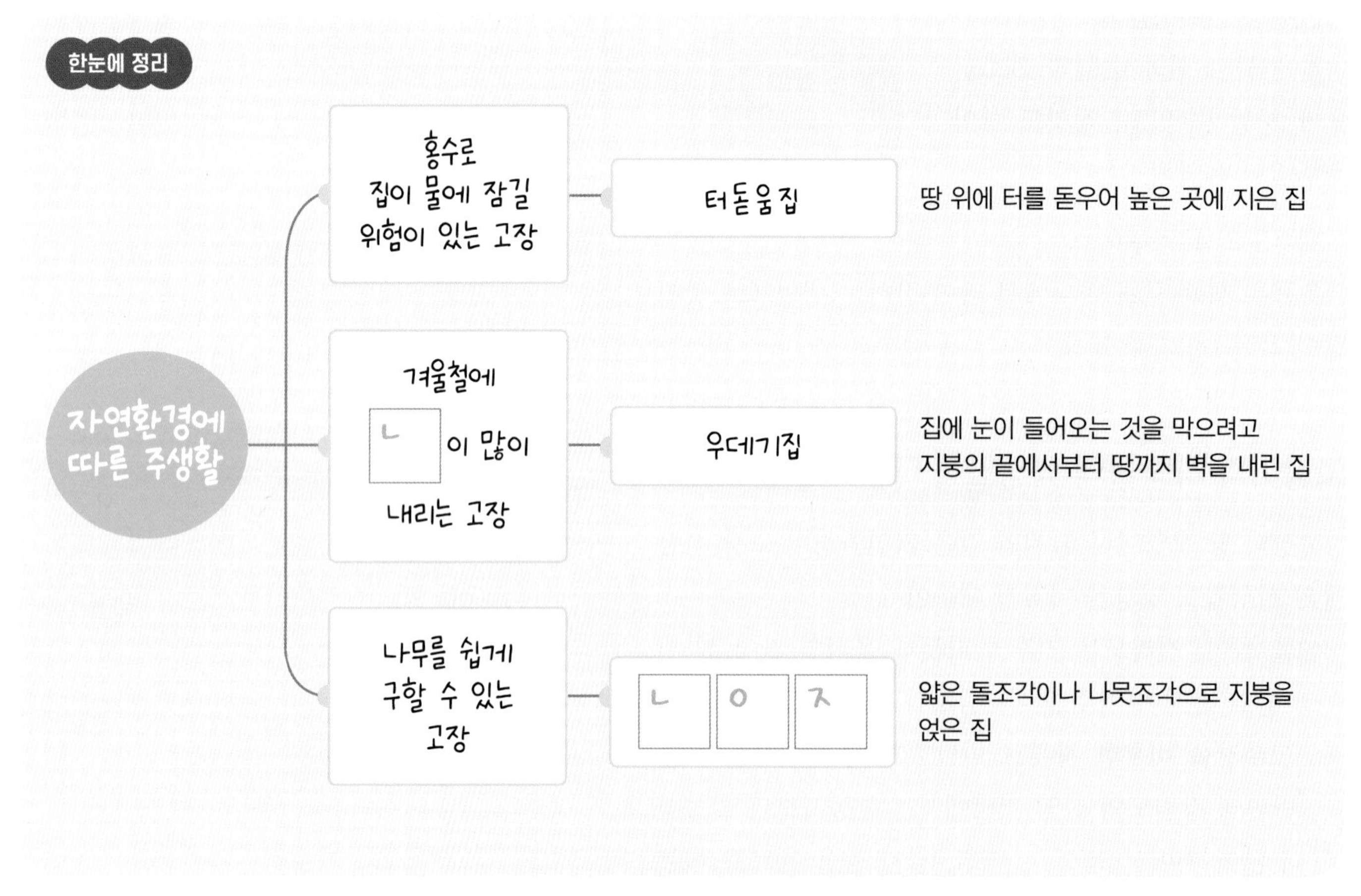

이해 ▸ 고장마다 □□□ 모습이 다른 까닭은 날씨, 땅의 생김새 등을 이용하거나 극복하는 모습이 달라서야.

▶ 정답과 해설 7쪽

과거 사람들의 주생활 모습

터돋움집

여름철에 홍수로 집이 물에 잠길 위험이 있는 고장에서는 땅 위에 터를 돋우어 높은 곳에 집을 지었어.

우데기집

겨울철에 눈이 많이 내리는 고장에서는 눈이 많이 와도 집 안을 자유롭게 다닐 수 있도록 우데기(집에 눈이 들어오는 것을 막으려고 지붕의 끝에서부터 땅까지 내린 벽)를 만들었어.

너와집

나무를 쉽게 구할 수 있는 고장에서는 너와(지붕을 일 때 기와처럼 쓰는 얇은 돌조각이나 나뭇조각)로 지붕을 얹은 집을 지었어.

옛날에 집을 지을 때 주로 짚을 사용한 까닭은?

예전에는 논농사를 많이 지어서 주변에서 쉽게 짚을 구할 수 있었기 때문에 짚을 엮어 지붕을 얹은 초가집을 많이 지었어. 이와 비슷한 다른 고장의 예로 러시아의 이즈바를 들 수 있는데, 러시아는 날씨가 추워 나무가 곧게 자라기 때문에 주변 숲에서 쉽게 구할 수 있는 통나무집인 이즈바를 지었지.

한옥에서 추운 겨울을 나기 위해 갖추고 있는 것은?

한옥에서 추운 겨울을 나기 위해 갖추고 있는 것은 '온돌'이야. 온돌은 방바닥을 데워 오랫동안 열기가 지속되게 하는 한옥 고유의 난방 방식이야. 아궁이에 불을 피우면 열기를 머금고 만들어지는 뜨거운 연기가 구들장을 데워 따뜻해지는 원리이지.

◉ 알맞게 선으로 이어 보세요.

홍수 대비 •	• 터돋움집
폭설 대비 •	• 우데기집

◉ 다음에서 설명하는 집의 종류를 쓰세요.

나무를 쉽게 구할 수 있는 고장에서 너와로 지붕을 얹은 집

□□□

◉ 한옥에서 온돌의 역할로 알맞은 것에 ○표를 하세요.

- 추운 겨울에 방바닥을 데우는 역할을 한다. ( )
- 더운 여름에 바람이 잘 통하도록 한다. ( )

3회 ②

옛날과 오늘날 생활 도구의 변화

생활 도구는 과학 기술의 발전과 함께 편리하게 변화됐어.

먼저, 음식과 관련된 생활 도구의 변화를 보면, 우리나라 대표 음식인 김치를 옛날에는 항아리에 보관했는데, 지금은 항아리의 장점을 토대로 만든 김치 냉장고에 보관해. 식재료를 갈 때 쓰는 도구로 옛날에는 절구나 맷돌을 사용했는데, 지금은 믹서기를 사용하면서 시간과 힘이 훨씬 적게 들게 되었어.

농사와 관련된 생활 도구의 변화를 보면, 옛날에는 농부가 일일이 손으로 모를 심고 낫으로 수확했지만, 현재는 이앙기를 사용하여 모를 심고 곡식이 익으면 '수확기(콤바인)'라는 기계로 거두지. 그렇다고 옛날 농기구를 전혀 쓰지 않는 건 아니야. 낫은 오늘날에도 기계와 함께 사용되고 있어.

마지막으로 의복과 관련된 생활 도구의 변화를 보면, 옛날에는 돌빨래판과 빨랫방망이를 가지고 빨래를 했는데, 오늘날에는 세탁기로 빨래를 해. 옷을 다리는 방법도 옛날에는 인두나 숯불 다리미를 썼는데, 요즘에는 전기 다리미를 쓰지.

생활 도구의 변화: 일상생활에서 자주 쓰이는 도구가 시간이 지나면서 변화함.

한눈에 정리

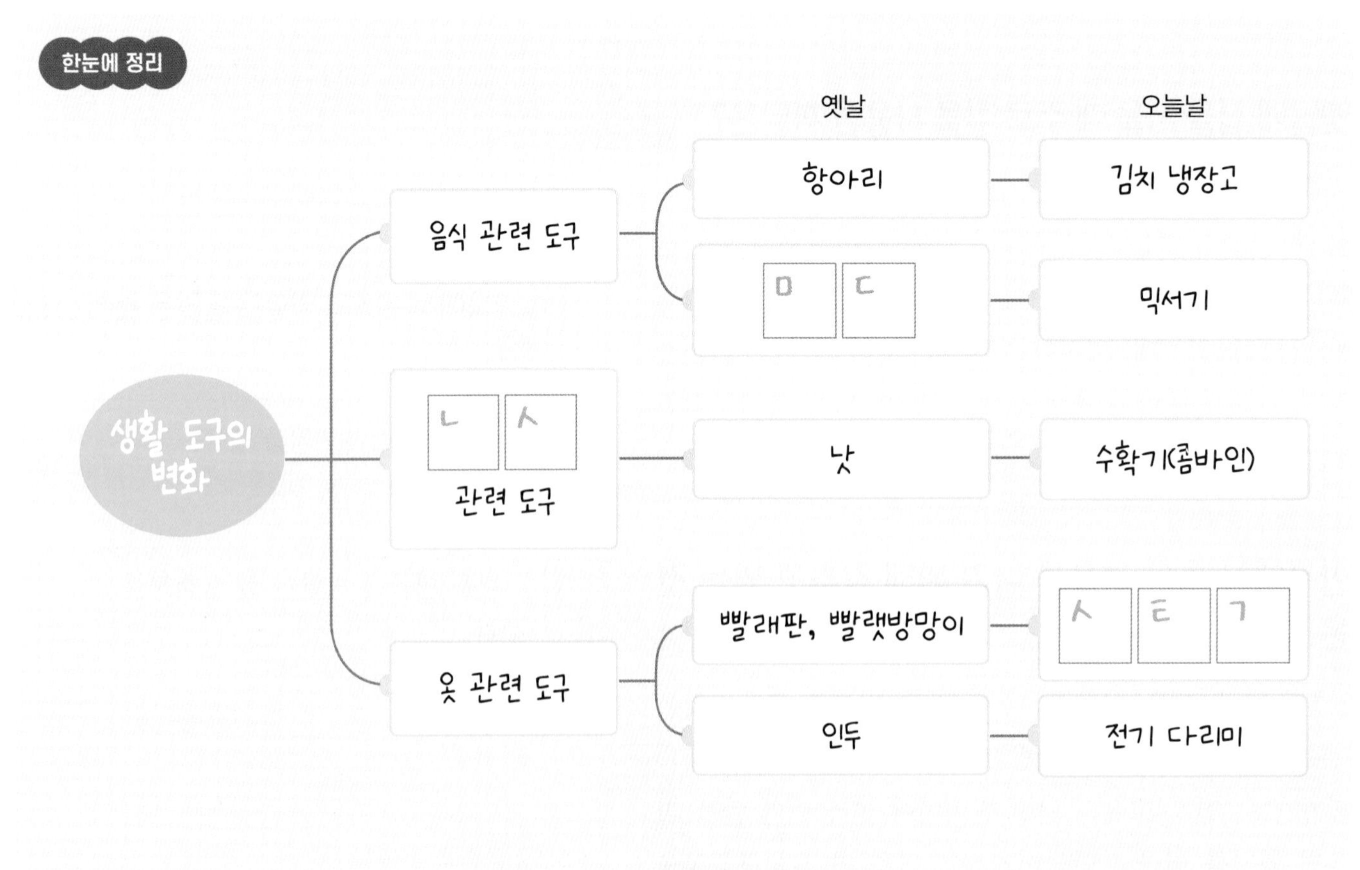

이해 옛날이나 오늘날에 일상생활에 자주 쓰이는 도구를 □□ □□라고 해.

옛날 생활 도구의 종류

항아리

아래위가 좁고 배가 부른 질그릇으로, 주로 여러 종류의 김치와 된장, 간장, 고추장 등의 장을 담아 저장하는 데 쓰였어. 오늘날에도 장을 담아 보관하기 위해 쓰이고 있지.

맷돌

곡식을 가는 데 쓰는 도구로, 둥글넓적한 돌 두 짝을 포개고 윗돌 아가리에 갈 곡식을 넣으면서 손잡이를 돌려서 가는 방식이지. 오늘날에도 전통 음식 맛을 살리기 위해 믹서기를 쓰지 않고 맷돌을 사용하는 경우가 있어.

빨랫방망이

넓적하고 기름한 나무로 만든 것으로 빨랫감을 두드려서 빼는 데 쓰였던 방망이야.

생활 도구의 발달로 생긴 문제점은 없어?

생활 도구의 발달로 일을 하는 데 드는 시간과 노력이 줄어들어 생활이 편리해졌어. 하지만 이러한 도구를 만들기 위해서 생겨난 공장들이 환경오염을 발생시켜 지구온난화에 영향을 미치고 있어. 그리고 오늘날 발달된 도구들은 대부분 많은 자원을 사용하기 때문에 자원 고갈이 빨라지고 있는 것도 문제점이지.

◉ 옛날에 사용한 생활 도구가 오늘날에 어떻게 변화했는지 알맞게 선으로 이어 보세요.

옛날		오늘날
빨랫방망이 •		• 믹서기
항아리 •		• 세탁기
맷돌 •		• 김치 냉장고

◉ 알맞은 말에 ○표를 하세요.

곡식이 익으면 벼를 직접 베는 '낫'과 익은 곡식을 빠르게 거두어들이는 '수확기(콤바인)'는 옛날과 오늘날의 (농사 , 의복)와/과 관련된 생활 도구에 해당한다.

◉ 오늘날 생활 도구의 변화로 좋은 점에 ○표를 하세요.

지구온난화에 영향을 준다.	
일상생활을 편리하게 해 준다.	

4회 ①

나누어 볼까, 분수

피자 1판을 나와 동생이 똑같이 나누어 먹는다면, 나는 전체의 얼마를 먹게 될까? 이럴 땐 1, 2, 3과 같은 자연수로는 나타낼 수 없기 때문에 0과 1 사이의 수를 나타낼 수가 필요해.

전체에 대한 부분을 나타내는 수를 분수라고 하는데, 분수는 전체를 똑같이 ■로 나눈 것 중 ▲로, $\frac{▲}{■}$와 같은 형태로 나타내지. 분수의 가로선 위의 수를 분자(▲), 가로선 아래의 수를 분모(■)라고 해.

처음 분수는 전체보다 작은 것으로만 생각했어. 그래서 분자가 분모보다 항상 작았지. 하지만 분수가 널리 사용되면서 분자가 분모보다 큰 분수도 필요하게 되었어. 그래서 다양한 형태의 분수로 나타내게 되었는데, 분자가 분모보다 작은 분수를 진분수, 분자가 분모와 같거나 분모보다 큰 분수를 가분수, 자연수와 같이 있는 분수를 대분수라고 해.

분수: 전체에 대한 부분을 나타내는 수.

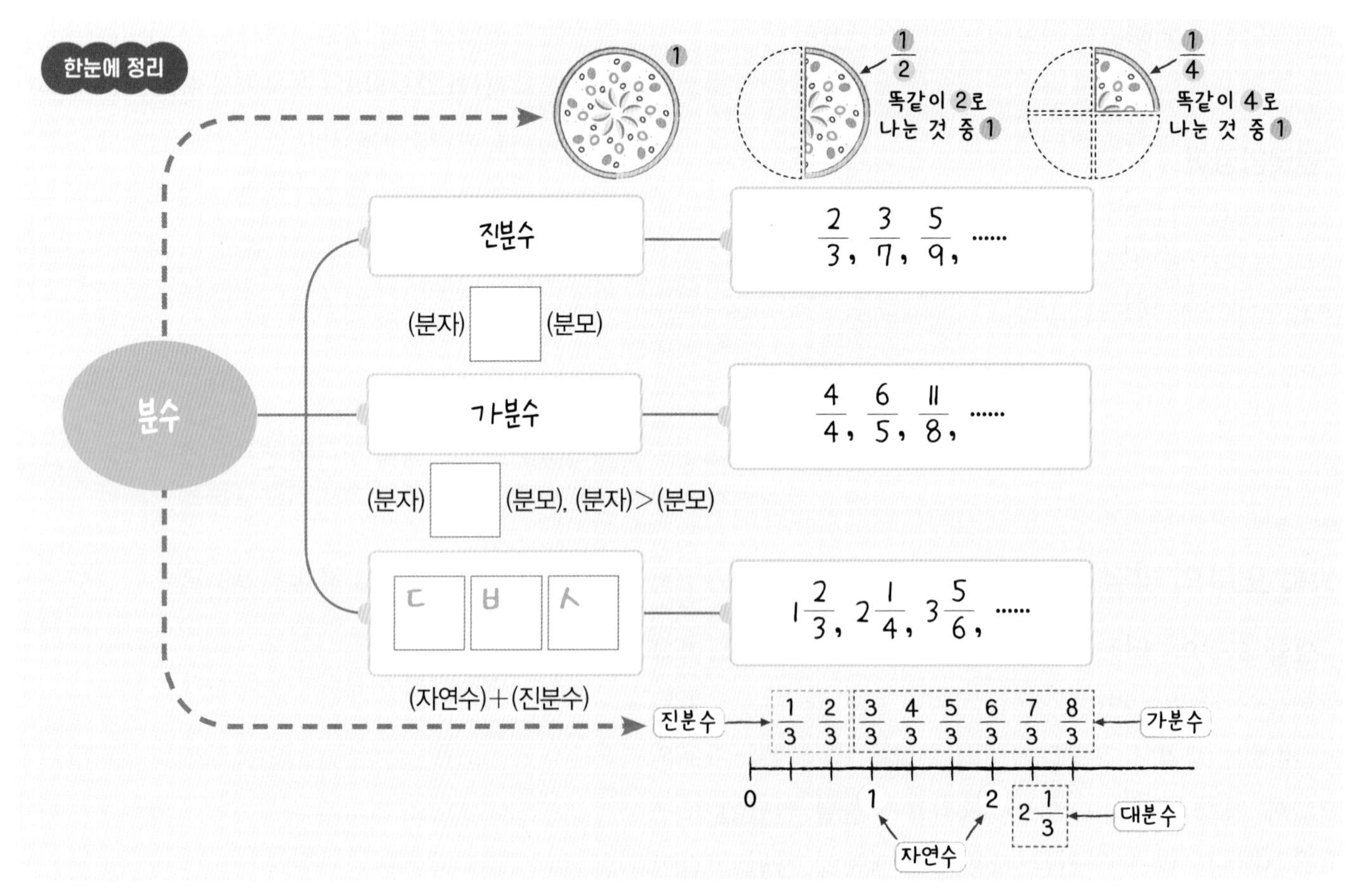

이해 ▸ 전체에 대한 부분을 나타내는 수를 □□라고 해.

분수 알아보기

분수에서 전체는 분모에, 부분은 분자에 나타내. 가로선의 아래쪽에 있는 수를 분모, 위쪽에 있는 수를 분자라고 해. 피자를 똑같이 4조각으로 나눈 것 중 3조각을 먹었다면 먹은 피자의 양은 분수로 $\frac{3}{4}$이라고 쓰고, 4분의 3이라고 분모부터 읽으면 돼.

3 ← 분자, 4 ← 분모] 분수

분수의 종류

진분수는 분자가 분모보다 작은 분수이기 때문에 진분수는 0보다 크고 1보다 작은 분수야. 진분수 중에서 $\frac{1}{2}$, $\frac{1}{3}$, $\frac{1}{4}$, ……과 같이 분자가 1인 분수를 단위분수라고 해.

가분수는 분자와 분모가 같거나 분자가 분모보다 큰 분수야. 그래서 가분수는 1과 같거나 1보다 큰 분수야. 가분수를 대분수로도 나타낼 수 있어.

대분수는 자연수와 진분수로 이루어진 분수야. 자연수와 가분수로 이루어진 분수도 대분수라고 착각하면 안 돼.

$2\frac{8}{5}$, $6\frac{7}{7}$

자연수도 분수로 나타낼 수 있을까?

자연수는 1, 2, 3과 같은 수잖아. 자연수 1을 분모가 ■인 분수로 나타내면 $\frac{■}{■}$로 나타낼 수 있어. 같은 방법으로 자연수는 모두 분수로 나타낼 수 있어.

$$1=\frac{2}{2}=\frac{3}{3}=\frac{4}{4}=\frac{5}{5}=\cdots\cdots$$

$$2=\frac{4}{2}=\frac{6}{3}=\frac{8}{4}=\frac{10}{5}=\cdots\cdots$$

◉ 빈칸에 알맞은 말을 쓰세요.

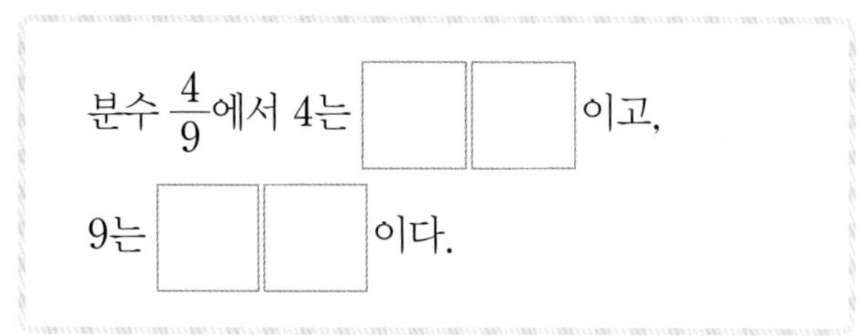
분수 $\frac{4}{9}$에서 4는 □□이고,
9는 □□이다.

◉ 알맞은 것에 ○표를 하세요.

전체를 똑같이 5로 나눈 것 중 3을 분수로 나타내면 ($\frac{3}{5}$, $\frac{5}{3}$)(이)라 쓰고, (3분의 5 , 5분의 3)(이)라고 읽는다.

◉ 알맞게 선으로 이어 보세요.

$\frac{7}{2}$ •		• 진분수
$\frac{6}{8}$ •		• 대분수
$4\frac{1}{5}$ •		• 가분수

4회 ②

어떤 사이일까, 낱말 사이의 관계

일상생활에서 우리가 사용하는 수많은 낱말들 사이에는 어떤 관계가 있는지 알아볼까?

낱말들 사이에는 뜻이 비슷한 관계, 뜻이 반대인 관계, 한 낱말이 다른 낱말을 포함하는 관계가 있어. 예를 들어, '평범'과 '보통'은 뜻이 비슷한 관계에 있는 낱말이고, '가다'와 '오다'는 뜻이 서로 반대 관계에 있는 낱말이야. '책'과 '동화책'은 어떨까? 가만 생각해 보면 '동화책'은 '책'에 포함되는 낱말이라는 것을 알 수 있어. 이와 같은 관계를 한 낱말이 다른 낱말을 포함하는 관계라고 해.

책을 읽다 보면 무수히 많은 낱말을 만나게 돼. 그 중에는 처음 보는 낱말, 정확한 뜻을 모르는 낱발, 다른 뜻도 알고 싶은 낱말 등이 있을 거야. 책 속의 낱말을 살펴보면서 뜻이 비슷하거나 반대인 낱말, 포함 관계에 있는 낱말을 생각해 보고, 국어사전을 활용해 낱말의 정확한 뜻을 확인해 봐. 그러면 글의 내용을 더 잘 이해할 수 있을 거야.

낱말 사이의 관계: 낱말들 사이에 있는 여러 가지 관계.

한눈에 정리

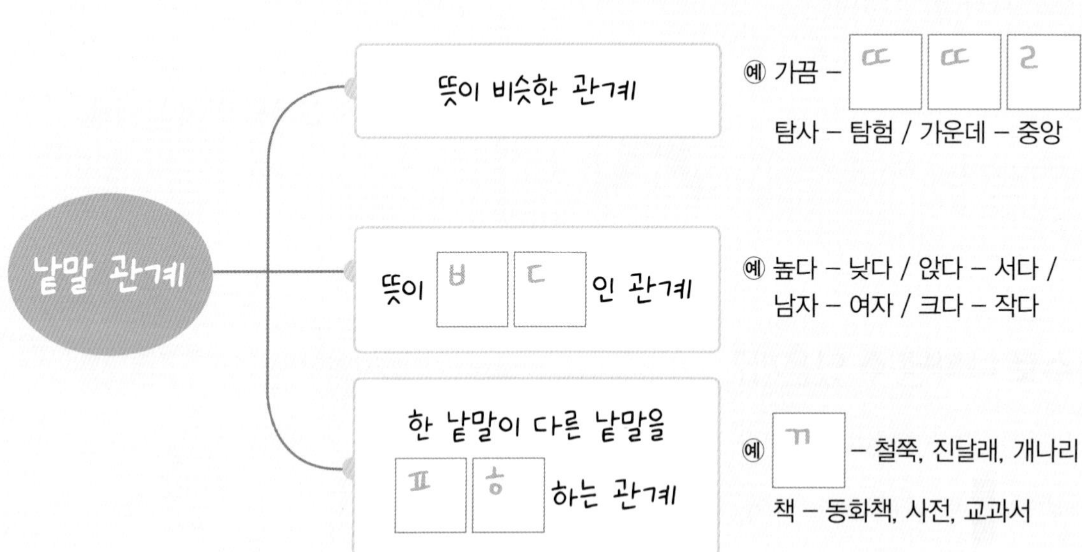

이해 □□들 사이에는 뜻이 비슷하거나 반대인 관계, 포함 관계가 있어.

낱말 뜻을 찾는 여러 가지 사전

국어사전

낱말을 자음과 모음 차례대로 실어 비슷한말, 반대말 등 다른 말과의 관계 따위를 밝히고 풀이한 책이야.

백과사전

학문, 예술, 문화, 사회, 경제 따위의 과학과 자연 및 인간의 활동에 관련된 모든 지식을 줄여 부문별 또는 자모순으로 배열하고 풀이한 책이야.

속담사전

여러 가지 속담을 일정한 순서로 배열하고, 의미와 활용법 따위를 밝혀 풀이한 책이야.

인터넷 사전

인터넷상에서 낱말을 검색하여 뜻풀이 따위를 알 수 있도록 만든 다양한 분야의 사전이야.

모르는 낱말의 뜻은 어떻게 확인해?

글 속에서 낱말의 뜻을 짐작할 수 있어

문맥의 앞뒤 내용을 살펴보고 상황에 맞는 뜻을 찾아 짐작하거나 낱말을 쪼개어 뜻을 짐작해 볼 수 있어. 또, 모양이 비슷한 다른 낱말로 뜻을 짐작해 보고, 다른 낱말을 넣어 뜻이 통하는지 살펴보는 방법도 있어.

사전을 통해 낱말의 정확한 뜻을 찾을 수 있어

사전에서 낱말을 찾으려면 우선 형태가 바뀌는 낱말과 형태가 바뀌지 않는 낱말로 나누어야 해. 사전에는 모든 낱말을 다 실을 수 없기 때문에 형태가 바뀌는 낱말은 기본형만 싣거든. '먹는, 먹고, 먹어서'와 같은 낱말은 형태가 바뀌지 않는 부분 '먹'에 '-다'를 붙여 만든 '먹다'가 기본형이 되는 거야. 형태가 바뀌는 낱말은 기본형으로 바꾸어서 찾아야 해.

◉ 알맞게 선으로 이어 보세요.

뜻이 비슷한 관계 •	• 높다 – 낮다
뜻이 반대인 관계 •	• 가운데 – 중앙
한 낱말이 다른 낱말을 포함하는 관계 •	• 책 – 동화책

◉ 알맞은 내용에 ○표를 하세요.

(국어사전 , 백과사전)은 낱말을 자음과 모음 차례대로 실어 비슷한말, 반대말 등 다른 말과의 관계 따위를 밝히고 풀이한 책이다.

◉ 책을 읽으며 모르는 낱말의 뜻을 짐작하는 방법으로 알맞은 것에 ○표를 하세요.

낱말의 뜻을 마음대로 상상해 본다.	
글의 앞뒤 내용을 살펴보고 상황에 맞는 뜻을 짐작해 본다.	

5회 ①

실감 나게 표현하는 감각적 표현

감각적 표현: 사물에 대한 느낌을 생생하고 실감 나게 표현한 것.

봄에 꽃이 핀 모습이나 겨울에 눈이 내리는 풍경을 본 적이 있니? 이러한 내가 본 멋진 풍경과 그때 느낀 마음을 친구에게 생생하게 말해 주고 싶다면 마치 그 친구도 눈으로 보는 것처럼 실감 나게 느낄 수 있게 해야 해.

이와 같이 대상에 대한 느낌을 감각적으로 표현하기 위해서는 대상의 모습, 소리, 냄새, 맛, 손으로 만진 느낌 등을 관찰하고, 대상에 대한 느낌을 어떻게 표현하면 좋을지 생각해 보아야 해. 그리고 관찰한 대상에 대한 느낌을 감각적 표현을 넣어 말해 보는 거지.

감각적 표현이란 눈으로 보고, 귀로 듣고, 입으로 맛보고, 코로 냄새를 맡고, 손으로 만지면서 알게 된 대상의 느낌을 생생하게 표현하는 것을 말해. 감각적 표현을 사용하면 장면이 생생하게 그려지고 실제로 소리가 들리는 것 같아서 훨씬 재미있게 느껴지거든.

한눈에 정리
감각적 표현
시각적 표현
ㄴ
으로 보는 것처럼 표현함. 예 별처럼 반짝이는 눈
청각적 표현
ㄱ
로 듣는 것처럼 표현함. 예 후둑후둑 뚝뚝 빗소리
촉각적 표현
손으로 만지는 것처럼 표현함. 예 내몸을 따뜻하게 감싸는 햇살
미각적 표현
입으로 맛보는 것처럼 표현함. 예 짭조름한 소금 맛
후각적 표현
ㅋ
로 냄새 맡는 것처럼 표현함. 예 고소한 팝콘 내음

이해 사물에 대한 느낌을 생생하고 실감 나게 표현한 것을 □□□ □□이라고 해.

감각적 표현의 종류

시각적 표현

'시각'이란 눈을 통해 빛의 자극을 받아들이는 감각 작용으로, '별처럼 반짝이는 눈' 같이 눈으로 직접 보는 것처럼 나타내는 표현을 말해.

청각적 표현

'청각'이란 소리를 느끼는 감각 작용으로, '후둑후둑 뚝뚝 빗소리' 같이 귀로 듣는 것처럼 나타내는 표현을 말해.

촉각적 표현

'촉각'이란 물건이 피부에 닿아서 느껴지는 감각 작용으로, '내 몸을 따뜻하게 감싸는 햇살' 같이 손으로 만지는 것처럼 나타내는 표현을 말해.

미각적 표현

'미각'이란 맛을 느끼는 감각 작용으로, '짭조름한 소금 맛' 같이 입으로 맛보는 것처럼 나타내는 표현을 말해.

후각적 표현

'후각'이란 냄새를 맡는 감각 작용으로, '고소한 팝콘 내음' 같이 코로 냄새를 맡는 것처럼 나타내는 표현을 말해.

감각적 표현은 어떻게 나타내?

여러 가지 비유적 표현을 사용하여 나타낼 수 있어

'단풍잎'과 '아기 손 같은 단풍잎' 중에서 어떤 것이 더 눈으로 보는 것처럼 생생하게 느껴지니? '아기 손 같은 단풍잎'처럼 어떤 대상을 다른 사물에 빗대어 표현하면 대상을 훨씬 더 감각적으로 표현할 수 있어.

㉠ 솜사탕 같은 구름

흉내 내는 말이나 여러 가지 꾸며 주는 말을 사용하여 나타낼 수 있어

'사각사각'과 같이 소리를 흉내 내는 말이나 '대롱대롱'과 같이 모양을 흉내 내는 말을 사용하면 대상을 더욱 실감 나게 표현할 수 있어.

㉠ 쉬이익쉬이익 파도의 숨소리

◉ 알맞게 선으로 이어 보세요.

시각적 표현 •	• 눈으로 보는 것처럼 표현
청각적 표현 •	• 손으로 만지는 것처럼 표현
촉각적 표현 •	• 귀로 듣는 것처럼 표현
미각적 표현 •	• 입으로 맛보는 것처럼 표현
후각적 표현 •	• 코로 냄새 맡는 것처럼 표현

◉ 알맞은 내용에 ○표를 하세요.

감각적 표현이란 대상의 느낌을 (생생하게 , 간단하게) 표현하는 것을 말한다.

◉ 감각적 표현을 나타내는 방법으로 알맞은 것에 ○표를 하세요.

흉내 내는 말을 사용하여 나타낸다.	
이어 주는 말을 사용하여 나타낸다.	

공경하는 마음으로 높임 표현

웃어른과 대화해 본 적 있지? 그럴 때 어떤 표현을 사용했는지 생각해 봐.

친구나 동생에게 말할 때와 달리 선생님이나 어머니께 말할 때 대상을 높여서 사용하는 말을 높임 표현이라고 해. 높임 표현에는 대상을 높이는 마음, 웃어른을 공경하는 마음이 담겨 있어.

높임 표현을 사용하는 경우는 다양해. 대상이 웃어른인지 아닌지, 말하는 사람과 어느 정도 친한지, 혼자인지 여럿인지에 따라 높임 표현이 달라져. 높임 표현은 듣는 사람이 말하는 사람보다 웃어른일 때, 행동하는 사람이 말하는 사람보다 웃어른일 때, '누구에게'에 해당하는 사람이 말하는 사람보다 웃어른일 때 사용해야 해.

높임 표현을 알맞게 사용하여 말하면 상대를 존중하는 마음을 잘 표현할 수 있고, 스스로 예의 바른 사람이 된 것 같아 흐뭇해져. 상대도 존중과 존경을 받는 생각이 들어 기분이 좋을 거야.

높임 표현: 대상을 공경하는 마음을 담아 높여서 말하는 것.

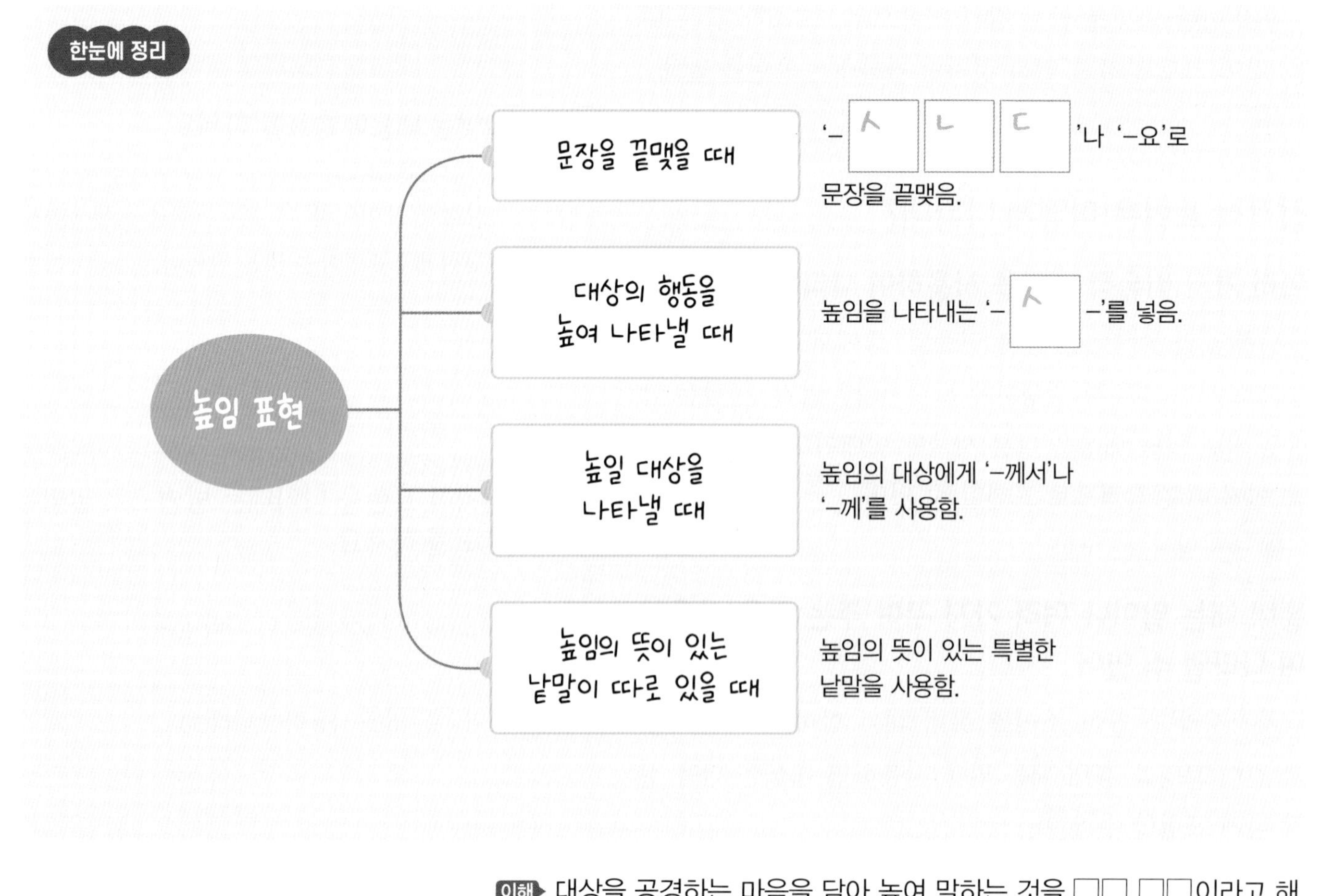

이해 대상을 공경하는 마음을 담아 높여 말하는 것을 □□ □□이라고 해.

▶ 정답과 해설 12쪽

높임을 표현하는 방법

문장을 끝맺을 때

'–습니다'나 '–요'를 써서 문장을 끝맺어.

예 저는 종이접기를 좋아합니다/좋아해요.

대상의 행동을 높여 나타낼 때

대상의 행동을 높여 나타낼 때에는 높임을 나타내는 '–시–'를 넣어.

예 아버지, 운동 가시나요?

높일 대상을 나타낼 때

높임의 대상에게는 '–께서'나 '–께'를 사용해야 해.

예 할머니께 선물을 드렸어요.

높임의 뜻이 있는 낱말이 따로 있을 때

'밥'은 '진지', '집'은 '댁', '생일'은 '생신'과 같이 높임을 뜻하는 특별한 낱말을 사용해야 해.

예 오늘은 할아버지 댁에 갑니다.

언어 예절을 지킬 때 주의할 점이 있어?

상대나 내용에 따라 어울리는 말을 해야 소통을 잘 할 수 있어

상대나 내용에 따라 어울리는 말을 하지 않으면 다른 사람들과 어울려 소통하기 힘들어져. 가족이나 어른들, 친구들에게 하는 말투와 인사 표현에서 그 사람의 성품이 드러나기도 하니까 상황에 알맞은 올바른 언어 예절을 지켜야 해.

지나친 높임 표현은 주의해야 해

높여야 할 대상과 중요한 관계를 맺고 있는 것에는 "손이 크시다.", "생각이 많으시다."와 같이 '–시–'를 붙여 높임을 나타낼 수 있어. 그러나 "문의하신 상품은 품절이십니다."처럼 '–시–'를 넣는 것은 상품을 높인 표현이므로 올바른 높임 표현이 아니야. "문의하신 상품은 품절입니다."가 알맞은 표현이지.

◉ 높임 표현에 담긴 마음으로 알맞지 않은 것에 ×표를 하세요.

공경하는 마음	☐
잘난 척하는 마음	☐
존경하는 마음	☐
겸손해지는 마음	☐

◉ 알맞은 내용에 ○표를 하세요.

오늘은 가족들과 함께 할머니 (집 , 댁)에 가는 날이야.

◉ 언어 예절을 지켜 말한 것에 ○표를 하세요.

"주문하신 주스 나오셨습니다."	☐
"우리 엄마는 손이 크십니다."	☐

1주차
확인 문제

1 다음 빈칸에 들어갈 알맞은 말을 쓰세요. 과학

계절에 따라 사는 곳을 옮겨 다니는 새를 [   ]라고 한다.

(   )

2 텃새가 아닌 것을 골라 기호를 쓰세요. 과학

㉮ 꿩 ㉯ 까치 ㉰ 참새 ㉱ 두루미 ㉲ 올빼미

(   )

3 동물의 분류에 대한 설명으로 알맞은 것에 ○표를 하세요. 과학

(1) 파충류, 양서류는 무척추동물에 속한다. (   )
(2) 척추동물 가운데 외부 온도에 따라 체온이 변하는 동물에는 조류가 있다. (   )
(3) 동물은 등뼈가 있는지, 없는지에 따라 척추동물과 무척추동물로 나눌 수 있다. (   )

4 다음과 같은 의생활 모습에 영향을 준 날씨로 알맞은 것은 어느 것인가요? (   ) 사회

동물의 털과 가죽으로 만든 두꺼운 옷을 입는다.

① 춥고 눈이 많이 온다.
② 모래바람이 많이 분다.
③ 덥고 비가 많이 내린다.
④ 낮과 밤의 기온 차가 크다.
⑤ 햇볕이 뜨겁고 기온이 높다.

▶ 정답과 해설 13쪽

5 다음 빈칸에 들어갈 알맞은 말을 쓰세요. 》 사회

고장의 땅의 생김새와 날씨 같은 ☐은 그 고장 사람들의 식생활에 많은 영향을 준다.

( )

6 우리나라의 고장별 식생활에 대해 알맞게 말하지 않은 친구의 이름을 쓰세요. 》 사회

우재: 넓은 들과 산에서 쌀과 채소를 쉽게 구할 수 있는 전주에서는 옥돔구이가 유명해.
지안: 산지가 많고 날씨가 서늘한 영월에서는 감자를 많이 심으며, 이 감자로 만든 감자 옹심이가 대표적인 음식이야.
현우: 바다와 멀리 떨어져 있는 안동에서는 운반하는 동안 상하지 않도록 고등어에 소금을 뿌린 간고등어가 유명해.

( )

7 다음 집들의 공통적인 특징은 무엇인가요? ( ) 》 사회

터돋움집 우데기집 너와집

① 나무로 만든 집이다.
② 고장의 자연환경이 같다.
③ 주변에서 흔히 볼 수 있는 집이다.
④ 우리나라에서는 볼 수 없는 집이다.
⑤ 자연환경의 영향을 받아 만들어진 집이다.

8 음식과 관련된 도구를 두 가지 골라 기호를 쓰세요. 》 사회

㉮ 낫 ㉯ 인두 ㉰ 맷돌 ㉱ 항아리 ㉲ 빨랫방망이

( )

9 곡식을 수확하는 도구는 어떻게 변했는지 다음에서 골라 기호를 쓰세요. 》 사회

㉮ 낫　㉯ 인두　㉰ 맷돌　㉱ 믹서기　㉲ 콤바인

(　　　) → (　　　)

10 분자가 3인 분수는 모두 몇 개인지 숫자를 쓰세요. 》 수학

$\frac{3}{8}$　$\frac{1}{3}$　$\frac{5}{3}$　$3\frac{1}{2}$　$\frac{3}{11}$　$\frac{11}{3}$

(　　　　　)개

11 진분수를 모두 골라 기호를 쓰세요. 》 수학

㉮ $\frac{4}{9}$　㉯ $\frac{7}{5}$　㉰ $\frac{11}{11}$　㉱ $\frac{1}{8}$　㉲ $3\frac{2}{5}$

(　　　　　)

12 뜻이 비슷한 관계에 있는 낱말끼리 알맞게 짝지은 것은 어느 것인가요? (　　　) 》 국어

① 높다 – 낮다　② 책 – 동화책
③ 꽃 – 진달래　④ 앉다 – 서다
⑤ 가끔 – 때때로

▶ 정답과 해설 14쪽

13 다음 문장에 사용된 감각적 표현의 종류를 쓰세요. 국어

들에는 반짝이는 금모래 빛

(　　　　　　　　)

14 다음 문장의 밑줄 그은 낱말을 알맞은 높임 표현으로 바꾸어 쓰세요. 국어

오늘은 할머니 <u>생일</u>이라 할머니께 선물을 드렸습니다.

(　　　　　　　　)

15 높임 표현을 바르게 사용하지 <u>않은</u> 친구의 이름을 쓰세요. 국어

우재: 아버지, 운동 가시나요?
지안: 우리 할머니는 손이 크십니다.
현우: 문의하신 상품은 품절이십니다.

(　　　　　　　　)

1 주차

정리 학습

과학 철새와 텃새

계절에 따라 사는 곳을 옮겨 다니는 새를 [ ][ ]라고 해.

새
철새
[ㅇ][ㄹ] 철새
물총새, 백로, 왜가리 등
겨울 철새
고니, 청둥오리, 기러기 등
텃새
[ㅊ][ㅅ], 까치, 까마귀 등

과학 동물의 분류

식물과 달리 스스로 양분을 만들지 못하는 생물은 [ ][ ]이야.

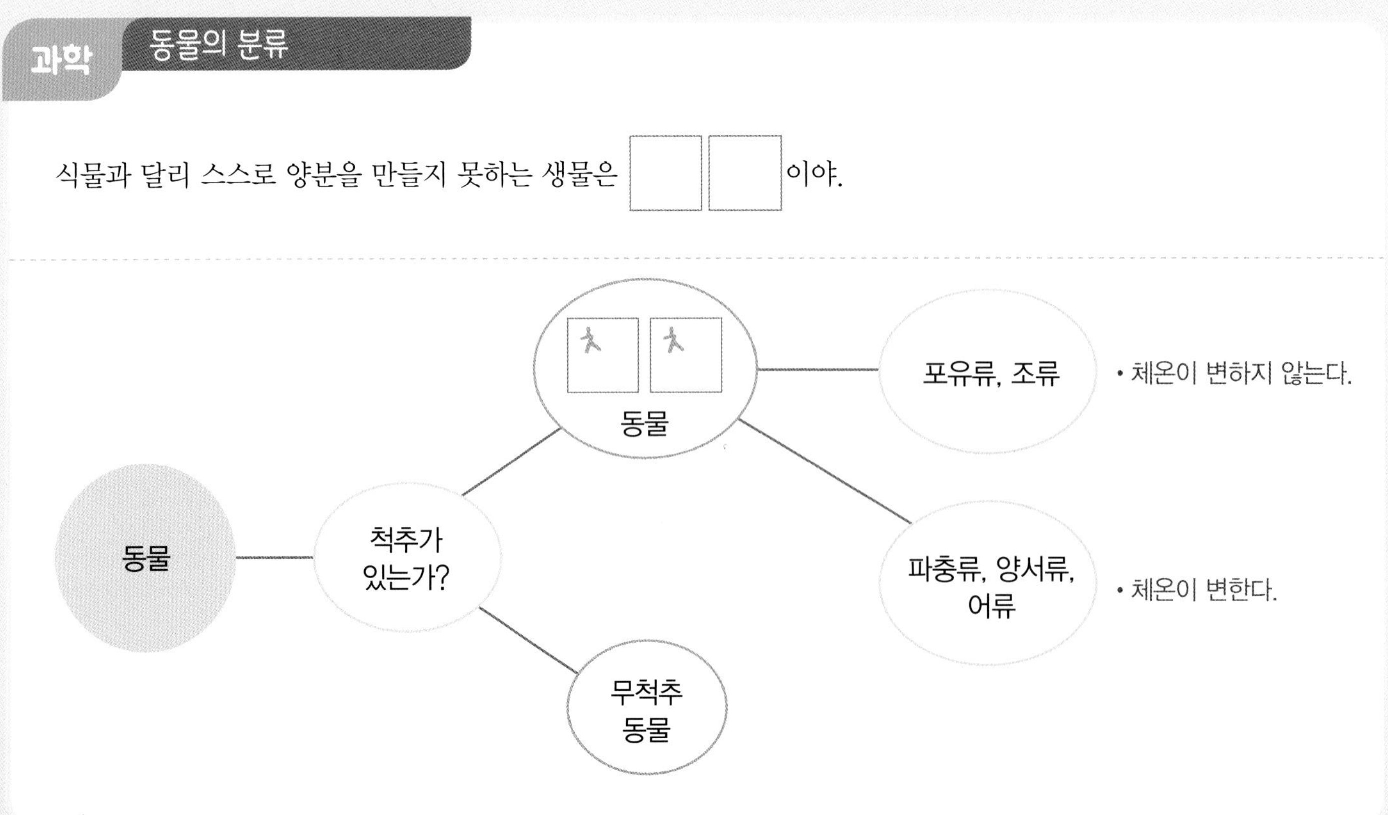

▶ 정답과 해설 15쪽

사회 의생활

옷과 관련된 [ ][ ][ ] 모습은 계절과 날씨에 따라 달라져.

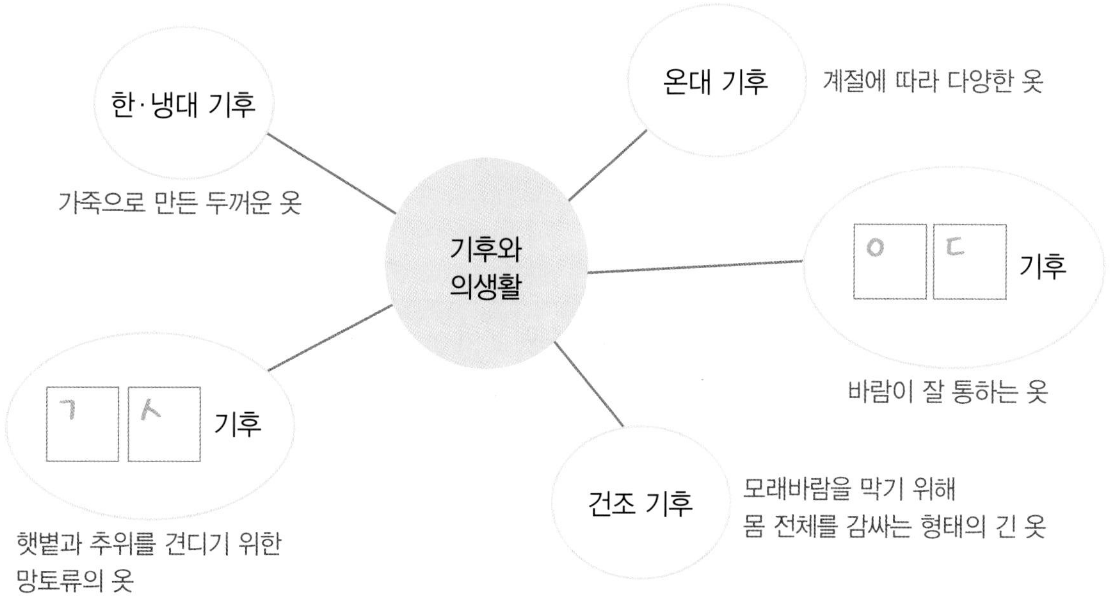

기후와 의생활

한·냉대 기후
가죽으로 만든 두꺼운 옷

온대 기후
계절에 따라 다양한 옷

[ㅇ][ㄷ] 기후
바람이 잘 통하는 옷

[ㄱ][ㅅ] 기후
햇볕과 추위를 견디기 위한 망토류의 옷

건조 기후
모래바람을 막기 위해 몸 전체를 감싸는 형태의 긴 옷

사회 식생활

먹는 것과 관련된 [ ][ ][ ] 모습은 자연환경에 영향을 받아.

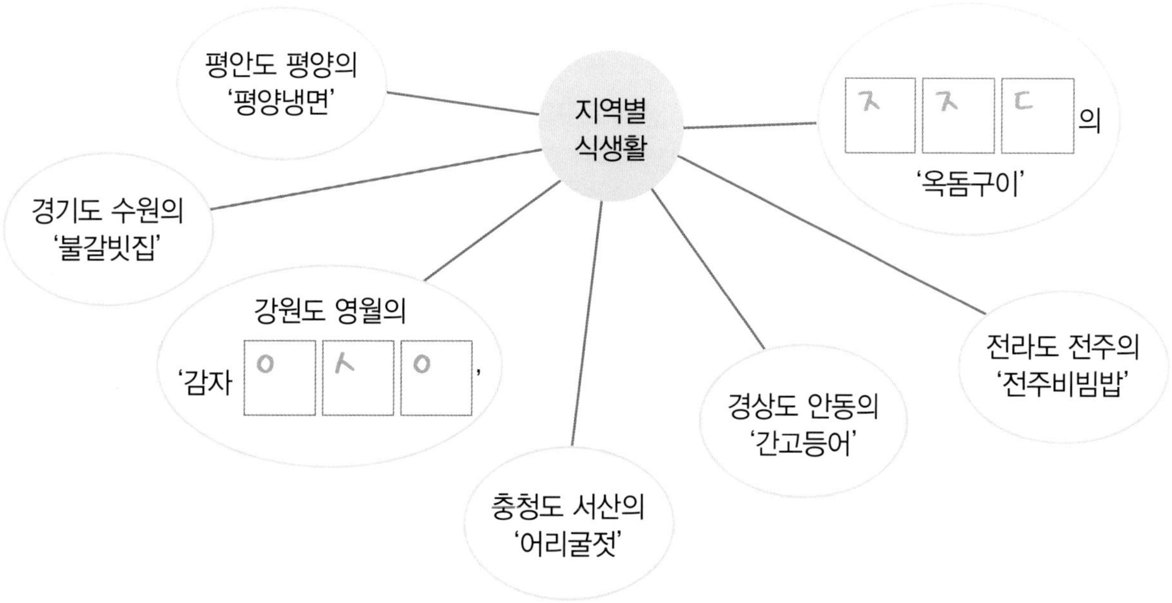

지역별 식생활

평안도 평양의 '평양냉면'

[ㅈ][ㅈ][ㄷ]의 '옥돔구이'

경기도 수원의 '불갈빗집'

강원도 영월의 '감자 [ㅇ][ㅅ][ㅇ]'

충청도 서산의 '어리굴젓'

경상도 안동의 '간고등어'

전라도 전주의 '전주비빔밥'

사회 주생활

고장마다 [ ][ ][ ] 모습이 다른 까닭은 날씨, 땅의 생김새 등을 이용하거나 극복하는 모습이 달라서야.

자연환경에 따른 고장별 주생활

홍수로 집이 물에 잠길 위험이 있는 고장의 [ㅌ][ㄷ][ㅇ][ㅈ]

나무를 쉽게 구할 수 있는 고장의 [ㄴ][ㅇ][ㅈ]

겨울철에 눈이 많이내리는 고장의 [ㅇ][ㄷ][ㄱ][ㅈ]

사회 생활 도구의 변화

옛날이나 오늘날에 일상생활에 자주 쓰이는 도구를 [ ][ ] [ ][ ]라고 해.

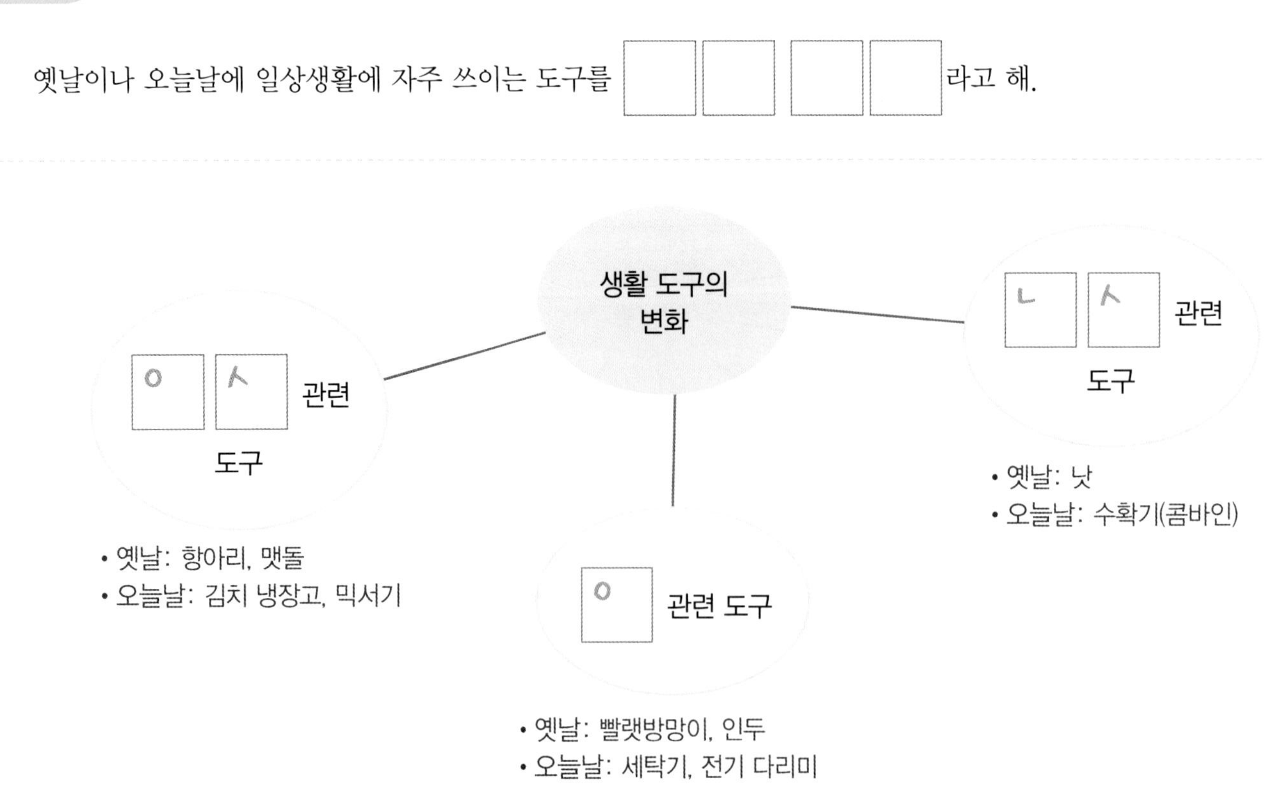

▶ 정답과 해설 16쪽

수학 분수

전체에 대한 부분을 나타내는 수를 [ ][ ]라고 해.

분수
- ㅈ ㅂ ㅅ (분자)<(분모)
- 가분수 (분자)=(분모), (분자)>(분모)
- ㄷ ㅂ ㅅ (자연수)+(진분수)

국어 감각적 표현

사물에 대한 느낌을 생생하고 실감 나게 표현한 것을 [ ][ ][ ] [ ][ ]이라고 해.

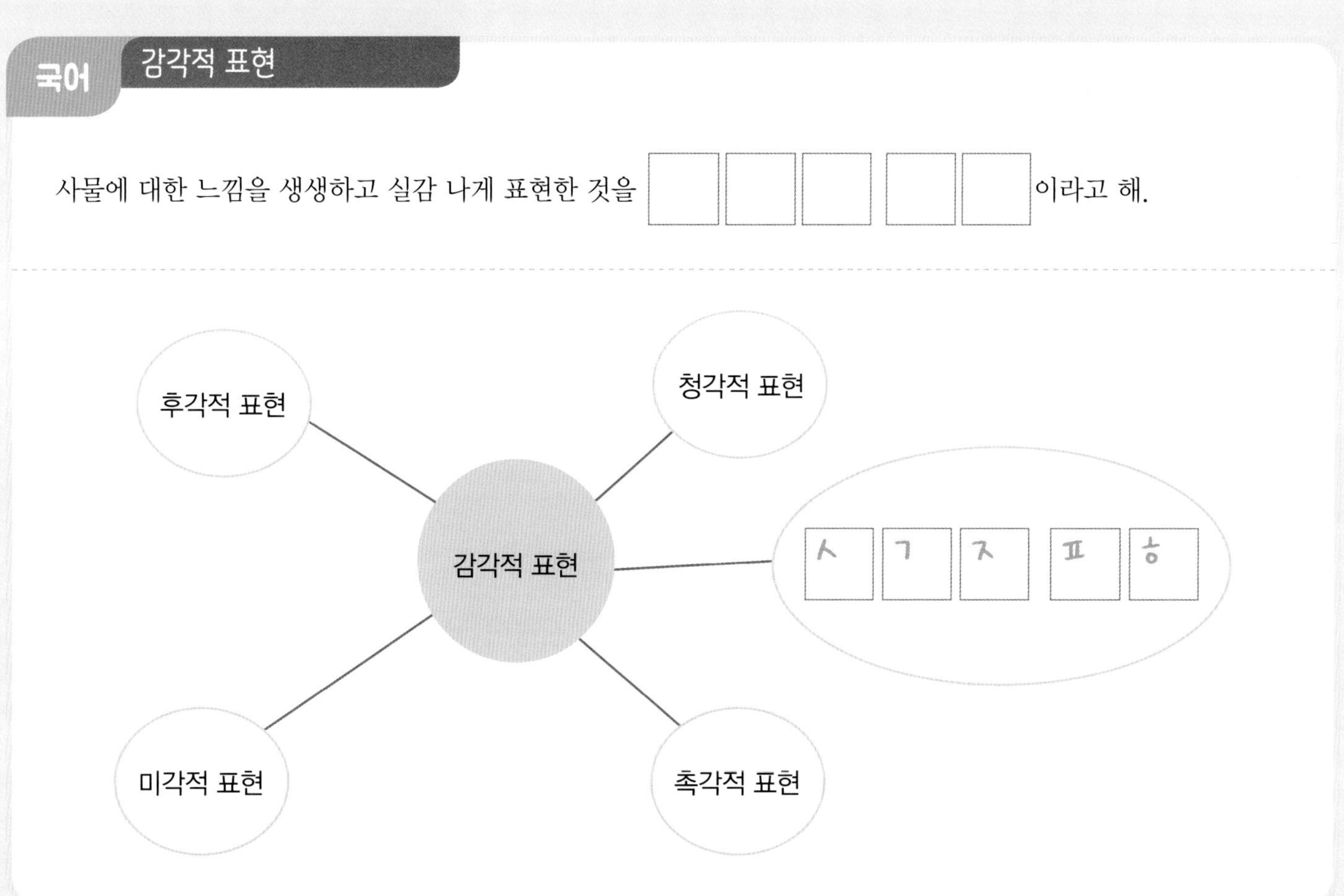

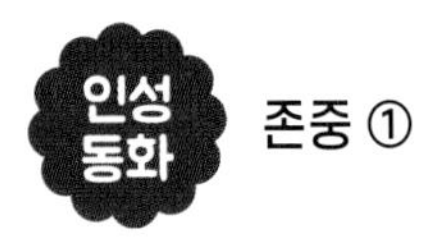

존중 ①

나는 소중하니까요

왜 형만 예뻐해?

"윤아, 얼른 일어나. 얼른! 왜 이리 자꾸 꼼지락거려? 오늘 형 중요한 골프 대회야. 늦으면 안 된다고 했잖아."

엄마가 자꾸 깨웠어요. 윤이는 졸린 눈을 비비며 일어났지요. 세수를 하는 동안에도 눈이 자꾸 감겼어요. 엄마의 잔소리가 이어졌어요.

"윤아, 얼른 씻고 옷 입어야지. 형은 다 준비를 마쳤는데 이제 일어나면 어떡해. 이러다간 정말 늦겠다. 경기 시작하기 한 시간 전에는 들어가서 준비 운동을 해야 한다고 했잖아."

'어휴, 정말 가기 싫어. 형 대회에 왜 나도 가야 해?'

형이 중요한 골프 대회에 나가는 날은 모두 신경이 날카로웠어요. 특히 엄마! 윤이는 아주 어릴 때부터 형의 골프장을 따라다녔어요. 이젠 골프장의 잔디만 봐도 짜증이 났지요.

'골프를 하는 건 형이지, 내가 아닌데. 나는 왜 만날 형 뒤를 졸졸 따라다녀야 해?'

형은 골프를 잘 친 날에는 신이 나서 착한 형이 됐지만, 골프를 잘 못 친 날에는 나쁜 형이 됐어요. 그건 형을 따라다니는 엄마도 마찬가지였지요. 특히 형의 중요한 골프 대회가 있는 날은 모두 신경이 뾰족해졌어요.

'엄마는 만날 형만 신경 써. 나는 골프 대회는 정말 가고 싶지 않은데.'

윤이는 옷을 입으며 속으로 툴툴거렸어요. 가기 싫어서인지 옷 입는 것도 느릿느릿했지요.

형은 일곱 살 때부터 골프를 배웠는데 정말 잘했어요. 그런 형은 우리 집의 자랑거리였지요. 골프 영재로 여러 번 텔레비전에 나오기도 했어요. 골프 대회에서 우승을 한 날은 기자들이 형에게 우르르 몰려들었어요. 그럴 때면 형은 천사처럼 함박웃음을 지으며 사진을 찍었어요. 기자의 질문에 또박또박 대답도 잘해서 어른들이 놀랐지요. 그때의 형은 정말 멋있었어요!

그렇지만 형은 집에 오면 힘들다고 짜증을 냈어요. 골프를 치느라 힘들었는데 골프가 끝나도 자기는 쉬지 못한다고 했지요. 엄마는 그런 형을 달래느라 맛있는 음식도 사 주고, 멋진 선물도 사 줬지요. 형은 자기 방에 틀어박혀서 잠만 내리 잤어요. 윤이는 형이 잠에서 깰까 봐 까치발을 들고 다녀야 했어요.

'엄마, 아빠는 형만 좋아하고, 형한테만 잘해 줘. 칫, 난 이게 뭐야? 형을 따라다니면서 공이나 줍고.'

윤이가 입을 삐죽거렸어요.

밖으로 내려가니, 엄마가 운전대를 잡고 있었고, 형은 부드러운 깔개를 깔아놓은 넓은 뒷좌석에 누워 있었어요. 윤이는 비좁은 엄마 옆자리에 탔어요. 윤이의 뒤쪽으로 여러 개의 골프용품들이 실려 있었기 때문이에요. 이제 3학년이 된 윤이는 키가 부쩍 자라서 좁은 앞자리가 불편했어요.

"나도 뒤에 타면 안 돼?"

윤이가 볼멘소리로 말했어요.

"형이 오늘 잠을 많이 못 잤어. 그러니 가는 동안 조금이라도 자야 이따가 골프를 잘 치지. 넌 그냥 거기 있어."

"여긴 너무 좁아서 불편해요!"

"너, 왜 이래? 형 대회 망치고 싶어?"

두 사람이 티격태격하자 형이 귀에 이어폰을 꽂았어요. 그건 시끄럽다는 표시였지요.

윤이는 자꾸 화가 났어요. 늘 형만 중요한 것 같았어요. 형의 몸 상태가 좋아야 하니까 넌 네 방에 가라, 형이 먹고 싶어 하는 걸 먹으면 형 비위를 건드리지 마라……. 오로지 형, 형, 형! 형만 엄마 아들 같았어요.

윤이는 하고 싶은 말이 정말 많았지만, 꾹 참았어요. 만약 형이 골프를 잘못 치면 동생이 신경질을 부려서 잘 안됐다고 할 것 같았거든요.

윤이는 문득 일곱 살 때 일이 떠올랐어요. 오늘처럼 형의 골프 대회가 있는 날이었는데, 윤이는 그 전날 밤부터 몸이 좋지 않았어요. 이마가 아주 뜨겁고 머리도 아프고 온몸이 축 처졌지요. 몸이 아파서 그랬는지 잠도 잘 못 잤어요. 골프장에 가는 내내 계속 칭얼댔어요. 그날 골프 대회에서 형의 성적이 아주 나쁘게 나왔지요. 집에 돌아온 형은 방에 들어가서 단 한 발자국도 나오지 않았어요. 엄마는 형 방을 들락날락하며 형을 달래느라 힘들어하셨어요. 그 뒤 엄마는 갑자기 윤이에게 화를 냈어요.

"형 대회 날은 조심하라고 했지! 네가 계속 칭얼거려서 형이 잠을 못 잤잖아! 오늘 중요한 시합을 망쳤잖아! 어쩔 거야?"

그때 윤이는 엉엉 울었어요. 몸이 아픈 자기를 막 혼내시는 엄마가 너무 미웠어요. 아픈 자기는 혼내고, 화내는 형만 달래니까요. 누군가가 자신에게 관심을 가져 주었으면 좋겠다고 생각했어요. 그때 서러웠던 기분은 지금도 기억날 정도예요.

'그래, 우리 집에는 왕자 형이 있지. 그리고 왕자 형을 떠받드는 엄마랑. 나는 이게 뭐야. 나도 골프를 잘 치는 형으로 태어났으면 얼마나 좋아?'

윤이는 한숨을 쉬며 속으로 생각했어요.

이어지는 내용은 72쪽에 >>>

2 주차

1회 사회

학습 계획일

① 탈것이 달라, 교통수단의 변화	월 일
② 정보를 전하는 통신 수단의 변화	월 일

2회 과학

학습 계획일

① 태어나 죽을 때까지 동물의 한살이	월 일
② 화려한 변신, 곤충의 한살이	월 일

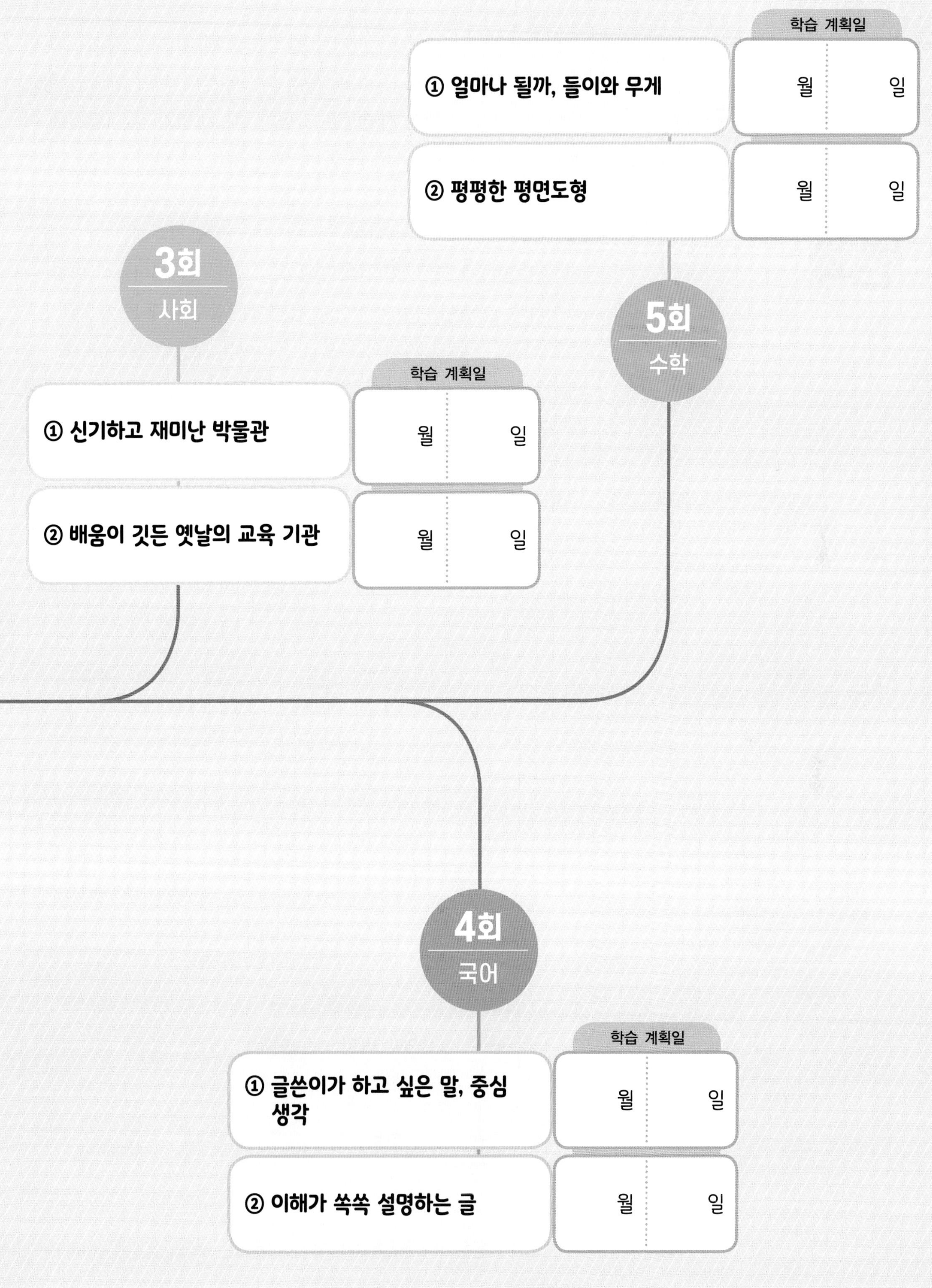
학습 계획일
① 얼마나 될까, 들이와 무게
월
일
② 평평한 평면도형
월
일
3회
사회
5회
수학
학습 계획일
① 신기하고 재미난 박물관
월
일
② 배움이 깃든 옛날의 교육 기관
월
일
4회
국어
학습 계획일
① 글쓴이가 하고 싶은 말, 중심 생각
월
일
② 이해가 쏙쏙 설명하는 글
월
일

탈것이 달라, 교통수단의 변화

만약 먼 곳으로 여행을 가거나 물건을 보낼 때 직접 걸어서 가면 어떨까? 시간이 오래 걸리고, 무거운 물건을 옮겨야 한다면 힘도 많이 들 거야. 그래서 사람들은 자동차, 배, 비행기 같은 탈것을 이용해. 이를 '교통수단'이라고 하지. 교통수단은 어떻게 변화했을까?

옛날에는 주로 사람이나 동물, 자연의 힘으로 움직이는 교통수단을 이용했어. 땅에서는 가마, 말, 당나귀, 소에 짐수레를 단 소달구지 등을 이용했고, 강이나 바다에서는 통나무를 이어붙여 만든 뗏목이나 돛을 달아 바람의 힘으로 움직이는 돛단배 등을 이용했지.

오늘날에는 주로 기계의 힘으로 움직이는 교통수단을 이용해. 땅에서는 자전거, 승용차, 버스, 트럭, 기차, 전철 등을 이용하고, 강이나 바다에서는 여객선, 화물선 등을 이용하지. 그리고 하늘에서는 비행기를 이용해 이동하고 있어.

이처럼 오늘날은 옛날에 비해 빠르고 편리하게 이동할 수 있게 되었어.

교통수단의 변화: 사람이 이동하거나 물건을 옮기는 데 사용하는 도구나 방법의 변화.

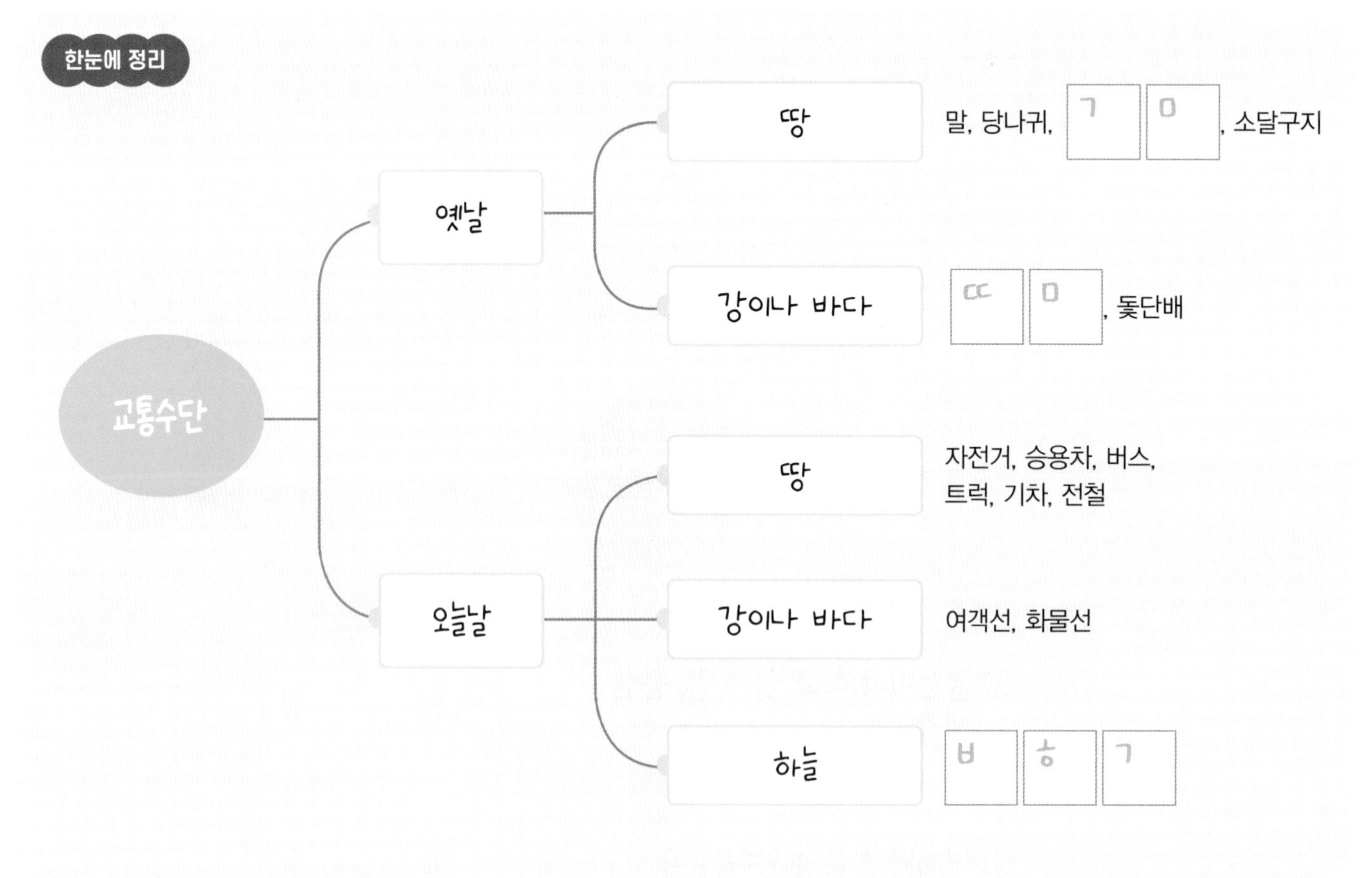

이해 우리가 먼 곳으로 이동하거나 물건을 운반할 때 이용하는 것을 □□□□이라고 해.

옛날 교통수단

사람이나 동물, 자연의 힘을 이용하고, 나무, 식물 줄기 등 자연에서 쉽게 구할 수 있는 재료로 만들어, 환경이 오염되지 않는 장점이 있지만, 시간이 오래 걸리고, 많은 사람이 한꺼번에 이동하기 어려웠어.

가마

조그마한 집 모양의 탈것으로, 안에 사람이 타고, 앞뒤에서 두 명 또는 네 명이 들거나 끈으로 매어 이동했어.

뗏목

통나무를 이어붙여 만든 것으로, 물을 건너야 할 때 이용하던 교통수단이야.

오늘날 교통수단

과학 기술의 발달로 인해 기계의 힘을 이용하고, 철, 플라스틱, 유리, 특수 소재 등 다양한 재료를 이용해 만들어. 쉽고 빠르게 먼 곳까지 이동할 수 있고, 한꺼번에 많은 사람과 물건을 실어 나를 수 있지만, 환경을 오염시키는 경우가 많아.

일정한 지역에서만 볼 수 있는 교통수단도 있어?

그 고장의 자연환경에 따라 발달한 교통수단이 있어. 산이 있는 지역에서는 가파른 길을 오르내리거나 농작물을 수확해 운반할 때 모노레일을 이용해. 또 산이나 높은 곳을 쉽고 빠르게 오르기 위해 케이블카를 타고 이동하지. 바다를 사이에 두고 떨어진 마을에서는 멀리 돌아가지 않기 위해 갯배를 이용하는데, 갯배는 바다 양쪽에 튼튼한 줄을 고정시킨 뒤 배를 타고 이 줄을 쇠고리로 걸어 잡아당겨서 이동하는 거야.

◉ 교통수단에 해당하는 것을 모두 찾아 ○표를 하세요.

승용차	자전거	전기밥솥
전화	비행기	텔레비전

◉ 옛날과 오늘의 교통수단을 알맞게 선으로 이어 보세요.

옛날 •　　　　•

오늘날 •　　　　•

◉ 오늘날 교통수단의 특징으로 알맞은 것에 ○표를 하세요.

- 사람이나 동물, 자연의 힘을 이용한다. ☐
- 자연에서 쉽게 구할 수 있는 재료로 만든다. ☐
- 한꺼번에 많은 사람과 물건을 실어 나를 수 있다. ☐

정보를 전하는 통신 수단의 변화

통신 수단의 변화: 정보를 전달하기 위해 사용하는 방법이나 도구의 변화.

소식을 주고받거나 정보를 전달하기 위해 사용하는 방법이나 도구, 즉 휴대 전화, 모바일 메신저, 인터넷, 텔레비전 같은 것을 '통신 수단'이라고 해.

휴대 전화나 인터넷이 없었던 옛날에는 어떤 통신 수단을 이용했을까? 옛날 사람들은 평소에 소식을 전할 때는 서찰, 파발, 방을 이용했고, 적의 침입과 같은 위급한 상황에서는 좀더 빨리 신호를 전할 수 있는 봉수, 신호 연, 새, 북 등을 이용했어.

오늘날 사람들이 주로 이용하는 통신 수단은 휴대 전화, 모바일 메신저, 인터넷 등이야. 운전을 하면서 길도우미로 길을 찾고, 텔레비전, 라디오, 신문 등을 통해 정보를 얻지. 그리고 장소나 하는 일에 따라 다양한 통신 수단을 이용하는데, 도시의 아파트에서는 인터폰을, 농촌에서는 마을 방송을 이용해. 물속에서 일하는 잠수부는 수신호를 이용하고, 경찰관이나 소방관, 군인은 무전기를 써.

이처럼 오늘날은 옛날에 비해 빠르고 편리하게 정보를 이용하고, 소식도 주고받을 수 있어.

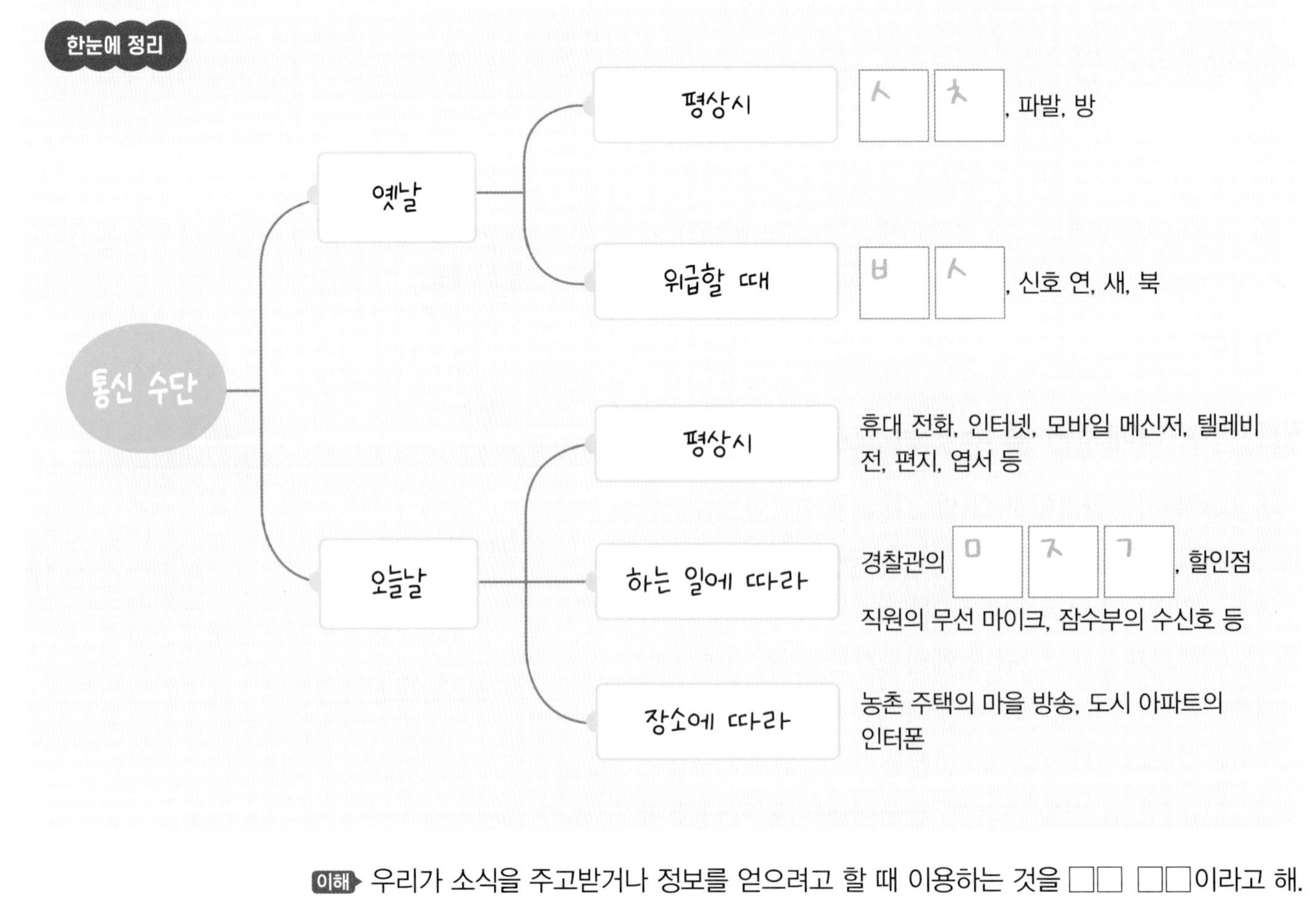

이해 우리가 소식을 주고받거나 정보를 얻으려고 할 때 이용하는 것을 □□ □□이라고 해.

옛날 통신 수단

한번에 많은 소식을 전하기 어렵고, 시간이 많이 걸리는 편이야. 또, 소식을 자세히 전하기 어렵고, 멀리 떨어져 있는 사람과 자주 연락을 주고받기가 어려워.

방

많은 사람이 볼 수 있도록 사람이 많이 다니는 곳에 글로 써 붙여서 알리는 통신 수단이야.

파발

공문서나 긴급한 군사 정보를 전달하기 위해 만든 통신 수단이야. 말을 타고 가서 전하는 기발과 사람이 직접 걸어서 전하는 보발이 있어.

오늘날 통신 수단

쉽고 빠르게 정보를 전할 수 있고, 한 번에 많은 사람에게 전할 수 있어. 또 때와 장소에 영향을 적게 받고, 하나의 통신 기계로 다양한 통신 방법을 이용할 수 있으며, 어떤 곳에 직접 가지 않고도 업무를 볼 수 있어서 편리한 생활을 할 수 있어.

봉수를 올리는 봉수대는 왜 5개야?

봉수는 높은 산에 봉수대를 설치하고, 연기나 횃불을 피워 소식을 전하던 방법을 말해. 이때 피어오르는 연기나 횃불의 개수에 따라 뜻하는 것이 달랐어. 1개는 평상시, 2개는 적이 나타났을 때, 3개는 적이 가까이 왔을 때, 4개는 적이 쳐들어왔을 때, 5개는 적과 싸움이 시작되었을 때를 나타내지.

전국의 주요 산 정상에 봉수대를 설치해 마치 이어달리기 경주를 하는 것처럼 봉수를 올려 서울의 남산 봉수대로 전달했어.

◉ 옛날의 통신 수단에 해당하는 것을 모두 찾아 ○표를 하세요.

방	신호 연	전화
봉수	인터넷	텔레비전

◉ 알맞게 선으로 이어 보세요.

길 도우미 •	• 스마트폰 같은 모바일 기기로 채팅을 하거나 데이터를 주고받을 수 있는 통신 수단
모바일 메신저 •	• 운전할 때 지도를 보여 주거나 지름길을 찾아 주고, 길을 안내하는 통신 수단

◉ 봉수에 대한 설명으로 알맞는 것에 ○표를 하세요.

- 봉수대는 3개이다. ( )
- 횃불과 연기를 피워 소식을 전하는 방법이다. ( )
- 평상시에 사람들끼리 소식을 주고받는 방법이다. ( )

태어나 죽을 때까지 동물의 한살이

동물의 한살이: 동물이 태어나고 자라서 자손을 만들고 죽음에 이르기까지의 과정.

동물은 알이나 새끼로 태어나 자라면서 어미의 모습으로 변하고 짝짓기를 하여 다시 알이나 새끼를 낳아 대를 잇고 죽는데, 이러한 과정을 '동물의 한살이'라고 해.

닭은 알을 낳는 동물이야. 암탉이 공 모양의 알을 낳고, 품은 지 약 21일 후면 부화하여 병아리가 돼. 병아리는 점점 자라서 큰 병아리가 되고, 더 자라면 다 자란 닭이 되지. 다 자란 닭은 짝짓기를 하여 다시 알을 낳아.

개는 새끼를 낳아서 기르는 동물이야. 갓 태어난 강아지는 어미 젖을 먹고 자라면서 큰 강아지가 돼. 그리고 더 자라면 다 자란 개가 되어 짝짓기를 하고 다시 새끼를 낳지.

동물의 암컷과 수컷은 어떻게 구분할 수 있을까? 동물 중에 알이나 새끼를 낳는 동물이 암컷이야. 그런데 생김새는 사자나 원앙처럼 암수가 다른 동물도 있고, 돼지나 참새처럼 비슷한 동물도 있어.

한눈에 정리

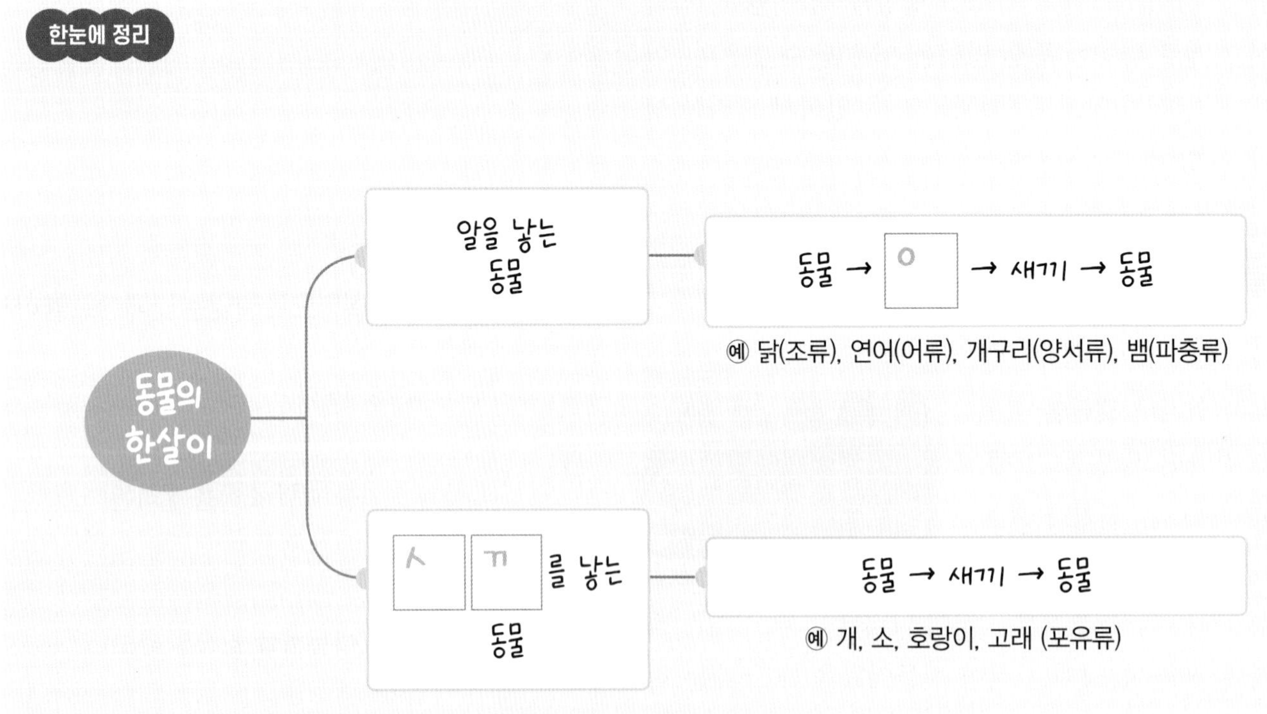

이해 ▸ 동물이 태어나 자라 짝짓기를 하여 다시 알이나 새끼를 낳아 대를 잇고 죽는 과정을 동물의 □□□라고 해.

알을 낳는 동물의 한살이

연어와 같은 어류, 개구리와 같은 양서류, 뱀과 같은 파충류, 굴뚝새와 같은 조류 등은 알에서 나와 자라고, 다 자라면 어미와 비슷한 모양이 되지.

▲ 개구리의 한살이

새끼를 낳는 동물의 한살이

새끼를 낳는 동물의 새끼는 어미의 모습과 비슷하고, 어미젖을 먹고 자라다가 점차 다른 먹이를 먹게 돼.

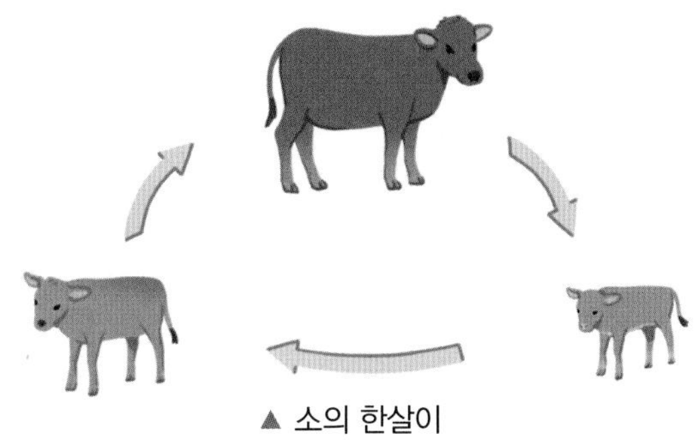

▲ 소의 한살이

알이나 새끼를 돌보는 과정에서 암수는 어떤 역할을 해?

암컷이 혼자 새끼를 기르는 동물이 있어

곰, 소, 산양, 바다코끼리 등은 짝짓기를 한 후에 수컷이 떠나버리고 암컷이 홀로 새끼를 돌봐.

암수가 함께 알을 돌보기도 해

제비, 찌르레기, 황제펭귄, 두루미 등은 암수가 교대로 알을 품고 먹이를 물고 와.

수컷이 혼자 알을 돌보기도 해

가시고기, 물자라, 꺽지, 물장군 등의 수컷은 암컷이 낳은 알을 정성껏 돌보기로 유명해. 그래서 알에서 새끼들이 깨어나면 너무 지쳐 죽기도 한대.

◉ 알맞은 말에 ○표를 하세요.

닭은 (알 , 새끼)을/를 낳는 동물이고, 개는 (알 , 새끼)을/를 낳는 동물이다.

◉ 동물의 한살이에 대한 내용으로 알맞은 것에 ○표를 하세요.

동물 중에 알이나 새끼를 낳는 것은 수컷이다.	☐
동물의 암수가 짝짓기를 하면 알이나 새끼를 낳는다.	☐
동물이 알이나 새끼를 낳으면 모두 어미젖을 먹고 자란다.	☐

◉ 다음은 어떤 동물의 특징인지 ○표를 하세요.

- 어미젖을 먹고 자란다.
- 어릴 때 모습이 어미와 비슷하다.

(알 , 새끼)을/를 낳는 동물

화려한 변신, 곤충의 한살이

곤충의 한살이: 곤충이 태어나서 어린 시절을 거치며 성장하여 자손을 남기고 죽을 때까지의 과정.

우리가 주변에서 흔히 볼 수 있는 나비나 잠자리 같은 곤충의 한살이는 어떨까?

잠자리의 한살이는 알에서 시작돼. 알에서 깨어난 애벌레는 먹이를 먹고 번데기 과정 없이 몇 번의 허물을 벗고 자라서 어미를 닮은 어른벌레가 되지.

나풀나풀 예쁜 날갯짓의 **배추흰나비의 한살이**도 알에서 시작돼. 알에서 나온 애벌레는 어른벌레가 되기 전에 **번데기 과정**을 거치게 되는데, 번데기는 애벌레가 스스로 고치를 만들고 그 안에 들어가 어른벌레가 될 준비를 하는 거야. 겉보기에는 죽은 것처럼 꼼짝도 하지 않지만, 안에서는 놀라운 기적이 일어나고 있어. 충분한 시간이 지나면 어미와 똑 닮은 어른벌레가 번데기를 찢고 밖으로 나와 멋지게 하늘로 날아오르지.

이처럼 곤충의 한살이는 번데기 과정을 거치느냐, 거치지 않느냐에 따라 나뉘어.

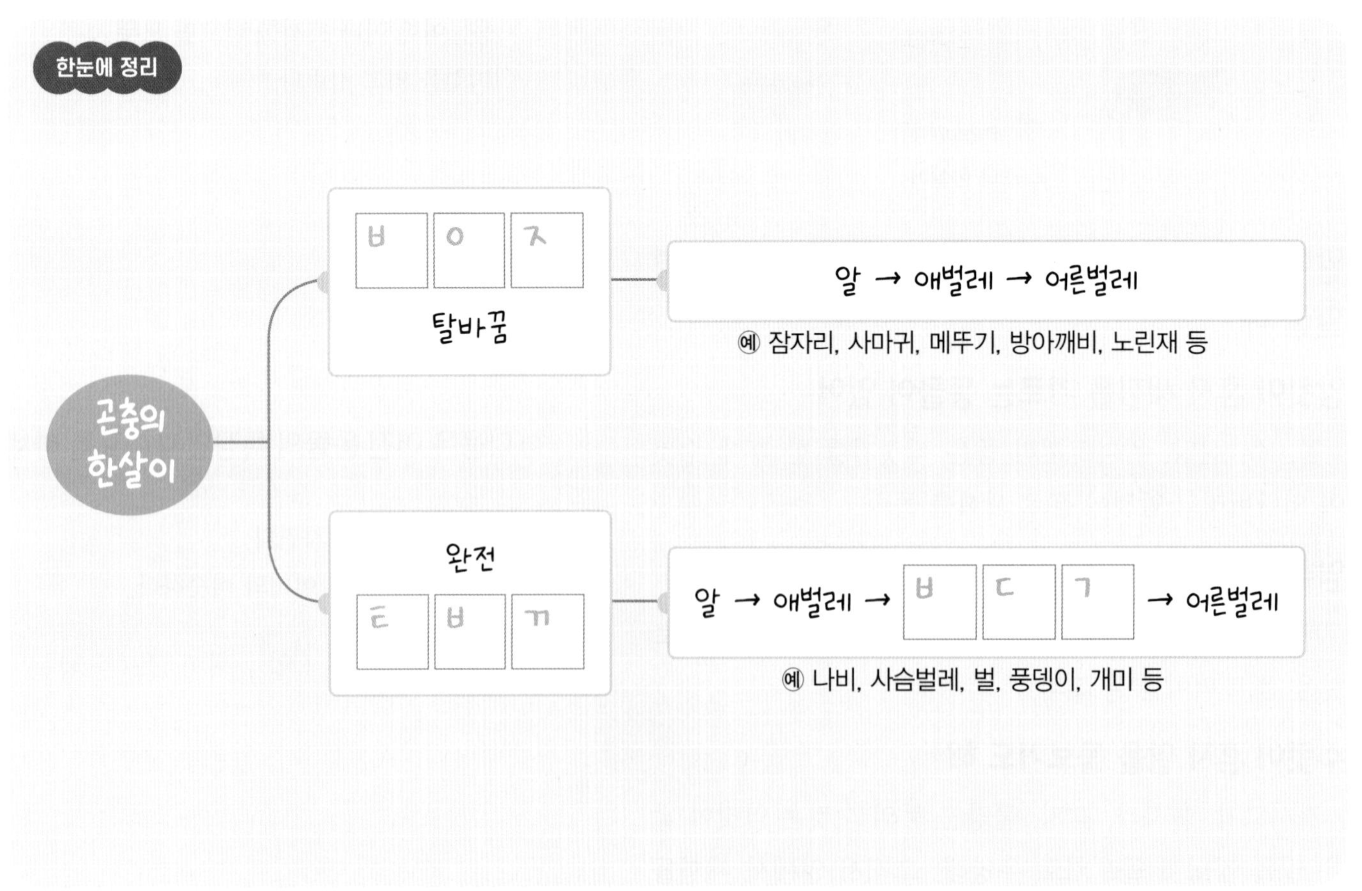

이해 알에서 깨어난 곤충이 애벌레 과정을 거쳐 성충이 될 때까지의 과정을 □□의 □□□라고 해.

불완전 탈바꿈

알에서 깨어난 곤충이 어른벌레가 되기까지 변해가는 과정을 '탈바꿈'이라고 하는데, 잠자리는 성격이 좀 급한가 봐. 번데기 과정을 거치지 않고 '알 → 애벌레 → 어른벌레'로 바뀌는 '불완전 탈바꿈'을 해. 불완전 탈바꿈을 하는 곤충은 애벌레와 어른벌레의 모습이 서로 닮았어.

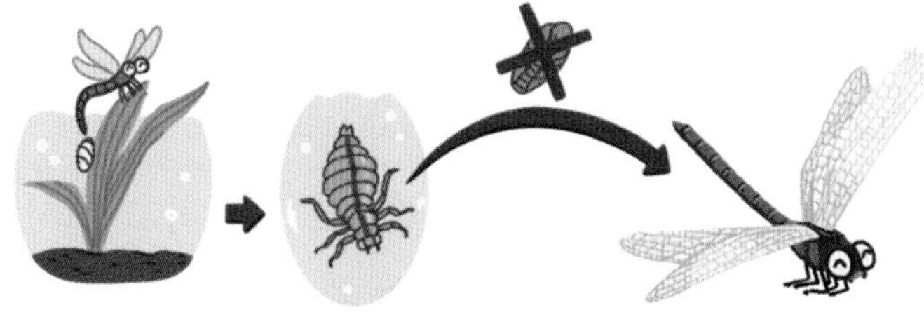

▲ 잠자리의 한살이

완전 탈바꿈

배추흰나비는 '알 → 애벌레 → 번데기 → 어른벌레'로 바뀌는 '완전 탈바꿈'을 해. 여기서 번데기 과정이 중요한데, 운동능력이 전혀 없는 번데기에서 날개를 단 어른벌레로 날개돋음을 하는 탈바꿈이야. 꿈틀거리던 애벌레에서 예쁜 날갯짓을 하는 어른벌레(나비)로 모습이 완전히 바뀌는 탈바꿈을 하는 거야.

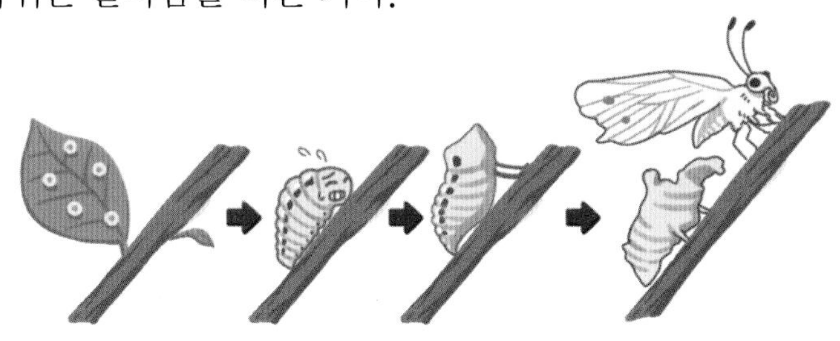

▲ 배추흰나비의 한살이

거미는 곤충일까?

머리, 가슴, 배 세 부분으로 구분되지 않고, 다리의 수가 3쌍이 아니므로 곤충이 아니야.

▲ 곤충이 아닌 것들

◉ 알맞은 말에 ○표를 하세요.

잠자리는 번데기 과정을 거치지 않는 (불완전 , 완전) 탈바꿈을 하는 곤충이다.

◉ 날개돋음을 하는 곤충을 골라 ○표를 하세요.

◉ 곤충이 아닌 것을 골라 ○표를 하세요.

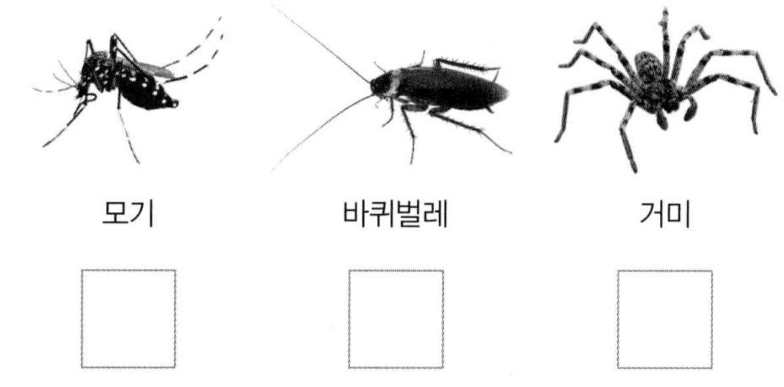

3회 ①

신기하고 재미난 박물관

박물관은 옛날에 쓰였던 물건이나 예술품을 모아 보관하고 여러 사람에게 보여 주는 곳이야. 온갖 물건들이 모여 있는 박물관은 아주 신기하고 재미난 곳이지.

박물관은 전시하는 자료에 따라서 '종합 박물관'과 '전문 박물관'으로 나눌 수 있어.

종합 박물관은 쉽게 말해서 모든 분야의 자료를 소장하고 있는 박물관을 말해. 대표적인 종합 박물관은 우리나라의 국립 중앙 박물관, 국립 민속 박물관을 비롯한 각 지방 박물관 등이야.

전문 박물관은 특정 분야의 자료를 전문적으로 보존하고 전시하는 박물관을 말해. 전문 박물관에는 우리나라 화폐는 물론 세계 화폐를 알 수 있는 화폐 박물관, 우리나라 철도의 역사와 발전 과정, 철도의 미래까지 볼 수 있는 철도 박물관, 서울의 역사와 서울의 이모저모를 알 수 있는 서울 역사 박물관, 자연의 역사가 기록된 자연사 박물관 등이 있어.

박물관: 다양한 분야의 학술자료를 수집, 연구, 진열하고 알리는 곳.

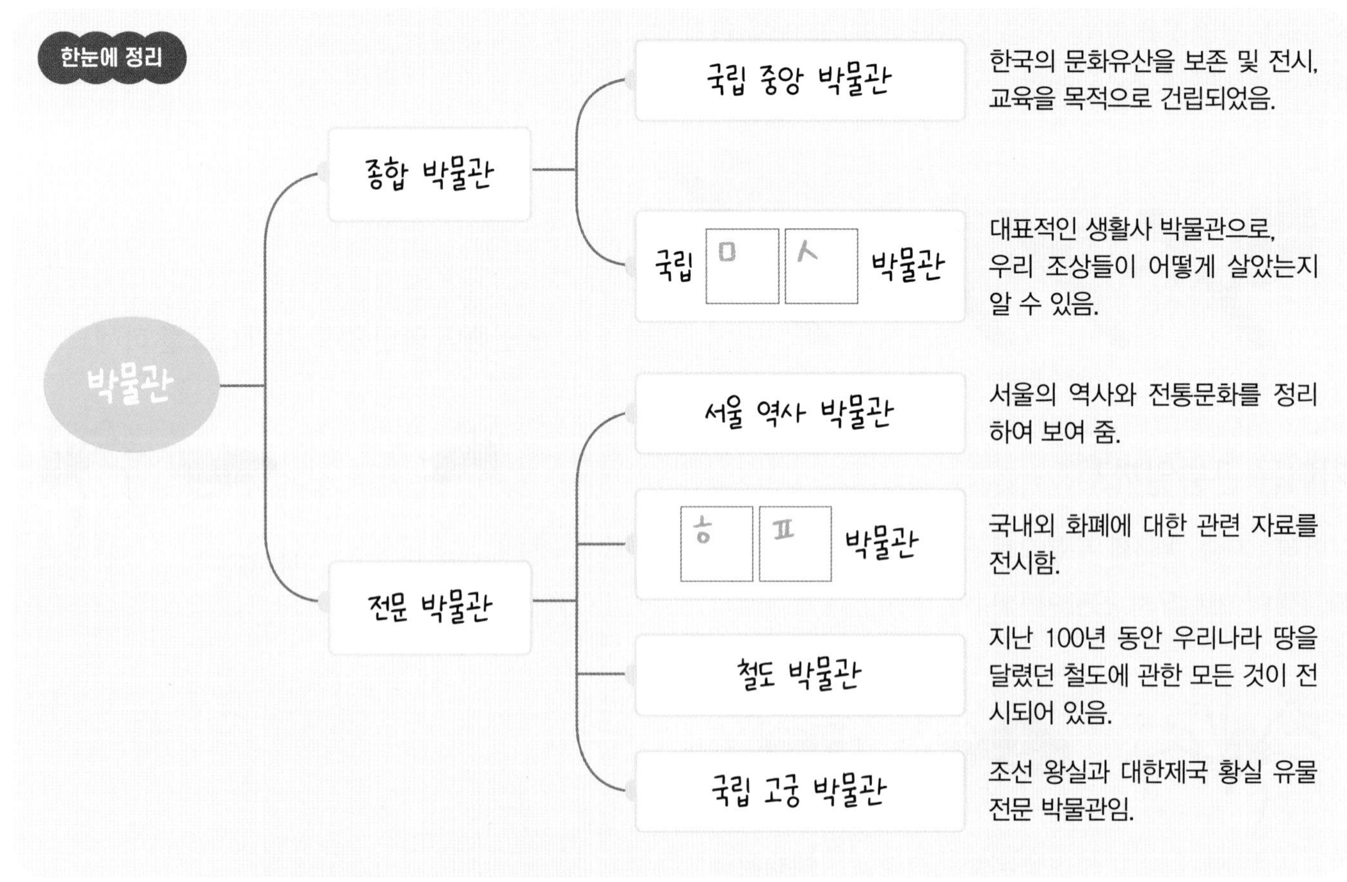

한눈에 정리
박물관
종합 박물관
국립 중앙 박물관
한국의 문화유산을 보존 및 전시, 교육을 목적으로 건립되었음.
국립 ㅁ ㅅ 박물관
대표적인 생활사 박물관으로, 우리 조상들이 어떻게 살았는지 알 수 있음.
전문 박물관
서울 역사 박물관
서울의 역사와 전통문화를 정리하여 보여 줌.
ㅎ ㅍ 박물관
국내외 화폐에 대한 관련 자료를 전시함.
철도 박물관
지난 100년 동안 우리나라 땅을 달렸던 철도에 관한 모든 것이 전시되어 있음.
국립 고궁 박물관
조선 왕실과 대한제국 황실 유물 전문 박물관임.

이해 □□□은 옛날에 쓰였던 물건이나 예술품을 모아 보관하고 여러 사람에게 보여 주는 곳이야.

▶ 정답과 해설 23쪽

박물관에서 전시를 준비하는 사람들

큐레이터

'학예사'라고도 하는데, 박물관에서 관람객을 위해 전시를 기획하고, 개최하는 일을 담당하고 있어. 그리고 작품이나 유물 등을 구입하고 관리하는 일도 맡고 있지. 이러한 일을 하려면 예술 작품과 유물에 관한 전문적 지식을 갖추고 있어야겠지.

도슨트

일정한 교육을 받고 박물관에서 일반 관람객들을 안내하면서 전시물 및 작가들에 대한 설명을 제공하여 전시물에 대한 이해를 돕는 일을 맡고 있어. 관람객과 가장 가까운 곳에서 일하고 있다고 할 수 있지. 박물관의 규모 등에 따라서 별도의 도슨트 없이 큐레이터가 도슨트 역할을 하기도 해.

우리나라에서 가장 규모가 큰 박물관은 뭐야?

우리나라의 박물관 중에서 가장 규모가 큰 박물관은 서울에 있는 국립 중앙 박물관이야. 100년이 넘는 전통을 가지고 있는 국립 중앙 박물관은 우리나라의 역사와 고고학, 미술사, 민속 등에 관한 유물을 소장하고 있는데, 그 가운데 12,000여 점의 유물을 상설 전시하고 있어. 그리고 우리나라의 소중한 유적을 조사, 발굴하고 보존하는 일도 하고 있지.

◉ 알맞게 선으로 이어 보세요.

종합 박물관 •		• 특정 분야의 자료를 보존하고 전시하는 박물관
전문 박물관 •		• 모든 분야의 자료를 소장하고 전시하는 박물관

◉ 알맞은 말에 ○표를 하세요.

일정한 교육을 받고 박물관에서 관람객들을 안내하면서 전시물 및 작가들에 대한 설명을 제공하는 사람을 (도슨트 , 큐레이터)라고 한다.

◉ 국립 중앙 박물관에 대한 설명으로 알맞은 것에 ○표를 하세요.

우리나라 박물관 중에서 가장 규모가 큰 박물관이다.	☐
조선 왕실과 대한제국 황실 유물을 주로 전시하고 있다.	☐

배움이 깃든 옛날의 교육 기관

옛날의 교육 기관: 교육에 관한 일을 맡아보는 곳으로 태학, 국학, 국자감, 성균관 등이 있음.

우리나라는 옛날부터 교육에 대한 관심이 높았어. 나라에서 세운 최고 교육 기관은 삼국 시대부터 있었는데, 고구려의 태학, 그 뒤를 이어 통일 신라 때의 국학과 고려 시대의 국자감, 조선 시대의 성균관이 옛날 우리나라의 최고의 교육 기관이었어.

고구려의 소수림왕 때 만들어진 태학은 우리나라 최초의 학교로, 주로 지배층의 자제들이 다니는 귀족 학교였어. 이곳에서는 주로 유교 경전을 익히거나 무예를 수련했다고 해. 통일 신라 때 신문왕이 설치한 국학은 왕권 강화와 유교 정치 확립을 위해 설치하였고, 고려 시대에 유학을 가르치던 최고의 국립 교육 기관인 국자감은 국가에서 필요한 인재를 양성하기 위해 만든 교육 기관이었어. 조선 시대 교육 기관인 성균관은 오늘날의 국립 대학과 비슷한 곳인데, 공자를 비롯한 유교의 성현들에게 제사를 지내고 학생들을 가르치는 곳이었지.

옛날 교육 기관들은 그 시대의 학문과 사상을 배우며 인재를 양성하는 데 그 목적을 두었어.

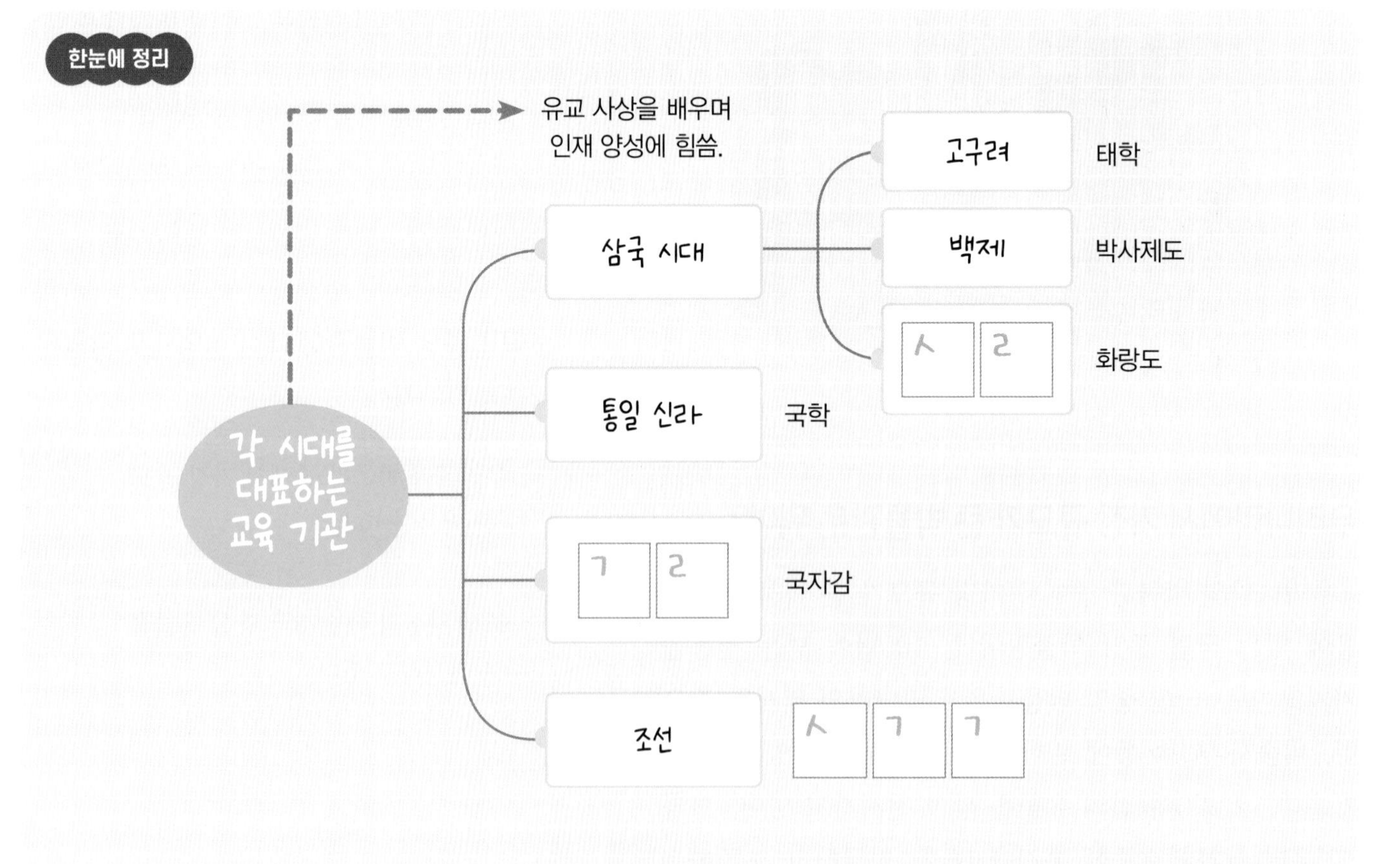

이해 태학, 국학, 국자감, 성균관은 모두 옛날 우리나라의 최고의 □□ □□이었어.

▶ 정답과 해설 24쪽

조선 시대 교육 기관

초등 교육 기관 – 서당

7~15세 정도의 아이들이 다니던 곳으로, 대부분의 마을마다 있어서 쉽게 이용할 수 있던 곳이야. 이곳의 선생님은 훈장님이라고 했어. 전국 어디에나 있었던 서당은 나라에서 운영하는 교육 기관은 아니었어.

중·고등 교육 기관 – 향교

향교는 지방의 공립 학교야. 고려의 제17대 임금인 인종 때부터는 지방에 학교를 세우고 유능한 학자들을 파견해 유학을 가르치도록 했어. 그러나 향교가 지방 교육의 중심으로 자리를 잡은 것은 조선 시대였지. 향교는 서당을 마친 15세 전후의 학생들이 입학하여 공부하던 곳으로, 공자의 제사를 지내기도 했어.

대학 교육 기관 – 성균관

조선 시대의 최고 교육 기관인 성균관은 전국에 한 군데밖에 없었어. 성균관에서는 많은 학생들을 다 받을 수가 없어서 소과에 합격한 사람 가운데에서 200명 정도의 학생을 뽑았어. 성균관에서 공부하는 학생들을 유생이라고 하는데, 유생들은 성균관 안 기숙사에서 생활하면서 엄격한 규칙에 따라 공부했대.

옛날 교육 기관에서 배웠던 유학은 어떠한 학문이야?

유학은 공자의 가르침에서 시작된 학문으로, 나라에 대한 충성과 부모에 대한 효도를 중요하게 여겼어. 중국의 춘추 전국 시대에 처음 나타나 한나라 때부터 발달했으며, 우리나라에는 삼국 시대 이전에 한자와 함께 전해져 정치와 사회, 문화 등 많은 분야에 커다란 영향을 미쳤어.

◉ 알맞은 말에 ○표를 하세요.

고려 시대의 최고 교육 기관으로 지금의 대학에 해당하는 곳은 (국학 , 태학 , 국자감)이다.

◉ 알맞게 선으로 이어 보세요.

서당 •	• 조선 시대의 최고 교육 기관으로, 전국에 한 곳 밖에 없었다.
향교 •	• 7~15세 정도의 아이들이 다니는 곳으로, 아이들을 가르치는 훈장이 있었다.
성균관 •	• 지방의 공립 학교로, 시작은 고려 인종 때부터이지만 조선 시대에 지방 교육의 중심으로 자리잡았다.

◉ 옛날 교육 기관에서 배웠던 유학에 대한 설명으로 알맞은 것에 ○표를 하세요.

우리나라에는 조선 시대 이후에 들어온 학문이다.	☐
공자의 가르침을 근본으로 삼는 학문이다.	☐

4회 ①

글쓴이가 하고 싶은 말, 중심 생각

중심 생각: 글쓴이가 글 전체에서 말하고 싶은 생각.

중심 생각이란 글쓴이가 글 전체에서 말하고 싶은 생각이야. 글을 읽고 중심 생각을 찾으려면 문단의 중심 문장을 찾아보고 중심 생각을 간추리거나, 글의 제목을 보고 무엇에 대해 쓴 글인지 생각해 봐도 좋아. 그리고 글에 있는 사진이나 그림을 보고 글쓴이의 중심 생각을 찾으면 돼.

중심 생각을 찾기 위해 알아두어야 할 것들이 있는데, 바로 문단과 중심 문장, 뒷받침 문장에 대한 내용이야. 여러 문장이 모여 하나의 생각을 나타내는 글의 덩어리를 문단이라고 해. 한 문단의 전체 내용을 대표하는 문장이 바로 중심 문장인데, 한 문단에서 가장 중요한 문장이지. 문단에서 중심 문장을 뒷받침하거나 예를 들어 자세히 설명하는 문장은 뒷받침 문장이라고 해.

이와 같이 문단에서 중심 문장은 문단 전체를 대표하고, 뒷받침 문장은 중심 문장을 보충하거나 자세히 설명해. 이렇게 찾은 각 문단의 중심 문장들 속에 바로 중심 생각이 담겨 있는 거야.

한눈에 정리

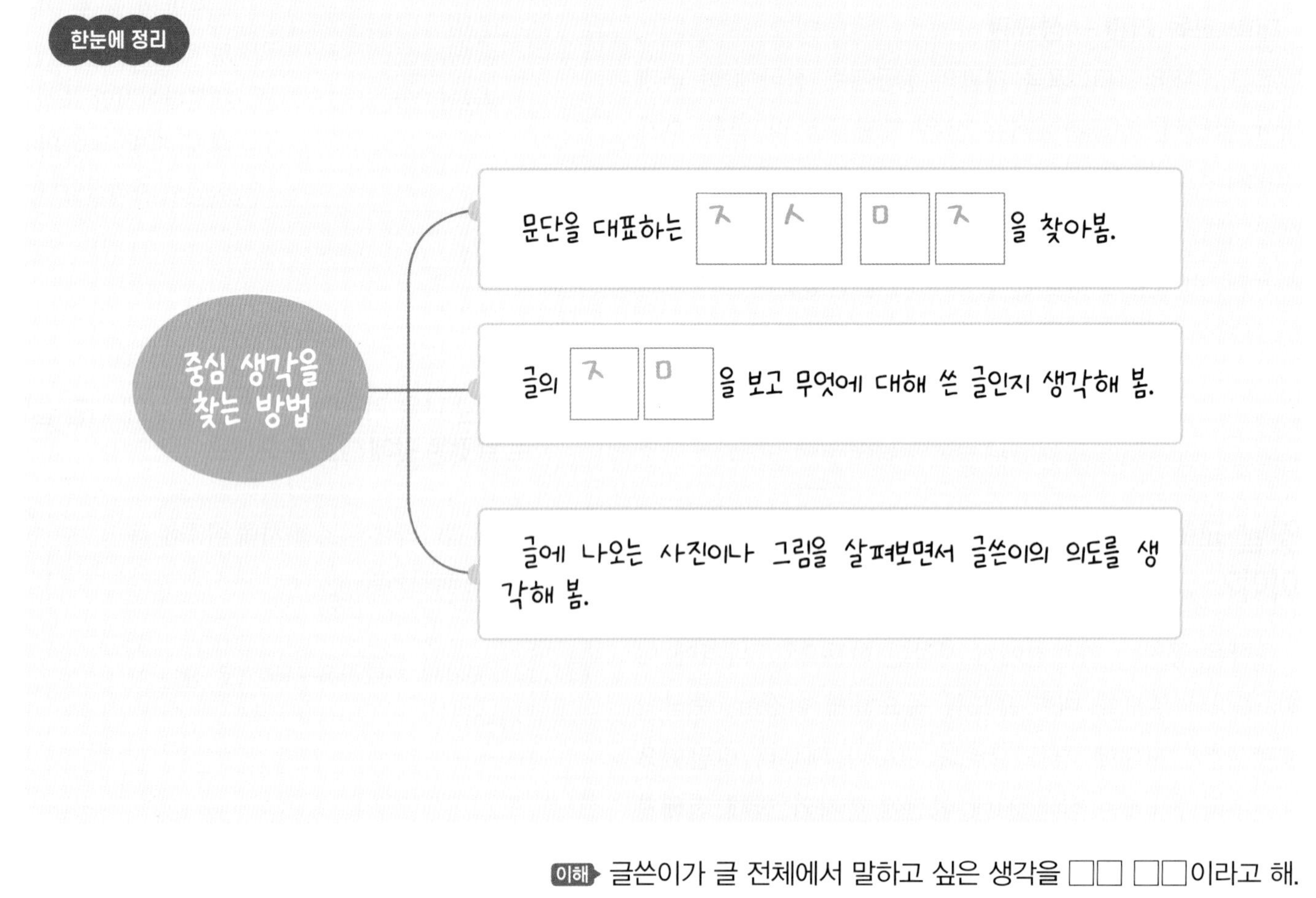

중심 생각을 찾는 방법
문단을 대표하는 ㅈ ㅅ ㅁ ㅈ 을 찾아봄.
글의 ㅈ ㅁ 을 보고 무엇에 대해 쓴 글인지 생각해 봄.
글에 나오는 사진이나 그림을 살펴보면서 글쓴이의 의도를 생각해 봄.

이해 글쓴이가 글 전체에서 말하고 싶은 생각을 □□ □□이라고 해.

▶ 정답과 해설 25쪽

문단의 특징

문단의 역할

문단은 생각의 단위로, 여러 문장으로 이루어진 문단은 하나의 생각을 나타내. 글쓴이의 달라지는 생각들을 구분해서 글의 내용을 쉽게 알 수 있게 하지.

한 문단 안에 있는 문장들

한 문단에는 문단의 내용을 대표하는 중심 문장과 중심 문장을 자세히 설명해 주는 뒷받침 문장이 있어.

새로운 문단을 시작할 때

문단을 시작할 때에는 '한 칸 들여쓰기'와 '줄 바꾸기'를 해. 각 문단에서 첫 문장의 첫 글자는 한 칸 들여쓰기를 해. 문단마다 한 칸 들여쓰기를 하지 않는다면 글을 읽고 내용을 파악하기 어려울 뿐만 아니라, 내용이 바뀌는 곳을 쉽게 찾지 못할 거야. 또, 문단마다 줄 바꾸어 쓰기를 하지 않는다면 글의 내용이 바뀌는 곳을 쉽게 찾지 못할 거야.

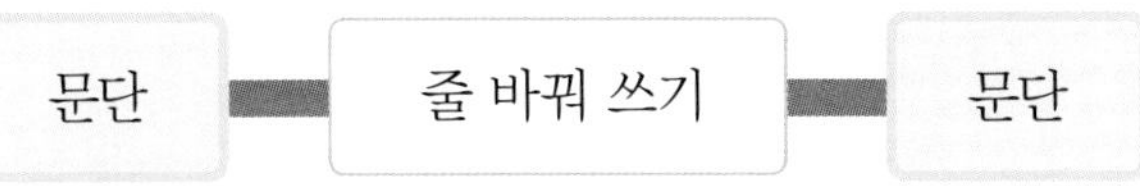

중심 생각을 잘 찾는 방법은 뭘까?

글의 중심 생각은 핵심이 되는 말을 찾는 것에서부터 시작돼

글에서 중요한 내용과 관련 있는 낱말은 반복해서 사용돼. 그리고 중요한 낱말은 일반적으로 글의 제목에서 드러나는 경우도 많아.

문단에서 중심 문장이 있는 부분을 잘 찾아볼 수 있어야 해

글쓴이가 전하고자 하는 내용을 먼저 제시하고 근거가 되는 것을 덧붙여서 이야기하는 문단에서는 중심 문장이 처음에 나타나 있어. 주제에 대해 뒷받침 내용을 먼저 이야기하고 나중에 전하고 싶은 중심 내용이 드러나는 경우도 있어. 또, 중심 문장이 중간에 있는 경우가 있는데, 이때는 주제에 대한 뒷받침 내용을 말하다가 중심 생각을 제시하고 다시 뒷받침 내용을 보충 설명하기도 해.

◉ 다음은 무엇을 찾기 위한 방법인지 알맞은 말을 쓰세요.

- 문단을 대표하는 중심 문장을 찾아본다.
- 글의 제목을 보고 무엇에 대해 쓴 글인지 생각해 본다.
- 글에 나오는 사진이나 그림을 살펴보면서 글쓴이의 의도를 생각해 본다.

☐☐☐☐

◉ 알맞은 말에 ○표를 하세요.

각 문단에서 첫 문장의 첫 글자는 (한 , 두) 칸 들여쓰기를 해서 내용이 바뀌는 곳을 쉽게 찾을 수 있도록 한다.

◉ 중심 문장에 대한 설명으로 알맞은 것에 ○표를 하세요.

중심 문장은 문단의 처음 부분에만 드러나 있다. ☐

중심 문장이 문단의 중간에 있는 경우도 있다. ☐

4회 ②

이해가 쏙쏙 설명하는 글

설명하는 글: 어떤 대상에 대한 지식이나 정보를 알기 쉽게 쓴 글.

설명하는 글은 어떤 대상에 대한 지식이나 정보를 상대방이 이해하기 쉽도록 알기 쉽게 쓴 글이야. 그렇기 때문에 내용을 쉽고 간결하게 설명해야 하고, 문장의 뜻이 분명히 드러나도록 쉬운 낱말과 문장으로 풀어서 써야 해. 상상한 내용이나 자신의 생각을 써서는 안 돼. 누구나 인정할 만한 사실을 전달하는 글이기 때문이지. 설명하는 글은 이처럼 지식이나 정보를 사실대로 전달하는 데에 목적이 있어.

설명하는 글은 쉽게 이해할 수 있도록 '처음 – 가운데 – 끝'의 세 단계로 짜여 있어. 각 단계에 따라 들어가는 내용도 다르니까 잘 알아두어야 해. 처음 부분에서는 무엇을 설명할 것인지 밝히면서 읽는 사람의 흥미를 끌어야 해. 가운데 부분에서는 내가 설명하려는 내용에 알맞은 설명 방법을 찾아 대상을 쉽고 자세하게 설명해야 해. 끝부분에서는 설명한 내용을 간단히 정리하면서 마무리하면 돼.

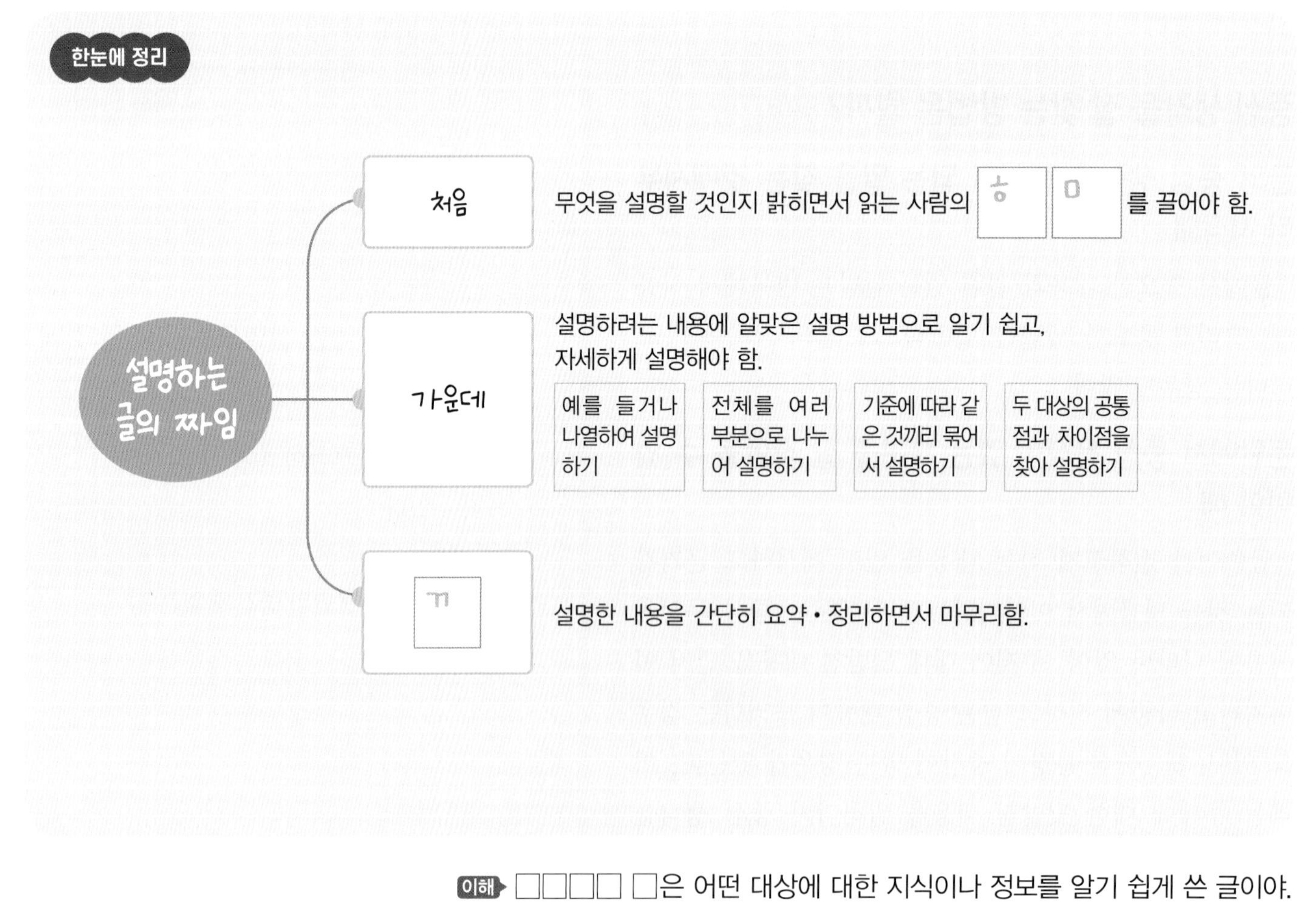
한눈에 정리
설명하는 글의 짜임
처음
무엇을 설명할 것인지 밝히면서 읽는 사람의 ㅎ ㅁ 를 끌어야 함.
가운데
설명하려는 내용에 알맞은 설명 방법으로 알기 쉽고, 자세하게 설명해야 함.
예를 들거나 나열하여 설명하기
전체를 여러 부분으로 나누어 설명하기
기준에 따라 같은 것끼리 묶어서 설명하기
두 대상의 공통점과 차이점을 찾아 설명하기
ㄲ
설명한 내용을 간단히 요약·정리하면서 마무리함.

이해▶ □□□□ □은 어떤 대상에 대한 지식이나 정보를 알기 쉽게 쓴 글이야.

▶ 정답과 해설 26쪽

설명하는 글을 쓰는 방법

설명하려는 대상의 특징을 예를 들거나 나열하여 설명하기

설명하는 글은 읽는 이가 이해하기 쉽게 써야 하므로, 대상에 대해 예를 들어 설명하면 좋아. '예를 들어, 예컨대'와 같은 말을 사용해서 설명하고자 하는 대상과 관계있는 예를 들어 보이면 훨씬 이해하기가 쉽거든. 또 그런 예가 많은 경우에는 나열해서 보여 주면 돼.

전체를 여러 부분으로 나누어 설명하기

대상을 여러 부분으로 나누어 설명하면 전달하고자 하는 대상이 어떻게 이루어져 있는지 자세히 설명할 수 있어.

기준에 따라 같은 것끼리 묶어서 설명하기

여러 가지가 섞여 있는 대상을 일정한 기준을 정해 종류를 나누고 덩어리로 묶어 설명하면 체계적으로 정리하여 설명할 수 있어.

두 가지 이상의 대상에서 공통점과 차이점을 찾아 설명하기

두 가지 이상의 대상에서 그 특징을 생각하여 기준을 정하고 기준에 따라 공통점과 차이점을 이야기할 수 있어.

설명하는 글을 읽는 방법

읽기 전

제목이나 표지, 차례 등을 살펴보고 관련 지식이나 경험을 자유롭게 떠올려 볼 수 있어. 글을 훑어보거나 핵심어 등을 살펴 알고 있는 내용이나 떠오르는 내용을 친구들과 나누어 보아도 좋아.

읽기 중

자신이 알고 있는 내용과 비교하며 글을 읽어 보고, 새롭게 알게 된 내용에 주의를 기울여 볼 수 있어. 이때는 겪은 일이나 알고 있는 지식을 활용하며 글을 읽어야 해.

읽기 후

새롭게 알게 된 내용을 정리하고, 더 알고 싶은 내용을 생각해 보아야 해.

◉ 알맞게 선으로 이어 보세요.

처음 •	• 설명한 내용을 간단히 요약·정리하면서 마무리한다.
가운데 •	• 무엇을 설명할 것인지 밝히면서 읽는 사람의 흥미를 끌어야 한다.
끝 •	• 내가 설명하려는 내용을 알기 쉽고 자세하게 설명해야 한다.

◉ 알맞은 말에 ○표를 하세요.

두 가지 이상의 대상에서 공통점과 차이점을 찾아 쓰려면 그 특징을 생각하여 (기준 , 예) 을/를 정해야 해.

◉ 설명하는 글을 읽을 때 '읽기 후'에 할 일로 알맞은 것에 ○표를 하세요.

제목이나 표지, 차례 등을 살펴보고 관련 지식이나 경험을 떠올려 본다. ( )

새롭게 알게 된 내용을 정리하고, 더 알고 싶은 내용을 생각해 본다. ( )

5회 ①

얼마나 될까, 들이와 무게

더울 때 냉장고에서 페트병에 든 탄산음료 한 병을 꺼내서 컵에 따라 마셔 본 적 있을 거야. 컵에 따라 마신 음료의 양이 얼마나 될지 궁금하면 들이가 얼마나 되는지 알아보면 돼.

들이는 컵과 같은 그릇 안에 얼마나 들어 있는지를 알아볼 때 쓰는 말이야. 들이와 비슷한 의미의 부피도 있어. 그릇 안쪽 공간의 크기를 들이라 한다면, 그릇이 차지하는 공간의 크기는 부피라고 생각하면 돼. 페트병의 탄산음료를 모두 마셨다면 얼마만큼 마신 걸까? 궁금하다면 페트병에 숫자 뒤에 붙은 mL(밀리리터)나 L(리터)가 표시된 걸 보면 돼. mL나 L는 마신 음료의 양을 나타내는 들이의 단위거든.

무게는 물건의 무거운 정도를 나타내는 단위야. 무게의 단위에는 내 몸무게를 말할 때처럼 kg(킬로그램)도 사용하지만, 더 가벼운 무게를 잴 때는 g(그램), 트럭과 같은 더 무거운 물건의 무게를 잴 때는 t(톤) 같은 단위를 사용해.

들이: 물체 내부 공간에 담을 수 있는 양.
무게: 어떤 물체의 무거운 정도.

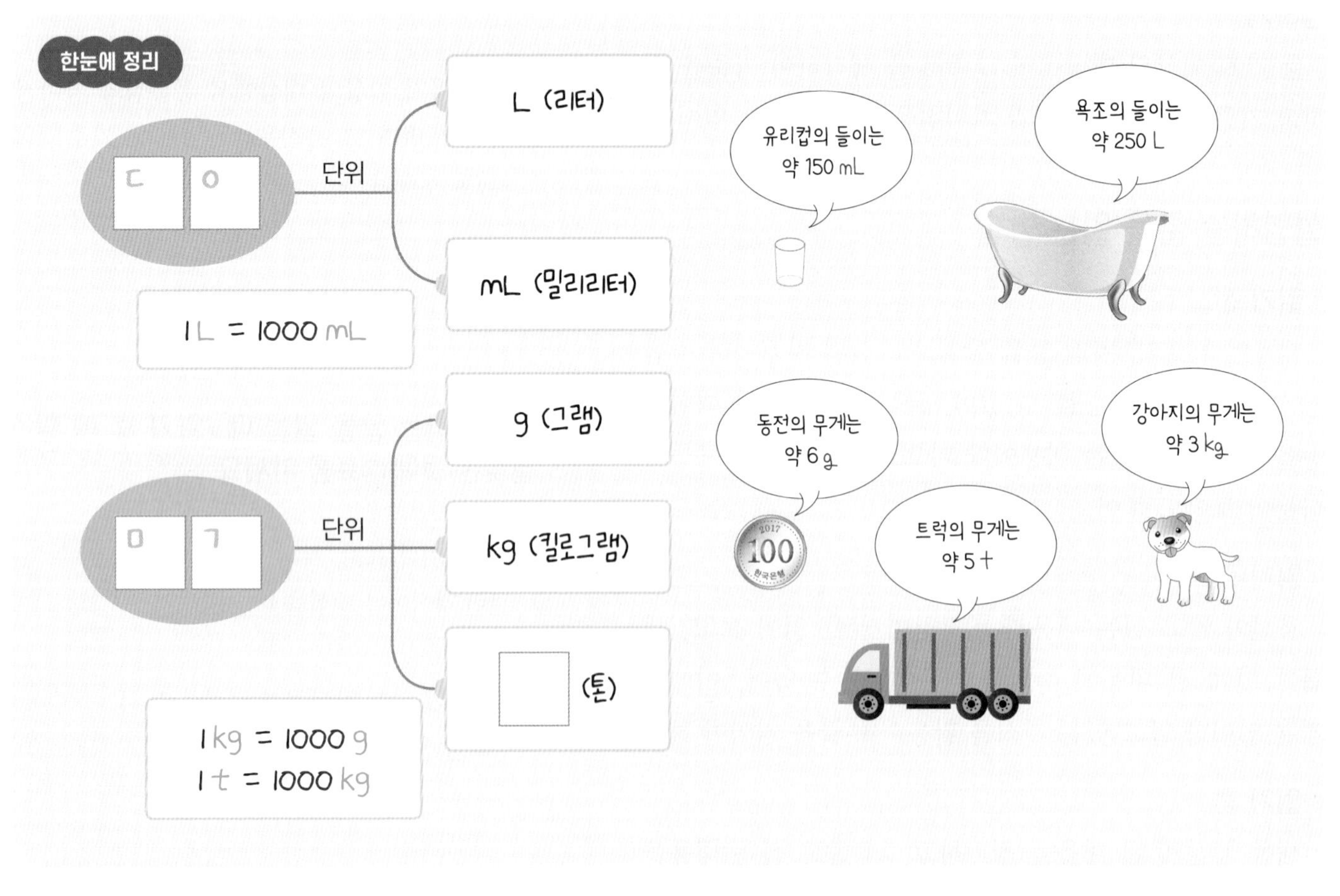

이해 ▶ 물체 내부 공간에 담을 수 있는 양을 □□라고 해.

▶ 정답과 해설 27쪽

들이의 단위

들이는 그릇에 담을 수 있는 양이니까 들이의 양을 정확히 나타내려면 단위가 필요해. 들이의 단위에는 리터와 밀리리터가 있는데, 리터는 L, 밀리리터는 mL라고 써. 1 mL의 1000배의 양이 1 L가 되는 거야.

1 L=1000 mL

예를 들어, 물 2 L는 2000 mL와 같고, 물 5000 mL는 5 L와 같은 양이야.

무게의 단위

무게는 물건의 무거운 정도니까 무게를 정확히 나타내려면 무게를 나타내는 단위가 필요해. 무게의 단위에는 그램, 킬로그램, 톤이 있는데, 그램은 g, 킬로그램은 kg, 톤은 t이라고 써. 1 g의 1000배의 무게는 1 kg이고, 1 kg의 1000배의 무게는 1 t과 같아.

1 kg=1000 g　　1 t=1000 kg

옛날에도 들이와 무게의 단위가 있었어?

옛날에는 곡식, 가루, 액체 등의 들이를 잴 때 '홉', '되', '말'이라는 단위를 썼어

1홉은 우유 작은 갑보다 조금 작은 크기인데, 열 홉은 한 되, 열 되면 한 말이 돼.

옛날에 사용했던 무게의 단위는 '근', '관'이야

정육점에서 고기를 살 때는 '근'이라는 무게의 단위를 사용했는데, 근이라는 단위는 물건의 종류에 따라 크기가 달라져서 문제가 되기도 했어.

그래서 2007년 7월 1일부터는 고기나 채소를 살 때 사용한 '근', '관'과 같은 단위 사용이 금지되어 kg, g 같은 무게의 단위를 사용하게 됐어.

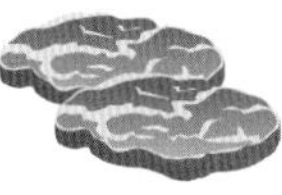

◉ 알맞은 것에 각각 ○표를 하세요.

1 L는 (100 mL , 1000 mL)와 같고,
(1 리터 , 1 밀리리터)라고 읽는다.

◉ 알맞게 선으로 이어 보세요.

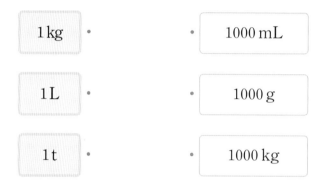

1 kg •	• 1000 mL
1 L •	• 1000 g
1 t •	• 1000 kg

◉ 알맞은 단위에 ○표를 하세요.

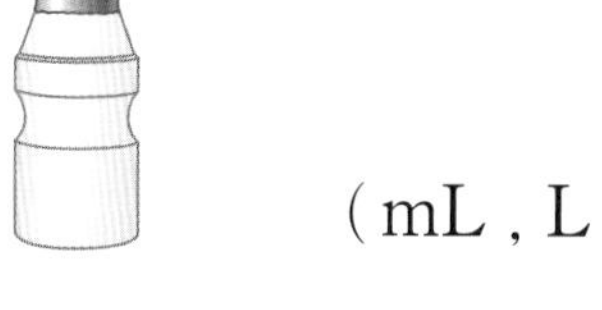

(mL , L)

(kg , t)

평평한 평면도형

평면도형이란 스케치북이나 벽지 같은 평평한 표면에 그린 삼각형이나 사각형, 원 같은 도형이야.

도형의 기본 요소에는 점, 선, 면이 있는데, 그중에 선은 굽은 선 아니면 곧은 선이야. 곧은 선으로 이루어진 도형의 이름은 다양해. 삼각형이나 사각형이 곧은 선으로 이루어진 도형이라면 원은 유일하게 굽은 선으로만 이루어진 도형이야.

곧은 선은 끝점이 있느냐, 양쪽이냐에 따라 선분, 직선, 반직선의 3가지로 구분할 수 있어.

반직선 2개로 이루어진 각은 삼각자의 모서리, 부채의 가운데 부분 등 뾰족한 부분에서 흔히 볼 수 있어. 직각은 삼각형이나 사각형에서도 찾을 수 있어. 삼각형에서는 직각이 하나밖에 없지만, 사각형에서는 직각이 최대 4개까지 있어. 하지만 직각이 3개인 사각형은 존재하지 않아. 사각형에 직각이 3개 있다면 나머지 한 각도 직각이기 때문이야.

평면도형: 평면에 그려진 도형.

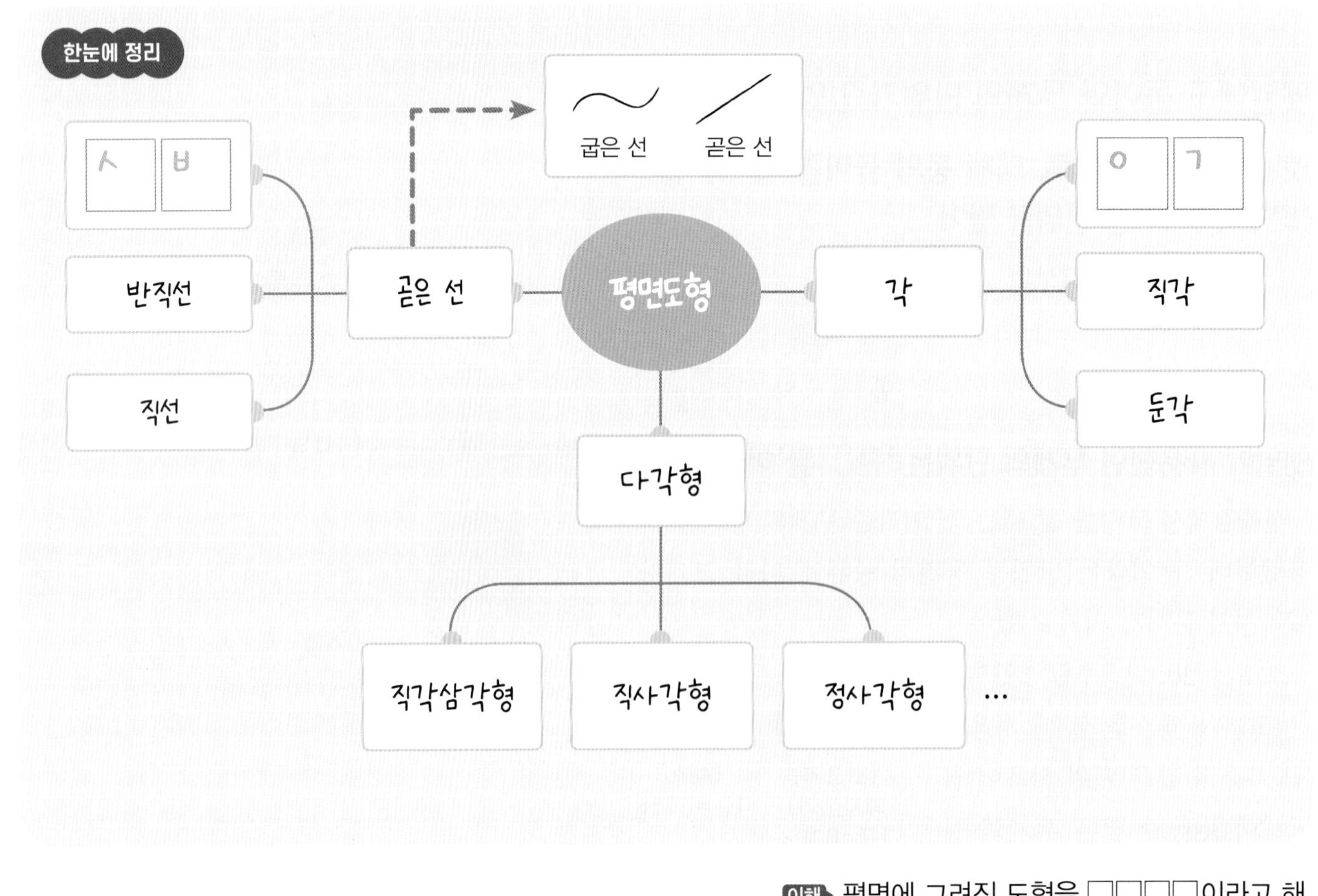

이해 평면에 그려진 도형을 □□□□이라고 해.

▶ 정답과 해설 28쪽

곧은 선의 종류

곧은 선은 선분, 직선, 반직선으로 구분할 수 있어. 선분은 두 점을 곧게 이은 선이고, 직선은 이 선분을 양쪽으로 끝없이 늘인 곧은 선이야. 선분과 직선의 차이점은 선분은 끝이 있지만, 직선은 끝이 없다는 거야.

반직선은 한 점에서 시작하여 한쪽으로 끝없이 늘인 곧은 선이야. 반직선은 한쪽 방향으로만 늘어나지만, 직선은 양쪽 방향으로 늘어나. 이런 차이 때문에 반직선 ㄱㄴ과 반직선 ㄴㄱ은 같다고 할 수 없어.

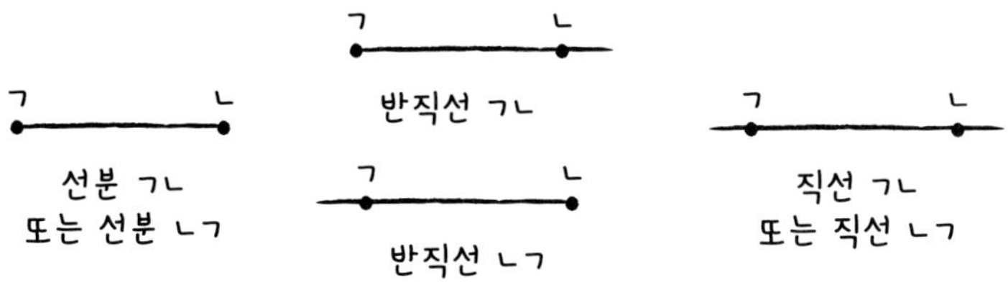

각의 종류

각은 한 점에서 그은 두 반직선으로 이루어진 도형이야. 각 중에서도 종이를 반듯하게 두 번 접었을 때 생기는 각을 직각이라고 해.

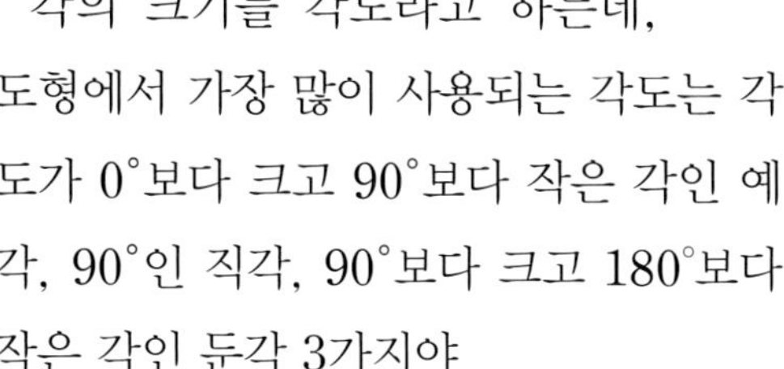

각의 크기를 각도라고 하는데, 도형에서 가장 많이 사용되는 각도는 각도가 0°보다 크고 90°보다 작은 각인 예각, 90°인 직각, 90°보다 크고 180°보다 작은 각인 둔각 3가지야.

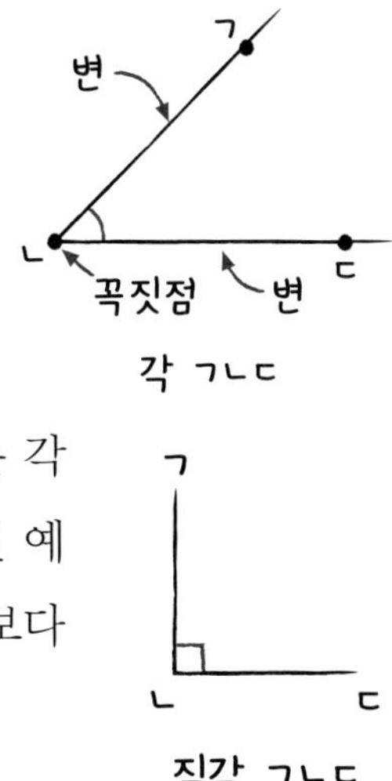

0° < 예각 < 직각 = 90° < 둔각 < 180°

직각이 있는 도형

직각이 있는 도형을 부르는 이름이 있어. 직각삼각형은 한 각이 직각인 삼각형, 직사각형은 네 각이 모두 직각인 사각형이야.

직사각형처럼 네 각이 모두 직각이면서 네 변의 길이가 모두 같은 사각형은 정사각형이야.

◉ 알맞은 말에 ○표를 하세요.

선분을 양쪽으로 끝없이 늘인 곧은 선을 (반직선 , 직선)이라고 한다.

◉ 알맞게 선으로 이어 보세요.

◉ 맞으면 ○표를, 틀리면 ×표를 하세요.

한 각이 직각인 삼각형은 직삼각형이다. ☐

네 각이 모두 직각인 사각형은 직사각형이다. ☐

2주차
확인 문제

1 옛날 교통수단 중 물에서 이용한 교통수단의 기호를 쓰세요. 사회

㉮ 말 ㉯ 가마 ㉰ 뗏목 ㉱ 당나귀 ㉲ 소달구지

( )

2 다음 그림 속 상황은 어떤 상황인지 알맞은 기호를 쓰세요. 사회

㉮ 평상시
㉯ 적이 나타났을 때
㉰ 적이 가까이 왔을 때
㉱ 적이 쳐들어 왔을 때
㉲ 적과 싸움이 시작되었을 때

( )

3 오늘날 통신 수단의 특징으로 알맞은 것에 ○표를 하세요. 사회

(1) 소식을 자세히 전하기 어렵다. ( )
(2) 소식을 실시간으로 전할 수 있다. ( )
(3) 한번에 많은 소식을 전하기 어렵다. ( )

4 동물의 한살이에 대한 설명으로 알맞은 것은 어느 것인가요? ( ) 과학

① 동물은 모두 암컷이 혼자 새끼를 기른다.
② 동물 중에 알이나 새끼를 낳는 것은 수컷이다.
③ 동물의 어릴 때 모습은 모두 어미와 비슷하다.
④ 동물의 암수가 짝짓기를 하면 알이나 새끼를 낳는다.
⑤ 동물이 알이나 새끼를 낳으면 모두 어미젖을 먹고 자란다.

▶ 정답과 해설 29쪽

5 다음 빈칸에 들어갈 알맞은 말을 쓰세요. 과학

잠자리는 번데기 과정을 거치지 않는 불완전 [ ]을 하는 곤충이다.

( )

6 다음 중 곤충이 아닌 것을 모두 골라 기호를 쓰세요. 과학

㉮ 거미 ㉯ 잠자리 ㉰ 진드기 ㉱ 쥐며느리 ㉲ 배추흰나비

( )

7 다음에서 설명하는 것은 무엇인지 ○표를 하세요. 사회

박물관에서 전시를 기획하고, 개최하는 일을 담당하고 있는 사람

(1) 도슨트 ( )
(2) 큐레이터 ( )

8 옛날 교육 기관에 대한 설명으로 알맞지 않은 것은 어느 것인가요? ( ) 사회

① 고려 시대의 최고 국립 교육 기관은 국자감이다.
② 향교는 지방의 공립 학교로, 조선 시대 만들어졌다.
③ 소수림왕 때 만들어진 고구려의 국립 대학은 태학이다.
④ 조선 시대 서당에서 아이들을 가르치는 사람은 훈장이다.
⑤ 조선 시대 7~15세 정도의 아이들이 교육을 받던 교육 기관은 서당이다.

9 다음에서 설명하는 교육 기관의 이름을 쓰세요. » 사회

조선 시대의 최고 교육 기관으로, 전국에 한 곳 밖에 없었다.

( )

10 다음 글에서 중심 문장을 찾아 기호를 쓰세요. » 국어

㉮봄이 오면 우리 마을에 여러 가지 꽃이 핍니다. ㉯아파트 담장에는 노란 개나리가 활짝 핍니다. ㉰도서관 가는 길에는 벚꽃이 하얗게 핍니다. ㉱마을 뒷산에는 분홍 철쭉이 무리지어 핍니다.

( )

10 문단에 대해 알맞게 말하지 않은 친구의 이름을 쓰세요. » 국어

우재: 각 문단에서 첫 문장의 첫 글자는 한 칸 들여쓰기를 해.
지안: 한 문단에는 하나의 뒷받침 문장과 여러 개의 중심 문장이 있어.
현우: 여러 문장이 모여 하나의 생각을 나타내는 글의 덩어리를 문단이라고 해.

( )

11 설명하는 글에 대한 설명으로 알맞지 않은 것은 어느 것인가요? ( ) » 국어

① 설명하는 글은 '처음–가운데–끝'의 세 단계로 짜여 있다.
② 끝 부분에서는 설명한 내용을 간단히 정리하며 마무리해야 한다.
③ 가운데 부분에서는 설명하려는 대상을 쉽고 자세하게 설명해야 한다.
④ 처음 부분에서는 무엇을 설명할 것인지 밝혀 읽는 사람의 흥미를 끌어야 한다.
⑤ 설명하는 글은 어떤 주제에 관하여 자기의 생각이나 주장을 짜임새 있게 밝혀 쓴 글이다.

▶ 정답과 해설 30쪽

12 다음 중 동전에 알맞은 무게 단위의 기호를 쓰세요. 》 수학

㉮ mL ㉯ L ㉰ g ㉱ kg ㉲ t

( )

13 다음에서 반직선 ㄱㄴ에 ○표를 하세요. 》 수학

(1) ㄱ ㄴ ( )

(2) ㄱ ㄴ ( )

(3) ㄱ ㄴ ( )

15 다음 세 조건을 모두 만족하는 도형의 이름을 쓰세요. 》 수학

- 3개의 변으로 둘러싸여 있는 도형이다.
- 꼭짓점이 3개 있다.
- 직각이 1개 있다.

( )

정리 학습

사회 교통수단의 변화

우리가 먼 곳으로 이동하거나 물건을 운반할 때 이용하는 것을 [ ][ ][ ][ ]이라고 해.

교통수단
- 오늘날
  - 땅: 자전거, 승용차, 기차
  - 강이나 바다: 여객선, 화물선
  - [ㅎ][ㄴ]: 비행기
- [ㅇ][ㄴ]
  - 땅: 말, 당나귀, 가마, 소달구지
  - 강이나 바다: 뗏목, 돛단배

사회 통신 수단의 변화

우리가 소식을 주고받거나 정보를 얻으려고 할 때 이용하는 것을 [ ][ ][ ][ ]이라고 해.

통신 수단
- 옛날
  - 평상시: [ㅅ][ㅊ], 파발, 방
  - 위급할 때: [ㅂ][ㅅ], 신호 연, 새, 북
- 오늘날
  - 평상시: 휴대 전화, 인터넷, 모바일 메신저
  - 하는 일에 따라: 경찰관의 무전기, 잠수부의 수신호
  - [ㅈ][ㅅ]에 따라: 도시 아파트의 인터폰, 농촌의 마을 방송

▶ 정답과 해설 31쪽

과학 동물의 한살이

동물이 태어나 자라 짝짓기를 하여 다시 알이나 새끼를 낳아 대를 잇고 죽는 과정을 동물의 ☐☐☐라고 해.

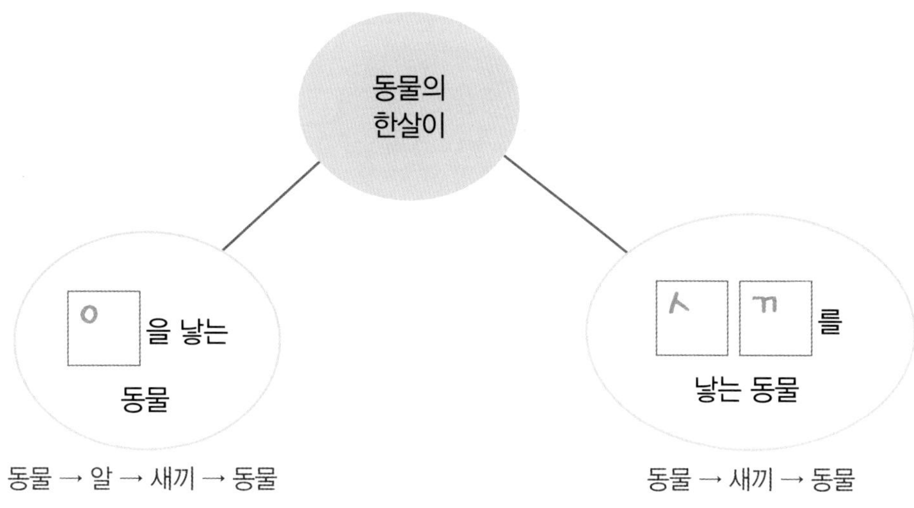

과학 곤충의 한살이

알에서 깨어난 곤충이 애벌레 과정을 거쳐 성충이 될 때까지의 과정을 ☐☐의 ☐☐☐라고 해.

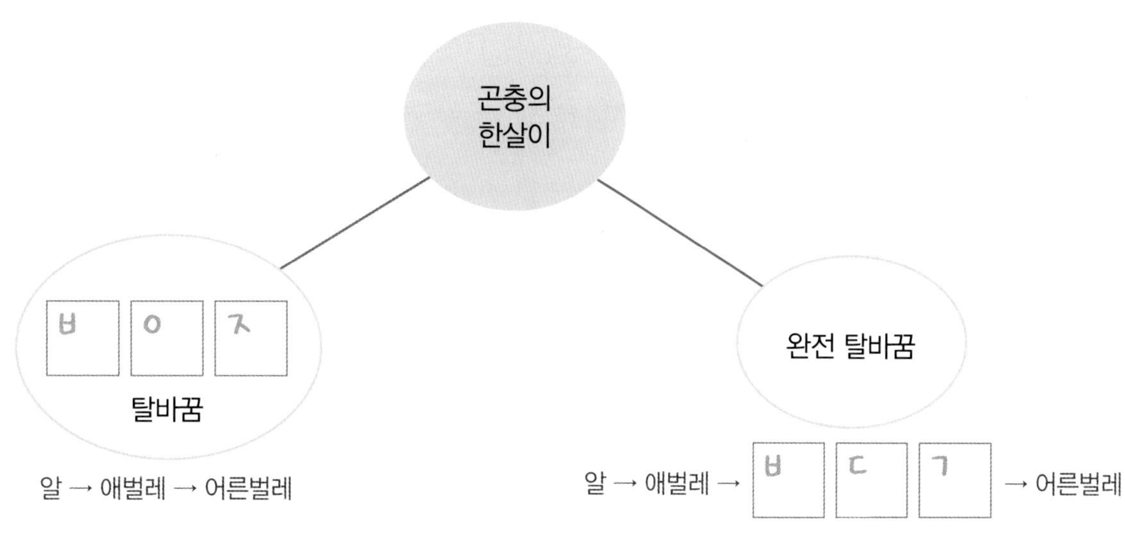

국어 중심 생각

글쓴이가 글 전체에서 말하고 싶은 생각을 □□ □□이라고 해.

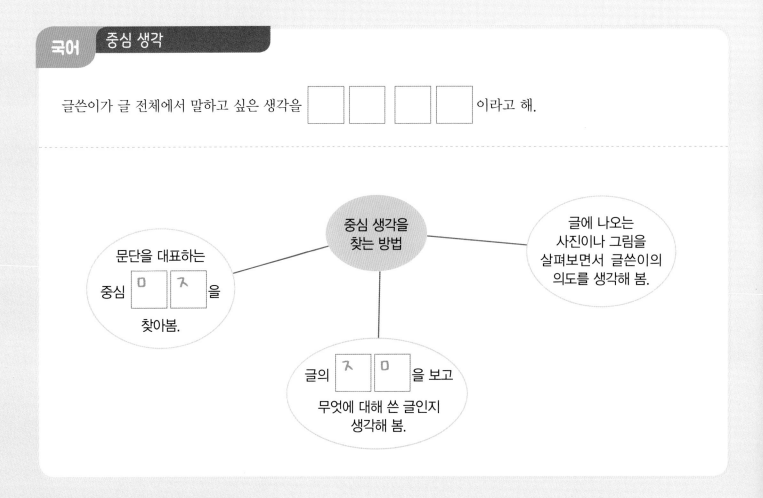

중심 생각을 찾는 방법

문단을 대표하는 중심 ㅁ ㅈ을 찾아봄.

글에 나오는 사진이나 그림을 살펴보면서 글쓴이의 의도를 생각해 봄.

글의 ㅈ ㅁ을 보고 무엇에 대해 쓴 글인지 생각해 봄.

국어 설명하는 글

□□□□ □은 어떤 대상에 대한 지식이나 정보를 알기 쉽게 쓴 글이야.

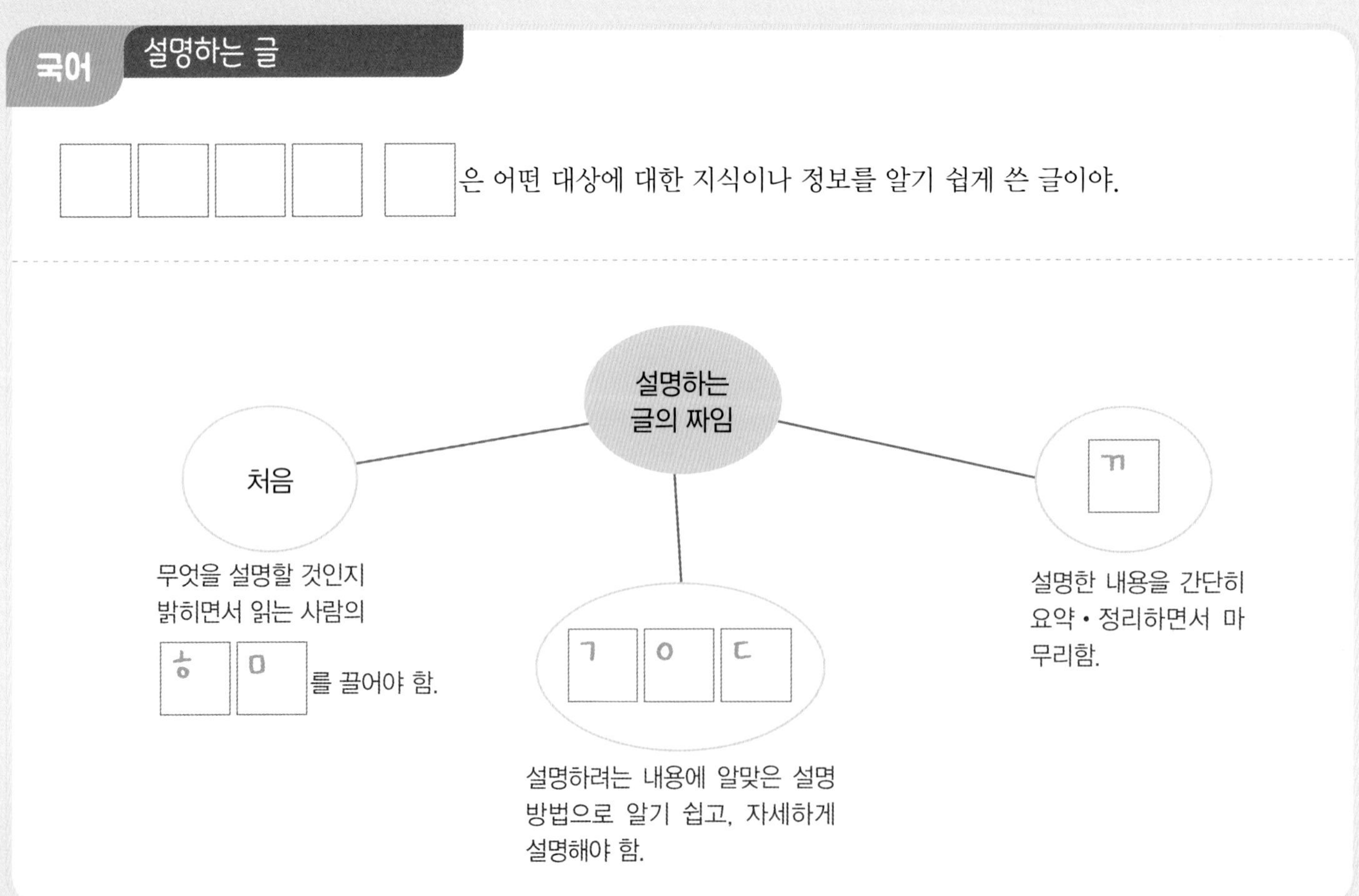
설명하는
글의 짜임
처음
무엇을 설명할 것인지
밝히면서 읽는 사람의
ㅎ ㅁ
를 끌어야 함.
ㄱ ㅇ ㄷ
설명하려는 내용에 알맞은 설명
방법으로 알기 쉽고, 자세하게
설명해야 함.
ㄲ
설명한 내용을 간단히
요약 • 정리하면서 마
무리함.

수학 들이와 무게

물체 내부 공간에 담을 수 있는 양을 ☐☐라고 해.

들이

☐ (리터)

mL (밀리리터)

무게

g (그램)

kg

(ㅋ ㄹ ㄱ ㄹ)

t (톤)

수학 평면도형

평면에 그려진 도형을 ☐☐☐☐이라고 해.

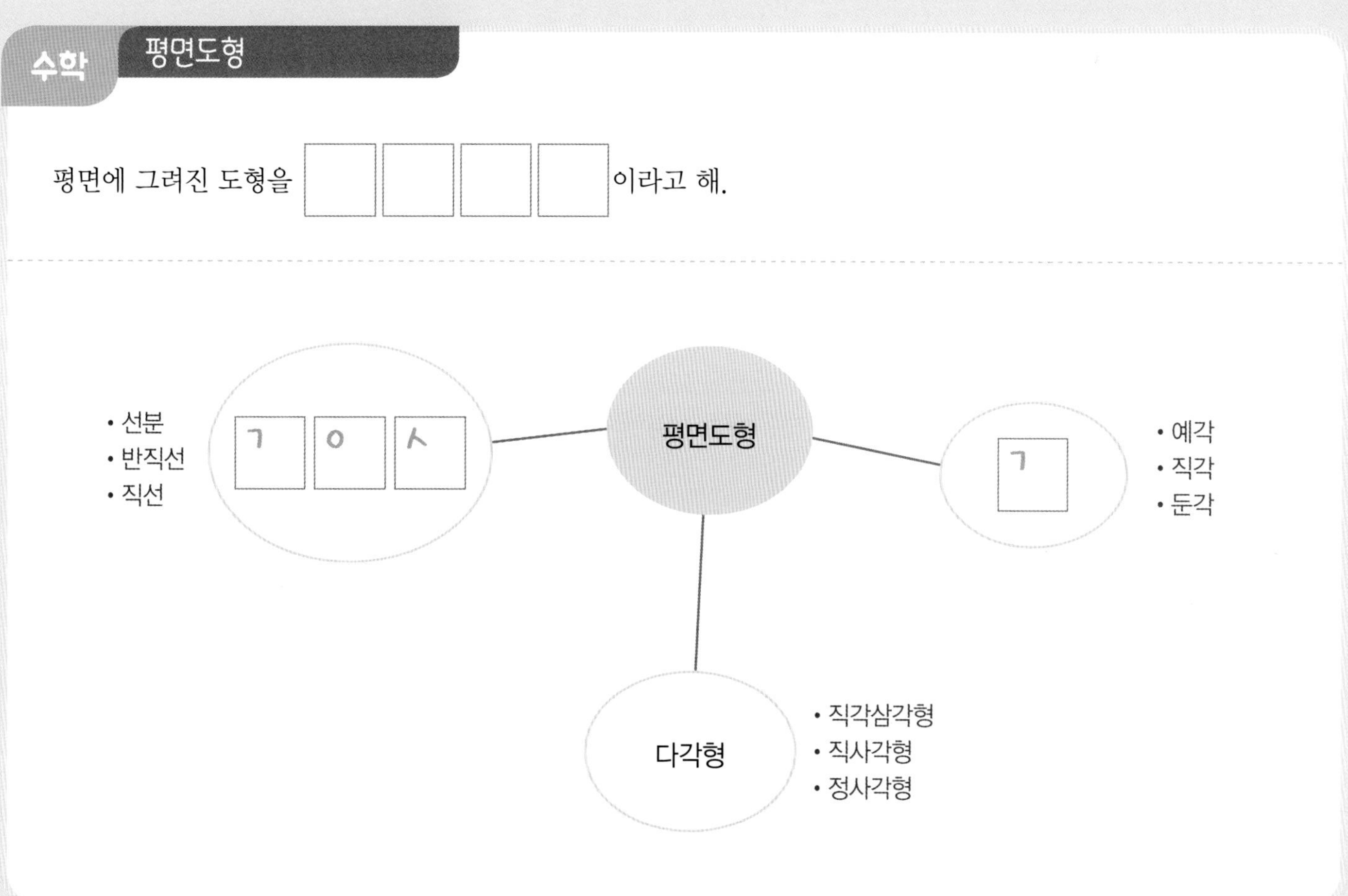

형이 우승했어요!

형이 잠을 잘 잤는지 하품을 하며 기지개를 켰어요. 윤이는 자리가 불편해서 다리가 아파 주무르고 있었지요.

연습 경기장에 들어간 형은 힘차게 준비 운동을 했어요.

"우리 현이, 오늘은 잘 자고 온 모양이구나?"

형의 코치 선생님이었어요.

"네, 차에서 잘 자서 아주 개운해요. 엄마가 새로 바꿔 주신 깔개가 정말 부드럽고 좋아요! 너무 편해요!"

형이 웃으며 말했어요.

"정말 잘됐네. 우리 현이, 오늘 우승 한 번 해보자고!"

코치 선생님이 힘찬 목소리로 외쳤어요. 그 모습을 지켜보던 엄마 얼굴이 해님처럼 환해졌어요.

“엄마, 나 물 좀.”

형이 갑자기 돌아보며 물을 달라고 했어요. 그 말에 엄마가 윤이를 불렀어요.

“윤아, 형아 물 좀 갖다 줘. 얼른얼른.”

윤이는 속으로 툴툴대며 물 한 병을 형에게 가져다 줬지요.

“웩! 이 물 말고. 내가 늘 먹는 거 있잖아. 그거 달라고!”

형이 물을 뱉으며 눈살을 찌푸렸어요.

“너, 갑자기 왜 그래? 형은 이 물 안 먹는 거 잘 알면서 왜 그걸 가져왔어? 다시 가져와, 얼른!”

엄마가 인상을 팍 썼어요.

입맛이 까다로운 형은 자기 물이 따로 있었지요. 형만 쓰는 수건, 형만 쓰는 깔개, 형만 쓰는 침대, 형만 쓰는 욕실 등. 우리 집에는 형만 쓰는 물건들과 장소가 넘쳐 났어요. 어쩌다가 윤이가 그걸 쓰면 냉큼 호통이 따라왔지요.

‘형이 갖다 먹지, 왜 날 시키고 야단이야? 내가 형 심부름꾼이야, 뭐야?’

윤이는 정말 짜증이 치밀었어요. 엄마도 코치 선생님도 형의 편이지, 자기 편은 아무도 없는 것 같았지요. 윤이는 툴툴대면서 ‘형만의 물’을 가져다주고, 곧 그곳을 떠났어요.

‘형이 오늘 골프를 잘해서 정말 우승을 하면 좋겠어!’

그렇다고 해서 자기가 계속 심부름꾼 노릇을 하는 건 싫었어요.

윤이는 골프장을 걸어가다가 자기처럼 형 시합을 따라 온 것 같은 아이랑 눈이 마주쳤어요. 그 아이도 형의 골프채를 닦고 있었어요. 윤이는 그 친구에게 살며시 다가갔어요.

"너도 형 시합 따라 왔냐?"

그 아이는 부지런히 골프채를 닦으면서 대답했어요.

"응. 너도?"

"그래. 너나 나나 똑같구나. 너도 형 심부름 해?"

"보면 모르냐? 정말 피곤해 죽겠다. 내가 형 조수도 아니고."

"그러게. 나는 '형만 마시는 물' 주고 오는 길이야."

"하하. 형만 마시는 물? 크크, 네 형 이름은 뭐냐?"

"김현. 네 형은?"

"조수빈. 야, 네 형 되게 유명하잖아. 우리 형이 만날 네 형 얘기하는데. 골프 정말 잘한다고! 너 되게 좋겠다! 네 형 멋있잖아?"

윤이는 왠지 어깨가 으쓱해졌어요. 아까부터 형과 엄마한테 짜증이 났었는데 그래도 형 칭찬을 들으니 기분이 좋아졌어요.

'내가 형 동생이 맞나 보다. 형 칭찬 한 마디에 이렇게 기분이 좋아지는 거 보니.'

"뭐, 골프는 잘하지. 골프 잘하는 형하고 사는 나는 좀 피곤하지만."

윤이가 말했어요. 그 말에 그 아이가 방긋 웃었어요.

"나도. 그래도 잘하는 게 더 나아. 우리 형처럼 우승 못했다고 집에 와서 엄청 짜증 내는 거도 정말 힘들어."

"풋."

둘은 서로 얼굴을 마주 보며 웃음을 터뜨렸어요. 골프 잘하는 형을 둔 동생들끼리 서로 통한 거예요.

"네 형도 골프 잘하잖아?"

윤이가 말했어요.

"근데, 네 형한테 번번이 지잖아."

그 친구가 말했어요.

"그래, 이기는 게 나아. 그날은 집이 편안하잖아."

둘은 잔디밭에 앉아 서로 푸념을 했어요. 서로 척하면 척, 말만 하면 통하니까 기분이 좋아졌어요. 그때 시합이 시작됐어요!

그날은 형의 날이었어요!

형은 첫 샷부터 풀스윙으로 잘 날리더니 경기가 잘 풀렸지요. 마치 바람마저도 형의 편인 것 같았어요. 한두 번 실수로 위기를 맞기는 했지만, 형은 침착하게 다음 샷에서 그 위기를 벗어났어요. 결국 형은 그날 우승을 했어요.

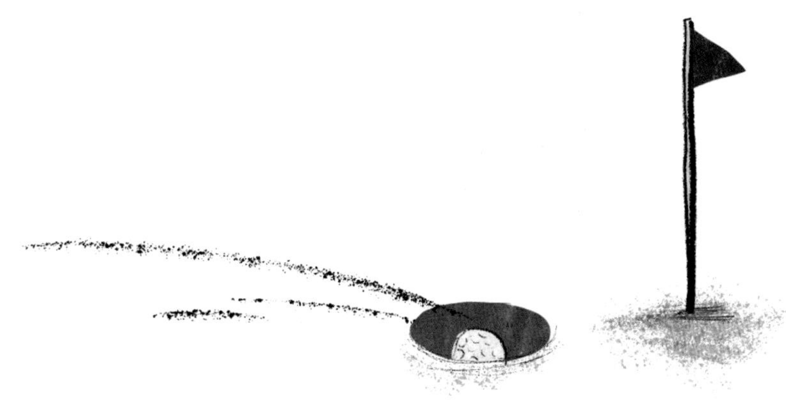

이어지는 내용은 106쪽에 ⟫

3 주차

1회 사회

학습 계획일

① 지혜로운 조상들의 명절과 절기	월 일
② 풍년을 기원하는 세시 풍속	월 일

2회 과학

학습 계획일

① 철 여기 붙어! 자석	월 일
② 떨림을 느껴요, 소리의 성질	월 일

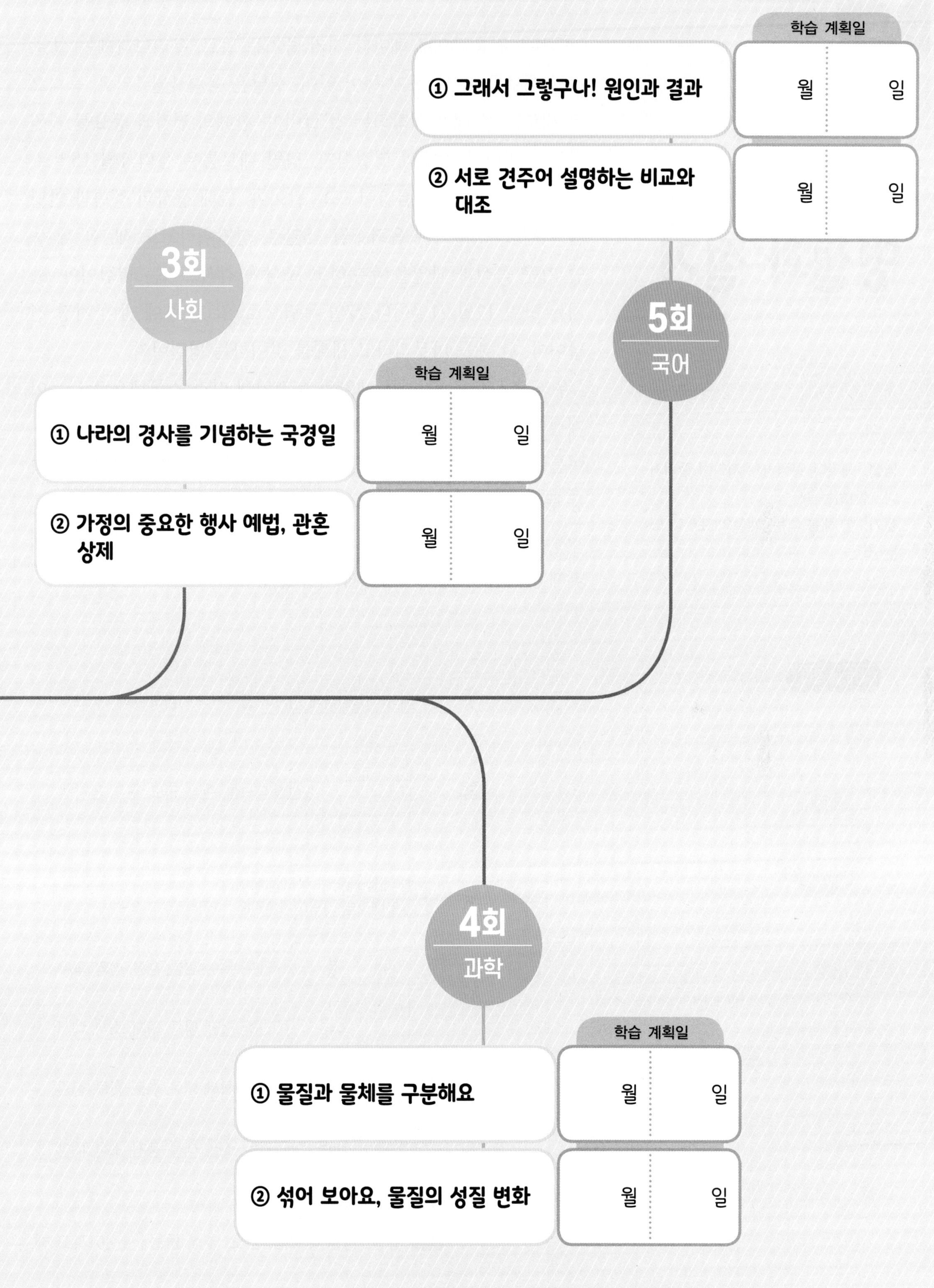
학습 계획일
① 그래서 그렇구나! 원인과 결과
월
일
② 서로 견주어 설명하는 비교와 대조
월
일
3회
사회
5회
국어
학습 계획일
① 나라의 경사를 기념하는 국경일
월
일
② 가정의 중요한 행사 예법, 관혼상제
월
일
4회
과학
학습 계획일
① 물질과 물체를 구분해요
월
일
② 섞어 보아요, 물질의 성질 변화
월
일

1회 ①

지혜로운 조상들의 명절과 절기

명절: 해마다 일정하게 지키어 즐기거나 기념하는 때.
절기: 한 해를 나눈, 계절의 표준이 되는 것.

명절은 전통적으로 해마다 지켜 즐기는 날로, 우리나라에는 설날, 정월 대보름, 추석, 동지 등이 있어. 설날은 음력 1월 1일로, 음력으로 새로운 한 해가 시작되는 첫 날이야. 한해의 건강과 풍요를 기원하는 우리나라 최대의 명절이지. 정월 대보름은 음력 1월 15일로, 음력으로 새해 첫 보름달이 뜨는 날이야. 한해 농사의 풍년과 안녕을 기원하지. 추석은 음력 8월 15일로, 한가위라고도 해. 한 해 동안 가꾼 곡식과 과일을 추수하고 조상께 감사드리는 명절이야. 동지는 양력 12월 21일이나 22일 무렵으로, 일 년 중에 밤이 가장 긴 날이야. 한 해를 마무리하고 새해를 맞이하는 명절이지.

우리 조상들은 한 해를 태양의 움직임에 따라 스물넷으로 나누어 계절의 변화를 구분했어. 이것을 절기라고 해. 봄이 시작되는 입춘, 여름이 시작되는 입하, 가을이 시작되는 입추, 겨울이 시작되는 입동 등이 있어.

이렇게 우리 조상들은 명절을 정해 여러 행사를 즐기고, 절기에 맞게 농사를 지으며 지혜롭게 생활했어.

한눈에 정리
명절과 절기
ㅁ ㅈ
뜻
해마다 일정하게 지키어 즐기거나 기념하는 때.
종류
ㅅ ㄴ, 정월 대보름, 한식, 단오, 추석, 동지 등
ㅈ ㄱ
뜻
한 해를 태양의 움직임에 따라 스물넷으로 나누어 정한 때.
종류
봄
입춘, 우수, 경칩, 춘분, 청명, 곡우
여름
입하, 소만, 망종, 하지, 소서, 대서
가을
입추, 처서, 백로, 추분, 한로, 상강
겨울
입동, 소설, 대설, 동지, 소한, 대한

이해 설날, 정월 대보름, 단오, 추석 등을 □□이라고 해.

▶ 정답과 해설 35쪽

우리나라의 명절

한식

한식은 설날, 추석, 단오와 함께 우리나라의 4대 명절 중 하나였어. 동지에서 105일째 되는 날로, 불을 사용하지 않고 찬 음식을 먹는 날이야. 그래서 차가울 '한', 먹을 '식' 자를 써서 '한식'이라고 불러. 한식에는 농사가 잘되기를 기원하며 조상들의 산소에 성묘했어.

단오

단오는 음력 5월 5일로, 날짜에 숫자 5가 겹쳐서 태양의 기운이 가장 세다고 여긴 날이야. '수릿날'이라고도 하는데, 곧 더위가 시작되는 때를 기념하고 모내기를 끝내고 풍년을 기원하며 지낸 명절이지.

▲ 신윤복 「단오풍정」

양력과 음력이 뭐야?

사람들은 태양이나 달의 움직임을 기준으로 삼아 시간이나 날짜를 구분하여 정했어.

양력은 지구가 태양의 주위를 한 바퀴 도는 데 걸리는 시간을 1년으로 정해 만든 달력이야. 지금 우리가 일상적으로 쓰는 달력이 바로 양력이지.

음력은 달이 지구를 한 바퀴 도는 시간을 기준으로 만든 달력이야. 우리가 일상적으로 쓰는 달력을 보면 날짜 아래에 작게 쓰인 날짜가 있어. 그게 음력이야. 보통 명절은 음력을 기준으로 정해져 있어.

2000 **9월** SEP

일.SUN	월.MON	화.TUE	수.WED	목.THU	금.FRI	토.SAT
			1 7.25	2 7.26	3 7.27	4 7.28
5 7.29	6 7.30	7 8.1	8 8.2	9 8.3	10 8.4	11 8.5
12 8.6	13 8.7	14 8.8	15 8.9	16 8.10	17 8.11	18 8.12
19 8.13	20 8.14	21 추석	22 8.16	23 8.17	24 8.18	25 8.19
26 8.20	27 8.21	28 8.22	28 8.23	30 8.24		

◉ 우리나라의 명절을 모두 골라 ○표를 하세요.

설날	추석	크리스마스
할로윈	현충일	정월 대보름

◉ 알맞게 선으로 이어 보세요.

한식 •	• 곧 더위가 시작되는 때를 기념하는 날
단오 •	• 일 년 중에 밤이 가장 긴 날
동지 •	• 불을 사용하지 않고, 찬 음식을 먹는 날

◉ 절기에 대한 설명으로 알맞은 것에 ○표를 하세요.

- 한 해를 태양의 움직임에 따라 열둘로 나누어 계절의 변화를 구분했다. ☐
- 우리 조상들은 절기에 맞게 농사를 지었다. ☐

②

풍년을 기원하는 세시 풍속

설날이나 추석이 되면 평상시와 다르게 하는 일, 먹는 음식, 하는 놀이, 입는 옷 등이 있지? 이런 걸 세시 풍속이라고 해.

옛날에는 어떤 세시 풍속이 있었을까?

설날에는 차례를 지낸 후 설빔을 입고, 어른들께 세배를 드렸어. 윷놀이를 하며 한 해의 운세를 점치거나, 복이 많이 들어오기를 빌며 복조리를 걸어 놓기도 했어. 정월 대보름에는 쥐불놀이와 달집태우기를 하면서 나쁜 기운을 쫓아내고 새해 소원을 빌었어. 또 오곡밥을 먹고, 부럼을 깨물기도 했지. 한식에는 찬 음식을 먹고, 한 해 농사가 잘되기를 기원하며 조상들의 산소에 성묘했어. 단오에는 여름을 시원하게 지내라는 뜻으로 부채를 주고받았어. 여자들은 그네뛰기를 하고 창포물에 머리를 감았고, 남자들은 씨름을 했지. 추석에는 추수를 감사하며 새로 수확한 곡식과 과일로 조상께 차례를 지내고, 성묘를 했어. 일년 중 밤이 가장 길다는 동지에는 나쁜 기운을 쫓는 의미로 팥죽을 만들어 먹었단다.

세시 풍속: 해마다 일정한 시기에 되풀이하여 행해 온 고유의 풍속.

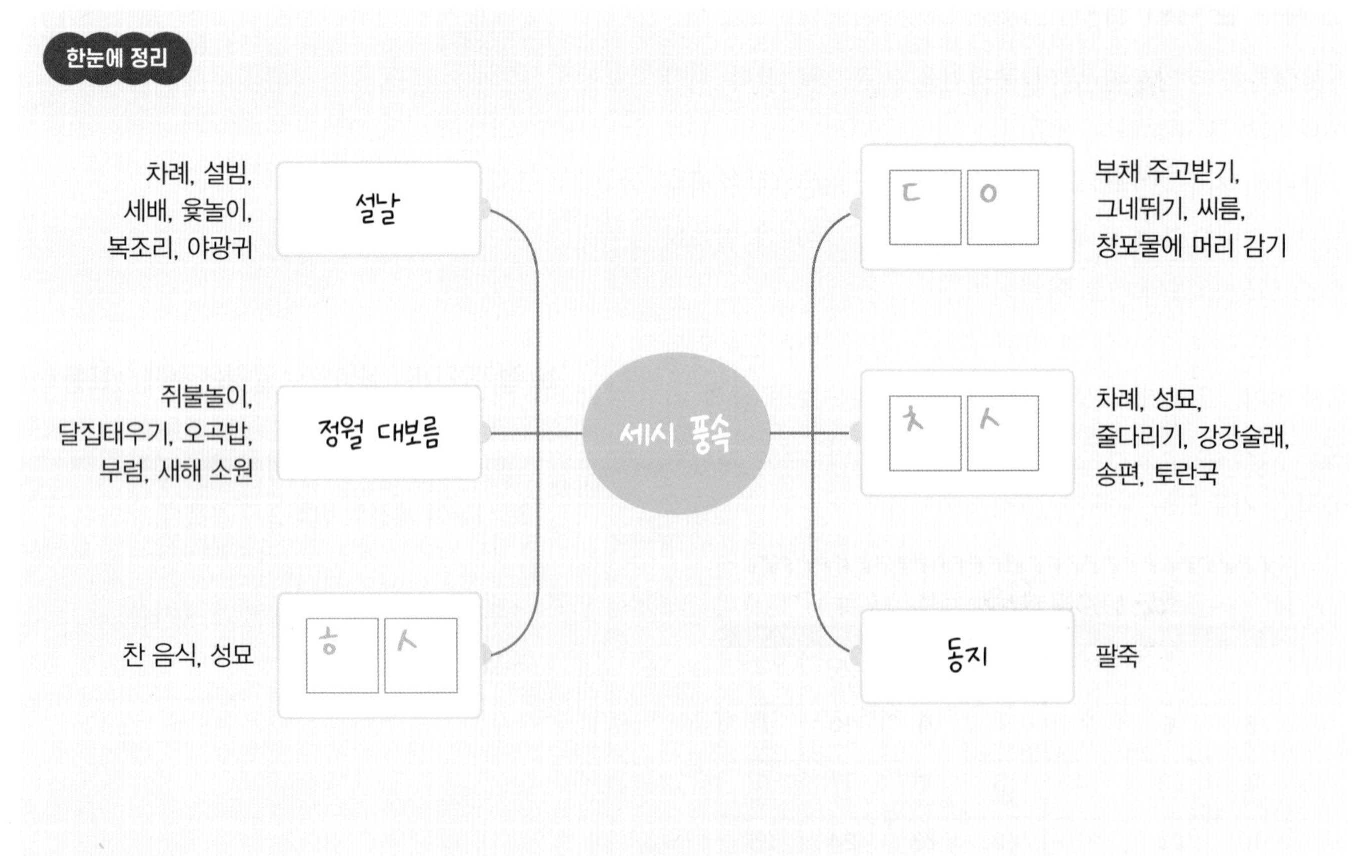

이해 해마다 일정한 시기에 되풀이하여 행해 온 고유의 풍속을 □□ □□이라고 해.

▶ 정답과 해설 36쪽

옛날과 오늘날의 세시 풍속

세시 풍속의 변화

옛날

주로 농사를 짓고 살았기 때문에 계절에 따라 농사와 관련된 세시 풍속이 많았어.

⬇

오늘날

농사와 관련된 풍속은 많이 사라졌고, 설날, 추석 등 큰 명절을 중심으로 한 세시 풍속만 이어져 내려오고 있어. 민속촌 같은 곳에 가면 계절이나 날씨에 상관없이 다양한 세시 풍속을 언제든지 체험해 볼 수 있어.

세시 풍속의 변화 원인

주로 농사를 짓던 사회에서 오늘날에는 교통과 통신, 과학 기술의 발달로 직업이 다양해지고, 날씨의 영향을 적게 받게 되면서 세시 풍속이 변화하게 되었어.

설날 밤에 아이들의 신발을 훔쳐 가는 귀신이 있었다고?

야광귀는 설날 밤에 잠을 자는 아이의 신발 중에서 맞는 신발을 훔쳐 신고 달아난다는 귀신이야. 아이들은 야광귀에게 도둑맞지 않으려고 설날 밤에 신발을 방 안에 두었어. 그리고 야광귀가 들어오지 못하게 일찍 대문을 걸어 잠그거나 가루를 곱게 치는 데 쓰는 구멍이 아주 많은 체를 걸어 두기도 했대. 왜냐고? 야광귀가 시간 가는 줄 모르고 구멍을 세다가 그만 새벽이 와서 달아난다고 믿었거든.

◉ 알맞은 말에 ○표를 하세요.

명절에는 그 명절에 맞게 하는 일, 하는 놀이, 먹는 음식, 입는 옷 등을 즐겼다. 이처럼 해마다 일정한 시기에 되풀이하여 행해 온 고유의 풍속을 (민속놀이 , 세시 풍속)이라고 한다.

◉ 알맞게 선으로 이어 보세요.

설날 •	• 부채를 선물로 주고받기
정월 대보름 •	• 윷놀이를 하며 한 해 운 점치기
단오 •	• 쥐불놀이와 달집태우기

◉ 다음에서 설명하는 것은 무엇인지 쓰세요.

설날 밤에 아이들 신발을 훔쳐 신고 달아난다는 귀신을 말한다. 아이들은 이 귀신에게 신발을 빼앗기지 않으려고 설날 밤에 신발을 방에다 두었다.

2회 ①

철 여기 붙어! 자석

철을 끌어당기는 성질을 가진 물체를 자석이라고 해.

철로 만든 클립에 자석을 가져가면 자석의 가운데에는 잘 붙지 않고 양쪽 끝부분에만 붙는데, 그 이유는 자석의 양쪽 끝이 자석에서 힘이 가장 센 곳이기 때문이야. 이 양 끝을 '자석의 극'이라고 하는데, 각각 N극과 S극이라고 해. 자석은 같은 극끼리는 밀어내고 다른 극끼리는 잡아당기는 성질이 있어. 이런 자석의 힘은 거리가 가까울수록 세고, 멀어질수록 약해져. 또 자석은 둘로 잘라도 각각 다시 N극과 S극을 갖는 자석이 되는 특성이 있어.

자석의 종류에는 생긴 모양에 따라 막대 모양의 막대자석, U자 모양의 말굽자석, 둥근 모양의 원형 자석 등이 있어.

자석은 우리 생활에서 다양하게 쓰이고 있어. 예를 들면 냉장고 문 안쪽 테두리에 자석이 있어서 냉장고 문이 꼭 닫히게 한다거나 낯선 곳을 여행할 때 길잡이가 되는 나침반에도 자석이 이용되었어. 나침반이 항상 일정한 방향을 가리키는 것은 나침반의 바늘이 자석으로 되어 있기 때문이야.

자석: 철을 끌어당기는 성질을 가진 물체.

한눈에 정리

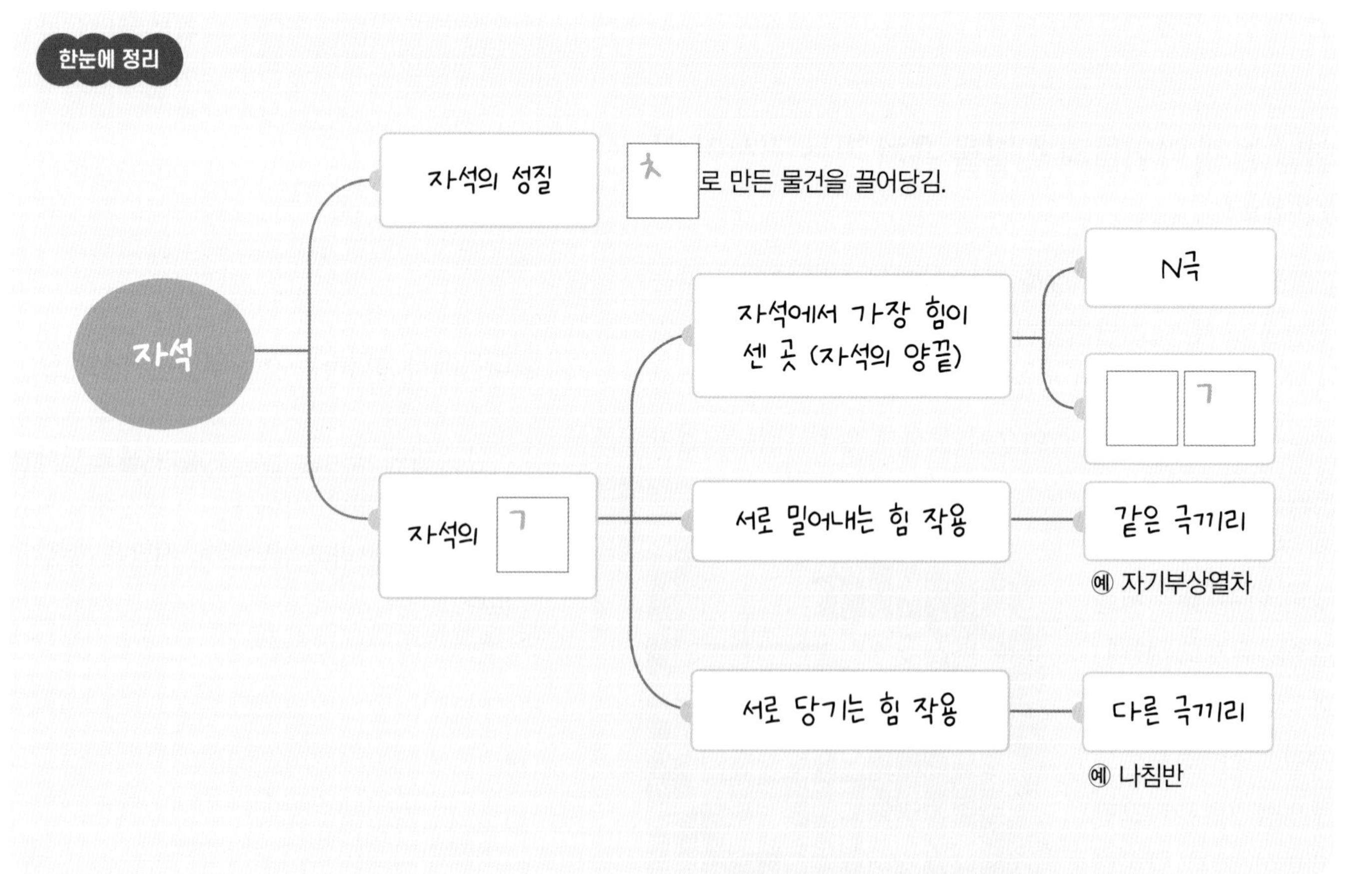

이해 철을 끌어당기는 성질을 가진 물체가 □□이야.

▶ 정답과 해설 37쪽

자석에 붙지 않는 금속

자석에는 철이 아닌 금속은 붙지 않아. 그렇기 때문에 금, 은, 구리, 알루미늄 등과 같은 금속은 자석에 붙지 않아. 자석에 붙는 금속은 철뿐이야.

장애물을 통과하는 자석의 힘

자석과 철로 만든 물체 사이에 종이, 얇은 플라스틱, 얇은 유리 등이 있어도 자석은 물체를 끌어당길 수 있어. 또 자석과 철로 만든 물체가 약간 떨어져 있어도 물체를 끌어당길 수 있어. 하지만 철로 만든 물체와 자석 사이가 멀어질수록 물체를 끌어당기는 힘은 점점 약해져서 결국에는 끌어당기지 못하게 돼.

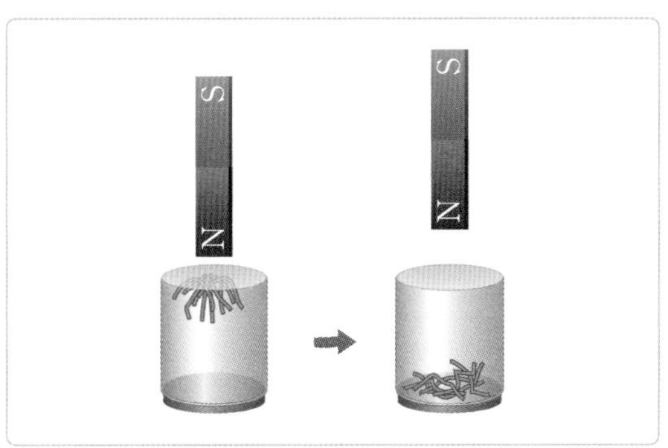

지구가 커다란 자석이라고?

막대자석을 실에 매달아 놓으면 자석은 움직이다가 북쪽과 남쪽을 가리키며 멈추게 돼. 이것은 나침반을 만들 때 사용된 원리야. 나침반의 N극이 북쪽을 향하려면, 자석의 성질에 맞게 지구의 북쪽에 S극이 있어야 해. 다시 말해서 나침반의 바늘이 항상 남북을 가리킨다는 것은 지구의 남쪽과 북쪽에 나침반을 끌어당기는 힘이 있다는 거야. 즉, 우리가 사는 지구가 큰 자석이라는 뜻이지.

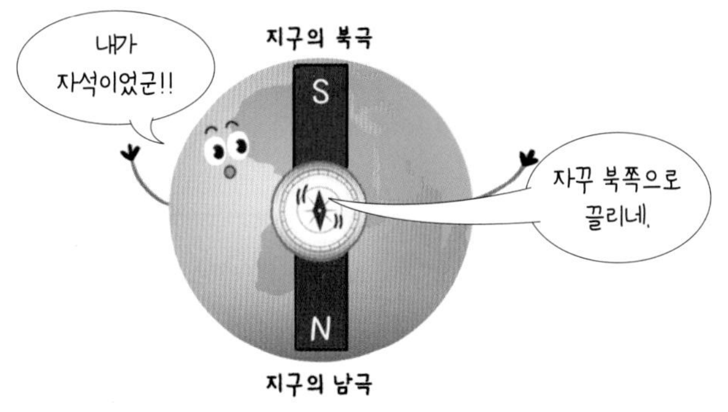

◉ 알맞은 말에 ○표를 하세요

자석에서 철을 끌어당기는 힘이 가장 센 자석의 양끝을 (자석의 극 , 자석의 중심)이라고 한다.

◉ 자석에 붙는 것에 ○표를 하세요.

◉ 막대자석을 서로 가까이 하였을 때 서로 밀어내는 힘이 작용하는 것을 찾아 ○표를 하세요.

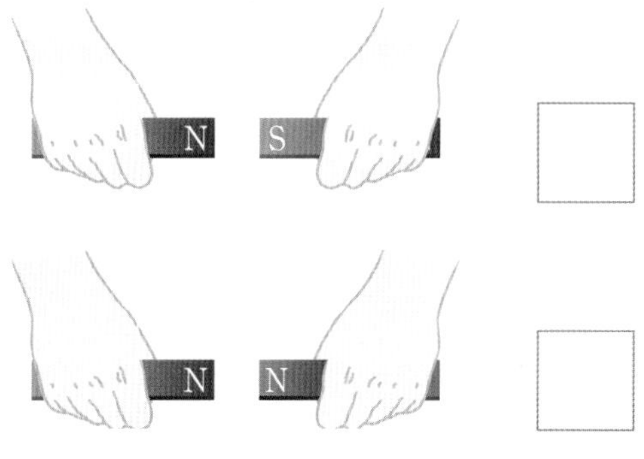

2회 ②

떨림을 느껴요, 소리의 성질

말을 할 때 목에 손을 대 보면 작은 떨림이 느껴져. 소리가 나는 스피커나 고무망치로 친 소리굽쇠에 손을 대어도 손에서 떨림이 느껴지지. 이처럼 물체가 떨리면 소리가 나는 거야. 소리의 크고 작은 정도를 소리의 세기라고 하는데, 물체가 떨리는 크기에 따라 소리의 크기도 달라져. 물체가 크게 떨리면 큰 소리가 나고, 물체가 작게 떨리면 작은 소리가 나. 소리의 높고 낮은 정도는 소리의 높낮이라고 해. 여러 가지 악기를 연주하는 관현악단은 소리의 높낮이를 이용해 연주를 하지.

그렇다면 소리는 무엇을 통해 전달될까?

우리 생활에서 들리는 대부분의 소리는 공기를 통해 전달돼. 하지만 고체나 액체를 통해 전달되는 경우도 있어. 실 전화기로 친구와 이야기할 때는 고체인 실을 통해서 소리가 전달되는 것이고, 수중 발레 선수가 수중 스피커로 음악을 듣는 경우는 소리가 액체를 통해 전달되는 거야. 이처럼 소리는 물질을 통해 전달되지.

소리의 성질: 소리가 가지고 있는 고유의 특성.

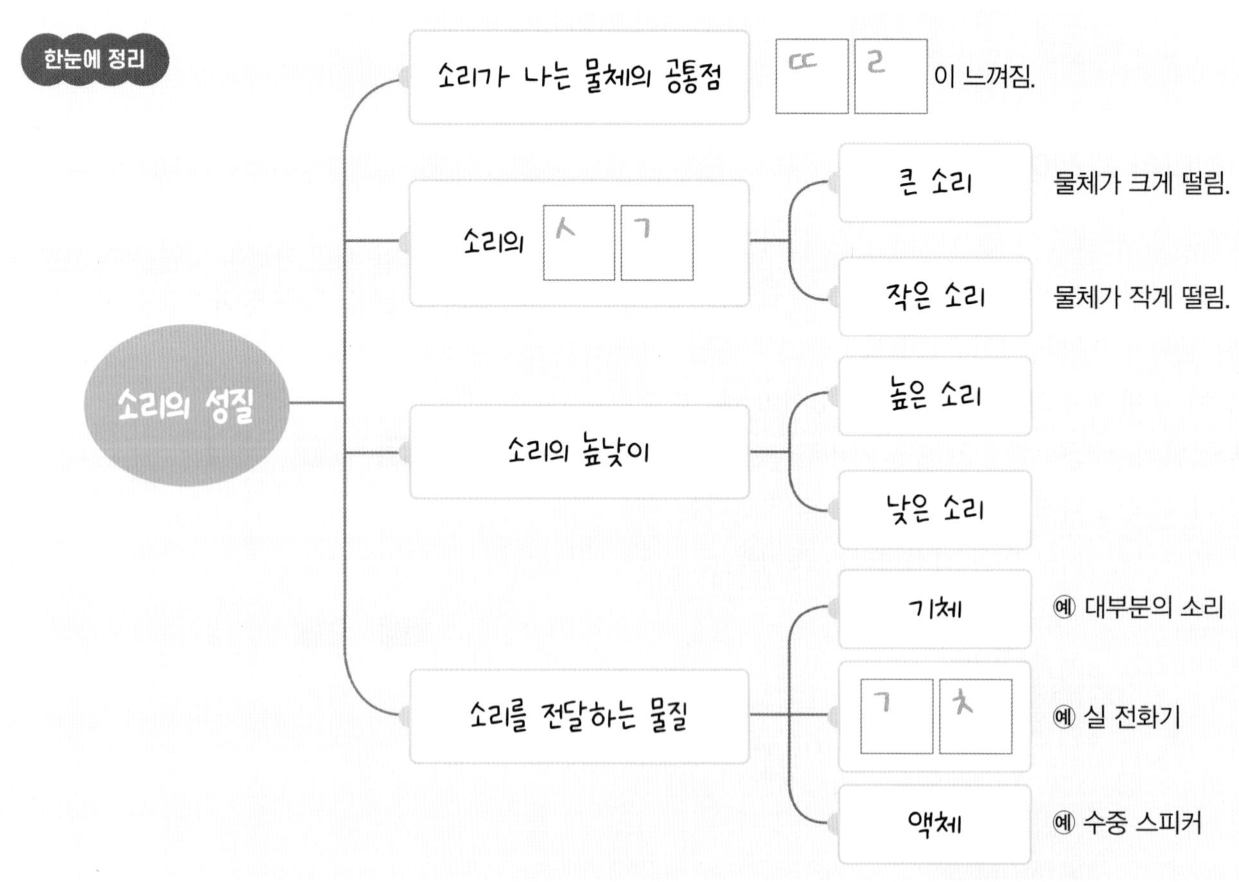

이해 악기를 연주할 때와 같이 물체가 떨리면 □□가 나는 거야.

▶ 정답과 해설 38쪽

소리의 전달

공기를 통한 소리의 전달

대부분의 소리는 공기(기체)를 통해 전달되지. 뒤에서 친구가 내 이름을 부를 때처럼 말이야.

철을 통한 소리의 전달

철봉에 귀를 대고 있으면 친구가 돌멩이로 철봉을 두드리는 소리가 들려. 이때 소리는 철(고체)을 통해 전달되는 거야.

물을 통한 소리의 전달

바닷속에서 잠수부들이 멀리서 오는 배의 소리를 들을 수 있는 것은 소리가 물(액체)을 통해 전달되기 때문이야.

공기가 없는 우주에서도 소리가 들릴까?

우리가 말을 할 때 소리는 공기를 통해 전달돼. 그런데 우주에는 공기가 없기 때문에 소리가 전달되지 않아. 그래서 우주에서는 소리를 질러도 소리가 들리지 않아.

소음이 뭐야?

사람의 기분을 좋지 않게 만들거나 건강을 해치는 시끄러운 소리를 '소음'이라고 해. 우리 주변에 사람이 많은 곳이나 도로, 공사장, 공항 등에서 다양한 소음이 발생하고 있어. 소리의 세기를 줄이거나 소리를 잘 전달하지 않는 물질을 사용해 만든 방음벽 등을 이용하면 이러한 다양한 소음을 줄일 수 있어.

◉ 빈칸에 알맞은 말을 쓰세요.

소리가 나는 물체의 공통점은 물체에서 소리가 날 때 ☐☐이 느껴진다는 것이다.

◉ 더 큰 소리가 나는 경우에 ○표를 하세요.

도서관에서 친구와 귓속말을 할 때	☐
야구장에서 우리 팀을 응원할 때	☐

◉ 소리가 고체를 통해 전달되는 경우에 ○표를 하세요.

수중 발레 선수가 물속에서 음악을 들을 때	☐
땅바닥에 귀를 대고 친구 발자국 소리를 들을 때	☐
뒤에서 친구가 내 이름을 부르는 소리를 들을 때	☐

3회 ①

나라의 경사를 기념하는 국경일

국경일: 국가적인 경사를 축하하기 위하여, 법으로 정하여 온 국민이 기념하는 날.

국경일은 나라의 경사를 기념하기 위하여, 국가에서 법률로 정한 경축일이야. 우리나라의 국경일이 지정된 날은 대한민국 정부 수립 다음해인 1949년 10월 1일이야. 국경일은 대부분 공휴일로 정해져 있고, 각종 기념식과 경축 행사를 하며, 가정에서는 국기를 게양해. 우리나라는 삼일절(3월 1일), 제헌절(7월 17일), 광복절(8월 15일), 개천절(10월 3일), 한글날(10월 9일) 등을 국경일로 정하였지.

그런데 국경일이 모두 공휴일은 아니야. 제헌절의 경우 국경일이지만, 공휴일이 아니어서 쉬지 않아. 토요 휴무제가 시작되면서 휴일이 많아지자 제헌절을 공휴일에서 제외했기 때문이야. 그리고 6월 6일 현충일은 국가기념일이고 법정 공휴일이지만, 경사스러운 날이 아니므로 국경일에 해당하지 않아. 현충일은 대한민국을 위해 목숨을 바친 애국 선열과 국군 장병들의 넋을 위로하고, 그 뜻을 추모하는 날이야.

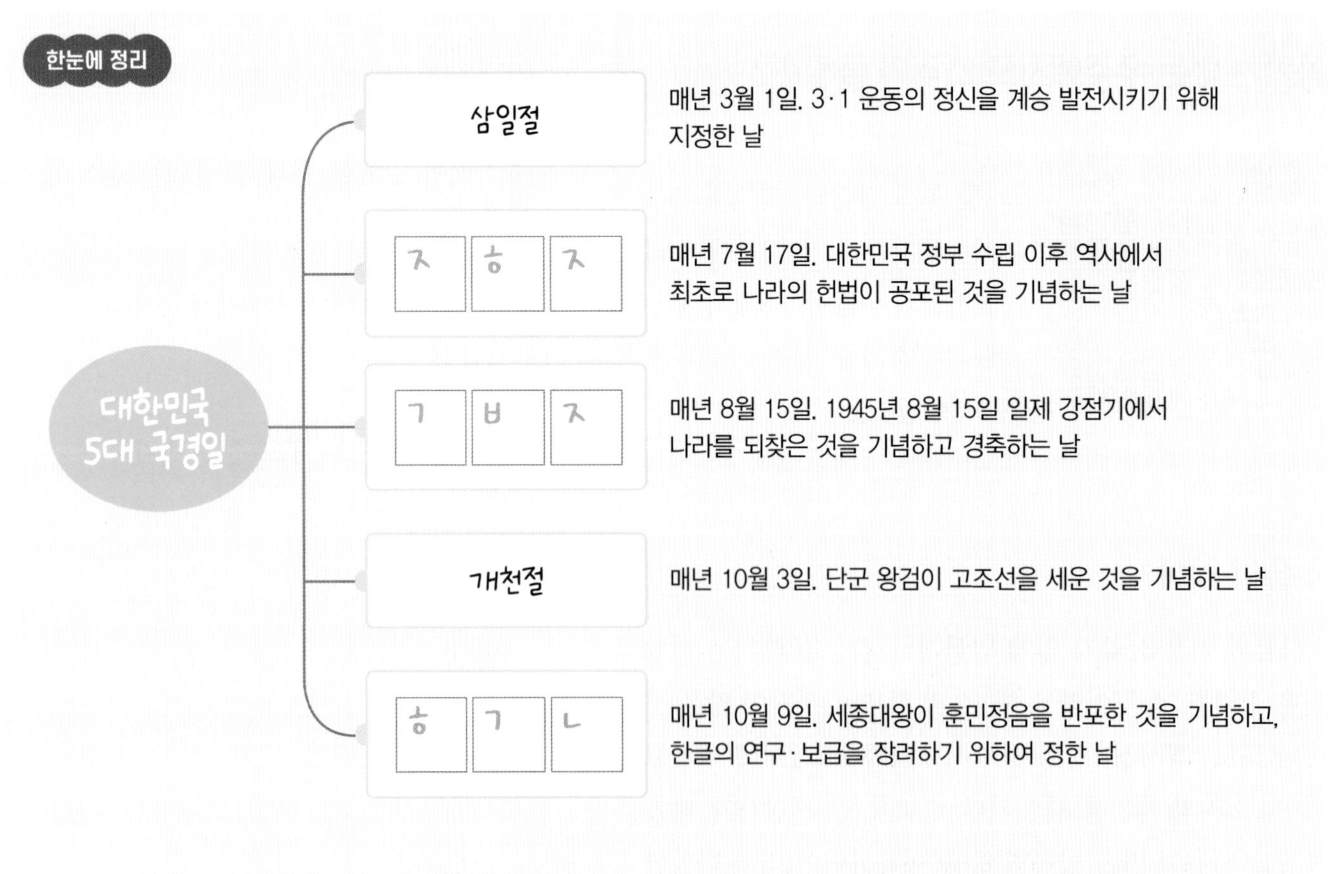

한눈에 정리
대한민국 5대 국경일
삼일절
매년 3월 1일. 3·1 운동의 정신을 계승 발전시키기 위해 지정한 날
ㅈ ㅎ ㅈ
매년 7월 17일. 대한민국 정부 수립 이후 역사에서 최초로 나라의 헌법이 공포된 것을 기념하는 날
ㄱ ㅂ ㅈ
매년 8월 15일. 1945년 8월 15일 일제 강점기에서 나라를 되찾은 것을 기념하고 경축하는 날
개천절
매년 10월 3일. 단군 왕검이 고조선을 세운 것을 기념하는 날
ㅎ ㄱ ㄴ
매년 10월 9일. 세종대왕이 훈민정음을 반포한 것을 기념하고, 한글의 연구·보급을 장려하기 위하여 정한 날

이해 ▶ 삼일절, 제헌절, 한글날 등 나라의 경사를 기념하기 위하여 국가에서 법률로 정한 경축일을 □□□이라고 해.

▶ 정답과 해설 39쪽

우리나라의 국경일

삼일절

삼일절은 1919년 3월 1일, 일제 강점기 일본에 맞서 독립을 선언하고 만세운동을 펼친 기미독립운동을 기념하는 날로, 3·1 운동 정신을 계승하고 발전시켜 민족의 단결과 애국심을 고취하기 위하여 제정한 국경일이야.

제헌절

제헌절은 1948년 7월 17일, 대한민국 헌법의 공포를 기념하는 국경일로, 민주주의를 기본으로 한 헌법의 제정 및 공포를 축하하고, 민주주의를 수호하며 헌법 수호를 다짐하는 기념행사를 해.

광복절

광복절은 1945년 8월 15일, 나라를 되찾은 것을 기념하는 날로, 국경일 중에서 가장 경사스러운 날이야. 1945년 8월 15일 일본의 항복으로 제2차 세계대전이 종식되면서 우리나라가 독립하였고, 1948년 8월 15일, 대한민국 정부가 수립되었어. 대한민국 정부는 독립과 정부 수립의 날을 기념하기 위해 매년 8월 15일을 국경일로 지정하였어.

개천절

10월 3일 개천절은 기원전 2333년에 단군의 고조선 건국을 기념하는 국경일로, '하늘이 열린 날'이라는 뜻을 가지고 있어.

한글날

10월 9일 한글날은 세종대왕이 훈민정음을 반포한 것을 기념하고, 우리나라 고유 문자인 한글의 연구 · 보급을 장려하기 위해 정한 국경일이야.

국군의 날이 국경일이었다고?

1956년부터 삼군의 기념일을 합쳐, 1950년 6.25 전쟁 때 38선을 돌파한 날인 10월 1일을 '국군의 날'로 제정하고 국경일로 정하였어. 하지만 10월의 공휴일이 몰려 있다는 이유로 1991년부터 국경일에서 제외되었어.

◉ 알맞게 선으로 이어 보세요.

삼일절 •	• 일제 강점기에서 벗어나 나라를 되찾은 것을 기념하는 날
광복절 •	• 세종대왕이 훈민정음을 반포한 것을 기념하는 날
한글날 •	• 3·1 운동을 기념하는 날

◉ 알맞은 말에 ○표를 하세요.

대한민국 헌법의 제정 · 공포를 기념하는 국경일은 (제헌절 , 개천절)이다.

◉ 현충일에 대한 설명으로 알맞은 것에 ○표를 하세요.

조국 광복과 국토 방위를 위해 싸우다 돌아가신 순국 선열를 추모하기 위한 국경일이다. ☐

매년 6월 6일로, 국가기념일이면서 법정 공휴일이다. ☐

3회 ②

가정의 중요한 행사 예법, 관혼상제

관혼상제는 우리 조상들이 옛날부터 중요하게 여긴 가정 행사로, 정해진 나이가 되면 어른이 된다는 의미로 치르는 의식인 '관례', 남자와 여자가 부부가 되는 맹세를 하고 약속하는 의식인 '혼례', 사람이 죽었을 때 치르는 예식인 '상례', 돌아가신 조상을 위해 올리는 예식인 '제례'가 있었어.

조선 시대는 유교를 바탕으로 하고 있어서 일상생활에서도 유교의 예법을 지키는 것을 중요하게 생각했어. 나라의 행사뿐만 아니라 집안의 행사도 유교의 예법에 따라 치렀지. 그래서 관혼상제에는 유교의 예법이 많이 담겨 있어. 나라에서는 관혼상제를 가장 중요한 일이라 생각하여 백성들도 그 예법을 따르게 했어.

유교를 바탕으로 한 조선 시대의 관혼상제는 오늘날에 와서 서양식으로 많이 변화되고 간소화되었어. 그러나 여전히 중요한 가정의 행사인 것에는 변함이 없어.

관혼상제: 관례, 혼례, 상례, 제례를 아울러 이르는 말.

한눈에 정리

관혼상제

- ㄱ ㄹ : 정해진 나이가 되면 어른이 된다는 의미로 치르는 의식
- 혼례 : 남자와 여자가 부부가 되는 맹세를 하고 약속하는 의식
- ㅅ ㄹ : 사람이 죽었을 때 치르는 예식
- 제례 : 돌아가신 ㅈ ㅅ 을 위해 올리는 예식

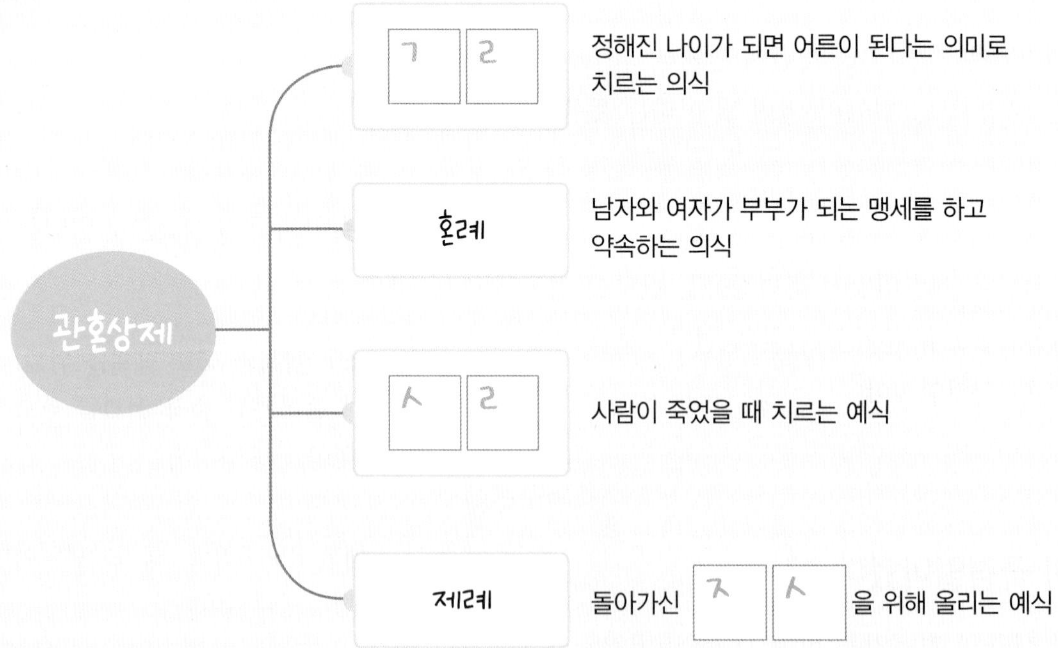

이해 □□□□는 우리 조상들이 옛날부터 중요하게 여긴 가정 행사야.

옛날과 오늘날의 관혼상제

관례

관례는 청소년이 머리에 관을 쓰고 성년이 되는 의식으로, 주로 양반 계층에서 행해졌어. 오늘날에는 성년의 날이라 하여 갓을 쓰여 주는 대신 꽃을 선물하며 어른이 된 것을 축하하지.

혼례

혼례는 결혼식을 말하는데, 전통 혼례식은 복잡한 절차가 있었대. 결혼을 의논한 뒤 혼인 당사자의 기록이 적힌 종이를 보내고, 신랑집에서 혼인을 허락한 것에 감사의 뜻으로 신부집에 예물을 보냈어. 마지막으로 신랑이 처가로 가서 예식을 올리고 신부를 맞아오면 혼례는 끝이 나지. 오늘날에는 대부분 전통 혼례 대신 서양식으로 결혼식을 해.

상례

상례는 사람이 죽었을 때 장사를 지내는 풍습으로, 장례라고도 해. 부모님이 돌아가시면 5일이나 7일 동안 삼베로 지은 상복을 입고 문상을 온 문상객들을 맞는 등 장사를 지내는 의례야. 오늘날에는 병원이나 장례 업체에서 장례를 맡아 주는 등 절차가 간단해졌지.

제례

제례는 조상을 기리는 제사로, 한식에 조상에게 제사를 지내는 시제와 명절에 조상에게 제사를 지내는 차례, 산소에서 지내는 제사인 묘제 등이 있어. 하지만 오늘날에는 제사도 간소화되고, 아예 지내지 않거나 다른 방법으로 지내는 가정도 늘어나고 있지.

옛날에 아기가 태어났을 때 하는 가정 행사는?

아기가 태어나면 금줄을 치고 3주가 되기 전에는 사람들이 집에 함부로 들어가지 못하게 했어. 아기와 아기를 낳은 어머니에게 나쁜 병균 같은 것들이 옮겨지는 것을 막기 위해서였지. 그리고 옛날에는 병원이 많지 않아 아기가 죽는 경우가 많았대. 그래서 아기가 태어나서 100일, 1년이 되도록 건강하게 잘 자란 것을 기념하고, 아기가 잘 자라기를 바라는 마음에서 백일잔치와 돌잔치를 했대.

◉ 관례에 대한 설명으로 알맞은 것에 ○표를 하세요.

- 청소년이 머리에 관을 쓰고 성년이 되는 의식이다. ( )
- 오늘날에는 성년의 날이라 하여 조상께 의식을 치르는 것을 중요하게 생각한다. ( )

◉ 알맞게 선으로 이어 보세요.

혼례 •	• 사람이 죽었을 때 치르는 예식
상례 •	• 돌아가신 조상을 위해 올리는 예식
제례 •	• 남자와 여자가 부부가 되는 맹세를 하고 약속하는 의식

◉ 알맞은 말에 ○표를 하세요.

아기가 태어나서 1년이 되도록 건강하게 잘 자란 것을 기념하기 위해 (성인식 , 돌잔치)을/를 했다.

4회 ①

물질과 물체를 구분해요

물질: 물체를 만드는 재료.
물체: 모양이 있고, 공간을 차지하고 있는 것.

우리가 입고 있는 옷은 물체일까, 물질일까? 우리가 주변에서 쉽게 볼 수 있는 옷이나 신발, 장난감과 같이 보고 만질 수 있는 것들을 물체라고 해. 이것을 좀 더 과학적으로 표현하면 '모양이 있고 공간을 차지하는 것'을 '물체'라고 하는 거야.

물체는 다양한 재료로 만들어지는데 우리가 매일 입는 옷은 섬유로 만들어. 이때 옷은 물체, 그 재료인 섬유는 물질인 거야. 마찬가지로 유리컵은 물체, 그 재료인 유리는 물질, 연필은 물체, 그 재료인 나무, 흑연은 물질이야. 쉽게 말하면 물체를 만드는 재료인 나무, 유리, 금속, 플라스틱 등을 '물질'이라고 하는 거야.

물질은 각각의 특성을 가지고 있어서 그 특성에 따라 물건을 만들 수 있어. 나무는 좀 단단하지만 가볍고 다듬기 쉬워서 나무젓가락, 연필, 의자 같은 물체를 만드는 데 사용하고, 고무는 말랑하고 잘 부서지지 않아서 고무장갑, 자동차 바퀴 등을 만드는 데 사용해. 또, 물질은 고체, 액체, 기체와 같은 상태로 구분할 수도 있어.

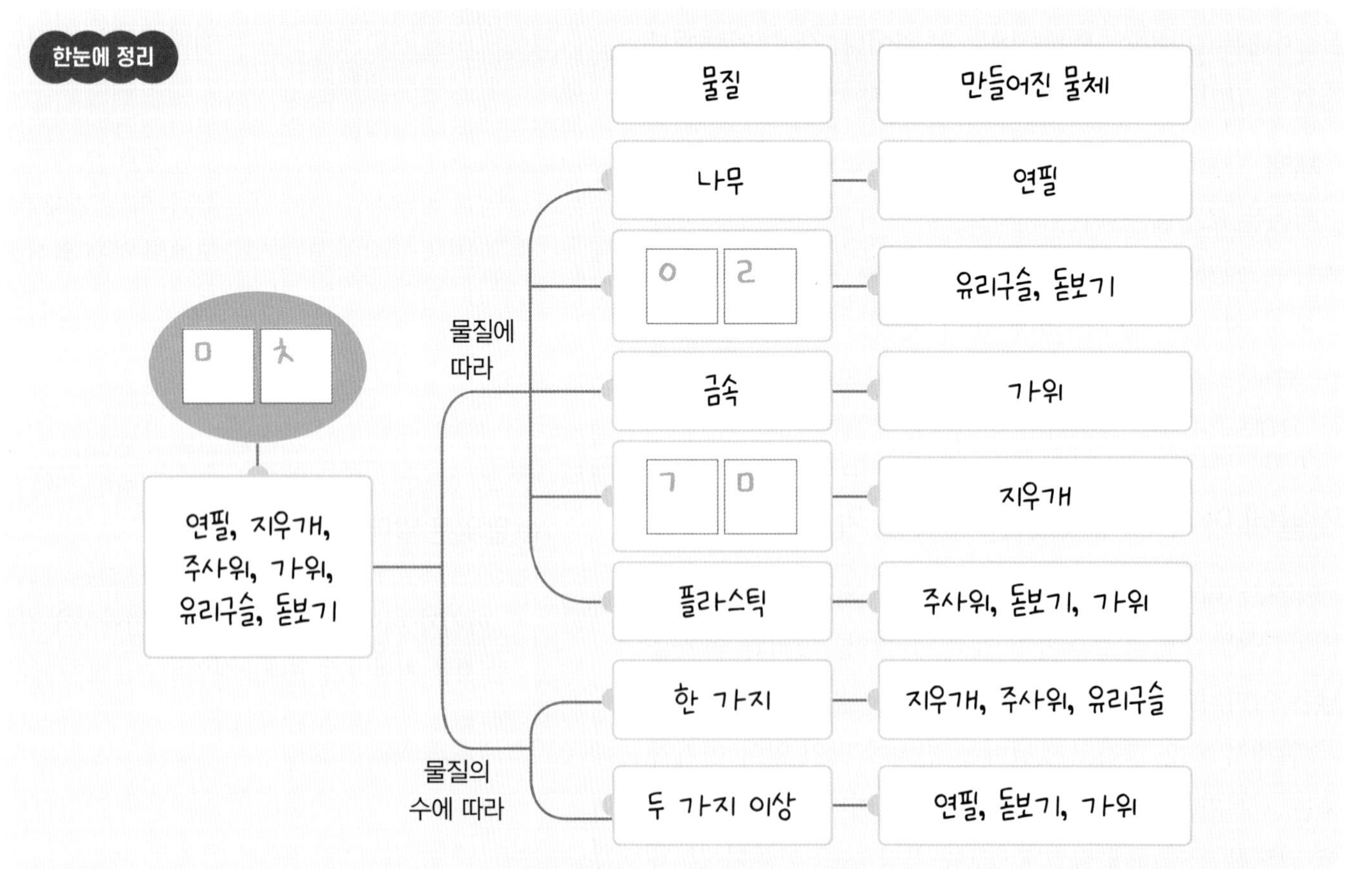

이해 눈에 보이고 만질 수 있는 것인 □□를 이루고 있는 것이 □□이야.

▶ 정답과 해설 41쪽

물질의 성질

물체를 이루는 물질은 저마다 독특한 성질을 가지고 있어. 색깔, 손으로 만졌을 때의 느낌, 긁히는 정도, 구부러지는 정도, 물에 뜨는 정도 등이 달라. 여러 물질의 대표적인 성질을 알아보면 금속은 무겁고, 단단해. 플라스틱은 가볍고, 고무는 잘 휘어져. 나무는 가볍고 딱딱하지.

물질의 상태

물체를 이루는 물질의 상태는 고체, 액체, 기체로 구분할 수 있어.

상태		예
고체	담는 그릇이 바뀌어도 모양과 크기가 바뀌지 않는 물질의 상태	나무, 철, 플라스틱
액체	담는 그릇에 따라 모양은 변하지만, 양은 변하지 않는 물질의 상태	물
기체	담는 그릇에 따라 모양이 변하고, 담긴 그릇을 항상 가득 채우는 물질의 상태	공기

책상과 종이가 같은 물질로 만들어졌다고?

책상과 종이는 둘 다 나무로 만들어졌지만, 물질의 특성을 이용하여 가공을 했기 때문에 나무의 모양은 남아 있지 않아. 가공이란, 사람이 화학적, 기계적 처리를 하여 전혀 새로운 물질을 만들어내는 것을 말해. 나무를 잘게 부수어 물에 끓여 주면 하얀 죽과 같은 물질인 '펄프'가 돼. 이 펄프를 얇게 펴서 말리면 종이가 되는 거야. 이렇게 물질의 가공을 통해 나온 특성으로 기본 모양과는 전혀 다른 색다른 물체를 만들 수도 있어.

◉ 알맞게 선으로 이어 보세요.

금속(철) •	• 말랑하고 잘 부서지지 않아서 고무장갑, 자동차 바퀴 등을 만드는 데 사용한다.
고무 •	• 아주 단단해서 망치, 기계, 송곳, 톱과 같은 물체를 만드는 데 사용한다.

◉ 두 가지 이상의 물질로 만들어진 물체에 ○표를 하세요.

지우개	연필	주사위
☐	☐	☐

◉ 알맞은 말에 ○표를 하세요.

담는 그릇에 따라 모양은 변하지만, 양은 변하지 않는 물질의 상태를 (고체 , 액체 , 기체)라고 한다.

4회 ②

섞어 보아요, 물질의 성질 변화

물질의 성질 변화: 각각의 물질이 가지는 고유한 성질의 변화.

물질마다 색깔, 냄새, 맛, 단단한 정도, 물에 뜨는 정도, 물에 녹는 정도 등이 다 다른데, 이것을 '물질의 성질'이라고 해. 정리하면, 물질의 성질은 각각의 물질이 가지는 고유한 성질로, 물질의 종류마다 서로 달라서 그 물질을 다른 물질과 구별할 수 있게 해 줘.

서로 다른 물질을 섞으면 물질의 성질은 변할까, 변하지 않을까?

서로 다른 물질인 소금과 설탕을 섞으면 소금과 설탕이 눈에 보이고, 소금의 짠맛과 설탕의 단맛이 그대로야. 또, 물과 소금을 섞으면 소금이 물에 녹아 보이지 않게 되지만, 맛이 짜서 소금이 여전히 물속에 있다는 것을 알 수 있어. 이와 같이 서로 다른 두 물질을 섞어도 물질의 성질이 그대로 유지될 수 있어. 하지만 물, 붕사, 폴리비닐 알코올을 섞으면 서로가 엉기게 돼. 이것을 꺼내어 손으로 주무르면 말랑말랑한 고무처럼 변해서 탱탱볼이 되지. 처음에 가지고 있던 성질이 달라진 거야.

이렇게 서로 다른 물질 무엇과 무엇을 섞는지, 어떻게 섞는지에 따라 물질의 성질이 변하는 경우도 있고, 변하지 않는 경우도 있어.

한눈에 정리

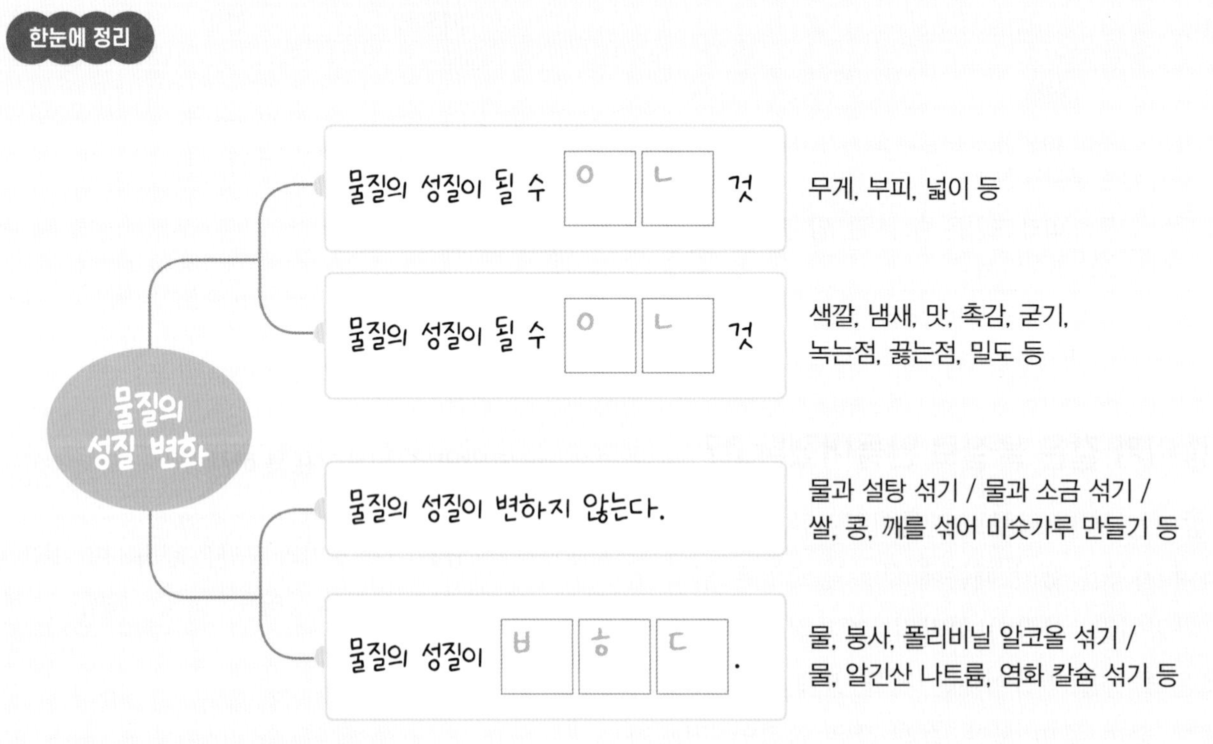

물질의 성질 변화
물질의 성질이 될 수 ㅇ ㄴ 것
무게, 부피, 넓이 등
물질의 성질이 될 수 ㅇ ㄴ 것
색깔, 냄새, 맛, 촉감, 굳기, 녹는점, 끓는점, 밀도 등
물질의 성질이 변하지 않는다.
물과 설탕 섞기 / 물과 소금 섞기 / 쌀, 콩, 깨를 섞어 미숫가루 만들기 등
물질의 성질이 ㅂ ㅎ ㄷ.
물, 붕사, 폴리비닐 알코올 섞기 / 물, 알긴산 나트륨, 염화 칼슘 섞기 등

이해▸ 물질의 □□은 그 물질과 다른 물질을 구별할 수 있게 해 줘.

탱탱볼 만들기

물, 붕사, 폴리비닐 알코올을 섞어서 탱탱볼을 만들어 보면 물질의 성질이 변하는 경우를 확인할 수 있어.

① 물과 붕사를 섞는다.

물과 붕사를 섞으면 물이 뿌옇게 흐려져.

② 물과 붕사를 섞은 뒤 폴리비닐 알코올을 넣는다.

물, 붕사, 폴리비닐 알코올을 섞으면 서로 엉기고 알갱이가 점점 커져.

③ 엉긴 물질을 꺼내 손으로 주무른다.

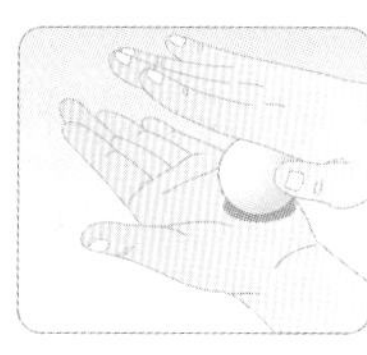

탱탱볼이 완성돼.

물질의 특성을 알아볼 때 주의할 점

물질의 특성 중에는 맛과 냄새와 같이 간단하게 알아 볼 수 있는 특성이 있어. 하지만 물질 중에는 인체에 해로운 것도 있으므로, 확실하게 알지 못하는 물질은 함부로 냄새를 맡거나 맛을 보아서는 안 돼.

자동차를 섬유로 만든다고?

자동차는 단단한 금속으로 되어 있어 튼튼하지만 무거워서 연료가 많이 들어. 그런데 최근에는 금속보다 훨씬 가벼운 탄소섬유를 이용하여 자동차의 무게를 줄이고 있어. 탄소섬유는 가볍고 단단한 실인데, 철보다 무게는 가볍지만 훨씬 더 단단해. 또, 녹이 안 슬고, 열에도 강하다는 장점이 있지. 플라스틱에 탄소섬유를 첨가하면, 가볍고 단단한 성질이 있는 새로운 재료를 만들 수 있어. 바로 물질(플라스틱)의 성질이 바뀌게 되는 거야. 이렇게 물질과 물질을 섞어 새로운 물질을 만들면 우리 생활을 풍요롭게 할 수 있어.

◉ 알맞게 선으로 이어 보세요.

물과 붕사를 섞는다. •	• 서로 엉기면서 알갱이가 생긴다.
물과 붕사를 섞은 뒤 폴리비닐 알코올을 섞는다. •	• 탱탱볼이 만들어진다.
엉긴 물질을 손으로 주무른다. •	• 물이 뿌옇게 흐려진다.

◉ 알맞은 말에 ○표를 하세요.

물질은 물질마다 색깔, 냄새, 맛, 단단한 정도, 물에 뜨는 정도, 물에 녹는 정도 등이 다 다른데, 이것을 물질의 (성질 , 모양)이라고 한다.

◉ 알맞은 것에 ○표를 하세요.

서로 다른 물질인 물과 설탕을 섞으면 물질의 성질이 변한다.	☐
물, 붕사, 폴리비닐 알코올을 섞으면 물질의 성질이 변한다.	☐

5회 ①

그래서 그렇구나! 원인과 결과

어떤 일이 일어난 까닭을 '원인'이라고 하고, 그 때문에 일어난 일을 '결과'라고 해. 원인과 결과를 생각하며 말하는 방법은 그 일이 일어난 까닭과 그 까닭 때문에 생긴 일 또는 달라진 점을 찾아보고, 그 결과 어떤 일이 일어났는지 생각해 봐야 해. 그런 다음 이어 주는 말을 사용해서 간추려 말하면 되는 거야. 원인과 결과가 잘 드러나게 말하려면 '그래서', '때문에', '왜냐하면'과 같은 이어 주는 말을 사용하면 돼.

원인과 결과를 생각해 말하거나 글을 쓸 때 주의할 점은 원인을 찾아 결과에 어떤 영향을 주었는지 살펴보고, 일의 차례가 원인과 결과에 따라 잘 드러났는지 확인해 보면 돼.

어떤 일에 대해 들을 때에도 원인과 결과를 생각하며 들으면 좀 더 분명하게 이해할 수 있어. 또, 이야기를 간추릴 때에도 원인과 결과에 따라 간추리면 중요한 사건이 잘 드러나게 정리할 수 있지. 참, 어떤 일의 결과는 다른 일의 원인이 될 수 있다는 것도 기억해 둬.

원인: 어떤 일이 일어난 까닭.
결과: 어떤 원인 때문에 일어난 일.

한눈에 정리

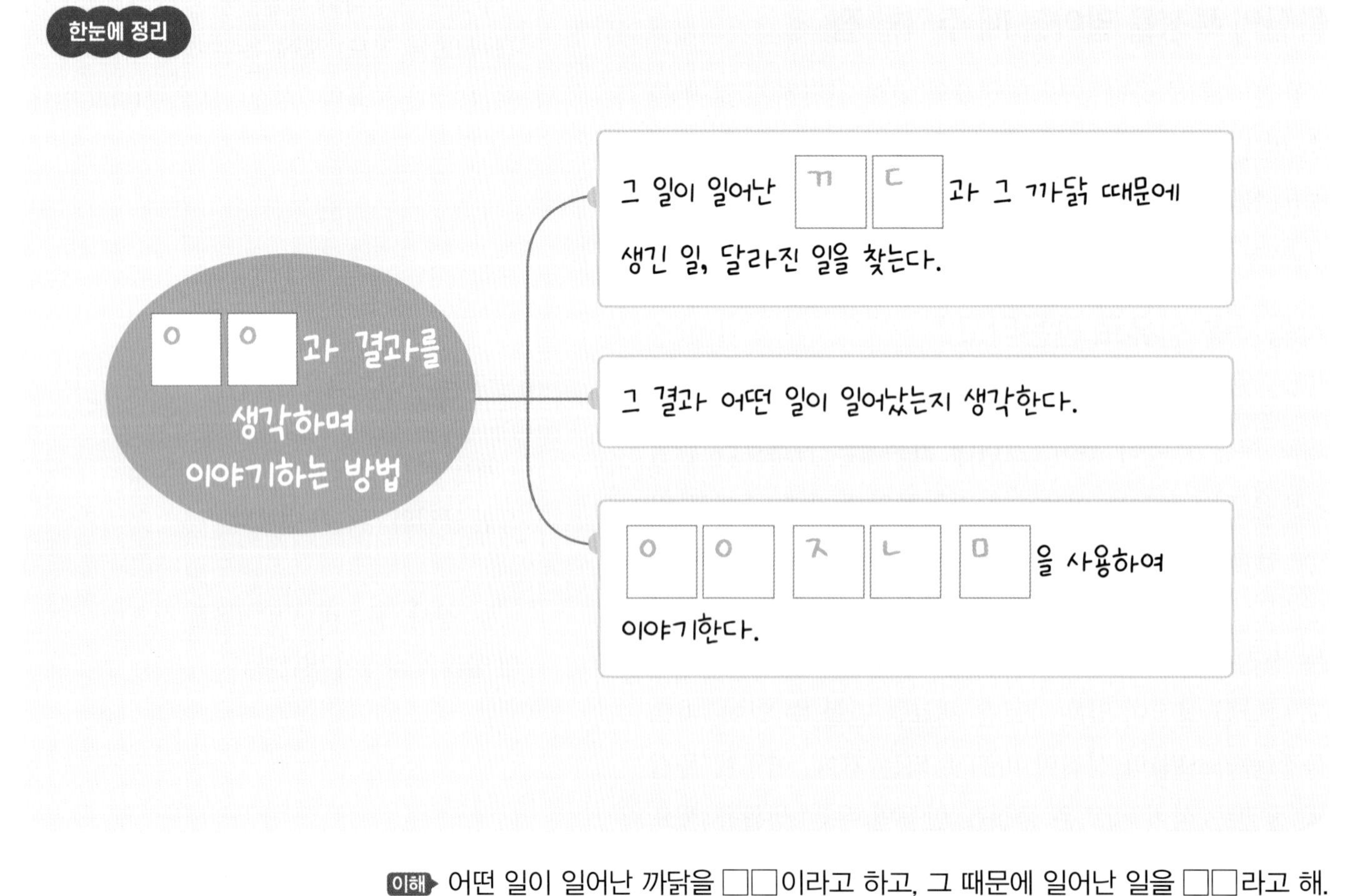

이해 어떤 일이 일어난 까닭을 □□이라고 하고, 그 때문에 일어난 일을 □□라고 해.

▶ 정답과 해설 43쪽

이어 주는 말의 종류

비슷한 내용을 이어 주는 말

'그리고', '또'와 같은 말은 앞 문장의 내용에 비슷한 어떤 내용을 더 추가하거나 보충할 필요가 있을 때, 다음 문장이 이어질 경우 그 사이에 사용되는 말이야.

반대되는 내용을 이어 주는 말

'그러나', '하지만', '그런데'는 앞의 문장과 뒤에 나오는 문장의 내용이 서로 반대가 될 때, 또는 대립으로 이어질 때 쓰이는 말이야.

원인과 결과를 이어 주는 말

'그래서', '때문에', '왜냐하면'과 같은 말들은 어떤 원인에 대해 그 결과를 나타내거나 결과에 대한 원인이 무엇인지 말할 때 쓰이는 말이야.

원인과 결과를 생각하며 이야기를 정리하거나 경험을 말할 수 있어?

원인과 결과를 생각하며 이야기를 정리해서 말할 수 있어

이야기의 원인과 결과를 생각해 보고, 일이 일어난 차례를 알아보는 거야. 그리고 이야기를 소개하기 위해 꼭 필요한 내용을 찾아 이해하기 쉽게 정리해서 말하면 돼.

원인과 결과를 생각하며 경험을 말할 수 있어

말할 경험이 언제, 어디에서, 누구와 있었던 일인지 생각해 본 다음, 경험한 일의 원인과 결과를 생각해 봐. 그리고 나서 이어 주는 말을 적절하게 사용하여 경험한 일을 말하면 돼.

우산을 가져가지 않아 비를 맞았습니다. → 그래서 감기에 걸려 콧물이 났습니다.

◉ 원인과 결과를 생각하며 이야기하는 방법에 맞게 차례대로 번호를 쓰세요.

- 이어 주는 말 사용하여 이야기하기 ☐
- 그 결과 어떤 일이 일어났는지 생각하기 ☐
- 그 일이 일어난 까닭과 그 까닭 때문에 생긴 일, 달라진 일 찾기 ☐

◉ 알맞은 말에 ○표를 하세요.

앞의 문장과 뒤에 나오는 문장의 내용이 서로 반대가 될 때 또는 대립으로 이어질 때 쓰이는 이어 주는 말은 '(그래서 , 그러나)' 야.

◉ 원인과 결과를 생각하며 경험을 말하는 방법으로 알맞은 것에 ○표를 하세요.

- 언제, 어디에서, 누구와 있었던 일인지, 경험한 일의 원인과 결과를 생각해서 말한다. ☐
- 경험한 일을 떠올려 실제로 보고, 만지는 것처럼 생생하게 말한다. ☐

5회 ②

서로 견주어 설명하는 비교와 대조

비교: 두 가지 이상의 대상에서 공통점을 찾아 설명하는 것.
대조: 두 가지 이상의 대상에서 차이점을 찾아 설명하는 것.

친구들에게 내가 알고 있는 어떤 대상을 설명하려면 어떻게 해야 할까? 이럴 때는 친구들이 잘 아는 것과 비교하거나 대조하여 공통점과 차이점을 들어서 설명해 주면 좋아. 두 가지 이상의 대상에서 공통점을 찾아 설명하는 것을 '비교'라고 하고, 이와 반대로 차이점을 찾아 설명하는 것을 '대조'라고 해.

그런데 아무 대상이나 두 가지를 비교해도 될까? 예를 들어, 선풍기와 돌고래를 비교한다고 생각해 봐. 두 대상 사이의 공통점과 차이점을 찾아보면서 비교하면 좋은데, 선풍기와 돌고래 사이에는 아무리 생각해도 비교·대조할 기준이 없어. 두 가지 이상을 서로 비교·대조하려면 먼저 일정한 기준을 세워야 해.

자전거와 오토바이를 떠올려 봐. 바퀴 두 개와 안장이 있다는 것과 같은 공통점을 설명하는 것은 '비교', 움직이는 방법, 바퀴의 두께 등 차이점을 설명하는 것은 '대조'인 거야. 이처럼 비교와 대조는 두 가지 이상의 대상을 서로 견주어 설명하기에 좋은 방법이야.

한눈에 정리

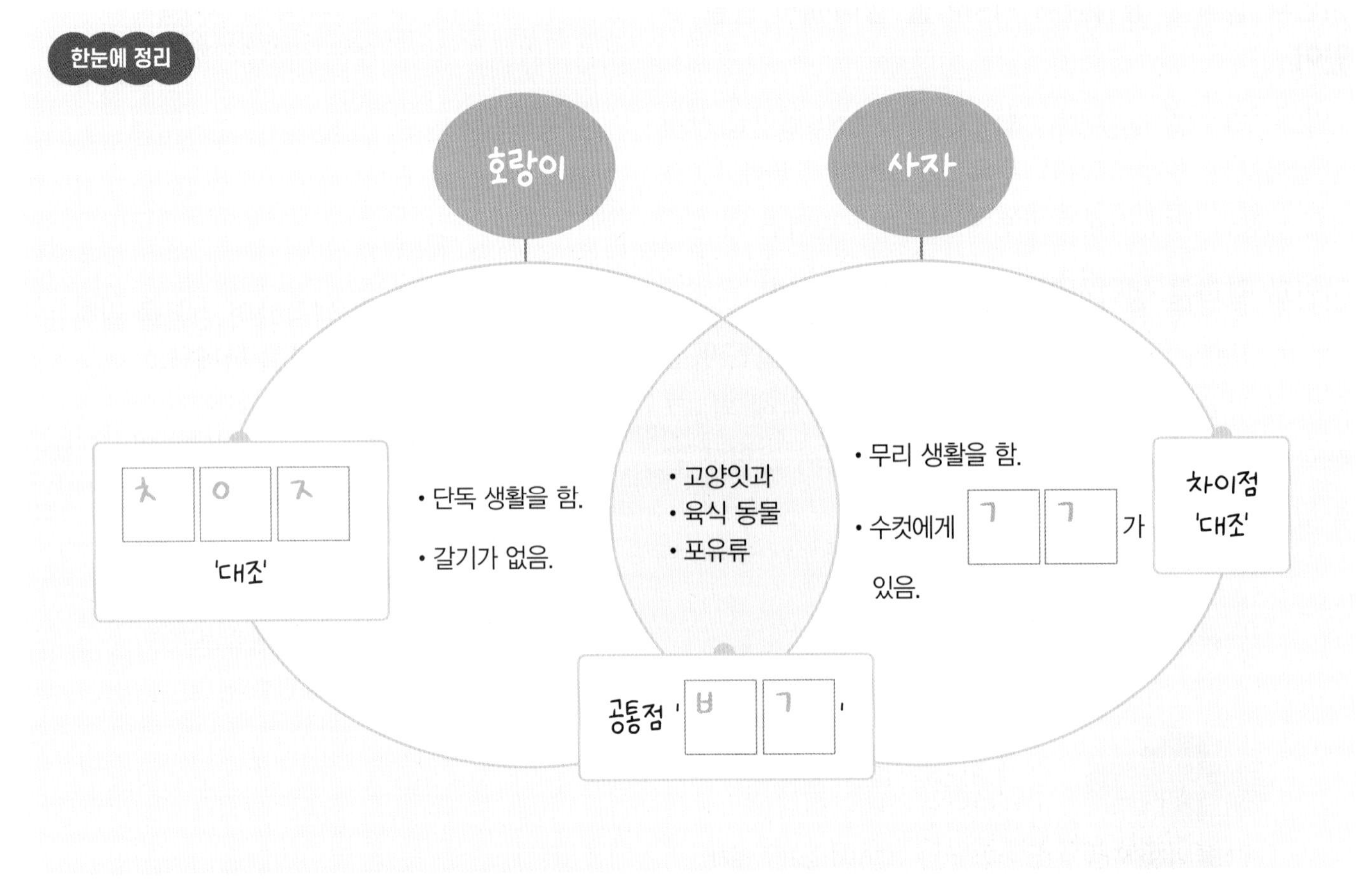

이해 두 가지 이상의 대상에서 공통점을 찾아 설명하는 것은 □□, 차이점을 찾아 설명하는 것은 □□라고 해.

일정한 기준 세우기

두 가지 이상의 대상을 서로 비교·대조하려면 우선 일정한 기준을 세워야 해. 그 기준에 맞추어 설명하면 사물의 특성을 더욱 또렷하게 드러낼 수 있거든. 사격과 양궁의 공통점과 차이점을 나눈 기준을 보면 쉽게 이해할 수 있을 거야.

구분	기준	사격	양궁
공통점	경기 방식	일정한 거리에서 표적을 쏘는 경기	
	올림픽 종목	올림픽 정식 종목	
차이점	경기 도구	권총/탄환	활/화살
	경기 장소	실내	실외

비교와 비유, 비교·대조의 표현 방법의 차이점은 뭐야?

'비교와 비유', 비슷해 보이지만 표현 방법은 달라

'비교'와 '비유'를 비슷한 뜻이라고 생각한 친구들은 없겠지? '비교'와 '비유'는 대상의 공통점에서부터 출발한다는 점에서는 같지만 다른 뜻이야. 가령, '별처럼 반짝이는 눈동자'라는 문장에서 '눈동자'를 '별'에 비유하고 있지? 이때 글을 쓴 사람은 '눈동자'와 '별' 사이에서 '반짝인다'는 공통점을 찾아 표현한 거야. 즉, '비교'는 두 대상의 공통점을 서로 견주어 보는 것이라면, '비유'는 두 대상의 공통점을 빌려 와서 그것으로 한쪽 대상을 새롭게 표현하는 거야.

'비교·대조'의 설명 방법을 사용하면 자신의 관점을 분명히 말할 수 있어

비교와 대조는 전혀 다른 표현 방법이 아니라 둘 중에서 어떤 면을 더 중요하게 생각하느냐의 문제야. 그래서 이 들 둘은 전체 글 속에서 짝을 이루어 나타나는 경우가 많아. 대조의 방법도 두 대상의 공통점에서 시작하는 경우가 많기 때문이지. 비교와 대조를 통해 두 사물이나 의견의 차이점을 확실히 알게 되어서 자신의 관점을 분명히 하는 데 도움이 돼.

◉ 공통점과 차이점을 설명하기 위해 가장 먼저 해야 할 일에 ○표를 하세요.

- 비교하기 [ ]
- 기준 세우기 [ ]
- 대조하기 [ ]

◉ 알맞은 말에 ○표를 하세요.

두 대상의 공통점을 서로 견주어 보는 표현 방법을 (비교 , 비유)라고 한다.

◉ 다음에서 '비교'의 방법으로 설명한 것에는 '비', '대조'의 방법으로 설명한 것에는 '대'를 빈칸에 알맞게 써넣으세요.

- 자전거의 바퀴는 얇고, 오토바이의 바퀴는 두꺼워. [ ]
- 자전거와 오토바이 모두 두 개의 바퀴가 움직이며 앞으로 나아가. [ ]

3주차

확인 문제

1 다음에서 설명하는 명절의 이름을 쓰세요. » 사회

- 일 년 중에 밤이 가장 긴 날이다.
- 한 해를 마무리하고 새해를 맞이하는 명절이다.

(　　　　　　　　)

2 봄에 해당하지 않는 절기를 찾아 기호를 쓰세요. » 사회

㉮ 입춘　㉯ 경칩　㉰ 하지　㉱ 춘분　㉲ 청명

(　　　　　　　　)

3 가을에 볼 수 있는 세시 풍속에 ○표를 하세요. » 사회

(1) 송편 빚기 (　　)
(2) 달집태우기 (　　)
(3) 서로 부채 나누기 (　　)

4 자석을 나사에 가까이 가져가면 어떻게 되나요? (　　　) » 과학

① 나사의 색깔이 변한다.
② 나사가 자석에 붙는다.
③ 나사가 자석을 밀어 낸다.
④ 자석의 열에 나사가 녹는다.
⑤ 나사가 제자리에서 계속 돈다.

▶ 정답과 해설 45쪽

5 **다음 빈칸에 들어갈 알맞은 말에 ○표를 하세요.** 》 과학

[　　　　]은/는 자석의 성질을 이용한 도구로 방향을 알려 준다.

(1) 온도계 (　　　)
(2) 나침반 (　　　)
(3) 체중계 (　　　)

6 **고체를 통해 소리가 전달되는 경우를 찾아 기호를 쓰세요.** 》 과학

㉮ 멀리서 부르는 친구의 목소리를 듣는다.
㉯ 실 전화기로 멀리 있는 친구의 소리를 듣는다.
㉰ 수중 발레 선수는 수중 스피커로 음악을 듣는다.
㉱ 물속의 잠수부가 먼 곳에서 오는 배의 소리를 듣는다.

(　　　　　　　)

7 **법정 공휴일이 아닌 국경일의 기호를 쓰세요.** 》 사회

㉮ 삼일절　㉯ 제헌절　㉰ 광복절　㉱ 개천절　㉲ 한글날

(　　　　　　　)

8 **다음에서 설명하는 국경일은 무엇인지 쓰세요.** 》 사회

1945년 8월 15일에 나라를 되찾은 것과 1948년 8월 15일 대한민국의 정부가 수립된 것을 기념하는 날로, 국경일 중에서 가장 경사스러운 날이다.

(　　　　　　　)

9 관혼상제에 대한 설명으로 알맞지 않은 것은 어느 것인가요? (　　　　) » 사회

① 상례는 장례라고도 한다.
② 전통 혼례식은 오늘날의 혼례식보다 간소하다.
③ 명절에 조상에게 제사를 지내는 것을 차례라고 한다.
④ 한식에 조상에게 제사를 지내는 것을 시제라고 한다.
⑤ 관례는 청소년이 머리에 관을 쓰고 성년이 되는 의식이다.

10 금속으로 만들어진 물체의 기호를 쓰세요. » 과학

㉮ 못　㉯ 풍선　㉰ 타이어　㉱ 축구공　㉲ 장난감 블록

(　　　　　　　)

11 물질의 성질에 대해 알맞게 말하지 않은 친구의 이름을 쓰세요. » 과학

우재: 나무는 금속보다 가볍고, 고유한 향과 무늬가 있어.
지안: 금속은 다른 물질보다 단단하고, 광택이 있으며, 딱딱하고 무거워.
현우: 플라스틱은 쉽게 구부러지고, 잡아당기면 늘어났다가 놓으면 다시 돌아오는 성질이 있어.

(　　　　　　　)

12 따뜻한 물이 담긴 컵에 붕사를 넣고 저어 주면 어떻게 되나요? (　　　　) » 과학

① 아무 변화가 없다.
② 빨간색으로 변한다.
③ 물이 뿌옇게 흐려진다.
④ 붕사가 파란색으로 변한다.
⑤ 서로 엉켜 덩어리가 생긴다.

▶ 정답과 해설 46쪽

13 **다음 빈칸에 들어갈 알맞은 이어 주는 말에 ○표를 하세요.** 국어

나는 지애에게 미안하였습니다. [ ] 생일 선물을 준비하지 못하였기 때문입니다.

(1) 그리고 ( )
(2) 그래서 ( )
(3) 왜냐하면 ( )

14 **원인과 결과를 생각하며 말하는 방법에 맞게 차례대로 기호를 쓰세요.** 국어

㉮ 그 결과 어떤 일이 일어났는지 생각한다.
㉯ 알맞은 이어 주는 말을 사용하여 간추려 말한다.
㉰ 일이 일어난 까닭과 그 까닭 때문에 생긴 일 또는 달라진 일을 찾는다.

( ) → ( ) → ( )

15 **다음 글에 사용된 설명 방법은 무엇인지 알맞은 것에 ○표를 하세요.** 국어

벚꽃과 목련은 공통점이 있습니다. 두 꽃은 모두 봄에 나무에서 피는 꽃입니다. 그리고 꽃이 먼저 피고, 꽃이 진 뒤에 잎이 나옵니다.

(1) 비교 ( )
(2) 대조 ( )

3주차
정리 학습

사회 명절과 절기

설날, 정월 대보름, 단오, 추석 등을 ☐☐이라고 해.

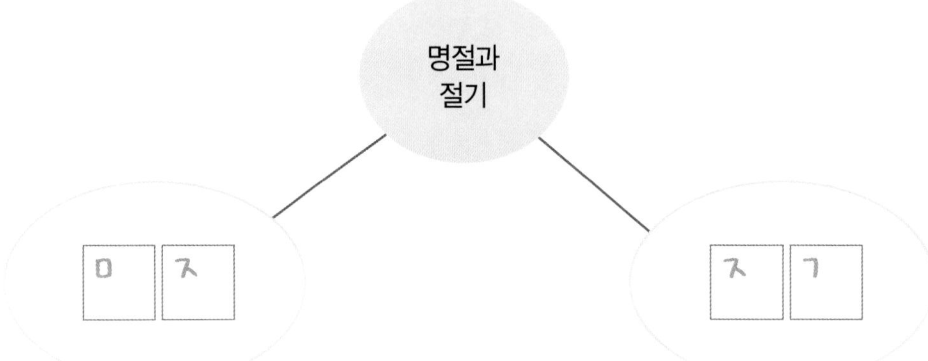

해마다 일정하게 지키어 즐기거나 기념하는 때. 설날, 정월 대보름, 한식, 단오, 추석, 동지 등

한 해를 태양의 움직임에 따라 스물넷으로 나누어 정한 때. 입춘, 우수, 입하, 소만, 입추, 처서, 입동, 소설 등

사회 세시 풍속

해마다 일정한 시기에 되풀이하여 행해 온 고유의 풍속을 ☐☐ ☐☐이라고 해.

세시 풍속

ㅅ ㄴ
세배, 윷놀이 등

단오
창포물에 머리 감기 등

정월 대보름
오곡밥, 쥐불놀이 등

ㅊ ㅅ
송편, 차례 등

한식
찬 음식, 성묘 등

동지
팥죽 등

사회 국경일

삼일절, 제헌절, 한글날 등 나라의 경사를 기념하기 위하여 국가에서 법률로 정한 경축일을 ☐☐☐이라고 해.

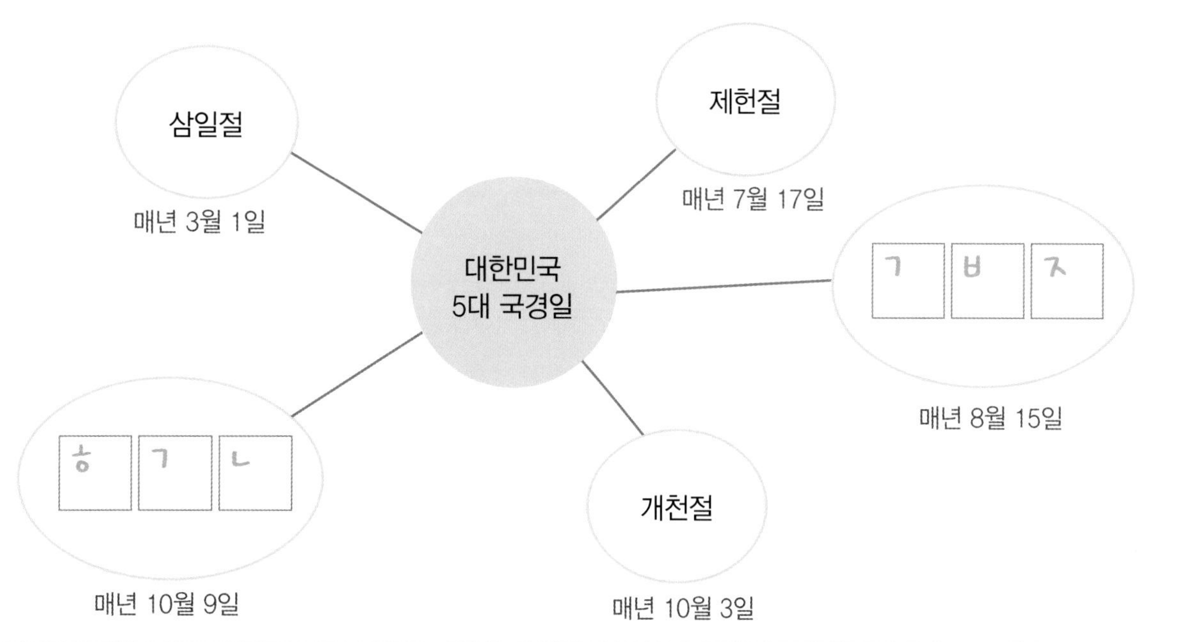

사회 관혼상제

☐☐☐☐는 우리 조상들이 옛날부터 중요하게 여긴 가정 행사야.

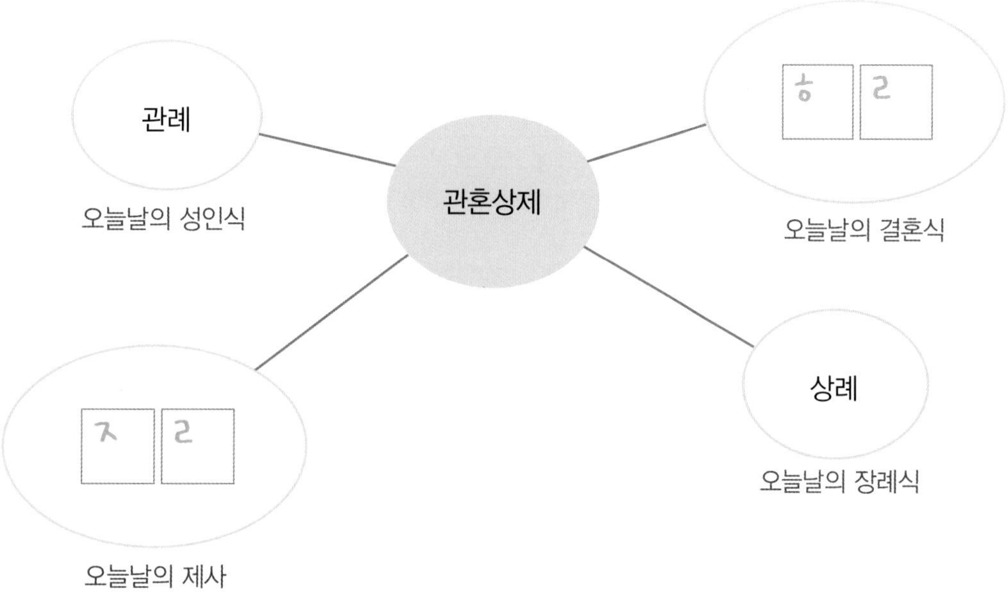

관례

오늘날의 성인식

관혼상제

ㅎ ㄹ

오늘날의 결혼식

ㅈ ㄹ

오늘날의 제사

상례

오늘날의 장례식

과학 **물질과 물체**

눈에 보이고 만질 수 있는 것인 [ ][ ]를 이루고 있는 것이 [ ][ ]이야.

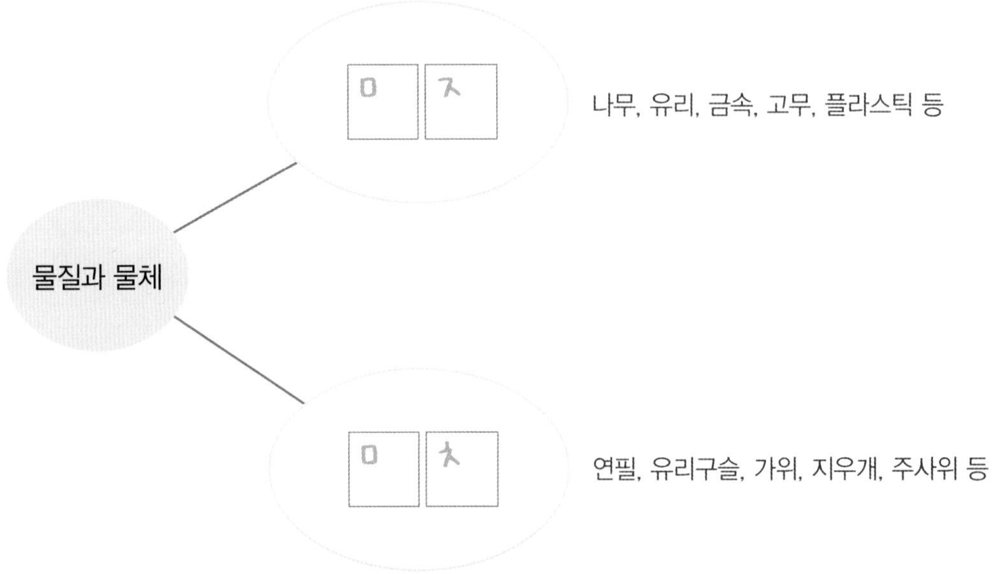

물질과 물체

- ㅁ ㅈ — 나무, 유리, 금속, 고무, 플라스틱 등
- ㅁ ㅊ — 연필, 유리구슬, 가위, 지우개, 주사위 등

과학 **물질의 성질 변화**

물질의 [ ][ ]은 그 물질과 다른 물질을 구별할 수 있게 해 줘.

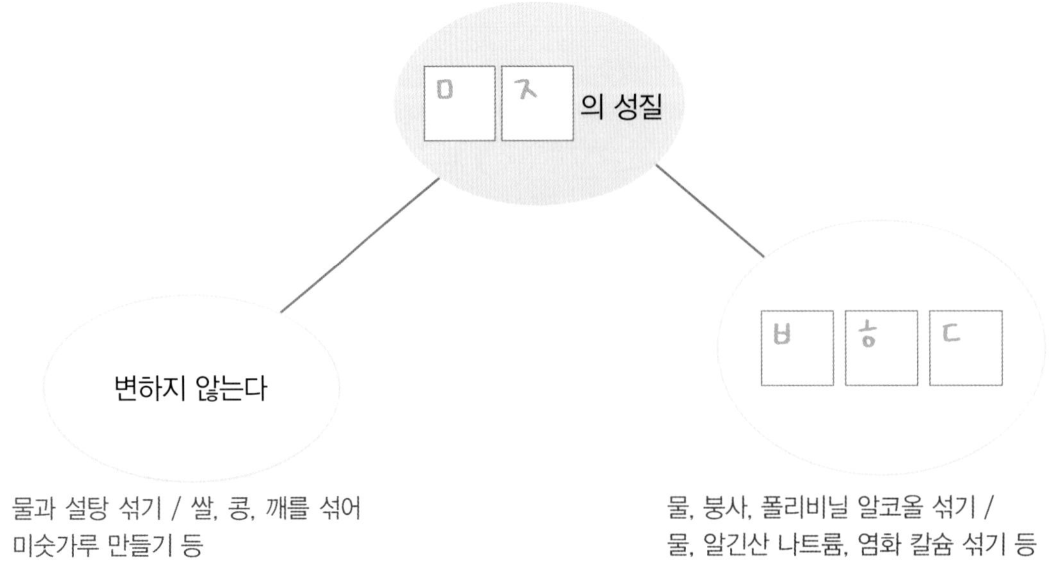

ㅁ ㅈ 의 성질

- 변하지 않는다 — 물과 설탕 섞기 / 쌀, 콩, 깨를 섞어 미숫가루 만들기 등
- ㅂ ㅎ ㄷ — 물, 붕사, 폴리비닐 알코올 섞기 / 물, 알긴산 나트륨, 염화 칼슘 섞기 등

▶ 정답과 해설 48쪽

국어 원인과 결과

어떤 일이 일어난 까닭을 [ ][ ]이라고 하고, 그 때문에 일어난 일을 [ ][ ]라고 해.

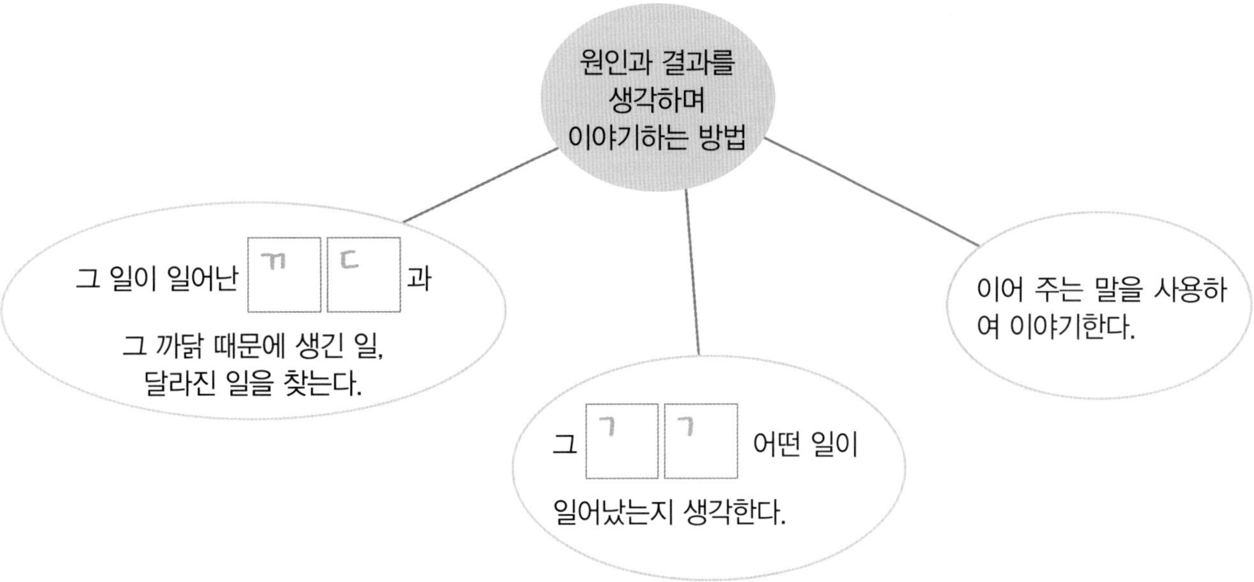

원인과 결과를 생각하며 이야기하는 방법

- 그 일이 일어난 [ㄲ][ㄷ]과 그 까닭 때문에 생긴 일, 달라진 일을 찾는다.
- 그 [ㄱ][ㄱ] 어떤 일이 일어났는지 생각한다.
- 이어 주는 말을 사용하여 이야기한다.

국어 비교와 대조

두 가지 이상의 대상에서 공통점을 찾아 설명하는 것은 [ ][ ], 차이점을 찾아 설명하는 것은 [ ][ ]라고 해.

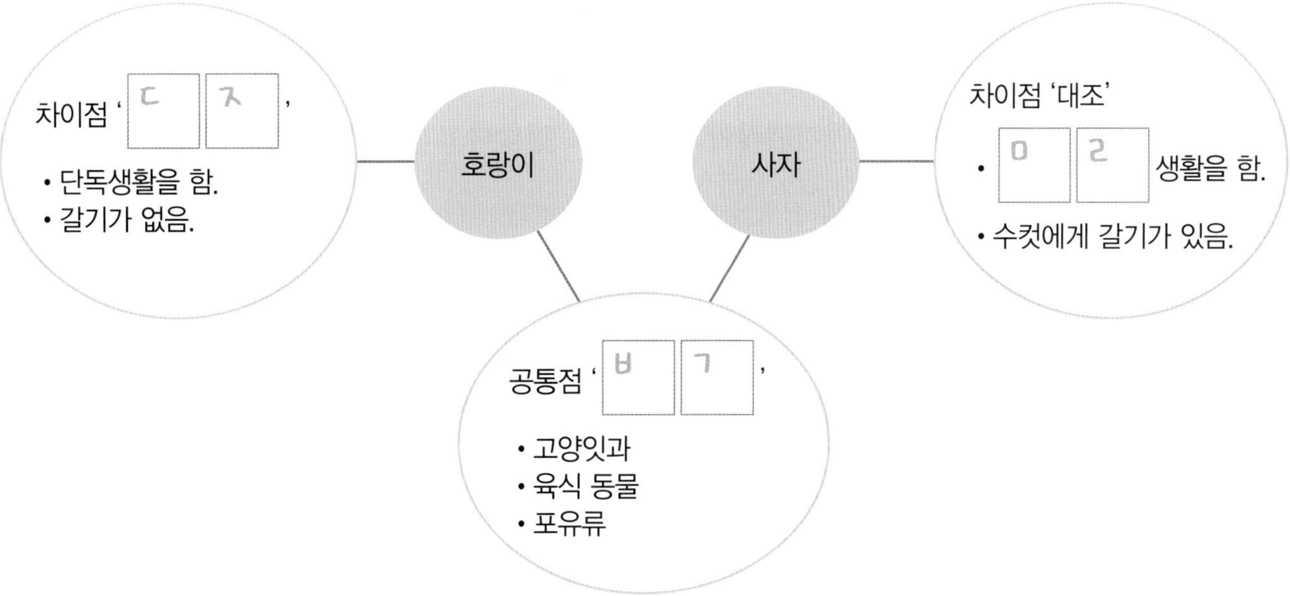

호랋이 — 차이점 '[ㄷ][ㅈ]'
- 단독생활을 함.
- 갈기가 없음.

사자 — 차이점 '대조'
- [ㅁ][ㄹ] 생활을 함.
- 수컷에게 갈기가 있음.

호랑이·사자 — 공통점 '[ㅂ][ㄱ]'
- 고양잇과
- 육식 동물
- 포유류

진우네 집에 갈 거예요!

“엄마, 나는 안 갈 거예요! 내일 진우랑 같이 자기로 했단 말이에요!”

윤이가 화가 나서 목소리가 높아졌어요.

“내일은 형 시합이 있는 날이잖아? 네가 가서 형을 도와주고, 응원도 해줘야지. 그래야 가족이잖니?”

엄마가 부드러운 목소리로 윤이를 타일렀어요. 윤이는 기가 막혔어요.

“엄마, 제가 전부터 얘기했잖아요. 엄마도 괜찮다고 하셨고요. 그런데 갑자기 이러시면 어떡해요?”

윤이는 눈물을 그렁거렸어요. 내일 진우랑 같이 보낼 생각을 하면서 내내 들떠 있었지요. 진우네 집에서 함께 맛있는 음식도 먹고, 게임도 하고, 영화도 꼭 보자고 약속했었거든요. 평소에 윤이는 늘 형 골프 대회만 쫓아다녀서 절친 진우랑 함께 놀 시간이 별로 없었지요.

그래서 이번에는 한 달 전부터 엄마를 조르고 졸라 정말 오랜만에 진우랑 같이 놀기로 한 거예요. 그걸 갑자기 바꾸라니요!

"당장 진우한테 전화해라. 내일은 형 시합 때문에 안 되니까, 다음 주 토요일에 같이 놀자고."

엄마가 굳은 목소리로 말하셨어요.

"싫어요!"

윤이가 엄마의 말에 큰 목소리로 답했어요. 엄마가 너무 놀라서 윤이를 쳐다봤어요.

"뭐, 뭐라고? 지금 뭐라고 했니?"

윤이가 엄마 말을 듣지 않는 건 이번이 처음이었어요. 엄마가 입을 떡 벌릴 만했지요.

"약속했잖아요! 진우 집에 가서 놀아도 된다고요. 나한텐 약속을 지키라고 하면서, 왜 엄만 약속을 안 지켜요? 내 시합도 아니잖아요?"

"나, 날짜를 착각한 거야. 형 시합 날인 줄 알았으면 안 된다고 했을 거야. 넌 어떻게 형 응원을 안 간다고 하니? 형이 얼마나 섭섭하겠어?"

그 말에 윤이는 더 화가 났어요.

"왜 난 늘 형 응원을 가야 해요? 내 시합도 아니고, 난 골프도 싫어하는데. 난 내일 진우네 집에 갈 거예요. 꼭이요!"

윤이는 큰소리로 말하고 자기 방으로 들어갔어요. 엄마는 거센 윤이의 태도에 놀라서 찬물을 벌컥벌컥 들이켰어요.

다음날 새벽이었어요.

윤이는 자기 방문을 두드리는 소리를 들었어요. 엄마였지요. 그러나 윤이는 들은 체도 하지 않았어요.

문 두드리는 소리가 몇 번 더 들렸지만, 윤이는 꼼짝도 않았어요. 조금 시간이 흐르자 아무 소리도 들리지 않았어요. 드디어 엄마가 포기하신 거예요.

처음으로 엄마한테 반항한 윤이는 좀 겁이 났어요. 심장이 두근거렸지요. 그렇지만 오늘은 꼭 진우랑 놀고 싶었어요. 그리고 늘 형만 생각하는 엄마가 미웠지요.

'엄마는 형만 소중한가 봐. 난 왜 둘째로 태어났지? 왜 골프를 못하는 거지? 난 왜 잘하는 게 없지?'

윤이는 너무 슬펐어요. 눈물이 펑펑 쏟아졌지요.

환한 햇살에 윤이는 눈을 떴어요. 밖에서는 아무 소리도 나지 않았지요. 슬그머니 거실로 나간 윤이는 소파에 앉아 커피를 마시는 아빠를 보았어요.

"어, 오늘은 형 시합에 안 갔나 보구나."

"아빠는요?"

"현이 시합을 보러가고 싶었는데, 오늘 할 일이 있어서 못 갔단다. 이따 중요한 약속이 있어서 말이야. 엄마는 현이 뒷바라지를 하고, 아빠는 돈을 벌어야지. 골프장만 따라다니면 되겠니?"

"아빠는 늘 형 응원을 해 주셔서 형의 편인 줄 알았는데요?"

아빠가 손사래를 쳤어요.

"에이, 그런 말이 어디 있어? 형이 골프에 재능이 있고 선수가 되겠다고 하니 도와주는 거지. 형의 편이 따로 있어? 그러면 네 편은?"

아빠의 말에 윤이의 눈가가 빨개졌어요.

"제 편은 아무도 없어요. 아빠하고 엄마는 늘 형의 편만 들잖아요. 저도 형 심부름이나 하고요. 저도 하고 싶은 일이 있다고요."

그러면서 윤이가 울먹였어요. 놀란 아빠가 탁자에 컵을 내려놓았어요.

"우리 윤이, 그동안 많이 힘들었나보구나. 자, 울지 말고 네가 하고 싶은 말을 해 보렴. 오늘 아빠가 다 들어 줄게."

윤이는 한숨을 푹 쉬었어요. 무슨 이야기를 해야 할지 잘 모르겠어서요. 한참 골똘히 생각하던 윤이가 말했어요.

"아빠, 이제 나는 골프장엔 안 가고 싶어요. 골프는 형이 치는 거잖아요? 저는 골프 배울 생각이 조금도 없어요."

"그건 알아."

아빠의 대답에 윤이가 더 놀랐어요.

"그걸 아, 아빠가 알아요?"

"나는 네가 골프를 좋아하는 줄 알았단다. 그런데 너는 골프채도 만지기 싫어하더구나. 그래서 알았지."

이어지는 내용은 140쪽에 »

4 주차

1회 사회

	학습 계획일
① 소중한 우리의 문화재	월 일
② 소중하게 지켜요, 문화유산	월 일

2회 과학

	학습 계획일
① 우리가 살고 있는 지구	월 일
② 옥토끼는 어디에? 달	월 일

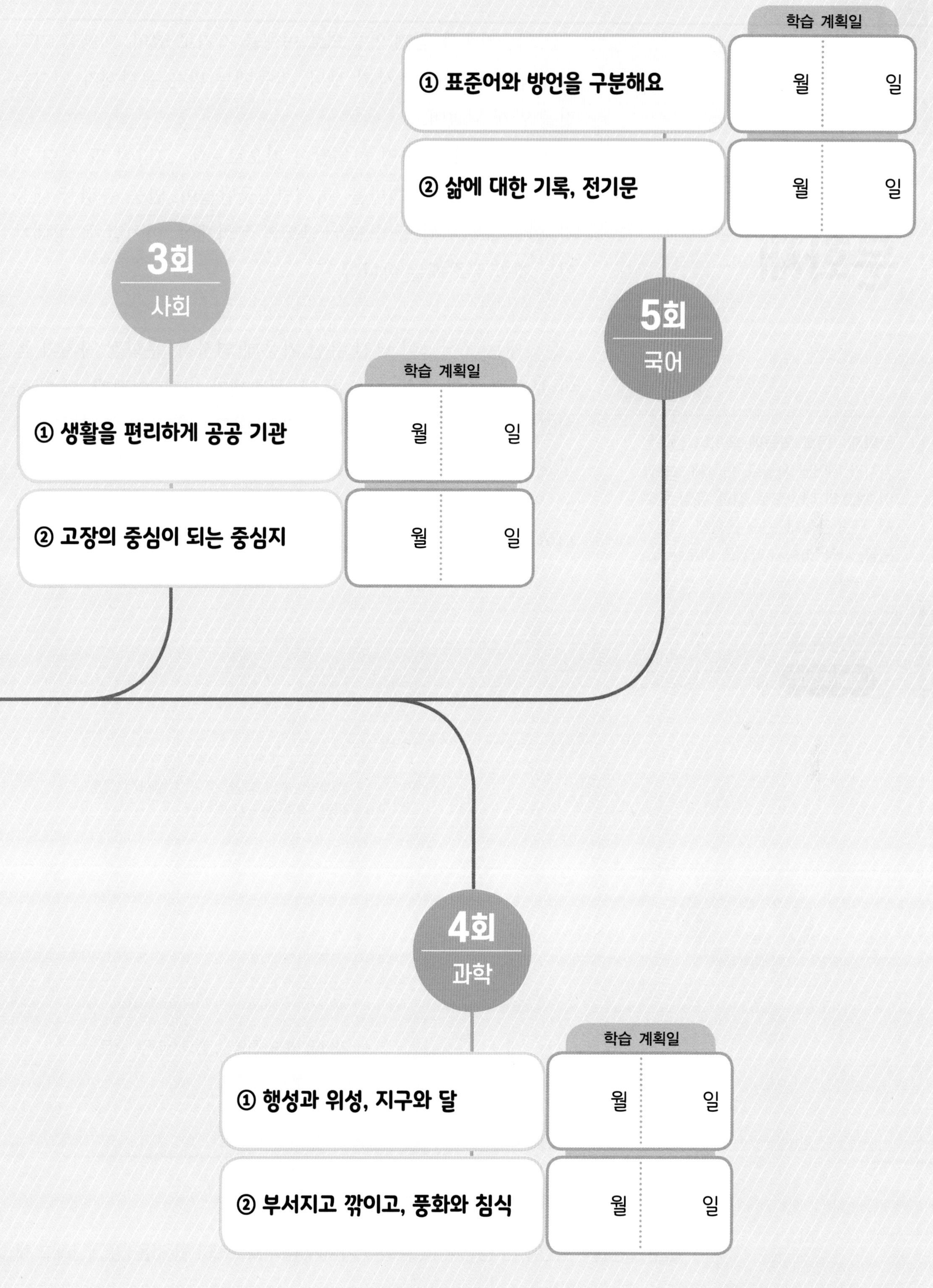
학습 계획일
① 표준어와 방언을 구분해요
월 일
② 삶에 대한 기록, 전기문
월 일
3회
사회
5회
국어
학습 계획일
① 생활을 편리하게 공공 기관
월 일
② 고장의 중심이 되는 중심지
월 일
4회
과학
학습 계획일
① 행성과 위성, 지구와 달
월 일
② 부서지고 깎이고, 풍화와 침식
월 일

1회 ①

소중한 우리의 문화재

선호는 가족과 함께 안동으로 여행을 가기로 했어. 여행을 가기 전에 안동에 대해 조사해 보니, 안동에는 많은 문화재가 있다는 것을 알게 되었어.

안동의 '문화재' 하면 하회탈이 떠오르는데, 그밖에 또 어떤 것이 있을까? 안동 하회마을, 하회별신굿탈놀이, 안동 봉정사 대웅전, 안동 도산서원 등이 모두 안동의 문화재야. 이처럼 꼭 형태가 있는 것만 문화재는 아니야.

문화재는 조상들이 남긴 유산 가운데 역사적, 문화적 가치가 높아 보호해야 할 모든 것을 뜻해. 문화재가 언제, 어떻게, 왜 만들어졌는지 문화재에 대한 이모저모를 살펴보다 보면 조상의 생활 모습뿐만 아니라 그 안에 담긴 조상의 지혜도 배울 수 있어. 그리고 우리의 전통문화를 계승하여 발전시켜 나갈 수 있는 밑거름이 되어 주지. 그래서 문화재를 법으로 지정해서 보호하고 있는 거야.

문화재: 문화 활동에 의하여 창조된 가치가 뛰어난 사물로, 문화재 보호법이 보호의 대상으로 정한 유형 문화재, 무형 문화재, 민속 문화재, 천연기념물, 사적, 명승지 따위를 이르는 말.

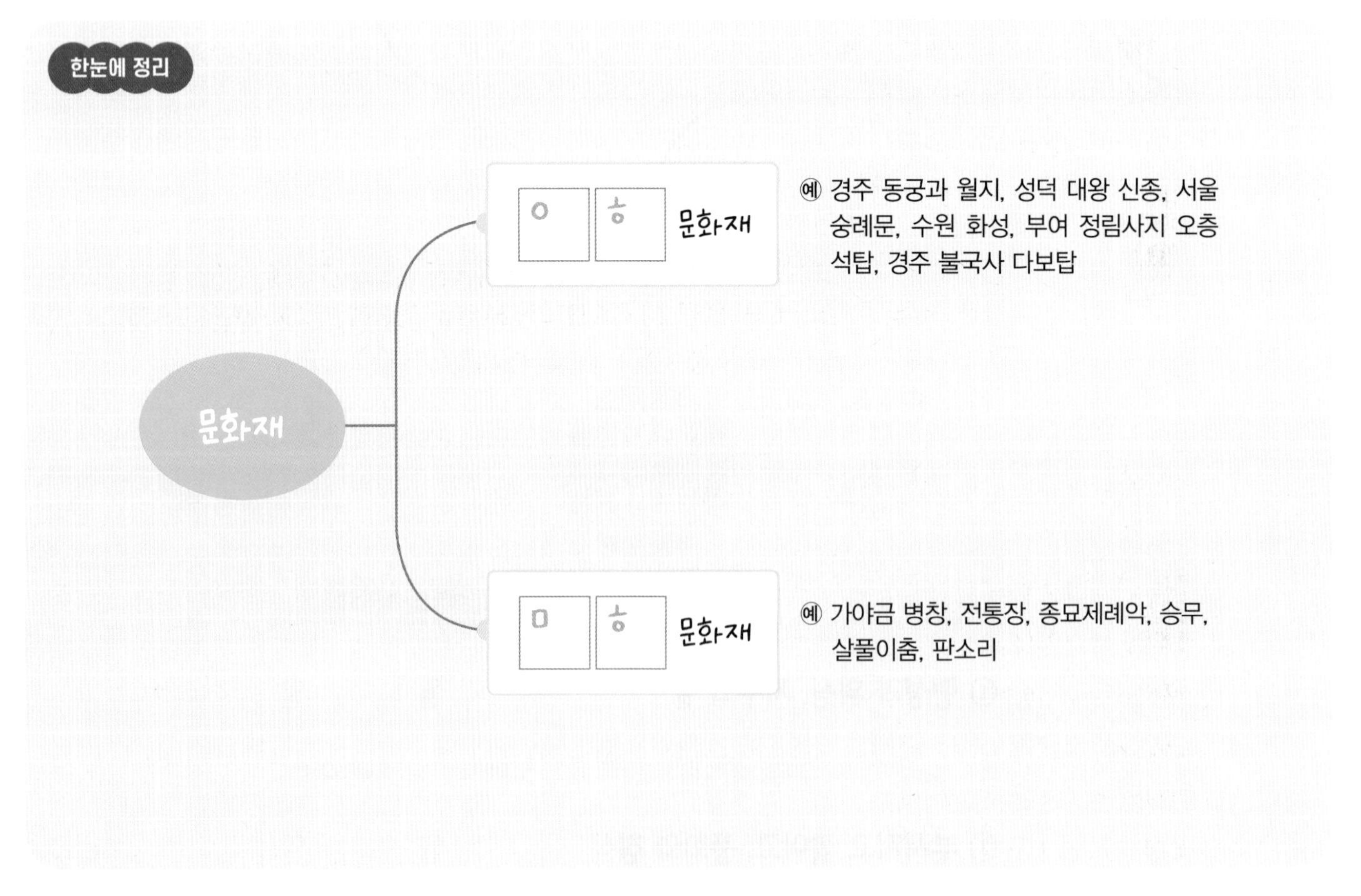

한눈에 정리
문화재
ㅇ ㅎ 문화재
예 경주 동궁과 월지, 성덕 대왕 신종, 서울 숭례문, 수원 화성, 부여 정림사지 오층 석탑, 경주 불국사 다보탑
ㅁ ㅎ 문화재
예 가야금 병창, 전통장, 종묘제례악, 승무, 살풀이춤, 판소리

이해 조상들이 남긴 유산 중 역사적, 문화적 가치가 높아 보호해야 할 것을 □□□라고 해.

▶ 정답과 해설 51쪽

문화재의 종류

유형 문화재

형태가 있는 문화유산으로 건축물, 공예품, 책 등을 말해. 대표적인 유형 문화재에는 서울 숭례문, 수원 화성, 부여 정림사지 오층 석탑, 경주 불국사 다보탑 등이 있어.

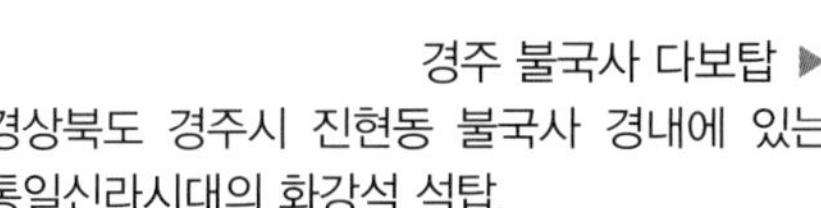

경주 불국사 다보탑 ▶
경상북도 경주시 진현동 불국사 경내에 있는 통일신라시대의 화강석 석탑.

무형 문화재

예술 활동이나 기술 등과 같이 형태가 없는 문화유산을 말해. 그리고 판소리나 춤 같은 중요 무형 문화재를 보유하고 있는 사람을 '인간문화재'라고도 불러. 대표적인 무형 문화재에는 종묘제례악, 승무, 살풀이춤, 판소리, 가야금 병창 등이 있어.

◀ 가야금 병창
직접 가야금을 연주하면서 민요나 판소리의 한 부분을 부르는 전통 예술.

지폐 안에도 문화재가 있어?

만 원권에는 '혼천의'가 있어

만 원권 지폐에 있는 혼천의는 현종 때 송이영이 만든 천문 시계의 일부로, 자명종의 원리를 이용했어. 홍문관에 설치해 시간 측정과 천문학 교습용으로 쓰던 거야.

오천 원권에는 강릉 오죽헌의 '몽룡실'이 있어

오천 원권 지폐에 있는 강릉 오죽헌의 '몽룡실'은 율곡 이이가 태어난 곳으로, 한국의 주택 건물 중에 가장 오래된 건물 중 하나야.

천 원권에는 '명륜당'이 있어

천 원권 지폐에 있는 '명륜당'은 생원이나 진사 시험에 합격한 유생들이 공부하던 성균관 내에 있는 건물이야.

◉ 유형 문화재에 모두 ○표를 하세요.

숭례문 , 다보탑 , 종묘제례악

◉ 다음에서 설명하는 문화재의 종류는 무엇인지 쓰세요.

예술 활동이나 기술 등과 같이 형태가 없는 문화유산을 말한다.

☐☐ ☐☐☐

◉ 각 지폐 안에 있는 문화재를 찾아 알맞게 선으로 이어 보세요.

천 원권 •	• 혼천의
만 원권 •	• 명륜당

1회 ②

소중하게 지켜요, 문화유산

문화유산: 앞 세대의 사람들이 물려준, 후대에 계승되고 상속될 만한 가치를 지닌 문화적 전통.

우리 조상 대대로 전해 내려온 문화 중에서 다음 세대에 물려줄 만한 가치가 있는 것을 **문화유산**이라고 해. 우리는 이러한 문화유산을 통해 조상들의 의식주 생활 모습, 조상들이 사용한 생활 도구, 옛날 사람들의 생각, 조상들이 즐기던 여가 생활과 종교 등에 대해 알 수 있지.

1972년 유네스코는 세계 문화 및 자연 유산 보호 협약을 채택했어. **유네스코 세계유산**에 등재되는 것은 인류가 공동으로 보호해야 할 가치가 있는 중요한 유산임을 증명하는 것으로 큰 의미를 지니지.

유네스코 세계유산으로 등재된 우리나라의 문화유산은 해인사 장경판전, 창덕궁, 한국의 서원 등이 있어. 그리고 무형문화유산으로 종묘제례 및 종묘제례악, 판소리, 제주해녀문화 등이 등재되었고, 세계기록유산에는 『훈민정음(해례본)』, 『조선왕조실록』, 『직지심체요절』 등이 등재되었지.

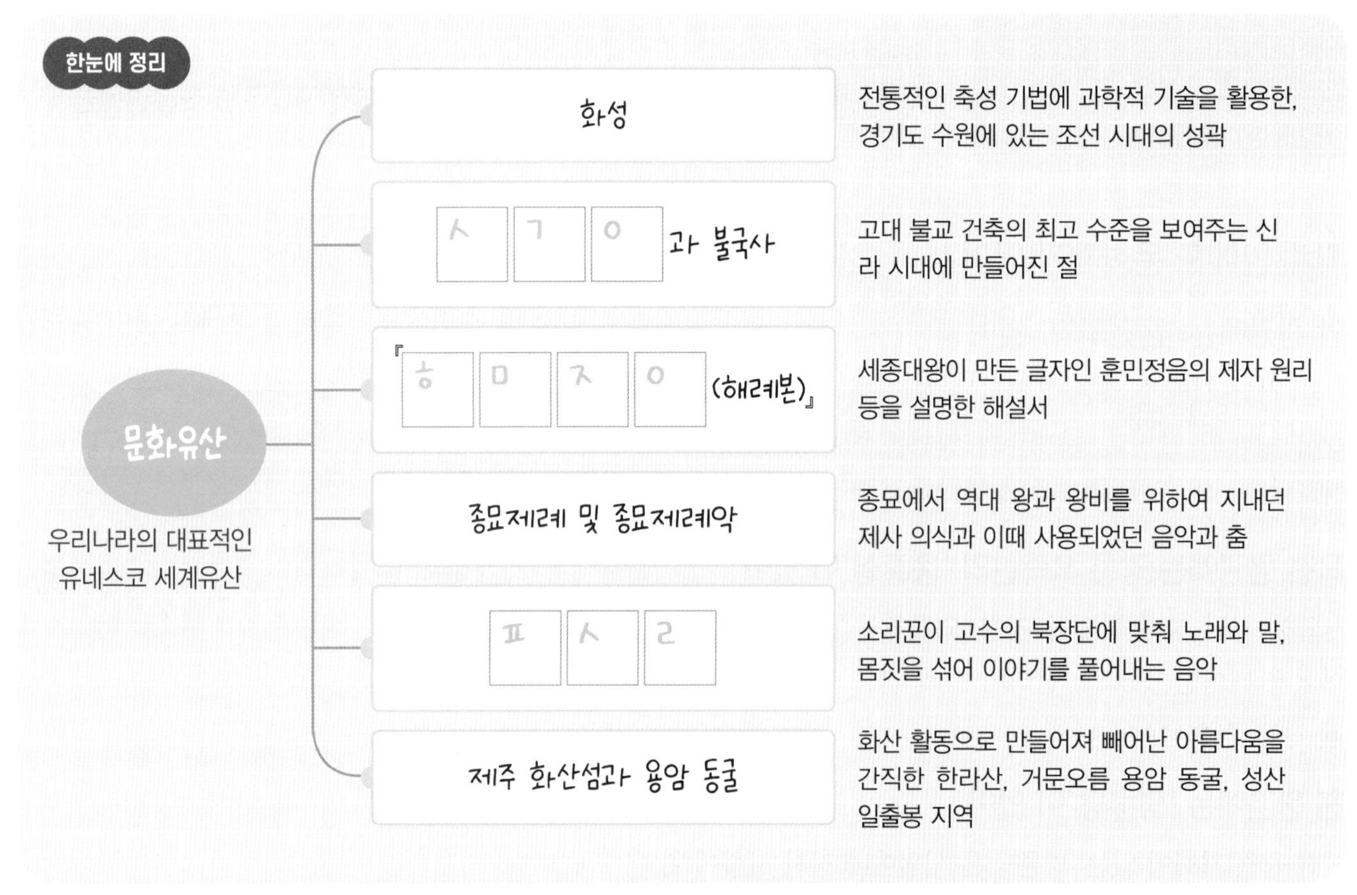

한눈에 정리
문화유산
우리나라의 대표적인 유네스코 세계유산
화성
전통적인 축성 기법에 과학적 기술을 활용한, 경기도 수원에 있는 조선 시대의 성곽
ㅅ ㄱ ㅇ 과 불국사
고대 불교 건축의 최고 수준을 보여주는 신라 시대에 만들어진 절
『ㅎ ㅁ ㅈ ㅇ (해례본)』
세종대왕이 만든 글자인 훈민정음의 제자 원리 등을 설명한 해설서
종묘제례 및 종묘제례악
종묘에서 역대 왕과 왕비를 위하여 지내던 제사 의식과 이때 사용되었던 음악과 춤
ㅍ ㅅ ㄹ
소리꾼이 고수의 북장단에 맞춰 노래와 말, 몸짓을 섞어 이야기를 풀어내는 음악
제주 화산섬과 용암 동굴
화산 활동으로 만들어져 빼어난 아름다움을 간직한 한라산, 거문오름 용암 동굴, 성산 일출봉 지역

이해 고장의 □□□□을 살펴보면 우리 조상들의 생활 모습, 슬기와 멋을 알 수 있어.

▶ 정답과 해설 52쪽

유네스코 세계유산에 등재된 우리나라의 문화유산

석굴암과 불국사(1995년)

불국사와 석굴암은 신라의 불교 문화를 대표하는 문화재야. 특히 불국사의 다보탑과 삼층석탑, 석굴암의 본존불은 신라 문화의 걸작이라고 할 수 있어.

화성(1997년)

경기도 수원에 있는 조선 시대의 성곽으로, 전통적인 축성 기법에 과학적 기술을 활용하여 성곽을 지었지. 주변 지형에 맞춰 자연스럽게 쌓은 아름다움을 볼 수 있어.

제주 화산섬과 용암 동굴(2007년)

빼어난 아름다움뿐만 아니라 지질학적 특성과 발전 과정 등 지구의 역사를 잘 보여 주는 유산이야.

종묘제례 및 종묘제례악(2001년)

종묘에서 지내던 역대 왕과 왕비의 제사 의식을 '종묘제례'라고 하고, 이때 사용된 음악과 춤을 '종묘제례악'이라고 해. 단순한 제사가 아니라 종합 문화 행사이며, 조선시대 왕실의 제사 의식이지.

판소리(2003년)

조선 중기 이후 남도 지방을 중심으로 발달하여 민족의 정서를 잘 대변해 주는 전통 음악으로, 독창성과 고유성을 인정받았어. 공연자인 소리꾼과 고수가 청중과 하나가 되어 공감하고 즐기던 문화였어.

『훈민정음(해례본)』(1997년)

세종대왕이 만든 훈민정음은 전 세계에서 가장 과학적이며, 사용하기 편리하고 배우기도 쉬운 문자야. 그리고 해례본을 통해 창제 과정을 기록한 세계에서 유일한 문자이기도 하지.

문화유산을 보존해야 하는 까닭은?

문화 민족이라는 자부심을 잃지 않고, 밀려들어 오는 외래문화에 기죽지 않으며, 더 나은 새로운 문화 창조의 밑거름으로 삼기 위해서 문화유산의 보존은 반드시 필요해.

◉ 신라 시대 문화유산에 ○표를 하세요.

판소리 , 석굴암 , 화성 , 종묘제례악

◉ 다음에서 설명하는 문화유산은 무엇인지 쓰세요.

- 세종대왕이 만들었다.
- 전 세계에서 가장 과학적이며 사용하기 편리하고 배우기도 쉬운 문자이다.

◉ 문화유산을 보존해야 하는 까닭으로 알맞지 않은 것에 ×표를 하세요.

외래문화에 기죽지 않기 위해서이다.	
오래될수록 값이 높아지기 때문이다.	
문화 민족이라는 자부심을 잃지 않기 위해서이다.	
더 나은 새로운 문화 창조의 밑거름으로 삼기 위해서이다.	

2회 ①

우리가 살고 있는 지구

지구: 우리가 살아가는 태양계 행성.

우주에서 지구를 찍은 사진을 보면 우리가 살고 있는 지구는 둥근 공 모양이야. 지구의 표면에는 산, 들, 강, 바다, 사막, 빙하, 화산 등이 있어. 지구 표면은 크게 육지와 바다로 나눌 수 있는데, 지구 표면의 대부분은 바다가 차지하고 있어. 바닷물에는 짠맛을 내는 여러 가지 물질이 녹아 있어서 맛이 짜. 그래서 바닷물은 육지의 물보다 훨씬 많지만, 사람이 마시기에 적당하지 않아. 반면에 육지의 물은 바닷물처럼 짜지 않아. 그리고 육지와 바다에 사는 생물은 달라.

지구에서 사람들이 숨을 쉬고 살아갈 수 있는 까닭은 공기가 지구를 둘러싸고 있기 때문이야. 지퍼 백에 공기를 가득 담고 입구를 살짝 열어 손을 가까이 대면 공기가 빠져나가는 걸 느낄 수 있어. 이렇게 공기는 눈에 보이지는 않지만 우리 주변에 항상 존재해. 공기는 사람과 동물이 숨을 쉬고 살 수 있게 해 주고, 사람들이 연날리기를 하거나 요트를 타는 등 다양한 활동을 할 수 있게 해 줘. 공기가 없는 지구에는 생명이 살 수 없어.

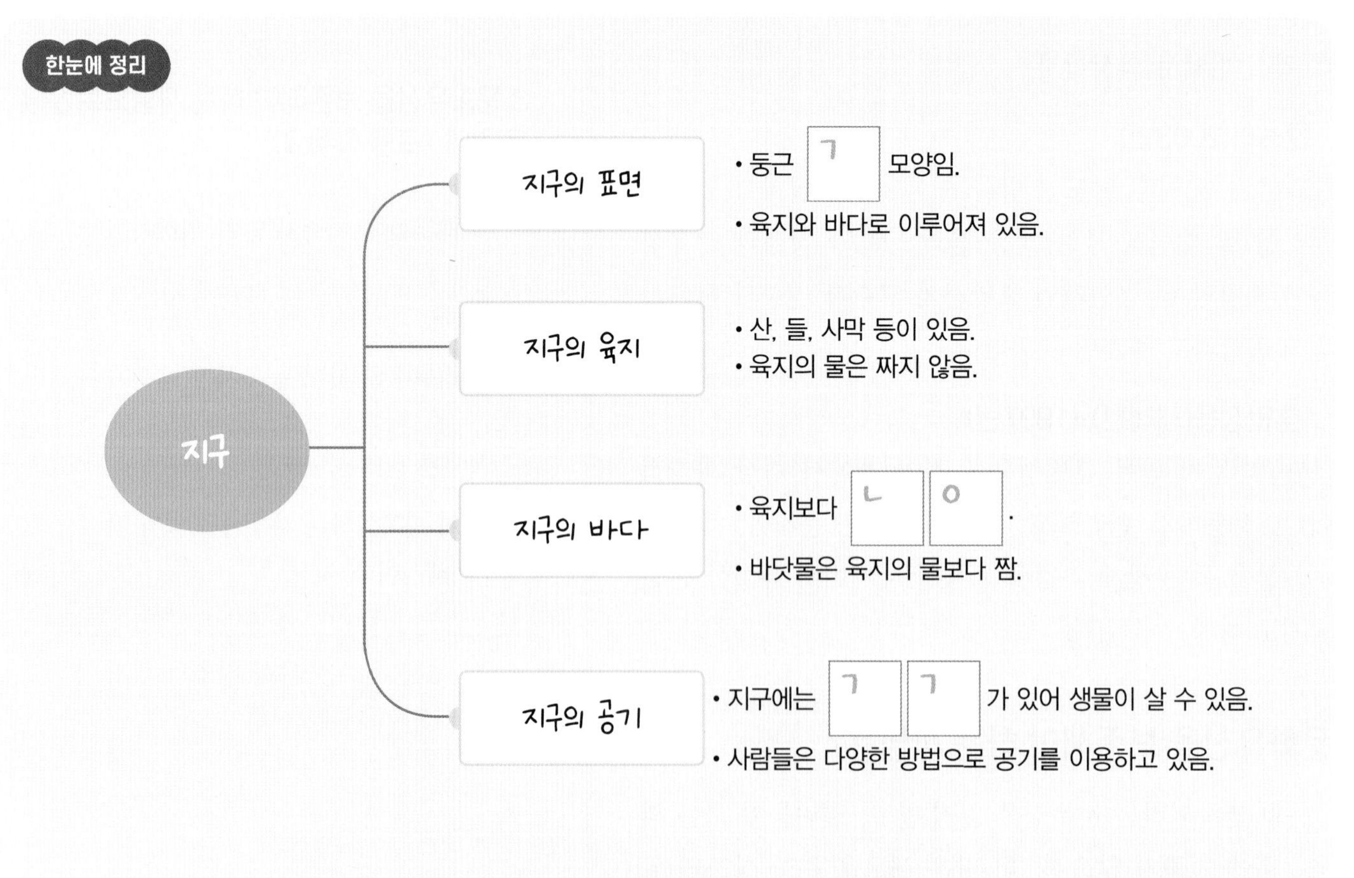

한눈에 정리
지구
지구의 표면
• 둥근 ㄱ 모양임.
• 육지와 바다로 이루어져 있음.
지구의 육지
• 산, 들, 사막 등이 있음.
• 육지의 물은 짜지 않음.
지구의 바다
• 육지보다 ㄴ ㅇ.
• 바닷물은 육지의 물보다 짬.
지구의 공기
• 지구에는 ㄱ ㄱ 가 있어 생물이 살 수 있음.
• 사람들은 다양한 방법으로 공기를 이용하고 있음.

이해 ▸ 우리가 살고 있는 태양계 행성은 □□야.

▶ 정답과 해설 53쪽

지구가 둥글다는 것을 증명한 마젤란 탐험대

옛날 사람들은 지구가 편평하다고 생각했어. 그 생각을 깨고 지구가 둥글다는 것을 증명한 것은 마젤란 탐험대로, 세계 일주를 통해 지구가 둥글다는 것을 알게 되었지.

1500년대 초 에스파냐의 지원을 받은 마젤란이 이끄는 탐험대가 뱃길을 따라 계속 한 방향으로 나아갔더니 결국 처음 출발한 곳으로 돌아왔대. 지구가 둥근 모양이기 때문에 가능한 일이었지. 이때부터 사람들은 지구가 편평한 모양이 아니라 둥근 공 모양이라는 사실을 인정하게 되었어.

바닷물은 쓸모없는 물일까?

바닷물에는 짠맛을 내는 물질뿐만 아니라 아주 적은 양의 금속이나 기체도 포함되어 있어. 그래서 사람이 마시기에 적당하지 않고 농사에 이용할 수도 없어. 심지어 여러 가지 물체를 썩게 만들기도 하지.

그렇다면 바닷물은 쓸모없는 물일까? 그건 아니야. 사람들은 바다에서 해수욕을 즐기기도 하고, 바닷물을 이용해 천일염을 얻기도 해. 또 바닷속에는 이러한 환경에 적응한 생물이 많이 살고 있어.

▲ 바닷물을 이용해 천일염을 만드는 염전

◉ 빈칸에 알맞은 말을 쓰세요.

> 우주에서 찍은 지구 사진을 보면 지구는 둥근 ☐ 모양이다.

◉ 물에서 짠맛이 나는 곳에 ○표를 하세요.

육지	바다
☐	☐

◉ 다음과 같은 역할을 하는 것을 쓰세요.

- 지구를 둘러싸고 있는 기체이다.
- 지구에서 생물이 숨을 쉬고 살 수 있게 해 준다.
- 연날리기, 요트 타기 등을 할 수 있다.

☐☐

2회 ②

옥토끼는 어디에? 달

달: 지구의 위성. 햇빛을 반사하여 밤에 밝은 빛을 냄.

밤하늘에 떠 있는 달을 본 적이 있니? 옛날부터 사람들은 달에 관심이 많았어. 보름달을 보며 소원을 빌기도 하고, 달을 보며 여러 가지 상상을 했대. 토끼가 방아를 찧는 모습을 떠올리기도 하고, 여러 가지 동물 모양이라고도 생각했대. 달과 관련된 이야기나 노래도 있어. '해와 달이 된 오누이'라는 전래 동화도 있고, '달 달 무슨 달'이라는 동요도 있지. 달은 이렇게 사람들에게 친숙한 존재야.

그렇다면 실제 달은 어떤 모양일까?

지구에서 볼 때 달의 모양이 변하는 것처럼 보이지만, 실제 달은 계속 둥근 공 모양이야. 우주에서 찍은 달 사진을 보면 달 표면의 색깔이 밝은 부분과 어두운 부분이 있어. 달의 표면에서 어둡게 보이는 부분은 **'달의 바다'**라고 불러. 또 매끈매끈한 면도 있고, 울퉁불퉁한 면도 있어. 그리고 표면에 돌도 있고, 크고 작은 구덩이도 많이 있지. 달의 크기는 지구보다 작아. 지구가 야구공 크기라면 달은 유리구슬 정도 크기라고 할 수 있지.

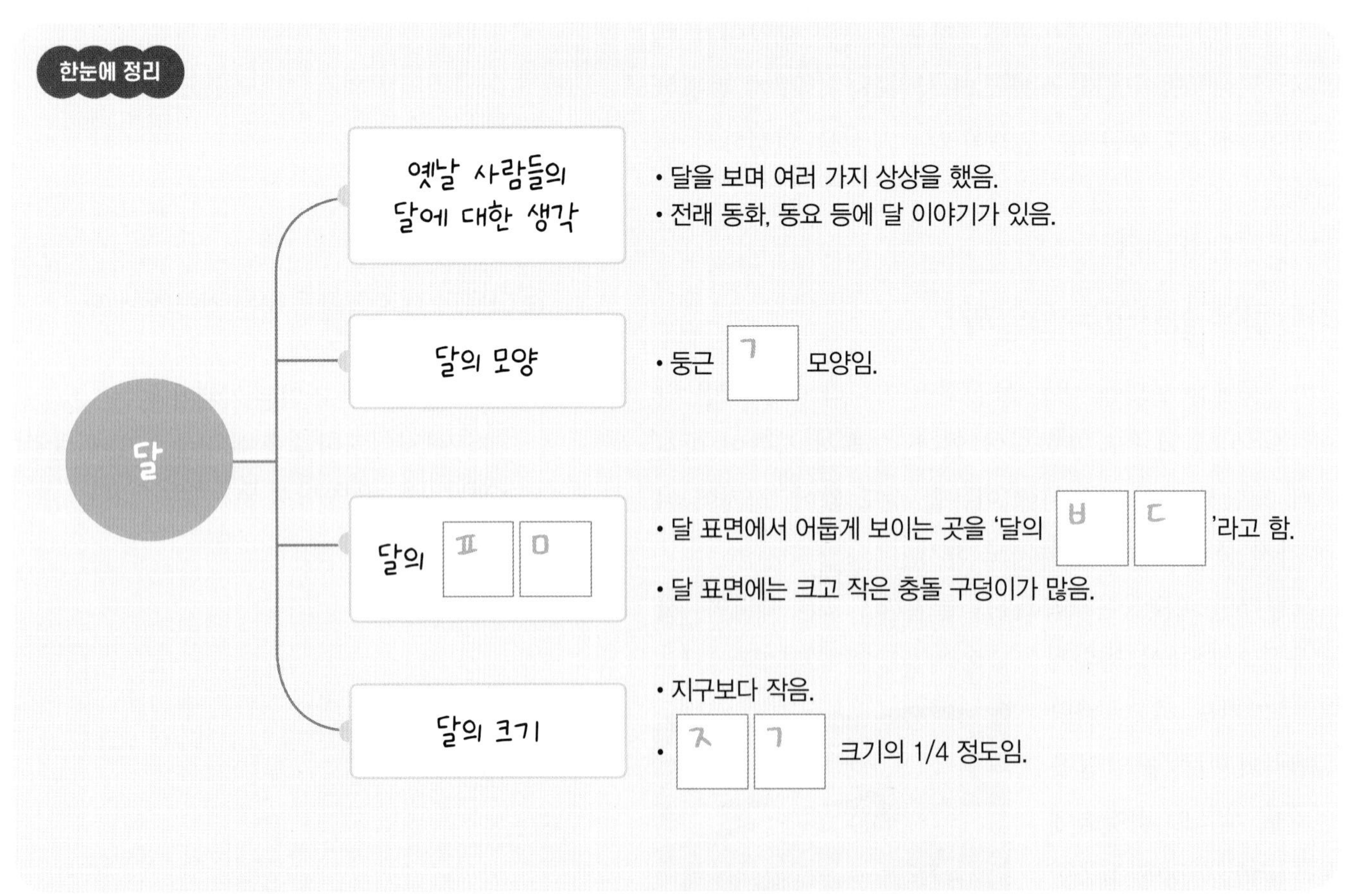

한눈에 정리
달
옛날 사람들의 달에 대한 생각
• 달을 보며 여러 가지 상상을 했음.
• 전래 동화, 동요 등에 달 이야기가 있음.
달의 모양
• 둥근 ㄱ 모양임.
달의 ㅍ ㅁ
• 달 표면에서 어둡게 보이는 곳을 '달의 ㅂ ㄷ'라고 함.
• 달 표면에는 크고 작은 충돌 구덩이가 많음.
달의 크기
• 지구보다 작음.
• ㅈ ㄱ 크기의 1/4 정도임.

이해 밤하늘에 떠 있는 □의 실제 모양은 둥근 공 모양이야.

▶ 정답과 해설 54쪽

달 표면에 나타나는 무늬

옛날 사람들은 달 표면의 밝은 부분과 어두운 부분에 따라 나타나는 무늬를 보고 여러 가지 상상을 했대. 우리나라에서는 방아 찧는 토끼가 있다고 생각했고, 페루에서는 두꺼비 모양이라고 생각했대. 유럽에서는 집게발을 든 게, 목걸이를 한 귀부인 등 다양한 상상을 했대.

달의 바다에는 물이 있을까?

1600년대 초 과학자들은 달의 어두운 부분이 물로 가득 차 있을 거라고 생각했대. 그래서 '달의 바다'라고 이름 붙였지. 그런데 과학이 발달하면서 달의 바다에는 물이 없다는 것을 알게 되었어. 달의 바다가 어둡게 보이는 까닭은 현무암질의 용암대지로 이루어져 있기 때문이래.

충돌 구덩이? 운석 구덩이?

달 표면에 있는 충돌 구덩이는 소행성이나 혜성, 유성체가 충돌하여 만들어졌어. 달뿐만 아니라 단단한 표면을 가진 거의 모든 천체에서 볼 수 있지. 지구에도 운석이 충돌하여 만들어진 운석 구덩이가 있어. 지구권 밖에 있던 운석이 지구의 중력에 의해 지구 표면에 떨어진 거야. 하지만 달은 지구가 아닌 천체이기 때문에 '충돌 구덩이'라고 하기로 했어.

◉ 달에 대한 설명으로 알맞은 것에 ○표를 하세요.

둥근 공 모양이다.	☐
달의 바다에는 물이 있다.	☐
공기가 달을 둘러싸고 있다.	☐

◉ 크기가 더 큰 것에 ○표를 하세요.

달	지구
☐	☐

◉ 빈칸에 알맞은 말을 쓰세요.

달 표면에는 움푹 파인 크고 작은 구덩이가 많이 있는데, 이러한 구덩이를 ☐☐ 구덩이라고 한다.

3회 ①

생활을 편리하게 공공 기관

우리는 생활하면서 다양한 시설이나 기관을 이용해. 그중에서 여러 사람을 위해 일하는 곳을 **공공 기관**이라고 해. 아파트, 백화점, 시장, 대형 마트는 여러 사람이 이용하는 곳이지만, 공공 기관이 아니야. 공공 기관은 개인뿐만 아니라 주민 전체의 이익과 생활의 편의를 위해 국가가 세우거나 관리하는 곳이거든.

우리 주변에는 **학교, 주민 센터, 소방서, 보건소, 경찰서, 도서관** 등 다양한 공공 기관이 있어. 공공 기관은 어떤 일을 할까? 학교는 학생들을 교육시키고, 교육청은 학생들의 교육과 관련된 일을 해. 도서관은 책을 읽고 공부하는 공간을 제공하지. 소방서는 화재를 예방하고 응급 환자를 구조하는 일을 하고, 경찰서는 우리 지역의 안전을 책임지고 질서를 유지해. 주민 센터는 주민 등록증을 발급해 주는 등 주민들의 생활에 도움을 주고, 보건소는 감염병과 질병을 예방하고 치료하기 위해 노력해.

이처럼 각 공공 기관은 지역 주민들이 안전하고 편리하게 생활할 수 있도록 여러 가지 일을 해.

공공 기관: 개인의 이익이 아닌 주민 전체의 이익과 생활의 편의를 위해 국가가 세우거나 관리하는 기관.

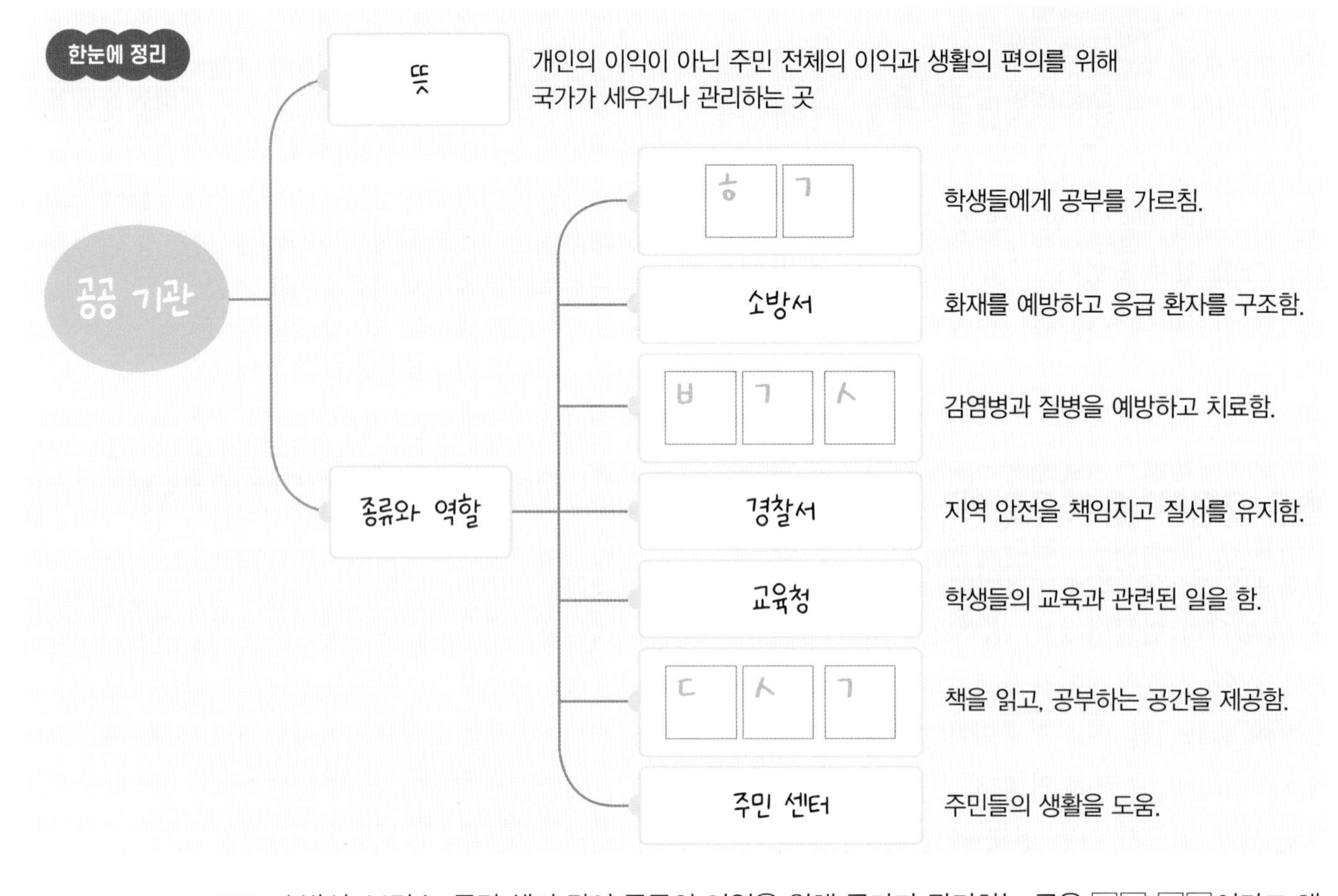

한눈에 정리
공공 기관
뜻
개인의 이익이 아닌 주민 전체의 이익과 생활의 편의를 위해 국가가 세우거나 관리하는 곳
종류와 역할
ㅎ ㄱ
학생들에게 공부를 가르침.
소방서
화재를 예방하고 응급 환자를 구조함.
ㅂ ㄱ ㅅ
감염병과 질병을 예방하고 치료함.
경찰서
지역 안전을 책임지고 질서를 유지함.
교육청
학생들의 교육과 관련된 일을 함.
ㄷ ㅅ ㄱ
책을 읽고, 공부하는 공간을 제공함.
주민 센터
주민들의 생활을 도움.

이해 소방서, 보건소, 주민 센터 같이 공공의 이익을 위해 국가가 관리하는 곳을 □□ □□이라고 해.

공공 기관을 이용하는 모습

우체국에서는 우편물이나 택배를 보내고, 각 고장의 특산물을 주문해서 살 수 있어. 보건소에서는 건강과 관련한 검진을 받고, 예방 접종을 받지. 박물관에 가서는 문화재를 감상하고, 박물관 교육 프로그램에 참가하며, 도청에 가서는 어린이 도서관을 설치해 달라고 요청하는 등의 민원을 건의해.

공공 기관 견학하기

견학하기 전	• 견학하고 싶은 장소 정하기 • 알고 있는 것과 알고 싶은 것 정리하기 • 견학 계획을 세우고, 준비물과 역할 나누기 • 견학할 곳에 미리 연락하기
견학하는 동안	• 예절을 지켜 견학하기
견학을 다녀와서	• 견학하며 조사한 내용을 친구들과 함께 이야기하기 • 견학하며 알게 된 점과 느낀 점을 보고서로 작성하기

집 앞으로 찾아오는 도서관이 있다고?

가까운 곳에 도서관이 없는 외진 지역이나 도서관을 방문하기 어려운 사람들을 위해 찾아가는 도서관이 있어. 바로 '이동 도서관'이야.

◉ 공공 기관으로 알맞은 것을 모두 골라 ○표를 하세요.

보건소	아파트	대형 마트
백화점	경찰서	주민 센터

◉ 알맞게 선으로 이어 보세요.

경찰서 •	• 다양한 분야에서 주민들의 생활을 도움.
보건소 •	• 감염병과 질병을 예방하고 치료함.
주민 센터 •	• 지역의 안전을 책임지고 질서를 유지함.

◉ 알맞는 것에 ○표를 하세요.

공공 기관은 개인이 세우거나 관리하는 곳이다. ☐

공공 기관이 제 역할을 하지 않아도 주민들은 알 수 없다. ☐

각 공공 기관은 주민들이 안전하고 편리하게 생활할 수 있도록 여러 가지 일을 한다. ☐

고장의 중심이 되는 중심지

중심지: 어떤 일이나 활동의 중심이 되는 중요한 장소로, 사람들이 많이 모이는 곳.

중심지는 간단히 말해 중심이 되는 장소야. 고장의 중심지라고 하면 고장에서 중심이 되는 중요한 장소를 뜻하지.

중심지의 특징은 우선 사람들이 이용할 수 있는 다양한 시설이 모여 있고, 생활에 필요한 것을 살 수 있는 상점들이 많아. 그리고 교통이 편리해. 이런 이유로 사람들이 많이 모이고, 그래서 건물도 많고, 복잡해. 이에 비해 중심지가 아닌 곳은 사람들이 이용할 수 있는 시설이 적고, 조용하고 한적해. 그래서 사람들이 많지 않아.

고장에는 하나의 중심지만 있을까? 그렇지 않아. 다양한 중심지가 있을 수 있어. **산업의 중심지**는 물건을 만드는 회사나 공장에서 일하려고 사람들이 모이는 곳이야. **행정의 중심지**는 지역 사람들이 행정 업무를 처리하려고 모이는 곳이지. **상업의 중심지**는 지역 사람들이 생활에 필요한 물건을 사기 위해 모이는 곳이고, **문화의 중심지**는 지역의 문화유산을 직접 보려는 사람들이 모이는 곳이야. 이처럼 중심지마다 모습이 다르고, 역할과 기능도 달라.

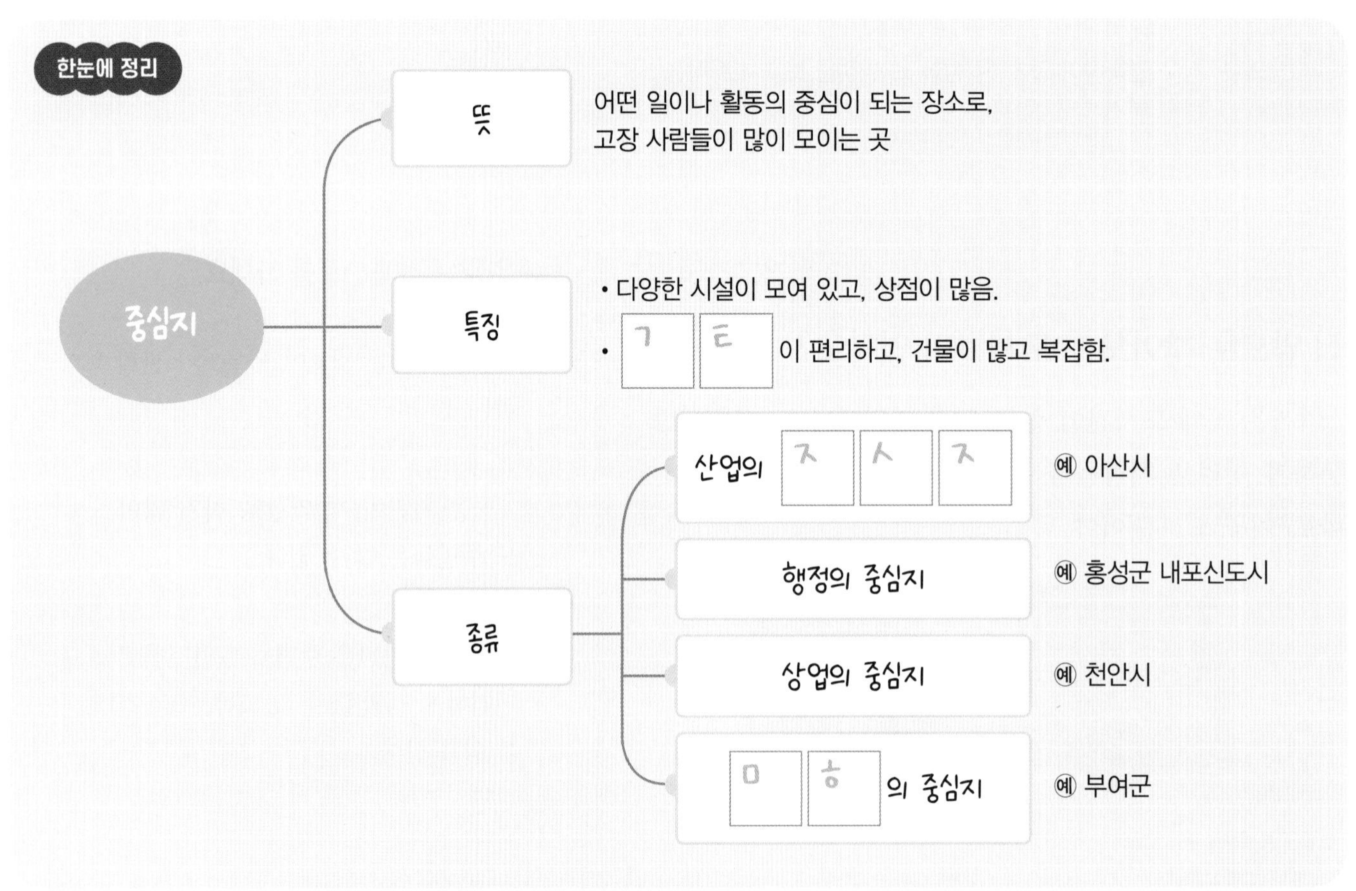

이해 어떤 일이나 활동을 하기 위해 고장 사람들이 많이 모이는 곳을 고장의 □□□라고 해.

▶ 정답과 해설 56쪽

지역의 다양한 중심지 모습

지역에는 기능과 역할에 따라 다양한 중심지가 있어.

산업의 중심지

회사나 공장에서 일하려고 사람들이 모이는 곳으로, 전자 제품 공장, 자동차 공장, 높은 빌딩 등이 있어.

행정의 중심지

행정 업무를 보기 위해 모이는 곳으로, 도청, 교육청 등 다양한 공공 기관이 있어.

상업의 중심지

물건을 사거나 팔기 위해 모이는 곳으로, 대형 마트, 백화점, 시장 등이 모여 있어.

문화의 중심지

문화유산을 직접 보거나 문화 생활을 즐기기 위해 모이는 곳으로, 박물관, 유적지 등이 있어.

교통의 중심지

다른 고장이나 지역으로 이동하기 위해 모이는 곳으로, 버스 터미널, 기차역, 공항 등이 있어.

지도만 봐도 중심지를 찾을 수 있다고?

중심지에는 사람들이 이용할 수 있는 다양한 시설이 모여 있어. 그래서 건물이 많고, 도로도 발달해 있지. 지도나 위성 사진을 보면 교통이 발달하고, 여러 시설이 모여 있는 중심지를 한눈에 알아볼 수 있어. 아래 지도를 보면, 빨간색 네모 부분이 중심지이고, 파란색 네모 부분은 중심지가 아닌 곳이야.

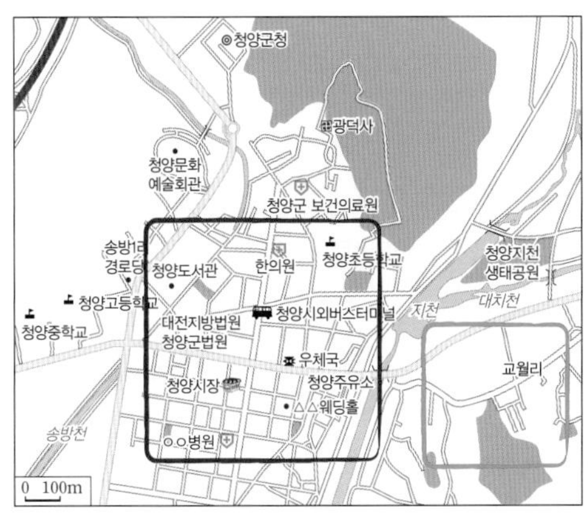

◉ 중심지에 대한 설명으로 알맞은 것에 모두 ○표를 하세요.

사람들이 많이 모이는 곳이다.	
주로 논과 밭이 많고, 조용하고 한적하다.	
교통이 편리하고, 주변에 다양한 시설이 있다.	

◉ 알맞게 선으로 이어 보세요.

산업의 중심지 •	• 대형 할인점
상업의 중심지 •	• 자동차 공장
문화의 중심지 •	• 공연장

◉ 지도에서 중심지인 곳에 ○표를 하세요.

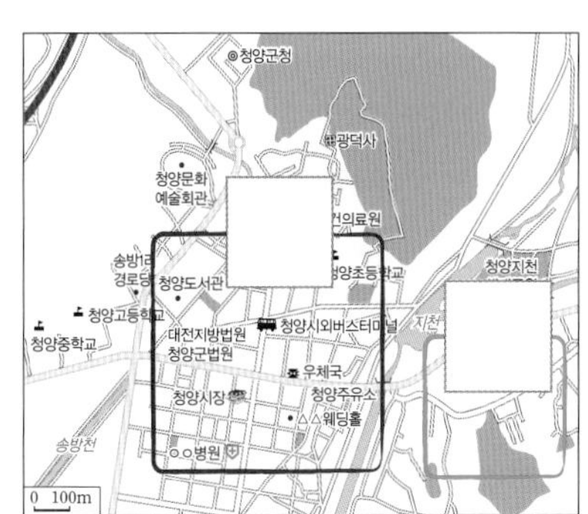

4회 ①

행성과 위성, 지구와 달

지구와 달: 태양계 세 번째 행성과 그 위성으로, 모양은 비슷하지만 크기나 색깔은 다름.

우주에서 지구와 달을 같이 찍은 사진을 보면 지구와 달은 둘 다 둥근 모양인데, 색깔은 달라. 달은 회색빛을 띠고 있는 반면에, 지구는 하얀색, 초록색, 파란색, 갈색 등 색깔이 다양해. 지구 사진의 하얀색은 구름, 초록색은 산, 파란색은 바다, 갈색은 육지야. 이렇게 지구와 달은 공통점도 있고, 다른 점도 있어.

지구와 달은 모두 둥근 공 모양이고, 표면에 모두 돌이 있어.

그렇다면 지구와 달은 어떤 점이 다를까?

먼저, 지구와 달은 크기가 달라. 지구가 달보다 4배 정도 크지. 그리고 지구에는 공기가 있어서 파란 하늘을 볼 수 있고, 물과 공기가 있어서 다양한 생물이 살아가고 있어. 하지만 달은 물과 공기가 없고, 표면에 크고 작은 구덩이가 아주 많아. 지구의 바다에는 물이 있지만, 달의 바다에는 물이 없지.

즉, 지구는 물, 공기, 알맞은 온도 등 생물이 살기에 적합한 환경을 갖추고 있어. 그래서 다양한 생물이 숨을 쉬며 살아가고 있지. 하지만 달에는 물과 공기가 없고, 생물도 살지 않아.

한눈에 정리

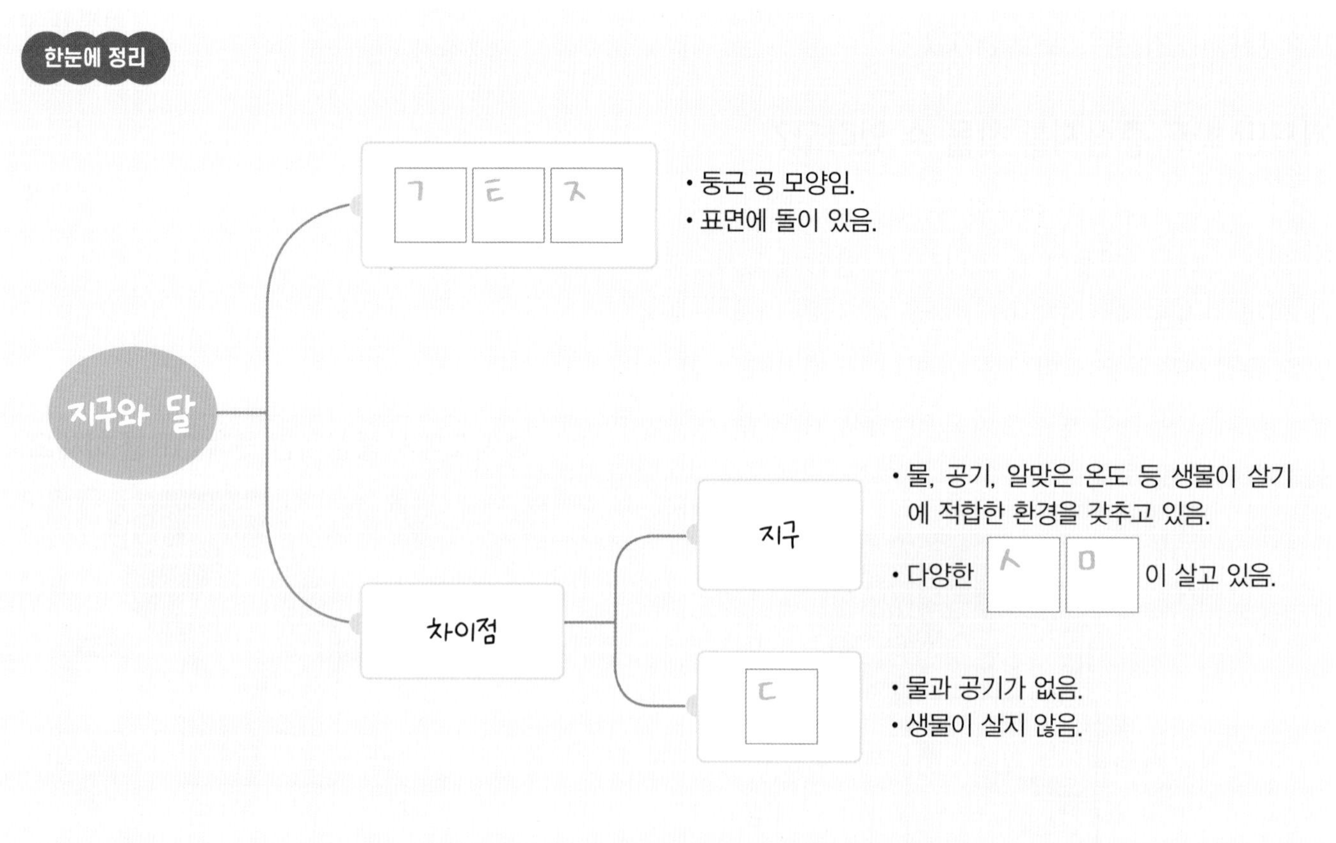
지구와 달
ㄱ ㄷ ㅈ
• 둥근 공 모양임.
• 표면에 돌이 있음.
차이점
지구
• 물, 공기, 알맞은 온도 등 생물이 살기에 적합한 환경을 갖추고 있음.
• 다양한 ㅅ ㅁ 이 살고 있음.
ㄷ
• 물과 공기가 없음.
• 생물이 살지 않음.

이해 지구와 달 중 다양한 생물이 살고 있는 곳은 □□야.

▶ 정답과 해설 57쪽

지구와 달의 모양

우주에서 바라보면 지구와 달이 둘 다 둥근 모양임을 알 수 있어.

▲ 지구

▲ 달

◉ 지구와 달의 공통점에 ○표를 하세요.

둥근 공 모양이다.	
물과 공기가 있다.	
다양한 생물이 살고 있다.	

달의 뒷면

지구에서는 달의 뒷면을 볼 수 없어. 우리가 볼 수 있는 것은 달의 앞면이야. 그런데 우주선에서 찍은 달의 사진을 보면 달의 앞면과 뒷면이 달라. 달의 앞면에서는 달의 바다라고 불리는 어두운 부분을 볼 수 있는 반면, 달의 뒷면은 크고 작은 구덩이들로 가득해.

◉ 알맞은 말에 ○표를 하세요.

지구에는 (물, 공기)이/가 있어서 파란 하늘을 볼 수 있다.

◉ 달의 특징에 ○표를 하세요.

물이 있다.	
공기가 있다.	
움푹 파인 구덩이가 많다.	

지구에 생물이 살 수 있는 까닭은?

지구에 생물이 존재할 수 있는 가장 큰 이유는 물이 있기 때문이야. 모든 생명체는 물이 없으면 살 수 없어. 사람의 경우 물이 몸의 약 70퍼센트를 차지해. 물은 공기와 더불어 생물이 살아가는 데 가장 중요한 요소야.

부서지고 깎이고, 풍화와 침식

풍화: 비·바람·햇빛·기온·식물 등에 의해 바위나 돌이 부서지는 것.
침식: 흐르는 물이나 얼음, 바람, 파도 등에 의해 지표가 깎여 나가는 것.

바위가 오랜 세월 계속해서 비와 바람을 맞고, 바위틈에 있는 물이 얼었다 녹았다를 반복하고, 때로는 식물 뿌리가 바위의 작은 틈을 파고들어 자라기도 해. 그러면 바위가 부서지고, 쪼개지고, 또 쪼개져서 돌과 모래가 되지. 이처럼 비·바람·햇빛·기온·식물 등에 의해 바위나 돌이 부서지는 것을 '풍화'라고 해. 바위나 돌이 물에 의해 조금씩 녹거나 색 등이 변하는 것도 풍화야. 돌과 모래가 흙이 되려면 다시 나무나 벌레, 동물들이 썩어지고 풍화가 되어 더 잘게 부서진 모래와 섞이면서 진정한 흙이 되는 거야.

땅의 표면은 흐르는 강물에 의해 바위, 돌, 흙 등이 깎여 나가고 파도에 육지가 깎여 나가면서 조금씩 모양이 변해. 언제나 같아 보이는 산이나 강, 해안도 사실은 조금씩 변하고 있어. 이렇게 흐르는 물이나 얼음, 바람, 파도 등에 의해 지표가 깎여 나가는 것을 '침식'이라고 해. 침식 작용이 오랜 시간 되풀이되면서 지표의 모습이 조금씩 변하는 거지. 해안의 절벽이나 해식 동굴 등은 침식에 의해 생긴 거야.

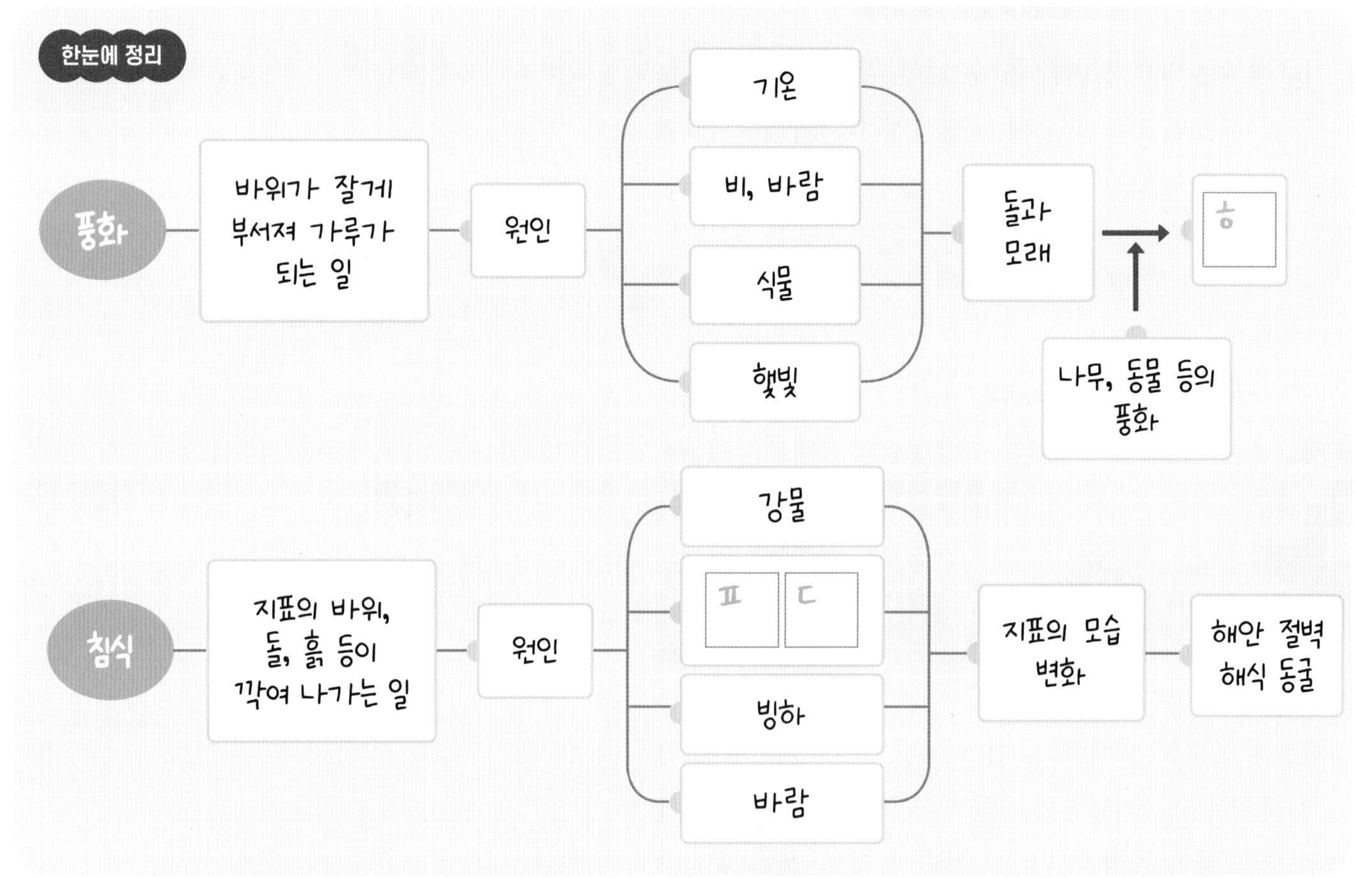

이해 ▶ 비·바람·햇빛·기온·식물 등에 의해 바위나 돌이 부서지는 것을 □□라고 해.

▶ 정답과 해설 58쪽

강 주변의 모습

흐르는 강물이 위쪽의 흙을 깎고 운반하여 아래쪽에 쌓으면서 강 주변의 모습이 서서히 달라지게 돼.

강 상류는 강폭이 좁고, 강의 경사가 급하여 침식 작용이 활발하게 일어나.

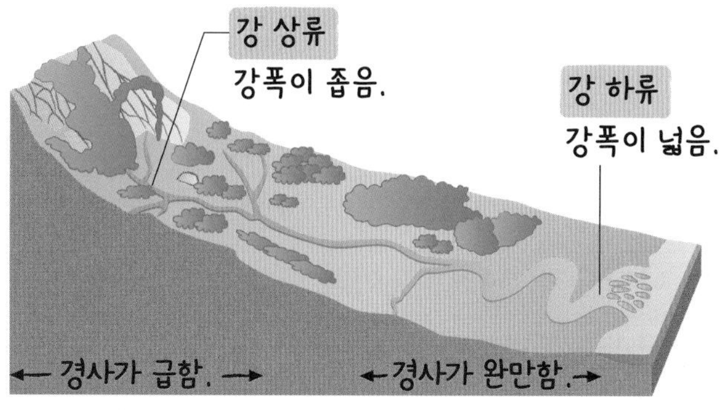

식물에 의한 풍화

풍화는 자연에 있는 돌과 바위뿐만 아니라 사람이 만든 건축물에도 일어나.

▲ 앙코르와트 사원의 식물에 의한 풍화

풍화와 침식의 차이가 뭐야?

풍화는 바위가 부서져 흙이 되는 과정이고, 침식은 흐르는 물 등에 의해 지표가 깎이는 과정이야. 풍화는 바위에 대한 작용이고, 침식은 지표에 대한 작용이지.

◉ 풍화의 원인에 모두 ○표를 하세요.

기온	비	중력
☐	☐	☐

◉ 알맞게 선으로 이어 보세요.

풍화 •　　• 지표의 바위, 돌, 흙 등이 깎여 나가는 일

침식 •　　• 바위가 잘게 부서져 가루가 되는 일

◉ 빈칸에 공통으로 들어갈 말을 쓰세요.

흐르는 물이나 얼음, 바람, 파도 등에 의해 [　　]가 깎여 나가는 것을 침식이라고 한다. 침식 작용이 오랜 시간 되풀이 되면서 [　　]의 모습이 조금씩 변해 간다.

☐☐

5회 ①

표준어와 방언을 구분해요

표준어: 교양 있는 사람들이 두루 쓰는 현대 서울말로 정함.
방언: 어느 한 지방에서만 쓰는, 표준어가 아닌 말.

'교양 있는 사람들이 두루 쓰는 현대 서울말로 정함.'을 원칙으로 하는 것이 표준어야. 즉, 비속어나 유행어 같은 것이나 이미 쓰이지 않게 된 말은 표준어가 될 수 없어. 한 나라에서 공통적으로 사용할 표준어를 정하는 까닭은 서로 다른 말을 사용하면서 겪을 수 있는 불편함을 덜기 위해서야. 그렇기 때문에 공식적인 말하기 상황에서는 표준어를 사용하여 말해야 해.

언어에는 여러 가지 예상치 못한 변화가 나타나. 같은 방법으로 만들어진 언어가 오랜 역사와 지역적인 요인으로 서로 다른 언어로 발전되어 갈 뿐만 아니라, 하나의 언어 안에서도 각 지역에 따라 독특한 모습을 나타내게 되거든. 이와 같은 지역적인 변화에 의한 언어를 '방언'이라고 하는 거야. 방언은 한 지방에서만 쓰는 표준어가 아닌 말로, '사투리' 또는 '지역어'라고도 해. 각 지역에 따라 독특한 모습을 지니고 있어서 특정 지역에 따라 다르게 사용하는 말이야.

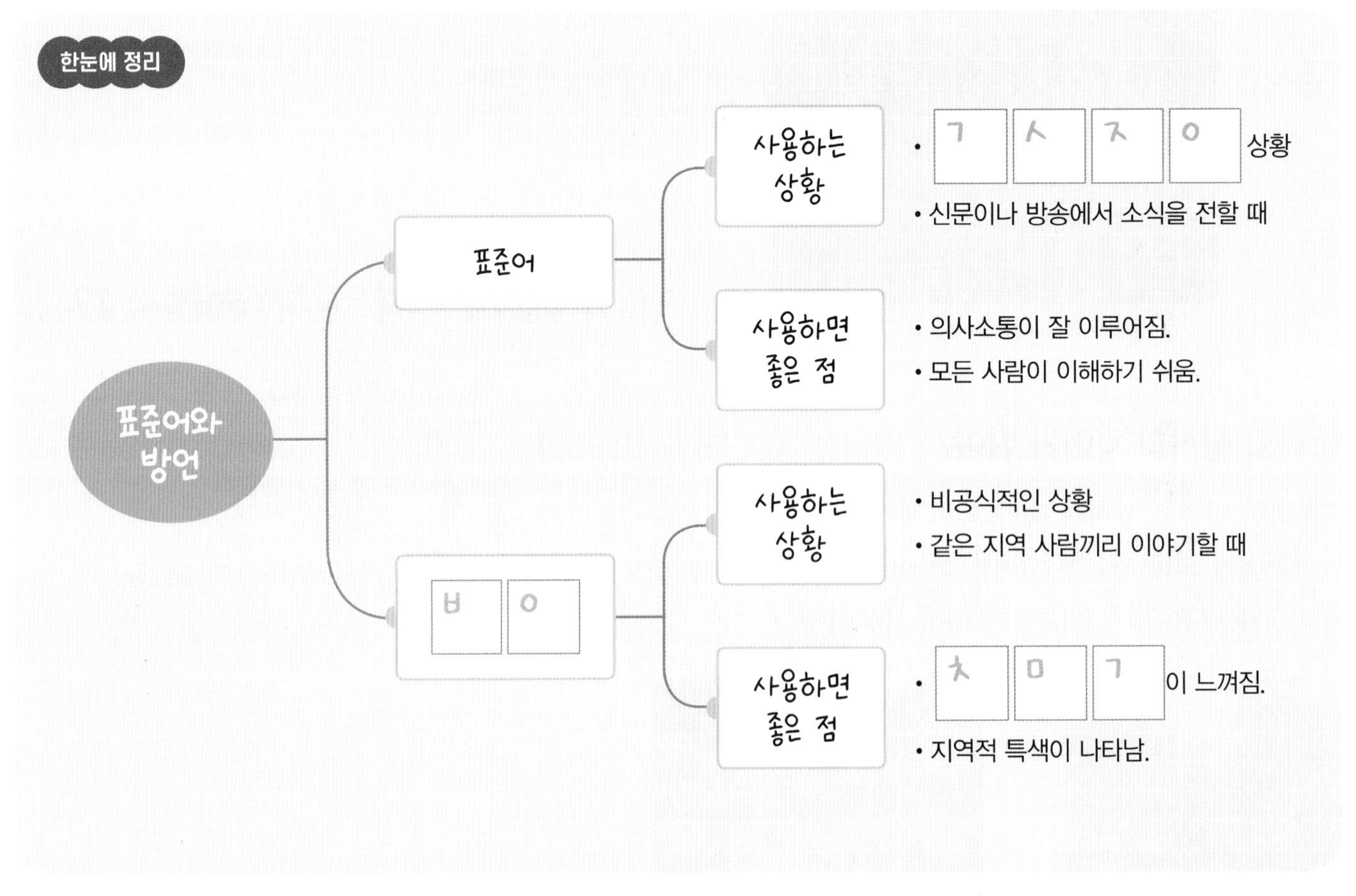
한눈에 정리
표준어와 방언
표준어
사용하는 상황
• ㄱ ㅅ ㅈ ㅇ 상황
• 신문이나 방송에서 소식을 전할 때
사용하면 좋은 점
• 의사소통이 잘 이루어짐.
• 모든 사람이 이해하기 쉬움.
ㅂ ㅇ
사용하는 상황
• 비공식적인 상황
• 같은 지역 사람끼리 이야기할 때
사용하면 좋은 점
• ㅊ ㅁ ㄱ 이 느껴짐.
• 지역적 특색이 나타남.

이해 어느 한 지방에서만 쓰는, 표준어가 아닌 말을 □□이라고 해.

표준어와 방언을 사용하는 상황

표준어를 사용하는 상황

표준어는 공식적인 자리에서 발표할 때, 신문, 방송, 잡지 등 언론 매체에서 보도할 때, 출판 매체에서 책이나 신문, 잡지를 편찬할 때, 선생님이 학교에서 교육 활동을 할 때와 같은 상황에서 사용해.

방언을 사용하는 상황

방언은 특정 지역을 배경으로 하는 영화 속 대사를 할 때, 오랜만에 고향 친구를 만났을 때와 같은 지역적 특색을 나타내거나 친밀감을 높이는 상황에서 사용해.

방언은 왜 생겼고, 사용하는 까닭은 뭐야?

방언은 지역적 차이로 생기게 된 거야

방언이 생기는 까닭은 우선 지역적으로 격리되어 있기 때문이야. 한 언어가 지리적 경계로 인하여 나누어져서 해당 지역 사람들의 독특한 정서가 배어 있게 된 경우야. 물론 지역의 차이 안에는 정치적·문화적인 면도 스며들어 있지. 우리나라는 예부터 신라어, 백제어, 고구려어 등이 따로 존재했기 때문에 지역마다 언어의 차이가 생기면서 여러 가지 방언이 나타나게 된 거야.

방언을 사용하는 사람들끼리 가깝게 느껴져

방언은 같은 지역 사람들끼리 사용하는 말이야. 그래서 방언을 사용하면 서로 가깝게 느껴져. 만약 경상도 사람이 낯선 강원도에 가서 경상도 방언을 들으면 상대방이 아주 반갑고 가깝게 느껴질 거야. 이렇게 같은 지역 사람들끼리 이야기를 나눌 경우 방언을 사용하면 서로 친근감을 느낄 수 있지.

◉ 방언과 관련 있는 설명으로 알맞은 것에 ○표를 하세요.

현대 서울말	☐
지역적인 요인	☐
공식적인 말하기 상황	☐

◉ 알맞은 말에 ○표를 하세요.

공통으로 사용할 언어를 정하는 까닭은 서로 다른 말을 사용하면서 겪을 수 있는 불편함을 덜기 위해서다. 그렇기 때문에 (공식적 , 비공식적)인 말하기 상황에서는 표준어를 사용하여 말해야 한다.

◉ 알맞은 것에 ○표를 하세요.

비속어나 유행어, 이미 쓰이지 않게 된 말은 표준어가 될 수 없다.	☐
상스럽고 거친 말로, 점잖지 못한 말을 방언이라고 한다.	☐

5회 ②

삶에 대한 기록, 전기문

전기문: 어떤 인물의 삶을 사실을 바탕으로 기록한 글.

전기문이란, 실제 살았던 인물의 삶을 기록한 글을 말해. 인물의 삶을 사실에 근거하여 기록한 글이기 때문에 작품 속 대상은 실제로 살았던 인물들이지. 이에 비해 이야기는 가상의 인물이 주인공이고, 지어낸 이야기가 사건이 돼.

전기문의 구성 요소는 인물, 사건, 배경, 비평이야. 이야기의 3요소에 비평이 더 들어가. 비평은 인물, 사건, 배경에 대한 작가의 느낌이나 생각, 의견을 말해.

전기문을 통해 인물과 인물이 살았던 당시의 현실, 인물의 삶을 알 수 있을 뿐만 아니라, 인물의 신념과 가치관을 파악할 수 있어. 즉, 전기문은 인물의 삶을 사실에 근거하여 쓴 글이라는 '사실성', 인물의 삶과 신념을 배울 수 있는 '교훈성', 인물, 사건, 배경이 드러나는 '문학성'이 있는 글이야. 전기문을 읽을 때에는 인물이 살았던 시대적, 사회적 배경을 이해하며 읽고, 인물의 업적이 주는 교훈과 인물의 가치관을 파악하며 읽어야 해.

한눈에 정리

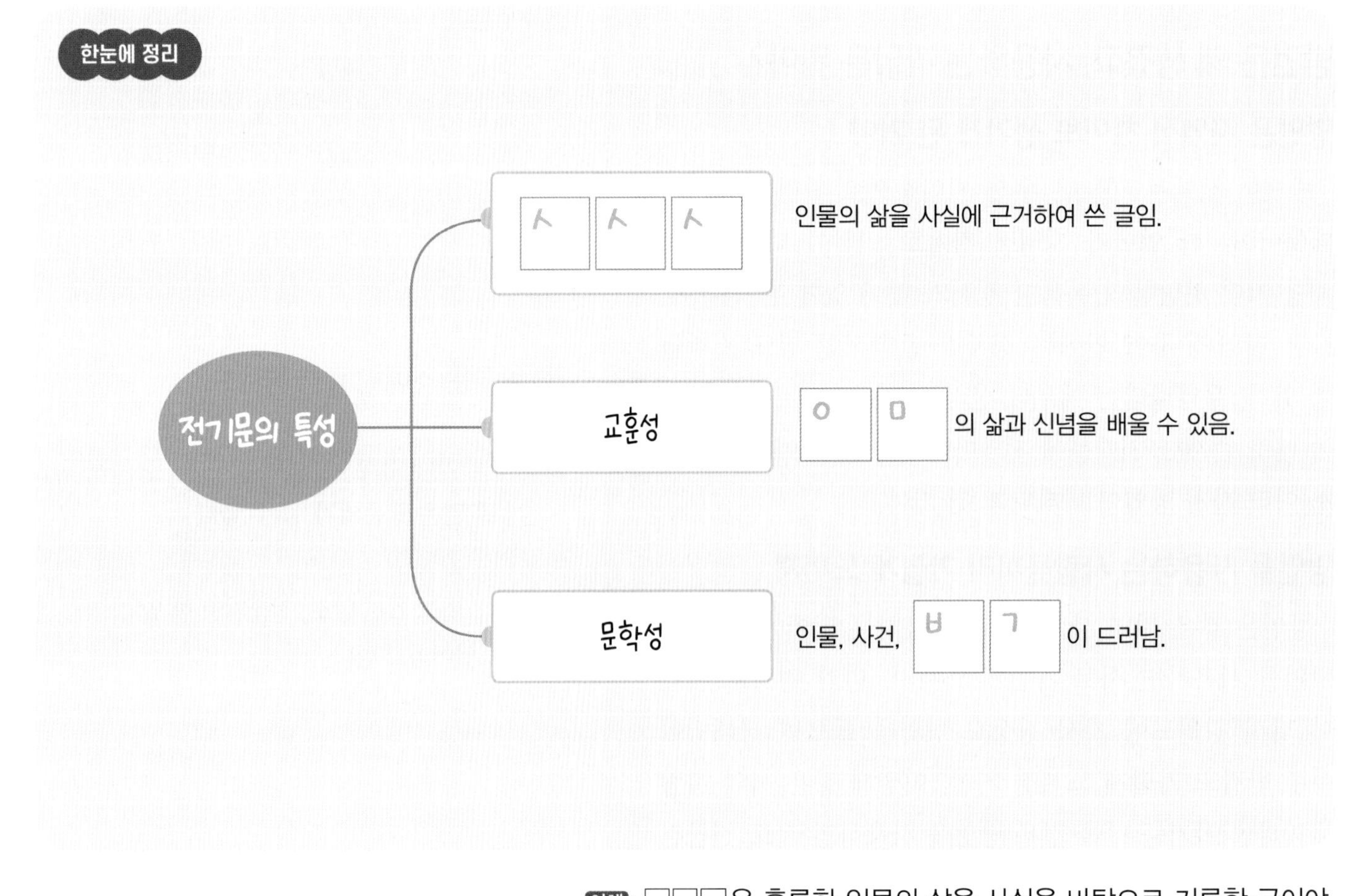

전기문의 특성
ㅅ ㅅ ㅅ
인물의 삶을 사실에 근거하여 쓴 글임.
교훈성
ㅇ ㅁ
의 삶과 신념을 배울 수 있음.
문학성
인물, 사건,
ㅂ ㄱ
이 드러남.

이해 □□□은 훌륭한 인물의 삶을 사실을 바탕으로 기록한 글이야.

▶ 정답과 해설 60쪽

전기문의 종류

자기 자신이 쓴 것

자신의 생애를 직접 쓴 글을 '자서전'이라고 하고, 자신의 생애 중 특별한 시기나 활동, 업적을 기억하며 쓴 글을 '회고록'이라고 해.

다른 사람이 쓴 것

'전기'는 어떤 인물의 일생이나 그 중 일부를 다른 사람이 쓴 글이야. '평전'은 어떤 인물의 활동이나 업적에 대한 평가를 위주로 쓴 글이고, '열전'은 여러 사람의 전기를 간단히 적어 함께 모아 차례로 기록한 글이야.

전기문과 소설의 공통점과 차이점은 뭐야?

전기문의 가장 큰 특성은 '사실'이라는 거야

전기문은 실제로 살아 있던 인물의 일생이나 일생의 일부를 기록한 글로, 전기문 속의 모든 인물, 장소, 사건 등은 실제로 있었던 일들이야. 바로 이 '사실성'이 전기문의 가장 큰 특성이라고 할 수 있어. 전기문은 실제의 역사적 사실, 실제 인물에 대해 쓴 글이지만, 소설은 상상을 통해서 꾸며 낸 허구지. 그리고 전기문에는 인물, 사건, 배경뿐 아니라 인물에 대한 글쓴이의 생각이나 느낌, 평가 등의 '비평'도 기록되어 있어.

전기문과 소설은 인물, 사건, 배경이 표현되는 글이야

전기문과 소설은 인물, 사건, 배경, 심리 묘사에 대한 내용이 들어가고, 그것을 표현하기 위한 여러 가지 문학적인 방법을 사용해. 또, 전기문 역시 중심 인물의 활동과 그 동기, 활동에 참가하거나 관계한 다른 인물 등에 의해 전개되므로, 소설과 같이 일정한 줄거리를 갖고 있어.

◉ 전기문의 특성에 알맞게 선으로 이어 보세요.

교훈성 •	• 인물의 삶을 사실에 근거하여 쓴 글
문학성 •	• 인물의 삶과 신념을 배울 수 있는 글
사실성 •	• 인물, 사건, 배경이 드러나는 글

◉ 알맞은 말에 ○표를 하세요.

전기문에는 인물, 사건, 배경뿐만 아니라 인물에 대한 글쓴이의 생각이나 느낌, 평가 등의 (비난 , 비평)도 기록되어 있다.

◉ '평전'에 대한 설명으로 알맞은 것에 ○표를 하세요.

어떤 인물의 활동이나 업적에 대한 평가를 위주로 쓴 글	☐
자신의 생애 중 특별한 시기나 활동, 업적을 기억하며 쓴 글	☐

4주차
확인 문제

1 다음 빈칸에 들어간 알맞은 말을 쓰세요. » 사회

> 우리 조상 대대로 전해 내려온 문화 중에서 다음 세대에게 물려줄 만한 가치가 있는 것을 ☐이라고 한다.

( )

2 다음 문화유산 중 무형 문화재에 해당하는 것의 기호를 쓰세요. » 사회

> ㉮ 오죽헌 ㉯ 석가탑 ㉰ 혼천의 ㉱ 가야금 병창 ㉲ 성덕 대왕 신종

( )

3 다음에서 설명하는 문화유산은 무엇인지 ○표를 하세요. » 사회

> 종묘에서 역대 왕과 왕비를 위해 지내던 제사 의식 때 사용된 음악과 춤

(1) 석굴암 ( )
(2) 판소리 ( )
(3) 종묘제례악 ( )

4 공기에 대한 설명으로 알맞지 않은 것은 어느 것인가요? ( ) » 과학

① 공기는 눈에 잘 보인다.
② 공기는 우리 주변에 있다.
③ 공기는 생물이 숨을 쉬게 해 준다.
④ 공기가 없으면 바람이 불지 않을 것이다.
⑤ 공기가 없으면 구름이 없고 비가 오지 않을 것이다.

▶ 정답과 해설 61쪽

5 **우리나라에서 볼 수 없는 지구 표면의 모습에 ○표를 하세요.** 과학

(1) 산 ( )
(2) 바다 ( )
(3) 사막 ( )

6 **달 표면의 어두운 부분을 부르는 말을 찾아 기호를 쓰세요.** 과학

㉮ 달의 강	㉯ 달의 호수
㉰ 달의 육지	㉱ 달의 바다

( )

7 **공공 기관이 아닌 곳을 찾아 기호를 쓰세요.** 사회

㉮ 학교 ㉯ 보건소 ㉰ 도서관 ㉱ 대형 마트 ㉲ 주민 센터

( )

8 **공공 기관을 견학하기 전 할 일이 아닌 것을 찾아 ○표를 하세요.** 사회

(1) 견학할 곳에 미리 연락을 한다. ( )
(2) 견학 계획을 세우고, 준비물과 역할을 나눈다. ( )
(3) 견학하며 알게 된 점과 느낀 점을 보고서로 작성한다. ( )
(4) 견학할 곳에 대해 알고 있는 것과 알고 싶은 것을 정리한다. ( )

9 중심지에 대한 설명으로 알맞지 않은 것은 어느 것인가요? ( ) 사회

① 교통이 편리하다.
② 건물이 많고 복잡하다.
③ 생활에 필요한 것을 살 수 있는 상점들이 많다.
④ 사람들이 이용할 수 있는 다양한 시설이 모여 있다.
⑤ 다양한 공공 기관이 모여 있는 중심지를 산업 중심지라고 한다.

10 다음은 지구와 달 중 무엇의 특징인지 쓰세요. 과학

- 물이 있는 바다가 없다.
- 전체적으로 회색빛으로 보인다.
- 표면에 크고 작은 구덩이가 많이 있다.

( )

11 다음 중 침식 작용이 활발하게 일어나는 곳은 어디인지 ○표를 하세요. 과학

(1) 강폭이 좁고, 경사가 급한 강 상류 ( )
(2) 강폭이 넓고, 경사가 완만한 강 하류 ( )

12 바위나 돌에서 흙이 만들어지는 과정에 대한 설명으로 알맞지 않은 것은 어느 것인가요? ( ) 과학

① 겨울에 흙이 얼면 바위가 된다.
② 바위가 흙이 되는 데 오랜 시간이 걸린다.
③ 바위틈에서 나무뿌리가 자라면 바위가 부서진다.
④ 바위가 부서진 알갱이와 생물이 썩어 생긴 물질이 섞여 흙이 된다.
⑤ 겨울에 바위틈에 있는 물이 얼었다 녹았다를 반복하면서 바위가 부서진다.

▶ 정답과 해설 62쪽

13 다음에서 설명하는 것은 무엇인지 쓰세요. 국어

교양 있는 사람들이 두루 쓰는 현대 서울말

( )

14 다음 중 표준어를 사용해야 하는 말하기 상황이 아닌 것을 찾아 기호를 쓰세요. 국어

㉮ 언론 매체에서 보도할 때
㉯ 선생님이 학교에서 교육 활동을 할 때
㉰ 특정 지역을 배경으로 하는 영화 속 대사를 할 때

( )

15 소설과 다른 전기문의 가장 큰 특성은 무엇인지 ○표를 하세요. 국어

(1) 사실성 ( )
(2) 교훈성 ( )
(3) 문학성 ( )

4주차
정리 학습

사회 문화재

조상들이 남긴 유산 중 역사적, 문화적 가치가 높아 보호해야 할 것을 [ ][ ][ ]라고 해.

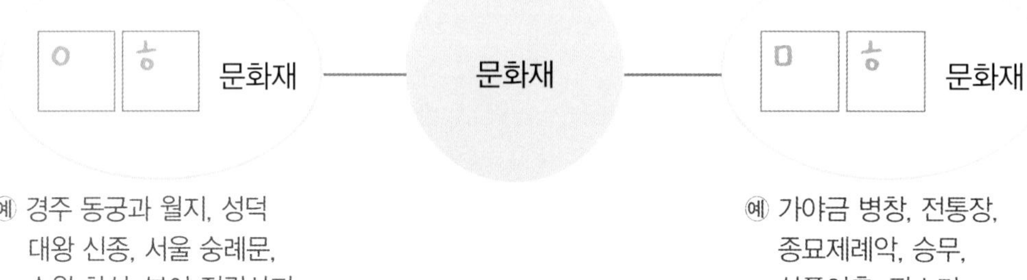

예 경주 동궁과 월지, 성덕 대왕 신종, 서울 숭례문, 수원 화성, 부여 정림사지 오층 석탑, 경주 불국사 다보탑

예 가야금 병창, 전통장, 종묘제례악, 승무, 살풀이춤, 판소리

사회 문화유산

고장의 [ ][ ][ ][ ]을 살펴보면 우리 조상들의 생활 모습, 슬기와 멋을 알 수 있어.

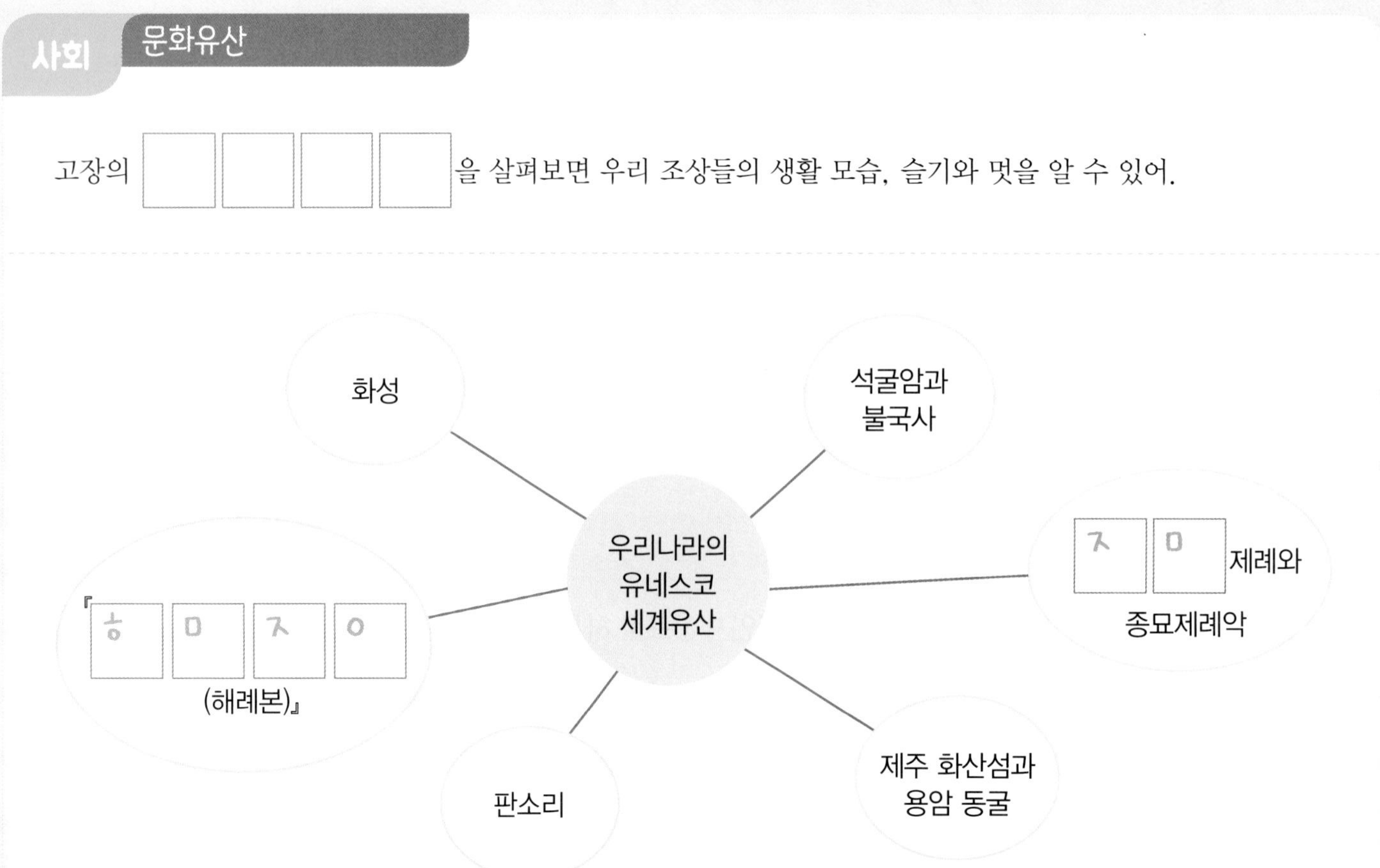

▶ 정답과 해설 63쪽

과학 지구

우리가 살고 있는 태양계 행성은 [ ][ ]야.

- 둥근 공 모양임.
- 크게 육지와 바다로 이루어져 있음.

지구의 표면

지구

지구의 육지

- 산, 들, 사막 등이 있음.
- 육지의 물은 짜지 않음.

지구의 공기

- 지구에는 [ㄱ][ㄱ]가 있어 생물이 살 수 있음.
- 사람들은 다양한 방법으로 공기를 이용하고 있음.

지구의 [ㅂ][ㄷ]

- 육지보다 넓음.
- 바닷물은 육지의 물보다 짬.

과학 달

밤하늘에 떠 있는 [ ]의 실제 모양은 둥근 공 모양이야.

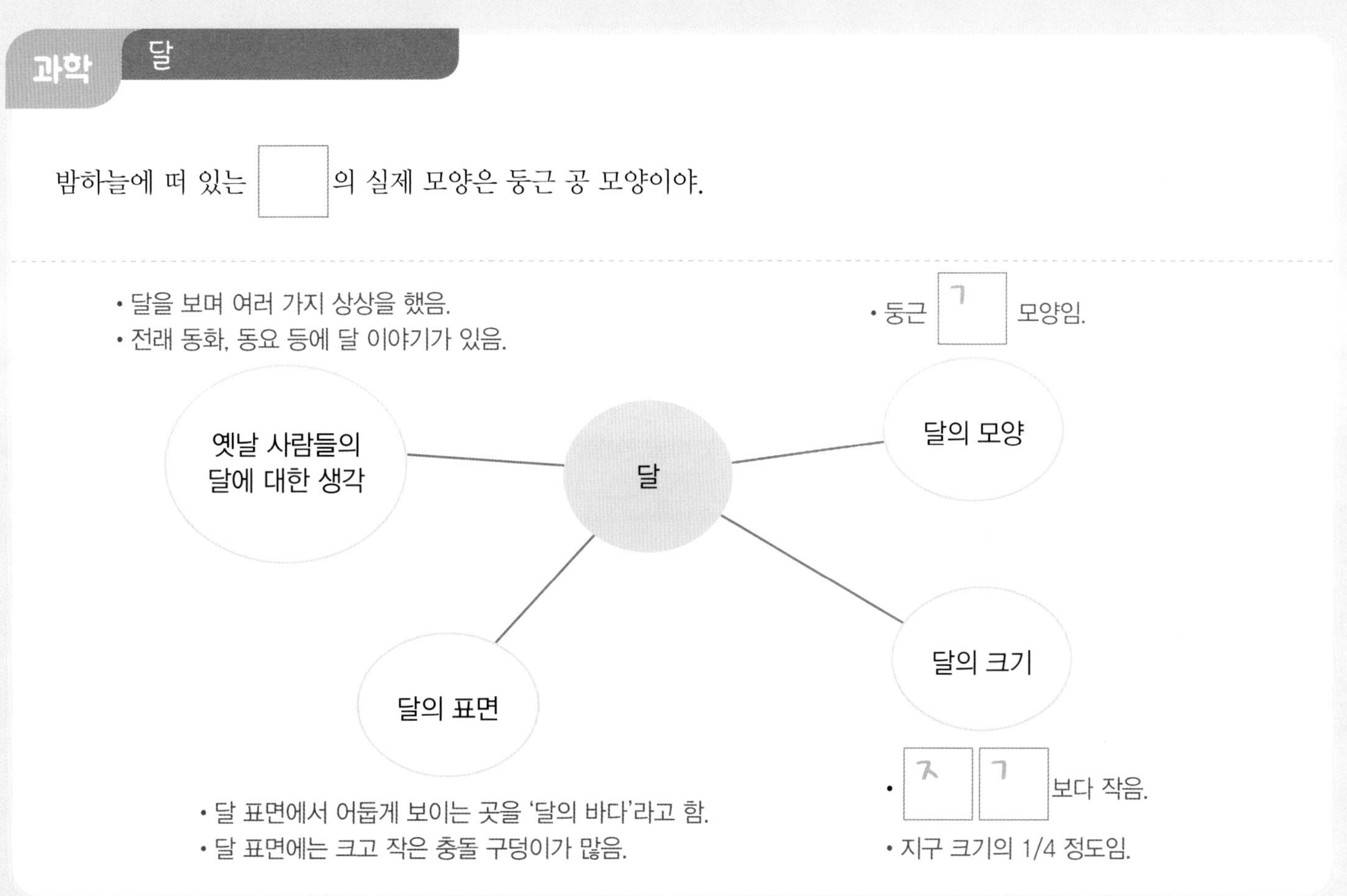

• 달을 보며 여러 가지 상상을 했음.
• 전래 동화, 동요 등에 달 이야기가 있음.
옛날 사람들의
달에 대한 생각
달
• 둥근 ㄱ 모양임.
달의 모양
달의 표면
• 달 표면에서 어둡게 보이는 곳을 '달의 바다'라고 함.
• 달 표면에는 크고 작은 충돌 구덩이가 많음.
달의 크기
• ㅈ ㄱ 보다 작음.
• 지구 크기의 1/4 정도임.

사회 공공 기관

소방서, 보건소, 주민 센터 같이 공공의 이익을 위해 국가가 관리하는 곳을 □□ □□이라고 해.

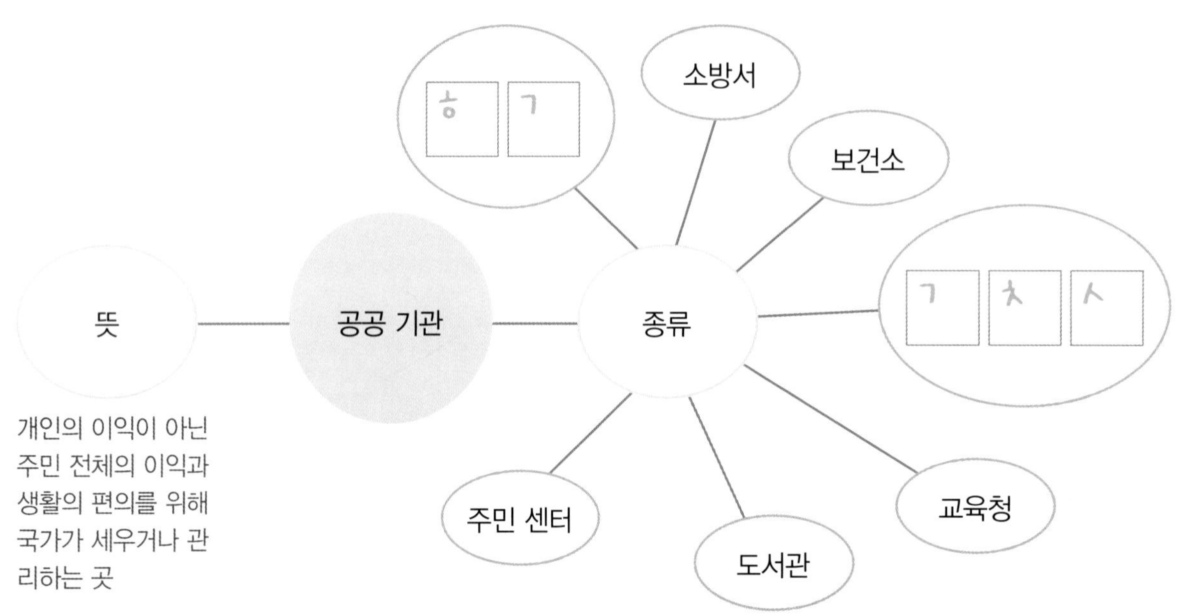

과학 풍화와 침식

비 · 바람 · 햇빛 · 기온 · 식물 등에 의해 바위나 돌이 부서지는 것을 □□라고 해.

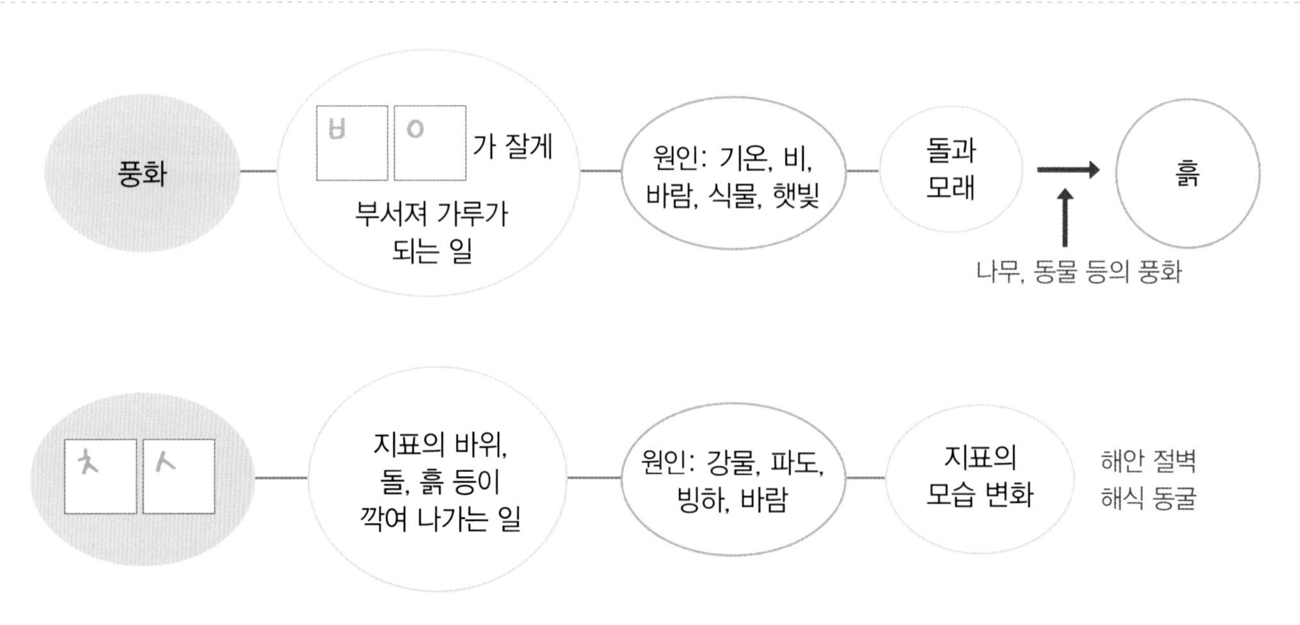

▶ 정답과 해설 64쪽

국어 표준어와 방언

어느 한 지방에서만 쓰는, 표준어가 아닌 말을 [ ][ ]이라고 해.

표준어와 방언
- [ㅍ][ㅈ][ㅇ]
  - 공식적인 상황
  - 의사소통이 잘 이루어짐.
- 방언
  - 비공식적인 상황
  - [ㅊ][ㅁ][ㄱ]이 느껴짐.

국어 전기문

[ ][ ][ ]은 훌륭한 인물의 삶을 사실을 바탕으로 기록한 글이야.

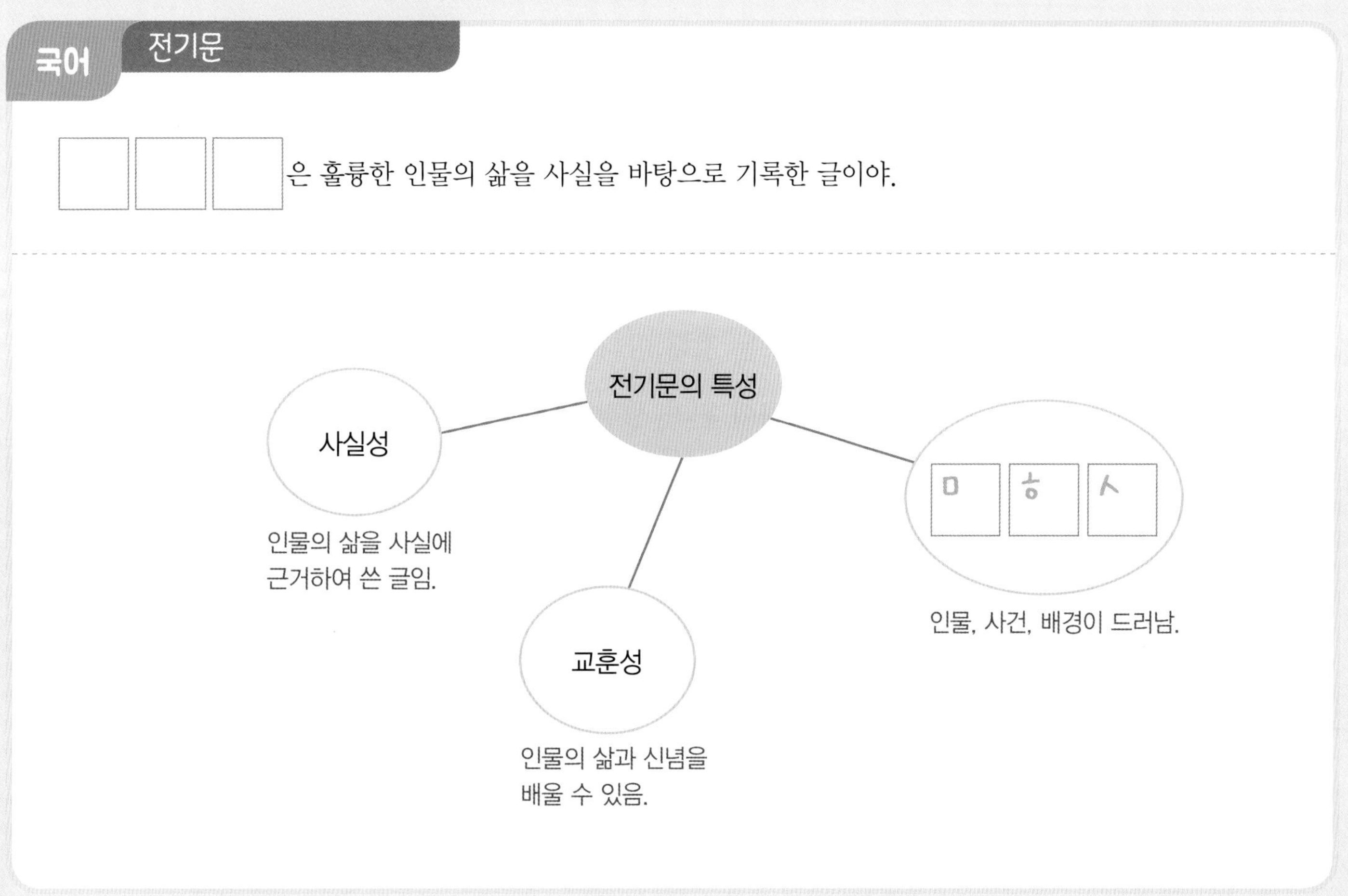
전기문의 특성
사실성
인물의 삶을 사실에
근거하여 쓴 글임.
교훈성
인물의 삶과 신념을
배울 수 있음.
ㅁ ㅎ ㅅ
인물, 사건, 배경이 드러남.

나는 소중하니까요

"저는 세 살 때부터 형 따라서 골프장을 다녔잖아요? 이젠 형 따라다니는 건 그만두고 싶어요. 저도 제 꿈을 찾고 싶다고요."

"너는 나중에 무엇을 하고 싶니?"

"잘 모르겠어요, 아직은. 만날 형 골프장만 따라다녀서 제가 뭘 잘하는지도 잘 모르겠어요. 그렇지만 골프는 절대 아니에요!"

윤이의 말을 듣고 아빠가 곰곰이 뭔가 생각하는 것 같았어요.

'혹시 날 '생각 없는 녀석'이라고 하면 어떡하지? 형은 일곱 살에 골프 선수가 되겠다고 결심했잖아. 그래서 6학년이 된 형은 벌써 유명해졌는데 나는 아직 뭘 할지 생각도 못했잖아?'

윤이는 아빠가 형과 자기를 비교할까 봐 걱정됐어요. 그런데 아빠의 말은 뜻밖이었어요.

"하하, 한때 엄마랑 아빠는 네가 형처럼 골프 선수가 되길 바란 적도 있었단다. 네가 군말 없이 따라다녀서 좋아하는 걸로 생각했었어. 그런데 네가 골프에는 조금도 관심이 없다는 걸 알게 돼서 엄마하고 네 얘기를 많이 했단다."

"어, 엄마랑 아빠는 형만 생각하는 줄 알았는데요."

윤이가 놀라 말을 더듬었어요.

"형 스케줄이 워낙 바빠서 그렇게 보였을 거야. 그건 엄마도 아주 미안해하지."

아빠는 곧 말을 이었어요.

"네 형은 어린 나이지만, 자기 꿈을 이루려고 애쓰고 있단다. 아주 고마운 일이지. 그렇지만 그런 아이가 얼마나 되겠니? 대부분의 아이들은 더 커서야 알게 된단다. 자기가 뭘 잘하는지, 나중에 무엇이 되고 싶은지를 말이다. 또 꿈을 가져도 진짜 그 일을 잘할 수 있는지는 직접 해 봐야 알 수 있지."

아빠의 말을 들으니 윤이는 마음이 가벼워졌어요.

"멋진 형을 두니 좋을 때도 있지만, 전 못난이 같아서 슬플 때도 많았어요."

윤이의 말에 아빠가 고개를 절레절레 흔들었어요.

"말도 안 돼! 너는 이제 열 살이란다. 여러 가지를 상상해 보며 꿈 꿀 나이지. 네가 어떤 사람이 되고 싶은지 생각해 보렴. 이순신 같은 장군이 되고 싶은지, 우장춘 같은 박사가 되고 싶은지, 스티브 잡스 같은 개발자가 되고 싶은지 말이야."

윤이는 눈을 빛내며 잠시 상상해 보았어요.

'장군이 된 나, 박사가 된 나, 컴퓨터 프로그래머가 된 나! 아직은 잘 모르겠어. 나중에 내가 무엇이 되고 싶은지…….'

"윤아, 형이 왜 골프를 하게 됐는지 아니?"

"몰라요."

"그때 우리가 살던 동네에 큰 골프 연습장이 있었는데, 거기서 골프 치는 사람들 모습이 멋있어 보였다고 하더라. 참 싱겁지?"

"하하. 그러네요. 고작 그거였다고요?"

"하하, 그거였지. 현이가 그 꿈을 이루겠다고 열심히 노력하는 모습이 정말 예쁜 거란다. 너도 네가 무엇을 좋아하는지 잘 생각해 봤으면 좋겠구나. 네가 좋아하는 것, 잘하는 것, 평생 할 수 있는 것을 찾아보면 좋을 것 같아. 네가 잘 생각해 보고 얘기해 주면 아낌없이 도와주고 싶구나."

윤이는 정말 기뻤어요.

알고 보니 엄마 아빠는 윤이의 편이기도 한 거잖아요?

"저 그리고 아빠! 이제 형 시합에는 안 따라가고 싶어요. 골프 왕자를 따라다니는 심부름꾼은 싫어요!"

아빠는 그 말에 좀 놀랐다가 곧 웃음을 터뜨렸어요.

"그래 그래, 그건 정말 미안하구나. 이건 아빠가 엄마한테 잘 말해 보마. 네가 그런 생각을 하고 있는 줄은 정말 몰랐구나."

"저도 할 게 많다고요. 3학년이라 공부도 많이 해야 하고, 꿈도 찾아야 하고……. 그리고 친구들이랑 놀고도 싶어요. 그동안 친구들하고 놀 시간도 없었다고요, 형 따라다니느라."

아빠가 고개를 끄덕이셨어요.

"그동안 네 맘을 헤아려 주지 못해서 미안하구나. 아빠, 엄마는 네가 행복한 사람으로 자라길 바란단다. 너도 하고 싶은 일이 있으면 솔직하게 얘기하렴. 알았지?"

윤이는 싱글거리며 집을 나섰어요. 그동안 아빠, 엄마가 형만 예뻐하는 것 같아서 섭섭했지요.

그런데 오늘 아빠랑 얘기해 보니 자기가 생각을 제대로 말하지 않은 것도 잘못이라는 걸 알았지요. 그리고 엄마와 아빠도 자기를 신경 쓰고 있었다는 것도요. 아빠가 내 생각을 잘 들어 주고 이해해 주시니 기분이 좋았어요. 그리고 새롭게 결심했지요. 언제나 당당히 자기 생각을 말하기로요.

'무엇보다도 내 자신은 소중하니까요. 나 스스로 나를 사랑하고 아껴 주면 다른 사람도 나를 이해하고 소중하게 여겨 아껴 주게 되니까요.'

윤이는 즐겁게 진우네 집으로 향했어요.

3단계에서 배운 내용 다시 보기

1주차			
1	①	과학	이사 갈까, 있을까, 철새와 텃새
	②	과학	너는 어느 편? 동물의 분류
2	①	사회	어떻게 입을까, 의생활
	②	사회	무엇을 먹을까, 식생활
3	①	사회	어디서 살까, 주생활
	②	사회	옛날과 오늘날 생활 도구의 변화
4	①	수학	나누어 볼까, 분수
	②	국어	어떤 사이일까, 낱말 사이의 관계
5	①	국어	실감 나게 표현하는 감각적 표현
	②	국어	공경하는 마음으로 높임 표현

2주차			
1	①	사회	탈것이 달라, 교통수단의 변화
	②	사회	정보를 전하는 통신 수단의 변화
2	①	과학	태어나 죽을 때까지 동물의 한살이
	②	과학	화려한 변신, 곤충의 한살이
3	①	사회	신기하고 재미난 박물관
	②	사회	배움이 깃든 옛날의 교육 기관
4	①	국어	글쓴이가 하고 싶은 말, 중심 생각
	②	국어	이해가 쏙쏙 설명하는 글
5	①	수학	얼마나 될까, 들이와 무게
	②	수학	평평한 평면도형

3주차			
1	①	사회	지혜로운 조상들의 명절과 절기
	②	사회	풍년을 기원하는 세시 풍속
2	①	과학	철 여기 붙어! 자석
	②	과학	떨림을 느껴요, 소리의 성질
3	①	사회	나라의 경사를 기념하는 국경일
	②	사회	가정의 중요한 행사 예법, 관혼상제
4	①	과학	물질과 물체를 구분해요
	②	과학	섞어 보아요, 물질의 성질 변화
5	①	국어	그래서 그렇구나! 원인과 결과
	②	국어	서로 견주어 설명하는 비교와 대조

4주차			
1	①	사회	소중한 우리의 문화재
	②	사회	소중하게 지켜요, 문화유산
2	①	과학	우리가 살고 있는 지구
	②	과학	옥토끼는 어디에? 달
3	①	사회	생활을 편리하게 공공 기관
	②	사회	고장의 중심이 되는 중심지
4	①	과학	행성과 위성, 지구와 달
	②	과학	부서지고 깎이고, 풍화와 침식
5	①	국어	표준어와 방언을 구분해요
	②	국어	삶에 대한 기록, 전기문

[인용 사진 출처] 25쪽 국립국어원 표준국어대사전(https://stdict.korean.go.kr) / 79쪽 혜원 전신첩_단오풍정, 신윤복, 공유마당, CC BY / 113쪽 불국사 다보탑, 한국관광공사(신라역사여행), 2015, 공공누리 제1유형 / 113쪽 정선화 명창 춘향가 완창 발표회, 인천광역시, 2020.11.05, 공공누리 제1유형
* 어휘 풀이는 국립국어원 표준국어대사전을 바탕으로 정리하였습니다.

EBS

배경지식이

문해력이다

3단계

초등 3 ~ 4학년 권장

정답과 해설

1 주차

정답과 해설

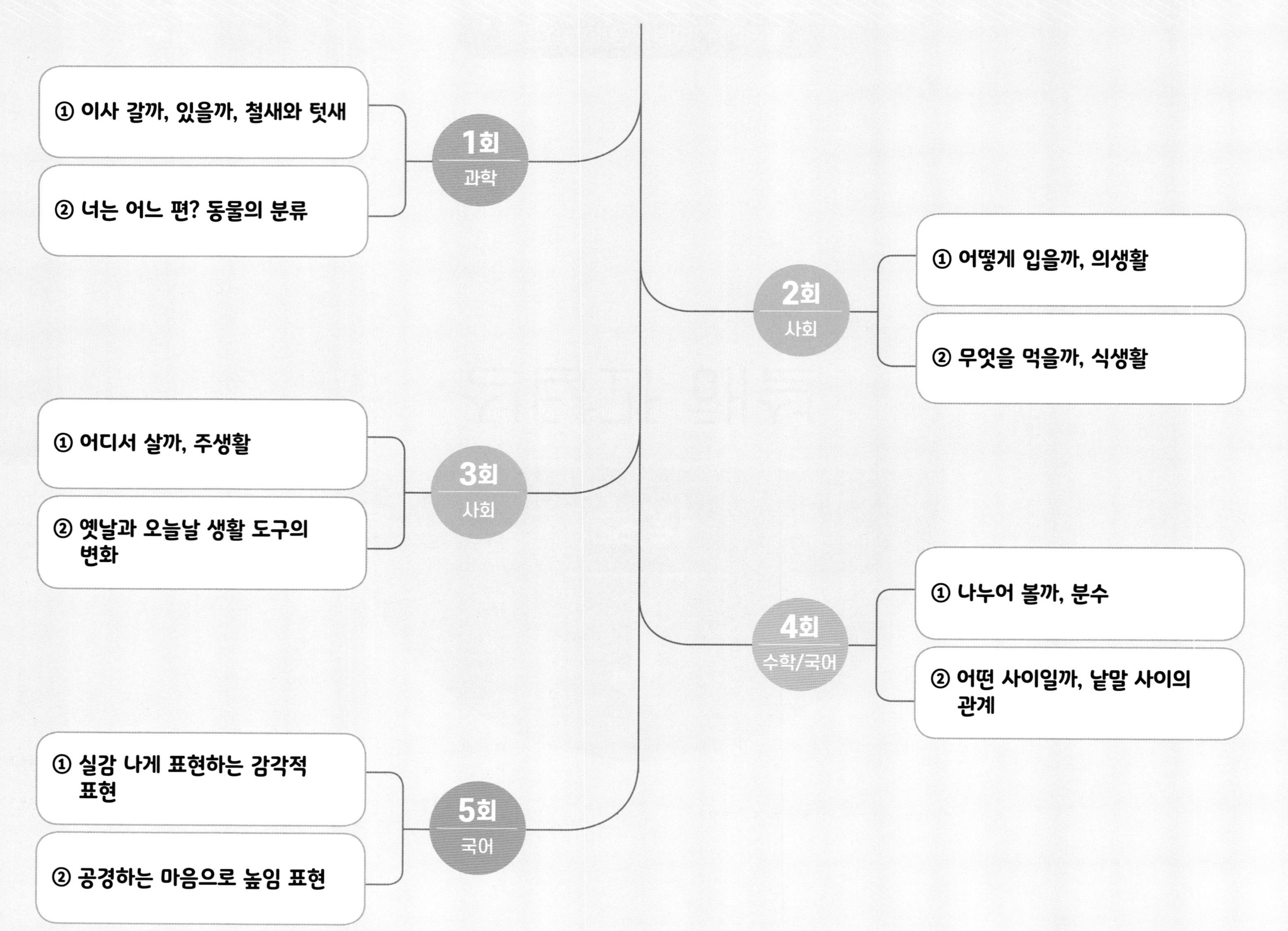
1회
과학
① 이사 갈까, 있을까, 철새와 텃새
② 너는 어느 편? 동물의 분류
2회
사회
① 어떻게 입을까, 의생활
② 무엇을 먹을까, 식생활
3회
사회
① 어디서 살까, 주생활
② 옛날과 오늘날 생활 도구의 변화
4회
수학/국어
① 나누어 볼까, 분수
② 어떤 사이일까, 낱말 사이의 관계
5회
국어
① 실감 나게 표현하는 감각적 표현
② 공경하는 마음으로 높임 표현

이사 갈까, 있을까, 철새와 텃새

철새: 계절에 따라 사는 곳을 옮겨 다니는 새.
텃새: 계절에 따라 자리를 옮기지 않고 한 곳에서만 사는 새.

봄이나 가을에 새가 무리지어 하늘을 날아가는 모습을 본 적 있니? 마치 약속이라도 한 것처럼 새 무리가 V자 모양으로 줄지어서 날거나 많은 수의 새가 한꺼번에 날아가는 모습 말이야. 그건 철새가 이동하는 모습이야. 철새는 계절에 따라 사는 곳을 옮겨 다니는데, 봄이나 가을이 되면 알을 낳기 위해 한꺼번에 많은 수가 먼 거리를 이동하지.

철새는 여름 철새와 겨울 철새로 나눌 수 있어. 여름 철새는 봄에 남쪽에서 날아와 우리나라에서 여름을 나고, 가을이나 겨울이 되면 다시 따뜻한 남쪽 나라로 돌아가. 그리고 겨울 철새는 가을에 북쪽에서 날아와 우리나라에서 겨울을 나고, 봄이 되면 다시 북쪽으로 돌아가지.

모든 새가 계절에 따라 이동을 할까? 그건 아니야. 사계절 내내 한 지역에서 살아가는 새도 있는데, 그런 새를 '텃새'라고 해. 주변에서 흔히 볼 수 있는 참새, 까치, 까마귀 등이 텃새야. 간혹 철새였다가 우리나라 기후에 적응해서 텃새가 된 새도 있대.

한눈에 정리

- 새
  - 철 새
    - 여 름 철새: 물총새, 백로, 왜가리 등
    - 겨울 철새: 고니, 청둥오리, 기러기 등
  - 텃 새: 참새, 까치, 까마귀 등

Tip 텃새는 우리 주변에서 일 년 내내 볼 수 있습니다.

이해 계절에 따라 사는 곳을 옮겨 다니는 새를 □□(철새)라고 해.

철새

철새는 계절에 따라 사는 곳을 옮겨 다니는 새로, 먹잇감이 풍부하고 온도가 알맞은 곳을 찾아 이동해 알을 낳고 살아.

여름 철새

철새 가운데 우리나라에서 여름을 나는 새로, 제비, 뻐꾸기, 물총새, 백로, 왜가리 등이 대표적인 여름 철새야.

겨울 철새

철새 가운데 우리나라에서 겨울을 나는 새로, 고니, 두루미, 독수리, 청둥오리, 기러기 등이 대표적인 겨울 철새야.

텃새

철새와는 달리 계절에 따라 이동하지 않고 한곳에서 쭉 사는 새로, 참새, 까마귀, 까치, 박새, 꿩, 올빼미 등이 대표적인 텃새야.

철새가 계절에 따라 이동하는 까닭은?

먹잇감이 많은 곳을 찾기 위해서야

날씨가 더워지거나 추워지면 먹잇감이 없어질 수 있기 때문에 좋아하는 먹이가 있는 곳으로 이동하는 거야.

온도가 알맞은 곳에서 살기 위해서야

추운 곳에서 살던 새들은 날씨가 따뜻해지면 추운 곳을 찾아 이동하고, 따뜻한 곳에서 살던 새들은 날씨가 추워지면 따뜻한 곳을 찾아 이동하는 거야.

▶ 정답과 해설 3쪽

◎ 알맞게 선으로 이어 보세요.

텃새 —— 참새, 까마귀, 까치
철새 —— 백로, 고니, 청둥오리

해설 주변에서 흔히 볼 수 있는 참새, 까마귀, 까치 등은 텃새이고, 백로, 고니, 청둥오리는 철새입니다.

◎ 알맞은 말에 ○표를 하세요.

계절에 따라 이동하지 않고 한곳에서 살아가는 새를 (철새 , (텃새))라고 한다.

해설 텃새는 계절에 따라 이동하지 않고 한곳에서 쭉 삽니다.

◎ 철새가 계절에 따라 이동하는 까닭에 ○표를 하세요.

온도가 알맞은 곳에서 살기 위해서이다.	○
호랑이, 사자와 같은 무서운 동물을 피하기 위해서이다.	

해설 철새는 먹잇감이 많은 곳이나 온도가 알맞은 곳에서 살기 위해 이동합니다.

너는 어느 편? 동물의 분류

지구에 살고 있는 다양한 생물은 스스로 양분을 만드는지 아닌지에 따라서 동물과 식물로 구분해. 보통 동물이라고 하면 고양이나 강아지처럼 발이 네 개인 생물만 떠올리지. 하지만 다리가 없는 조개나 다리가 많은 문어도 동물이야. 이처럼 다양한 종류의 동물을 분류할 때에는 생김새가 다른 동물들을 하나의 공통적인 특징으로 묶기도 하고, 생김새는 비슷한데 다른 특징으로 구분하기도 해.

그렇다면 동물들은 어떤 특징과 기준으로 나눌 수 있을까?

쉽게 물에 사는지 땅에 사는지, 초식을 하는지 육식을 하는지, 날개가 있는지 없는지 등으로 나눌 수도 있지만, 좀더 과학적인 기준으로 등뼈가 있는지 없는지에 따라서 크게 척추동물과 무척추동물로 나눌 수 있어. 척추동물은 다시 외부 온도에 따라 체온이 변하는 변온동물과 외부의 온도와 관계없이 일정한 체온을 갖는 정온동물로 나눌 수 있지.

동물의 분류: 동물을 여러 가지 기준에 따라 종류를 나눈 것.

한눈에 정리

- 동물
  - 척추가 있는가?
    - 예 → 척 추 동물
      - 체온이 변하는가?
        - 예 → 변온 동물
          - 파 충 류
          - 양서류
          - 어류
        - 아니요 → 정온 동물
          - 포 유 류 (새끼를 낳는다.)
          - 조류 (알을 낳는다.)
    - 아니요 → 무척추 동물

Tip 다양한 종류의 동물을 여러 가지 기준에 따라 나눌 수 있습니다.

이해 식물과 달리 스스로 양분을 만들지 못하는 생물은 □□(동물)이야.

포유류

인간처럼 젖을 먹여 새끼를 키우는 동물을 '포유류'라고 해. 포유류는 일정한 체온을 갖는 정온동물이야. 이와 같은 기준에 따라 고래는 물고기인 어류가 아니라 포유류야.

고래야, 너도 나처럼 어류지?
모습은 비슷해도 난 포유류야. 새끼에게 젖을 먹이거든.

파충류 VS 양서류

파충류와 양서류는 둘 다 알을 낳고, 변온동물이라는 공통점이 있어.

하지만 호흡 방법과 피부가 서로 달라. 또, 새끼의 생김새가 파충류는 어미와 비슷하게 생겼지만, 양서류는 어미와 전혀 다르게 생겼어.

날 닮아 잘생겼네.
엄마!
나를 하나도 안 닮았네.
엄마!

알을 낳는 포유류가 있다?

포유류는 새끼를 낳아 젖을 먹여 키우는 척추동물로 알고 있는데, 예외적으로 '알을 낳는 포유류'도 있어. 오스트레일리아와 파푸아뉴기니에서 서식하는 오리너구리와 가시두더지는 알을 낳고, 새끼가 부화하면 젖을 먹여 키운다고 해. 특히 오리너구리는 독성 물질을 지니고 있다고 하니 마주치면 독에 쏘이지 않게 조심해.

▶ 정답과 해설 4쪽

◉ 동물의 특징으로 알맞은 것에 ○표를 하세요.

- 스스로 양분을 만들어 낸다. [ ]
- 스스로 양분을 만들어 내지 못한다. [○]

해설 식물은 광합성으로 스스로 양분을 만들어 내지만, 동물은 양분을 밖으로부터 얻습니다.

◉ 알맞은 말에 ○표를 하세요.

외부의 온도와 관계없이 일정한 체온을 갖는 동물을 (변온동물 , (정온동물))이라고 한다.

해설 외부의 온도와 관계없이 일정한 체온을 갖는 동물을 정온동물이라고 합니다.

◉ 다음 특징에 해당하는 동물에 ○표를 하세요.

새끼를 낳아 젖을 먹이고, 폐호흡을 한다.

고래	악어	상어
○		

해설 새끼를 낳아 젖을 먹이고 폐호흡을 하는 동물은 포유류입니다. 악어는 파충류, 상어는 어류입니다.

▶ 정답과 해설 5쪽

어떻게 입을까, 의생활

무인도에서 혼자 살아가기 위해 가장 필요한 것은 무엇일까?

그렇지. 몸을 보호하는 옷, 영양분을 얻기 위한 음식, 안전하고 편안하게 쉴 수 있는 집일 거야. 이렇게 우리가 살아가는 데 가장 기본적이고 필수적인 것들을 의식주라고 해. 이 가운데 사람이 자신의 몸을 보호하기 위해 입는 옷과 관련된 생활을 의생활이라고 하지.

의생활은 계절과 날씨, 그리고 지역에 따라 다른 모습을 보이게 돼. 날씨가 더우면 더위를 피하기 위해 바람이 잘 통하는 소재의 옷과 뜨거운 햇볕을 막아 줄 옷을 찾게 되고, 날씨가 추우면 추위를 막기 위해 두꺼운 소재의 옷과 차가운 바람을 막아줄 옷을 찾게 되지.

그래서 세계 각 지역의 의생활 모습은 그 지역의 날씨 특징에 따라 다양하게 나타나게 돼. 예를 들면, 덥고 비가 많이 내리는 베트남에서는 바람이 잘 통하는 긴 옷과 챙이 넓은 모자를 쓰고, 춥고 눈이 많이 오는 캐나다 북쪽 고장에서는 동물의 털과 가죽으로 만든 두꺼운 옷을 입지.

의생활: 사람이 살아가면서 입는 일이나 입는 옷에 관한 생활.

한눈에 정리

기후와 의생활

기후	의생활
한·냉대 기후	연중 기온이 매우 낮아 추위로부터 몸을 보호하기 위해 동물의 털이나 가죽을 이용한 두꺼운 옷이 발달함.
온 대 기후	사계절의 변화가 뚜렷해 계절에 따라 다양한 의생활을 보임. 여름에는 바람이 잘 통하는 소재의 옷을 입고 모자를 쓰고, 겨울에는 두꺼운 옷을 입고 장갑과 목도리를 함.
열대 기후	일년 내내 무덥고 비가 많이 내려 통풍이 잘되는 얇고 개방적인 형태의 옷이 발달함.
건 조 기후	모래바람으로부터 몸을 보호하고 밤에 체온을 유지할 수 있도록 몸 전체를 감싸는 긴 형태의 옷이 발달함.
고 산 기후	일교차를 극복하고 햇볕을 차단하기 위한 형태의 옷이 발달함.

Tip 고장 사람들의 의생활 모습은 계절과 날씨에 따라 달라지며, 세계 각 고장의 날씨에 따라 다양한 의생활 모습이 나타납니다.

이해 옷과 관련된 □□□(의생활) 모습은 계절과 날씨에 따라 달라져.

세계 여러 고장의 의생활 모습

사막이 많은 사우디아라비아

뜨거운 햇볕과 모래바람을 막기 위해 머리에 두른 천 / 뜨거운 햇볕과 모래바람을 막기 위한 긴 옷

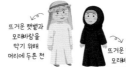

사막이 많은 고장에서는 뜨거운 햇볕과 모래바람을 막으려고 긴 옷을 입고, 머리에는 천을 둘러 감아.

덥고 비가 많이 내리는 베트남

덥고 비가 많이 내리는 고장에서는 바람이 잘 통하는 긴 옷을 입고, 챙이 넓은 모자를 써.

챙이 넓은 모자 / 바람이 잘 통하는 긴 옷

춥고 눈이 많이 오는 캐나다 북쪽 고장

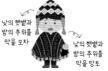

춥고 눈이 많이 오는 고장에서는 동물의 털과 가죽으로 만든 두꺼운 옷을 입어.

낮과 밤의 기온 차가 큰 페루

낮과 밤의 기온 차가 큰 고장에서는 낮의 뜨거운 햇볕을 막고, 밤의 추위를 견디려고 망토와 같은 긴 옷을 걸치고, 모자를 써.

낮의 햇볕과 밤의 추위를 막을 모자 / 낮의 햇볕과 밤의 추위를 막을 망토

고장별로 사람들의 의생활 모습이 다른 까닭은?

고장별로 날씨 차이가 나기 때문이야.

예를 들어, 9월 중순에 부산광역시는 아직 더운 날씨 때문에 반소매 옷을 입는데, 강원도 평창군은 아침저녁으로 날씨가 서늘해서 긴소매 옷을 입어.

◉ 알맞게 선으로 이어 보세요.

페루	바람이 잘 통하는 긴 옷
베트남	가죽으로 만든 두꺼운 옷
캐나다 북쪽 고장	햇볕과 추위를 견디기 위한 망토

해설 페루에서는 낮의 뜨거운 햇볕을 막고 밤의 추위를 견디려고 망토 같은 긴 옷을 입고, 베트남에서는 바람이 잘 통하는 긴 옷을 입으며, 캐나다 북쪽 고장에서는 가죽으로 만든 두꺼운 옷을 입습니다.

◉ 알맞은 말에 ○표를 하세요.

((사막), 바다)이/가 많은 사우디아라비아는 뜨거운 햇볕과 모래바람을 막기 위해 긴 옷을 입고, 머리에 천을 두른다.

해설 사우디아라비아에는 사막이 많습니다.

◉ 고장별로 사람들의 의생활 모습이 다른 까닭에 ○표를 하세요.

- 고장별로 전통의상이 다르기 때문이다. ( )
- 고장별로 날씨 차이가 나기 때문이다. (○)

해설 고장별로 사람들의 의생활 모습이 다른 까닭은 고장별로 날씨에 차이가 나기 때문입니다.

1주차 사회

2회 ② 무엇을 먹을까, 식생활

여행을 하며 찍은 사진을 보면 그곳의 음식 사진이 빠지지 않고 나오지. 이렇게 여러 고장을 여행하다 보면 전주의 전주비빔밥, 영월의 감자 옹심이, 제주의 옥돔구이처럼 그 고장을 대표하는 다양한 음식을 만나볼 수 있어.

사람이 영양분을 얻기 위해 먹는 음식과 관련된 생활을 식생활이라고 하는데, 식생활은 각 고장의 자연환경에 맞게 발달해 왔어. 고장의 자연환경이란, 고장의 날씨나 땅의 모양을 뜻해. 우리나라는 남북으로 길고 3면이 바다로 둘러싸인 지형을 가지고 있어. 북쪽 지방은 주로 산악 지대가 많고, 남쪽 지방은 평야 지대가 많아. 이러한 각지의 자연환경에 따라 생산되는 특산물의 특성에 맞게 독특하고 소박한 고장의 음식 문화가 형성되었지.

이렇게 고장의 식생활과 자연환경은 떼려야 뗄 수 없는 밀접한 관계에 있어.

식생활: 사람이 살아가면서 먹는 일이나 먹는 음식에 관한 생활.

Tip 바다가 가까이 있는 지역에서는 해산물을 이용한 음식이 많고, 산지가 많은 지역에서는 밭농사를 많이 지어 감자 등을 이용한 음식이 많습니다.

한눈에 정리 — 지역별 식생활

평안도	평양의 '평양냉면'. 냉면, 만두, 녹두전 등 곡물로 만든 음식이 많고, 겨울이 추워 기름진 육류 음식을 즐김.
경기도	수원의 '불갈빗집'. 떡이 유명하며, 조선 시대부터 수원 소 시장에 전국의 소 장수가 모여들며 불갈빗집이 유명해짐.
강 원 도	영월의 '감자 옹심이'. 산악 지방에는 옥수수, 감자 등을 재료로 하는 음식이 많고, 해안 지방에서는 명태, 오징어 등을 가공한 음식이 많음.
충청도	서산의 '어리굴젓'. 내륙에서는 절이거나 말린 생선을 주로 먹고, 서해안에 가까운 지역에서 나는 굴을 이용한 어리굴젓이 유명함.
경상도	안동의 '간고등어'. 음식이 대체로 투박하지만 칼칼하고 감칠맛이 있음. 미더덕찜, 아귀찜, 간고등어, 동래파전이 유명함.
전 라 도	전주의 '전주비빔밥'. 재료가 다양하게 나고, 기후가 따뜻해 음식의 간이 센 편이며, 양념을 많이 넣음. 발효 음식이 발달함.
제 주 도	감귤, 전복, 옥돔이 특산물이며, 가까운 바다에서 잡히는 해산물을 재료로 하는 음식이 발달함.

이해 먹는 것과 관련된 □□□(식생활) 모습은 자연환경에 영향을 받아.

우리나라의 고장별 식생활

평양의 평양냉면
날씨가 서늘하고 비가 많이 내리지 않는 평양에서는 메밀을 많이 재배하고, 이 메밀로 면발을 만든 평양냉면이 대표적인 음식이야.

영월의 감자 옹심이

산지가 많고 날씨가 서늘한 영월에서는 감자를 많이 심으며, 감자로 만든 감자 옹심이가 대표적인 음식이야.

안동의 간고등어
바다와 멀리 떨어져 있는 안동에서는 고등어에 소금을 뿌려서 운반하는 동안 상하지 않게 한 간고등어가 유명해.

서산의 어리굴젓
서산 근처 바닷가에서는 굴이 잘 자라서 어리굴젓을 많이 담가 먹어.

전주의 전주비빔밥
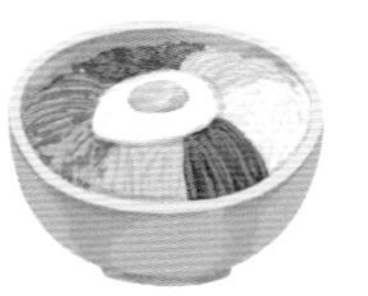
넓은 들과 산에서 쌀과 채소를 쉽게 구할 수 있고, 장맛도 좋아 비빔밥이 유명해.

제주도의 옥돔구이
옥돔은 제주 근처 바다에서 많이 잡히는 생선으로 맛이 좋아 옥돔구이가 유명해.

고장마다 사람들의 식생활이 다른 까닭은?

고장의 땅 모양이나 날씨와 같은 자연환경이 고장 사람들의 식생활에 영향을 미쳤기 때문이야.

예를 들어, 전라도는 기후가 따뜻해 음식의 간이 센 편이고 발효 음식이 아주 많아. 김치와 젓갈이 수십 가지이고, 고추장을 비롯한 장류도 발달했으며, 장아찌류도 많지. 반면에 강원도의 산악 지방에서는 논농사보다 밭농사를 더 많이 지어서 옥수수, 메밀, 감자 등을 재료로 하는 메밀막국수, 감자떡과 같은 음식이 발달했어.

▶ 정답과 해설 6쪽

◉ 다음에서 설명하는 음식을 쓰세요.

바다와 멀리 떨어져 있는 안동에서 운반하는 동안 상하지 않게 하기 위해 고등어에 소금을 뿌린 것이다.

간 고 등 어

해설 간고등어는 안동의 대표적인 음식으로, 운반하는 동안 상하지 않게 하기 위해 고등어에 소금을 뿌린 것입니다.

◉ 알맞은 지역에 ○표를 하세요.

(서산 , (전주))은/는 넓은 들과 산에서 쌀과 채소를 쉽게 구할 수 있고, 장맛이 좋아 비빔밥이 유명하다.

해설 비빔밥이 유명한 지역은 '전주'입니다.

◉ 알맞게 선으로 이어 보세요.

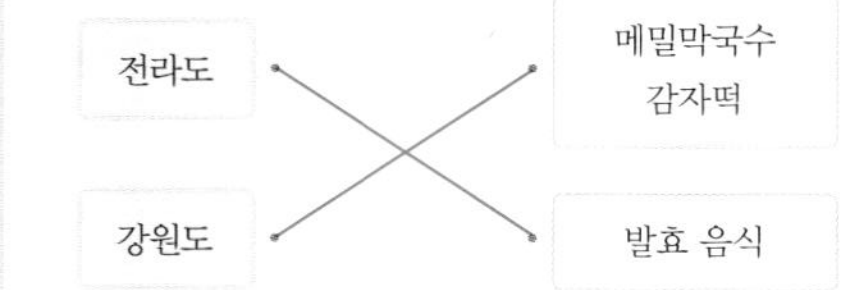

해설 전라도는 기후가 따뜻해 음식이 쉽게 상하기 때문에 간이 센 편이고 발효 음식이 많으며, 강원도의 산악 지방에서는 밭농사를 많이 지어서 옥수수, 메밀, 감자 등을 이용한 음식이 많습니다.

3회 ①

어디서 살까, 주생활

오래전부터 사람들은 잠을 자고, 무서운 동물을 피하고, 더위와 추위를 피하며, 몸을 안전하게 보호해 줄 수 있는 집을 짓고 살아왔어. 시대가 변함에 따라 집의 형태는 많은 변화를 겪어 왔지만, 우리가 살아가는 데 가장 기본적이고 필수적인 것이라는 면에서는 변함이 없지.

자연환경은 인간 생활에 폭넓게 영향을 미쳤는데, 주생활에도 역시 많은 영향을 주었어. 과거 사람들이 살았던 집 가운데 터돋움집, 우데기집, 너와집 등이 자연환경의 영향을 받은 주생활의 대표적인 예라고 할 수 있지. 인구가 늘면서 지금은 주로 아파트나 연립 주택에서 생활하는데, 과거 사람들이 살았던 집의 모양을 살펴보면 기후와 지형에 따라 다양한 형태를 갖춘 주생활 모습이 나타났음을 알 수 있어.

주생활: 사람이 사는 집이나 사는 곳에 관한 생활.

한눈에 정리

자연환경에 따른 주생활

고장	집	설명
홍수로 집이 물에 잠길 위험이 있는 고장	터돋움집	땅 위에 터를 돋우어 높은 곳에 지은 집
겨울철에 [눈]이 많이 내리는 고장	우데기집	집에 눈이 들어오는 것을 막으려고 지붕의 끝에서부터 땅까지 벽을 내린 집
나무를 쉽게 구할 수 있는 고장	[너][와][집]	얇은 돌조각이나 나뭇조각으로 지붕을 얹은 집

Tip 고장 사람들은 고장에서 쉽게 구할 수 있는 재료로 집을 지었고, 각 고장의 자연환경에 따라 집의 형태를 다르게 지었습니다.

이해 고장마다 □□□(주생활) 모습이 다른 까닭은 날씨, 땅의 생김새 등을 이용하거나 극복하는 모습이 달라서야.

과거 사람들의 주생활 모습

터돋움집

여름철에 홍수로 집이 물에 잠길 위험이 있는 고장에서는 땅 위에 터를 돋우어 높은 곳에 집을 지었어.

우데기집

겨울철에 눈이 많이 내리는 고장에서는 눈이 많이 와도 집 안을 자유롭게 다닐 수 있도록 우데기(집에 눈이 들어오는 것을 막으려고 지붕의 끝에서부터 땅까지 내린 벽)를 만들었어.

너와집

나무를 쉽게 구할 수 있는 고장에서는 너와(지붕을 일 때 기와처럼 쓰는 얇은 돌조각이나 나뭇조각)로 지붕을 얹은 집을 지었어.

옛날에 집을 지을 때 주로 짚을 사용한 까닭은?

예전에는 논농사를 많이 지어서 주변에서 쉽게 짚을 구할 수 있었기 때문에 짚을 엮어 지붕을 얹은 초가집을 많이 지었어. 이와 비슷한 다른 고장의 예로 러시아의 이즈바를 들 수 있는데, 러시아는 날씨가 추워 나무가 곧게 자라기 때문에 주변 숲에서 쉽게 구할 수 있는 통나무집인 이즈바를 지었지.

한옥에서 추운 겨울을 나기 위해 갖추고 있는 것은?

한옥에서 추운 겨울을 나기 위해 갖추고 있는 것은 '온돌'이야. 온돌은 방바닥을 데워 오랫동안 열기가 지속되게 하는 한옥 고유의 난방 방식이야. 아궁이에 불을 피우면 열기를 머금고 만들어지는 뜨거운 연기가 구들장을 데워 따뜻해지는 원리이지.

▶ 정답과 해설 7쪽

◎ 알맞게 선으로 이어 보세요.

홍수 대비 —— 터돋움집

폭설 대비 —— 우데기집

해설 홍수에 대비한 것은 터돋움집이고, 폭설에 대비한 것은 우데기집입니다.

◎ 다음에서 설명하는 집의 종류를 쓰세요.

나무를 쉽게 구할 수 있는 고장에서 너와로 지붕을 얹은 집

[너][와][집]

해설 너와로 지붕을 얹은 집을 '너와집'이라고 합니다.

◎ 한옥에서 온돌의 역할로 알맞은 것에 ○표를 하세요.

추운 겨울에 방바닥을 데우는 역할을 한다. (○)

더운 여름에 바람이 잘 통하도록 한다. ( )

해설 온돌은 방바닥을 데워 오랫동안 열기가 지속되게 하는 한옥 고유의 난방 방식입니다.

3회 1주차 ② 사회

옛날과 오늘날 생활 도구의 변화

생활 도구의 변화: 일상생활에서 자주 쓰이는 도구가 시간이 지나면서 변화함.

생활 도구는 과학 기술의 발전과 함께 편리하게 변화됐어.

먼저, 음식과 관련된 생활 도구의 변화를 보면, 우리나라 대표 음식인 김치를 옛날에는 항아리에 보관했는데, 지금은 항아리의 장점을 토대로 만든 김치 냉장고에 보관해. 식재료를 갈 때 쓰는 도구로 옛날에는 절구나 맷돌을 사용했는데, 지금은 믹서기를 사용하면서 시간과 힘이 훨씬 적게 들게 되었어.

농사와 관련된 생활 도구의 변화를 보면, 옛날에는 농부가 일일이 손으로 모를 심고 낫으로 수확했지만, 현재는 이앙기를 사용하여 모를 심고 곡식이 익으면 '수확기(콤바인)'라는 기계로 거두지. 그렇다고 옛날 농기구를 전혀 쓰지 않는 건 아니야. 낫은 오늘날에도 기계와 함께 사용되고 있어.

마지막으로 의복과 관련된 생활 도구의 변화를 보면, 옛날에는 돌 빨래판과 빨랫방망이를 가지고 빨래를 했는데, 오늘날에는 세탁기로 빨래를 해. 옷을 다리는 방법도 옛날에는 인두나 숯불 다리미를 썼는데, 요즘에는 전기 다리미를 쓰지.

한눈에 정리

생활 도구의 변화

구분	옛날	오늘날
음식 관련 도구	항아리	김치 냉장고
음식 관련 도구	맷돌	믹서기
농사 관련 도구	낫	수확기(콤바인)
옷 관련 도구	빨래판, 빨랫방망이	세탁기
옷 관련 도구	인두	전기 다리미

Tip 오늘날에는 옛 도구의 기능에 첨단 과학 기술이 더해진 새 도구들이 발달하여 우리 생활을 더욱 편리하게 만들고 있습니다.

이해 옛날이나 오늘날에 일상생활에 자주 쓰이는 도구를 □□ □□라고 해. (생활 도구)

옛날 생활 도구의 종류

항아리

아래위가 좁고 배가 부른 질그릇으로, 주로 여러 종류의 김치와 된장, 간장, 고추장 등의 장을 담아 저장하는 데 쓰였어. 오늘날에도 장을 담아 보관하기 위해 쓰이고 있지.

맷돌

곡식을 가는 데 쓰는 도구로, 둥글넓적한 돌 두 짝을 포개고 윗돌 아가리에 갈 곡식을 넣으면서 손잡이를 돌려서 가는 방식이지. 오늘날에도 전통 음식 맛을 살리기 위해 믹서기를 쓰지 않고 맷돌을 사용하는 경우가 있어.

빨랫방망이

넓적하고 기름한 나무로 만든 것으로 빨랫감을 두드려서 빠는 데 쓰였던 방망이야.

생활 도구의 발달로 생긴 문제점은 없어?

생활 도구의 발달로 일을 하는 데 드는 시간과 노력이 줄어들어 생활이 편리해졌어. 하지만 이러한 도구를 만들기 위해서 생겨난 공장들이 환경오염을 발생시켜 지구온난화에 영향을 미치고 있어. 그리고 오늘날 발달된 도구들은 대부분 많은 자원을 사용하기 때문에 자원 고갈이 빨라지고 있는 것도 문제점이지.

▶ 정답과 해설 8쪽

◎ 옛날에 사용한 생활 도구가 오늘날에 어떻게 변화했는지 알맞게 선으로 이어 보세요.

옛날	오늘날
빨랫방망이	믹서기
항아리	세탁기
맷돌	김치 냉장고

해설 항아리는 오늘날 김치 냉장고로, 맷돌은 믹서기로, 빨랫방망이는 세탁기로 변화했습니다.

◎ 알맞은 말에 ○표를 하세요.

곡식이 익으면 벼를 직접 베는 '낫'과 익은 곡식을 빠르게 거두어들이는 '수확기(콤바인)'는 옛날과 오늘날의 (농사(○), 의복)와/과 관련된 생활 도구에 해당한다.

해설 낫, 수확기(콤바인)는 농사지을 때 필요한 생활 도구입니다.

◎ 오늘날 생활 도구의 변화로 좋은 점에 ○표를 하세요.

지구온난화에 영향을 준다.	
일상생활을 편리하게 해 준다.	○

해설 지구온난화는 생활 도구의 변화로 인한 문제점에 해당합니다.

나누어 볼까, 분수

분수: 전체에 대한 부분을 나타내는 수.

피자 1판을 나와 동생이 똑같이 나누어 먹는다면, 나는 전체의 얼마를 먹게 될까? 이럴 땐 1, 2, 3과 같은 자연수로는 나타낼 수 없기 때문에 0과 1 사이의 수를 나타낼 수가 필요해.

전체에 대한 부분을 나타내는 수를 분수라고 하는데, 분수는 전체를 똑같이 ■로 나눈 것 중 ▲로, $\frac{▲}{■}$와 같은 형태로 나타내지. 분수의 가로선 위의 수를 분자(▲), 가로선 아래의 수를 분모(■)라고 해.

처음 분수는 전체보다 작은 것으로만 생각했어. 그래서 분자가 분모보다 항상 작았지. 하지만 분수가 널리 사용되면서 분자가 분모보다 큰 분수도 필요하게 되었어. 그래서 다양한 형태의 분수로 나타내게 되었는데, 분자가 분모보다 작은 분수를 진분수, 분자가 분모와 같거나 분모보다 큰 분수를 가분수, 자연수와 같이 있는 분수를 대분수라고 해.

한눈에 정리

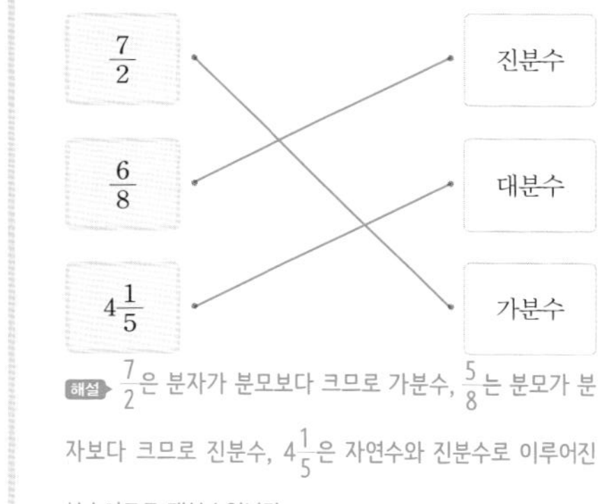

- 분수
  - 진분수: (분자) < (분모) — $\frac{2}{3}, \frac{3}{7}, \frac{5}{9}, \cdots\cdots$
  - 가분수: (분자) = (분모), (분자) > (분모) — $\frac{4}{4}, \frac{6}{5}, \frac{11}{8}, \cdots\cdots$
  - 대분수: (자연수)+(진분수) — $1\frac{2}{3}, 2\frac{1}{4}, 3\frac{5}{6}, \cdots\cdots$

진분수 → $\frac{1}{3}$, $\frac{2}{3}$ | $\frac{3}{3}$, $\frac{4}{3}$, $\frac{5}{3}$, $\frac{6}{3}$, $\frac{7}{3}$, $\frac{8}{3}$ ← 가분수
0, 1, 2 (자연수), $2\frac{1}{3}$ ← 대분수

Tip 분자가 분모보다 작은 분수는 진분수, 분자가 분모와 같거나 분모보다 큰 분수는 가분수입니다.

이해 전체에 대한 부분을 나타내는 수를 □□(분수)라고 해.

분수 알아보기

분수에서 전체는 분모에, 부분은 분자에 나타내. 가로선의 아래쪽에 있는 수를 분모, 위쪽에 있는 수를 분자라고 해. 피자를 똑같이 4조각으로 나눈 것 중 3조각을 먹었다면 먹은 피자의 양은 분수로 $\frac{3}{4}$이라고 쓰고, 4분의 3이라고 분모부터 읽으면 돼.

3 ← 분자, 4 ← 분모] 분수

분수의 종류

진분수는 분자가 분모보다 작은 분수이기 때문에 진분수는 0보다 크고 1보다 작은 분수야. 진분수 중에서 $\frac{1}{2}$, $\frac{1}{3}$, $\frac{1}{4}$, ……과 같이 분자가 1인 분수를 단위분수라고 해.

가분수는 분자와 분모가 같거나 분자가 분모보다 큰 분수야. 그래서 가분수는 1과 같거나 1보다 큰 분수야. 가분수를 대분수로도 나타낼 수 있어.

대분수는 자연수와 진분수로 이루어진 분수야. 자연수와 가분수로 이루어진 분수도 대분수라고 착각하면 안 돼.

자연수도 분수로 나타낼 수 있을까?

자연수는 1, 2, 3과 같은 수잖아. 자연수 1을 분모가 ■인 분수로 나타내면 $\frac{■}{■}$로 나타낼 수 있어. 같은 방법으로 자연수는 모두 분수로 나타낼 수 있어.

$$1=\frac{2}{2}=\frac{3}{3}=\frac{4}{4}=\frac{5}{5}=\cdots\cdots$$
$$2=\frac{4}{2}=\frac{6}{3}=\frac{8}{4}=\frac{10}{5}=\cdots\cdots$$

▶ 정답과 해설 9쪽

◉ 빈칸에 알맞은 말을 쓰세요.

분수 $\frac{4}{9}$에서 4는 [분][자]이고, 9는 [분][모]이다.

해설 분수에서 아래쪽에 있는 수를 분모, 위쪽에 있는 수를 분자라고 합니다.

◉ 알맞은 것에 ○표를 하세요.

전체를 똑같이 5로 나눈 것 중 3을 분수로 나타내면 ($\frac{3}{5}$ ○, $\frac{5}{3}$)(이)라 쓰고, (3분의 5, 5분의 3 ○)(이)라고 읽는다.

해설 전체를 똑같이 ■로 나눈 것 가운데 ▲를 $\frac{▲}{■}$라고 쓰고, ■분의 ▲라고 읽습니다.

◉ 알맞게 선으로 이어 보세요.

$\frac{7}{2}$ — 가분수
$\frac{6}{8}$ — 진분수
$4\frac{1}{5}$ — 대분수

해설 $\frac{7}{2}$은 분자가 분모보다 크므로 가분수, $\frac{5}{8}$는 분모가 분자보다 크므로 진분수, $4\frac{1}{5}$은 자연수와 진분수로 이루어진 분수이므로 대분수입니다.

어떤 사이일까, 낱말 사이의 관계

일상생활에서 우리가 사용하는 수많은 낱말들 사이에는 어떤 관계가 있는지 알아볼까?

낱말들 사이에는 뜻이 비슷한 관계, 뜻이 반대인 관계, 한 낱말이 다른 낱말을 포함하는 관계가 있어. 예를 들어, '평범'과 '보통'은 뜻이 비슷한 관계에 있는 낱말이고, '가다'와 '오다'는 뜻이 서로 반대 관계에 있는 낱말이야. '책'과 '동화책'은 어떨까? 가만 생각해 보면 '동화책'은 '책'에 포함되는 낱말이라는 것을 알 수 있어. 이와 같은 관계를 한 낱말이 다른 낱말을 포함하는 관계라고 해.

책을 읽다 보면 무수히 많은 낱말을 만나게 돼. 그 중에는 처음 보는 낱말, 정확한 뜻을 모르는 낱말, 다른 뜻도 알고 싶은 낱말 등이 있을 거야. 책 속의 낱말을 살펴보면서 뜻이 비슷하거나 반대인 낱말, 포함 관계에 있는 낱말을 생각해 보고, 국어사전을 활용해 낱말의 정확한 뜻을 확인해 봐. 그러면 글의 내용을 더 잘 이해할 수 있을 거야.

낱말 사이의 관계: 낱말들 사이에 있는 여러 가지 관계.

한눈에 정리

낱말 관계
- 뜻이 비슷한 관계 — 예 가끔 – [때] [때] [로] / 탐사 – 탐험 / 가운데 – 중앙
- 뜻이 [반] [대]인 관계 — 예 높다 – 낮다 / 앉다 – 서다 / 남자 – 여자 / 크다 – 작다
- 한 낱말이 다른 낱말을 [포] [함]하는 관계 — 예 [꽃] – 철쭉, 진달래, 개나리 / 책 – 동화책, 사전, 교과서

Tip 글을 읽다가 모르는 낱말이 나오면 그냥 건너뛰지 말고 앞뒤 문맥에 따라 낱말의 뜻을 짐작해 보거나 뜻이 비슷한 다른 낱말을 넣어 보면서 낱말 사이 의미 관계를 파악하며 글을 읽으면 내용을 더욱 쉽게 이해할 수 있습니다.

이해 □□(낱말)들 사이에는 뜻이 비슷하거나 반대인 관계, 포함 관계가 있어.

낱말 뜻을 찾는 여러 가지 사전

국어사전

낱말을 자음과 모음 차례대로 실어 비슷한말, 반대말 등 다른 말과의 관계 따위를 밝히고 풀이한 책이야.

백과사전

학문, 예술, 문화, 사회, 경제 따위의 과학과 자연 및 인간의 활동에 관련된 모든 지식을 줄여 부문별 또는 자모순으로 배열하고 풀이한 책이야.

속담사전

여러 가지 속담을 일정한 순서로 배열하고, 의미와 활용법 따위를 밝혀 풀이한 책이야.

인터넷 사전

인터넷상에서 낱말을 검색하여 뜻풀이 따위를 알 수 있도록 만든 다양한 분야의 사전이야.

모르는 낱말의 뜻은 어떻게 확인해?

글 속에서 낱말의 뜻을 짐작할 수 있어

문맥의 앞뒤 내용을 살펴보고 상황에 맞는 뜻을 찾아 짐작하거나 낱말을 쪼개어 뜻을 짐작해 볼 수 있어. 또, 모양이 비슷한 다른 낱말로 뜻을 짐작해 보고, 다른 낱말을 넣어 뜻이 통하는지 살펴보는 방법도 있어.

사전을 통해 낱말의 정확한 뜻을 찾을 수 있어

사전에서 낱말을 찾으려면 우선 형태가 바뀌는 낱말과 형태가 바뀌지 않는 낱말로 나누어야 해. 사전에는 모든 낱말을 다 실을 수 없기 때문에 형태가 바뀌는 낱말은 기본형만 싣거든. '먹는, 먹고, 먹어서'와 같은 낱말은 형태가 바뀌지 않는 부분 '먹'에 '-다'를 붙여 만든 '먹다'가 기본형이 되는 거야. 형태가 바뀌는 낱말은 기본형으로 바꾸어서 찾아야 해.

▶ 정답과 해설 10쪽

◉ 알맞게 선으로 이어 보세요.

뜻이 비슷한 관계	가운데 – 중앙
뜻이 반대인 관계	높다 – 낮다
한 낱말이 다른 낱말을 포함하는 관계	책 – 동화책

해설 '가운데'와 '중앙'은 뜻이 비슷한 관계, '높다'와 '낮다'는 뜻이 반대인 관계, '책'과 '동화책'은 한 낱말이 다른 낱말을 포함하는 관계입니다.

◉ 알맞은 내용에 ○표를 하세요.

((국어사전), 백과사전)은 낱말을 자음과 모음 차례대로 실어 비슷한말, 반대말 등 다른 말과의 관계 따위를 밝히고 풀이한 책이다.

해설 국어사전은 우리가 쓰는 낱말의 뜻을 설명하여 놓은 책으로, 낱말의 뜻, 발음, 띄어쓰기 등을 확인할 수 있습니다.

◉ 책을 읽으며 모르는 낱말의 뜻을 짐작하는 방법으로 알맞은 것에 ○표를 하세요.

- 낱말의 뜻을 마음대로 상상해 본다. [ ]
- 글의 앞뒤 내용을 살펴보고 상황에 맞는 뜻을 짐작해 본다. [○]

해설 글을 읽으며 낱말의 뜻을 모를 때에는 글의 앞뒤 문장을 읽으며 낱말의 뜻을 짐작해 봐야 합니다.

5회 ① 1주차 국어

실감 나게 표현하는 감각적 표현

감각적 표현: 사물에 대한 느낌을 생생하고 실감 나게 표현한 것.

봄에 꽃이 핀 모습이나 겨울에 눈이 내리는 풍경을 본 적이 있니? 이러한 내가 본 멋진 풍경과 그때 느낀 마음을 친구에게 생생하게 말해 주고 싶다면 마치 그 친구도 눈으로 보는 것처럼 실감 나게 느낄 수 있게 해야 해.

이와 같이 대상에 대한 느낌을 감각적으로 표현하기 위해서는 대상의 모습, 소리, 냄새, 맛, 손으로 만진 느낌 등을 관찰하고, 대상에 대한 느낌을 어떻게 표현하면 좋을지 생각해 보아야 해. 그리고 관찰한 대상에 대한 느낌을 감각적 표현을 넣어 말해 보는 거지.

감각적 표현이란 눈으로 보고, 귀로 듣고, 입으로 맛보고, 코로 냄새를 맡고, 손으로 만지면서 알게 된 대상의 느낌을 생생하게 표현하는 것을 말해. 감각적 표현을 사용하면 장면이 생생하게 그려지고 실제로 소리가 들리는 것 같아서 훨씬 재미있게 느껴지거든.

한눈에 정리

감각적 표현
- 시각적 표현 — 눈 으로 보는 것처럼 표현함. 예 별처럼 반짝이는 눈
- 청각적 표현 — 귀 로 듣는 것처럼 표현함. 예 후둑후둑 뚝뚝 빗소리
- 촉각적 표현 — 손으로 만지는 것처럼 표현함. 예 내몸을 따뜻하게 감싸는 햇살
- 미각적 표현 — 입으로 맛보는 것처럼 표현함. 예 짭조름한 소금 맛
- 후각적 표현 — 코 로 냄새 맡는 것처럼 표현함. 예 고소한 팝콘 내음

Tip 감각적 표현을 하기 위해서는 대상의 모습, 소리, 냄새, 맛, 손으로 만진 느낌을 관찰하거나 떠올려 봅니다.

이해 사물에 대한 느낌을 생생하고 실감 나게 표현한 것을 □□□ □□(감각적 표현)이라고 해.

감각적 표현의 종류

시각적 표현

'시각'이란 눈을 통해 빛의 자극을 받아들이는 감각 작용으로, '별처럼 반짝이는 눈' 같이 눈으로 직접 보는 것처럼 나타내는 표현을 말해.

청각적 표현

'청각'이란 소리를 느끼는 감각 작용으로, '후둑후둑 뚝뚝 빗소리' 같이 귀로 듣는 것처럼 나타내는 표현을 말해.

촉각적 표현

'촉각'이란 물건이 피부에 닿아서 느껴지는 감각 작용으로, '내 몸을 따뜻하게 감싸는 햇살' 같이 손으로 만지는 것처럼 나타내는 표현을 말해.

미각적 표현

'미각'이란 맛을 느끼는 감각 작용으로, '짭조름한 소금 맛' 같이 입으로 맛보는 것처럼 나타내는 표현을 말해.

후각적 표현

'후각'이란 냄새를 맡는 감각 작용으로, '고소한 팝콘 내음' 같이 코로 냄새를 맡는 것처럼 나타내는 표현을 말해.

감각적 표현은 어떻게 나타내?

여러 가지 비유적 표현을 사용하여 나타낼 수 있어

'단풍잎'과 '아기 손 같은 단풍잎' 중에서 어떤 것이 더 눈으로 보는 것처럼 생생하게 느껴지니? '아기 손 같은 단풍잎'처럼 어떤 대상을 다른 사물에 빗대어 표현하면 대상을 훨씬 더 감각적으로 표현할 수 있어.

예 솜사탕 같은 구름

흉내 내는 말이나 여러 가지 꾸며 주는 말을 사용하여 나타낼 수 있어

'사각사각'과 같이 소리를 흉내 내는 말이나 '대롱대롱'과 같이 모양을 흉내 내는 말을 사용하면 대상을 더욱 실감 나게 표현할 수 있어.

예 쉬이익쉬이익 파도의 숨소리

▶ 정답과 해설 11쪽

◉ 알맞게 선으로 이어 보세요.

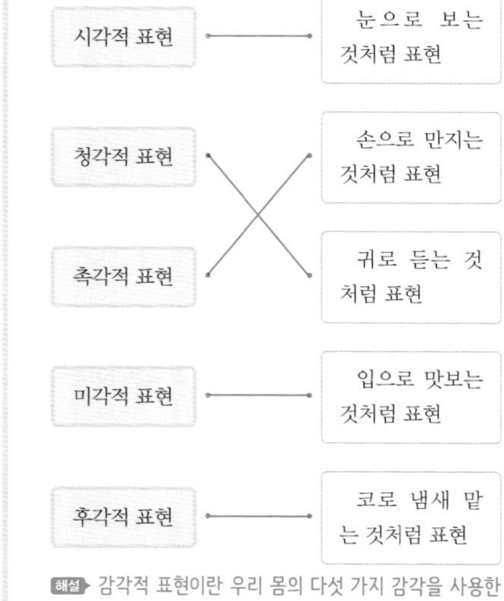

해설 감각적 표현이란 우리 몸의 다섯 가지 감각을 사용한 표현을 말합니다.

◉ 알맞은 내용에 ○표를 하세요.

감각적 표현이란 대상의 느낌을 (생생하게(○), 간단하게) 표현하는 것을 말한다.

해설 감각적 표현은 대상의 느낌을 구체적으로 표현하므로 대상이 더욱 생생하게 느껴집니다.

◉ 감각적 표현을 나타내는 방법으로 알맞은 것에 ○표를 하세요.

흉내 내는 말을 사용하여 나타낸다.	○
이어 주는 말을 사용하여 나타낸다.	

해설 감각적 표현은 대상을 빗대어 표현하거나 흉내 내는 말을 사용하여 나타낼 수 있습니다.

▶ 정답과 해설 12쪽

공경하는 마음으로 높임 표현

높임 표현: 대상을 공경하는 마음을 담아 높여서 말하는 것.

웃어른과 대화해 본 적 있지? 그럴 때 어떤 표현을 사용했는지 생각해 봐.

친구나 동생에게 말할 때와 달리 선생님이나 어머니께 말할 때 대상을 높여서 사용하는 말을 높임 표현이라고 해. 높임 표현에는 대상을 높이는 마음, 웃어른을 공경하는 마음이 담겨 있어.

높임 표현을 사용하는 경우는 다양해. 대상이 웃어른인지 아닌지, 말하는 사람과 어느 정도 친한지, 혼자인지 여럿인지에 따라 높임 표현이 달라져. 높임 표현은 듣는 사람이 말하는 사람보다 웃어른일 때, 행동하는 사람이 말하는 사람보다 웃어른일 때, '누구에게'에 해당하는 사람이 말하는 사람보다 웃어른일 때 사용해야 해.

높임 표현을 알맞게 사용하여 말하면 상대를 존중하는 마음을 잘 표현할 수 있고, 스스로 예의 바른 사람이 된 것 같아 흐뭇해져. 상대도 존중과 존경을 받는 생각이 들어 기분이 좋을 거야.

한눈에 정리

높임 표현
- 문장을 끝맺을 때: '-습니다'나 '-요'로 문장을 끝맺음.
- 대상의 행동을 높여 나타낼 때: 높임을 나타내는 '-시-'를 넣음.
- 높일 대상을 나타낼 때: 높임의 대상에게 '-께서'나 '-께'를 사용함.
- 높임의 뜻이 있는 낱말이 따로 있을 때: 높임의 뜻이 있는 특별한 낱말을 사용함.

Tip 웃어른과 대화할 때에는 바른 자세로 알맞은 높임 표현을 사용하여 예의 바르게 말해야 합니다.

이해 대상을 공경하는 마음을 담아 높여 말하는 것을 □□ □□이라고 해. (높임 표현)

높임을 표현하는 방법

문장을 끝맺을 때

'-습니다'나 '-요'를 써서 문장을 끝맺어.

예 저는 종이접기를 좋아합니다/좋아해요.

대상의 행동을 높여 나타낼 때

대상의 행동을 높여 나타낼 때에는 높임을 나타내는 '-시-'를 넣어.

예 아버지, 운동 가시나요?

높일 대상을 나타낼 때

높임의 대상에게는 '-께서'나 '-께'를 사용해야 해.

예 할머니께 선물을 드렸어요.

높임의 뜻이 있는 낱말이 따로 있을 때

'밥'은 '진지', '집'은 '댁', '생일'은 '생신'과 같이 높임을 뜻하는 특별한 낱말을 사용해야 해.

예 오늘은 할아버지 댁에 갑니다.

언어 예절을 지킬 때 주의할 점이 있어?

상대나 내용에 따라 어울리는 말을 해야 소통을 잘할 수 있어

상대나 내용에 따라 어울리는 말을 하지 않으면 다른 사람들과 어울려 소통하기 힘들어져. 가족이나 어른들, 친구들에게 하는 말투와 인사 표현에서 그 사람의 성품이 드러나기도 하니까 상황에 알맞은 올바른 언어 예절을 지켜야 해.

지나친 높임 표현은 주의해야 해

높여야 할 대상과 중요한 관계를 맺고 있는 것에는 "손이 크시다.", "생각이 많으시다."와 같이 '-시-'를 붙여 높임을 나타낼 수 있어. 그러나 "문의하신 상품은 품절이십니다."처럼 '-시-'를 넣는 것은 상품을 높인 표현이므로 올바른 높임 표현이 아니야. "문의하신 상품은 품절입니다."가 알맞은 표현이지.

⊙ 높임 표현에 담긴 마음으로 알맞지 않은 것에 X표를 하세요.

공경하는 마음	
잘난 척하는 마음	X
존경하는 마음	
겸손해지는 마음	

해설 대상을 높여서 말하는 높임 표현에는 대상을 공경하는 마음, 존경하는 마음, 겸손해지는 마음이 담겨 있습니다.

⊙ 알맞은 내용에 ○표를 하세요.

오늘은 가족들과 함께 할머니 (집 , (댁))에 가는 날이야.

해설 우리말에는 높임의 뜻이 있는 특별한 낱말이 있습니다. 웃어른의 '집'은 '댁'으로 써야 합니다.

⊙ 언어 예절을 지켜 말한 것에 ○표를 하세요.

"주문하신 주스 나오셨습니다."	
"우리 엄마는 손이 크십니다."	○

해설 "주문하신 주스 나오셨습니다."에서 '나오셨습니다'는 '주스'를 높인 표현이므로 알맞지 않습니다.

1주차 확인 문제

1 다음 빈칸에 들어갈 알맞은 말을 쓰세요. 과학

계절에 따라 사는 곳을 옮겨 다니는 새를 [   ]라고 한다.

(철새)

해설 계절에 따라 사는 곳을 옮겨 다니는 새를 '철새'라고 합니다.

2 텃새가 아닌 것을 골라 기호를 쓰세요. 과학

㉮ 꿩 ㉯ 까치 ㉰ 참새 ㉱ 두루미 ㉲ 올빼미

(㉱)

해설 두루미는 철새입니다.

3 동물의 분류에 대한 설명으로 알맞은 것에 ○표를 하세요. 과학

(1) 파충류, 양서류는 무척추동물에 속한다. ( )
(2) 척추동물 가운데 외부 온도에 따라 체온이 변하는 동물에는 조류가 있다. ( )
(3) 동물은 등뼈가 있는지, 없는지에 따라 척추동물과 무척추동물로 나눌 수 있다. (○)

해설 파충류, 양서류, 어류는 외부 온도에 따라 체온이 변하는 척추동물이다.

4 다음과 같은 의생활 모습에 영향을 준 날씨로 알맞은 것은 어느 것인가요? (①) 사회

동물의 털과 가죽으로 만든 두꺼운 옷을 입는다.

① 춥고 눈이 많이 온다.
② 모래바람이 많이 분다.
③ 덥고 비가 많이 내린다.
④ 낮과 밤의 기온 차가 크다.
⑤ 햇볕이 뜨겁고 기온이 높다.

해설 춥고 눈이 많이 오는 고장에서는 동물의 털과 가죽으로 만든 두꺼운 옷을 입습니다.

▶ 정답과 해설 13쪽

5 다음 빈칸에 들어갈 알맞은 말을 쓰세요. 사회

고장의 땅의 생김새와 날씨 같은 [   ]은 그 고장 사람들의 식생활에 많은 영향을 준다.

(자연환경)

해설 고장의 자연환경은 그 고장 사람들의 식생활에 많은 영향을 줍니다.

6 우리나라의 고장별 식생활에 대해 알맞게 말하지 않은 친구의 이름을 쓰세요. 사회

우재: 넓은 들과 산에서 쌀과 채소를 쉽게 구할 수 있는 전주에서는 옥동구이가 유명해.
지안: 산지가 많고 날씨가 서늘한 영월에서는 감자를 많이 심으며, 이 감자로 만든 감자 옹심이가 대표적인 음식이야.
현우: 바다와 멀리 떨어져 있는 안동에서는 운반하는 동안 상하지 않도록 고등어에 소금을 뿌린 간고등어가 유명해.

(우재)

해설 전주는 비빔밥이 유명합니다.

7 다음 집들의 공통적인 특징은 무엇인가요? (⑤) 사회

터돋움집 우데기집 너와집

① 나무로 만든 집이다.
② 고장의 자연환경이 같다.
③ 주변에서 흔히 볼 수 있는 집이다.
④ 우리나라에서는 볼 수 없는 집이다.
⑤ 자연환경의 영향을 받아 만들어진 집이다.

해설 터돋움집, 우데기집, 너와집은 자연환경의 영향을 받아 만들어진 집입니다.

8 음식과 관련된 도구를 두 가지 골라 기호를 쓰세요. 사회

㉮ 낫 ㉯ 인두 ㉰ 맷돌 ㉱ 항아리 ㉲ 빨랫방망이

(㉰, ㉱)

해설 낫은 농사와 관련된 도구, 인두와 빨랫방망이는 옷과 관련된 도구, 맷돌과 항아리는 음식과 관련된 도구입니다.

9 곡식을 수확하는 도구는 어떻게 변했는지 다음에서 골라 기호를 쓰세요. 》 사회

㉮ 낫 ㉯ 인두 ㉰ 맷돌 ㉱ 믹서기 ㉲ 콤바인

(㉮) → (㉲)

해설 곡식을 수확하는 도구는 과학 기술의 발전과 함께 낫에서 콤바인으로 변화했습니다.

10 분자가 3인 분수는 모두 몇 개인지 숫자를 쓰세요. 》 수학

$\frac{3}{8}$ $\frac{1}{3}$ $\frac{5}{3}$ $3\frac{1}{2}$ $\frac{3}{11}$ $\frac{11}{3}$

(2)개

해설 분자가 3인 분수는 $\frac{3}{8}$과 $\frac{3}{11}$, 2개입니다.

11 진분수를 모두 골라 기호를 쓰세요. 》 수학

㉮ $\frac{4}{9}$ ㉯ $\frac{7}{5}$ ㉰ $\frac{11}{11}$ ㉱ $\frac{1}{8}$ ㉲ $3\frac{2}{5}$

(㉮, ㉱)

해설 진분수는 분자가 분모보다 작은 분수입니다.

12 뜻이 비슷한 관계에 있는 낱말끼리 알맞게 짝지은 것은 어느 것인가요? (⑤) 》 국어

① 높다 – 낮다
② 책 – 동화책
③ 꽃 – 진달래
④ 앉다 – 서다
⑤ 가끔 – 때때로

해설 ①과 ④는 뜻이 반대인 관계에 있는 낱말끼리 짝지은 것이고, ②와 ③은 한 낱말이 다른 낱말을 포함하는 관계에 있는 낱말끼리 짝지은 것입니다.

▶ 정답과 해설 14쪽

13 다음 문장에 사용된 감각적 표현의 종류를 쓰세요. 》 국어

들에는 반짝이는 금모래 빛

(시각적 표현)

해설 눈으로 직접 보는 것처럼 나타내는 표현은 시각적 표현입니다.

14 다음 문장의 밑줄 그은 낱말을 알맞은 높임 표현으로 바꾸어 쓰세요. 》 국어

오늘은 할머니 <u>생일</u>이라 할머니께 선물을 드렸습니다.

(생신)

해설 할머니는 웃어른이므로, '생일'을 높여 '생신'으로 바꾸어 써야 합니다.

15 높임 표현을 바르게 사용하지 않은 친구의 이름을 쓰세요. 》 국어

우재: 아버지, 운동 가시나요?
지안: 우리 할머니는 손이 크십니다.
현우: 문의하신 상품은 품절이십니다.

(현우)

해설 "문의하신 상품은 품절입니다."가 바른 표현입니다.

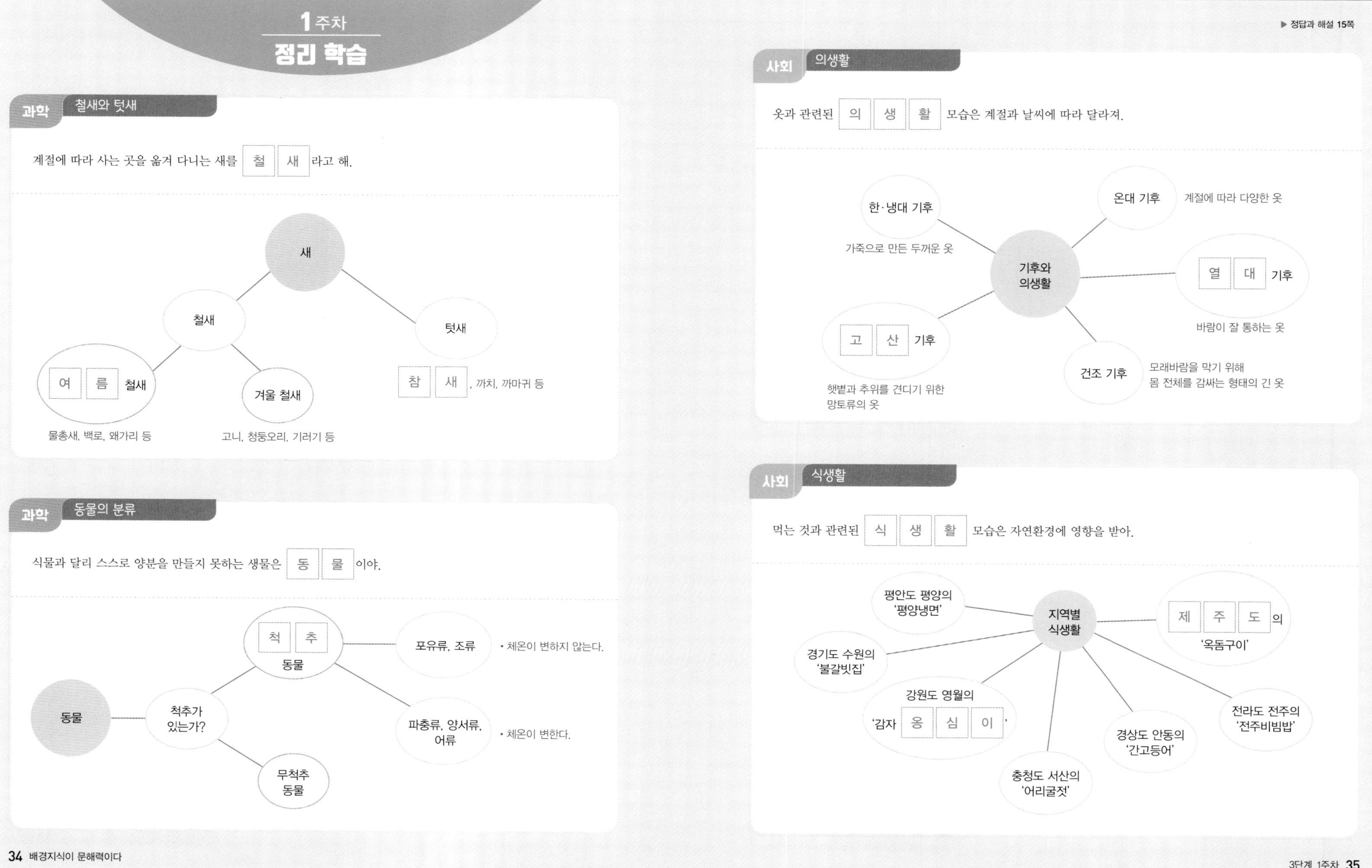
1주차
정리 학습
▶ 정답과 해설 15쪽
과학 철새와 텃새
계절에 따라 사는 곳을 옮겨 다니는 새를 철 새 라고 해.
새
철새
텃새
여 름 철새
겨울 철새
참 새, 까치, 까마귀 등
물총새, 백로, 왜가리 등
고니, 청둥오리, 기러기 등
과학 동물의 분류
식물과 달리 스스로 양분을 만들지 못하는 생물은 동 물 이야.
동물
척추가 있는가?
척 추 동물
무척추 동물
포유류, 조류
• 체온이 변하지 않는다.
파충류, 양서류, 어류
• 체온이 변한다.
사회 의생활
옷과 관련된 의 생 활 모습은 계절과 날씨에 따라 달라져.
기후와 의생활
한·냉대 기후
가죽으로 만든 두꺼운 옷
온대 기후
계절에 따라 다양한 옷
열 대 기후
바람이 잘 통하는 옷
고 산 기후
햇볕과 추위를 견디기 위한 망토류의 옷
건조 기후
모래바람을 막기 위해 몸 전체를 감싸는 형태의 긴 옷
사회 식생활
먹는 것과 관련된 식 생 활 모습은 자연환경에 영향을 받아.
지역별 식생활
평안도 평양의 '평양냉면'
제 주 도 의 '옥돔구이'
경기도 수원의 '불갈빗집'
강원도 영월의 '감자 옹 심 이'
충청도 서산의 '어리굴젓'
경상도 안동의 '간고등어'
전라도 전주의 '전주비빔밥'

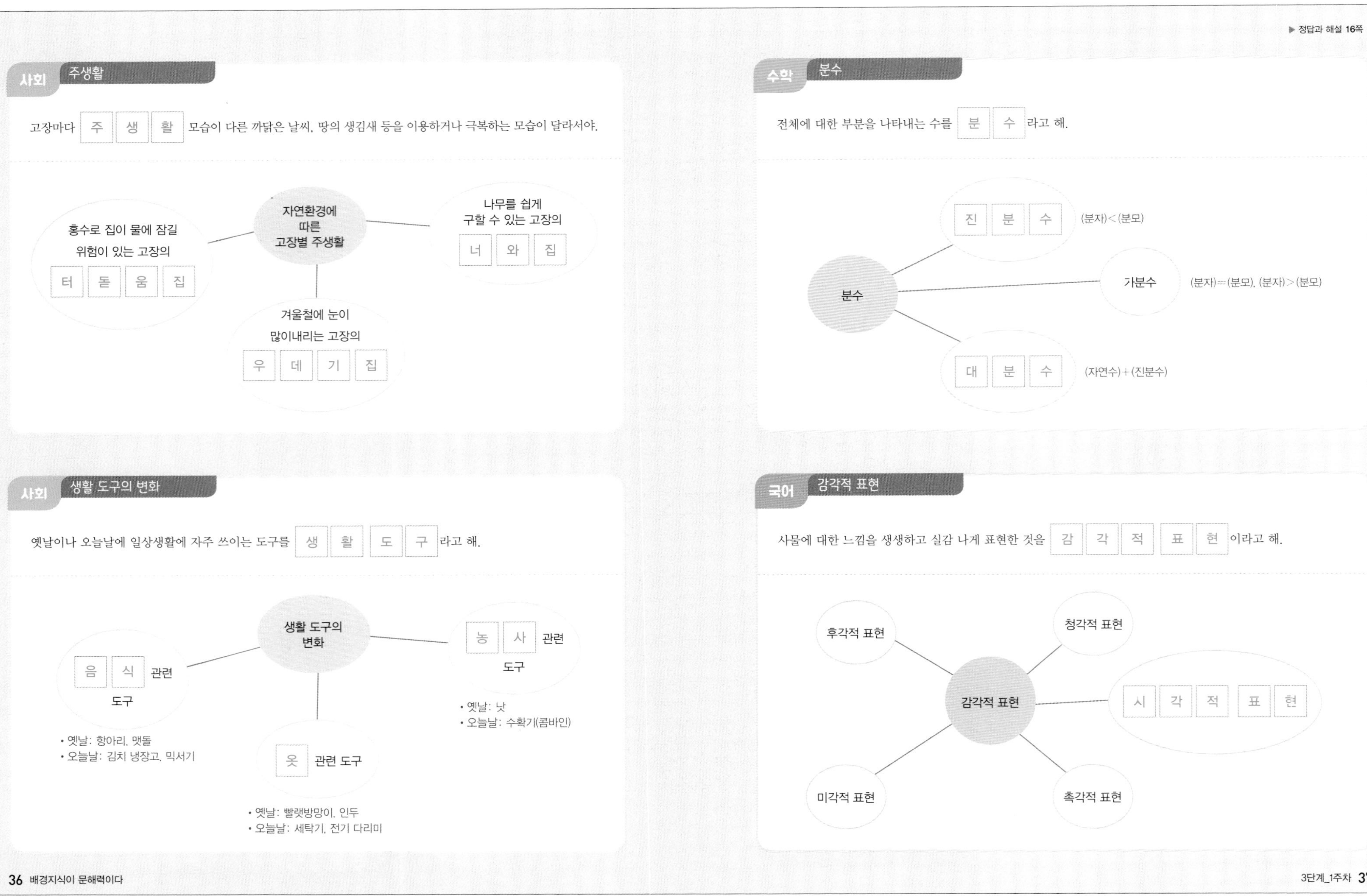

▶ 정답과 해설 16쪽
사회 주생활
고장마다 주 생 활 모습이 다른 까닭은 날씨, 땅의 생김새 등을 이용하거나 극복하는 모습이 달라서야.
자연환경에 따른 고장별 주생활
홍수로 집이 물에 잠길 위험이 있는 고장의
터 돋 움 집
나무를 쉽게 구할 수 있는 고장의
너 와 집
겨울철에 눈이 많이내리는 고장의
우 데 기 집
수학 분수
전체에 대한 부분을 나타내는 수를 분 수 라고 해.
분수
진 분 수
(분자)<(분모)
가분수
(분자)=(분모), (분자)>(분모)
대 분 수
(자연수)+(진분수)
사회 생활 도구의 변화
옛날이나 오늘날에 일상생활에 자주 쓰이는 도구를 생 활 도 구 라고 해.
생활 도구의 변화
음 식 관련 도구
• 옛날: 항아리, 맷돌
• 오늘날: 김치 냉장고, 믹서기
농 사 관련 도구
• 옛날: 낫
• 오늘날: 수확기(콤바인)
옷 관련 도구
• 옛날: 빨랫방망이, 인두
• 오늘날: 세탁기, 전기 다리미
국어 감각적 표현
사물에 대한 느낌을 생생하고 실감 나게 표현한 것을 감 각 적 표 현 이라고 해.
감각적 표현
후각적 표현
청각적 표현
시 각 적 표 현
미각적 표현
촉각적 표현

2 주차

정답과 해설

1회
사회
① 탈것이 달라, 교통수단의 변화
② 정보를 전하는 통신 수단의 변화
2회
과학
① 태어나 죽을 때까지 동물의 한살이
② 화려한 변신, 곤충의 한살이
3회
사회
① 신기하고 재미난 박물관
② 배움이 깃든 옛날의 교육 기관
4회
국어
① 글쓴이가 하고 싶은 말, 중심 생각
② 이해가 쏙쏙 설명하는 글
5회
수학
① 얼마나 될까, 들이와 무게
② 평평한 평면도형

탈것이 달라, 교통수단의 변화

교통수단의 변화: 사람이 이동하거나 물건을 옮기는 데 사용하는 도구나 방법의 변화.

만약 먼 곳으로 여행을 가거나 물건을 보낼 때 직접 걸어서 가면 어떨까? 시간이 오래 걸리고, 무거운 물건을 옮겨야 한다면 힘도 많이 들 거야. 그래서 사람들은 자동차, 배, 비행기 같은 탈것을 이용해. 이를 '교통수단'이라고 하지. 교통수단은 어떻게 변화했을까?

옛날에는 주로 사람이나 동물, 자연의 힘으로 움직이는 교통수단을 이용했어. 땅에서는 가마, 말, 당나귀, 소에 짐수레를 단 소달구지 등을 이용했고, 강이나 바다에서는 통나무를 이어붙여 만든 뗏목이나 돛을 달아 바람의 힘으로 움직이는 돛단배 등을 이용했지.

오늘날에는 주로 기계의 힘으로 움직이는 교통수단을 이용해. 땅에서는 자전거, 승용차, 버스, 트럭, 기차, 전철 등을 이용하고, 강이나 바다에서는 여객선, 화물선 등을 이용하지. 그리고 하늘에서는 비행기를 이용해 이동하고 있어.

이처럼 오늘날은 옛날에 비해 빠르고 편리하게 이동할 수 있게 되었어.

한눈에 정리

- 교통수단
  - 옛날
    - 땅: 말, 당나귀, 가마, 소달구지
    - 강이나 바다: 뗏목, 돛단배
  - 오늘날
    - 땅: 자전거, 승용차, 버스, 트럭, 기차, 전철
    - 강이나 바다: 여객선, 화물선
    - 하늘: 비행기

Tip 교통수단은 이동하기 위해 이용하는 탈것을 말합니다. 옛날에는 주로 사람이나 동물, 자연의 힘을 이용하는 교통수단을 이용했다면, 오늘날에는 과학 기술이 발달해 기계의 힘을 이용하는 교통수단을 많이 이용합니다.

이해 우리가 먼 곳으로 이동하거나 물건을 운반할 때 이용하는 것을 □□□□(교통수단)이라고 해.

옛날 교통수단

사람이나 동물, 자연의 힘을 이용하고, 나무, 식물 줄기 등 자연에서 쉽게 구할 수 있는 재료로 만들어, 환경이 오염되지 않는 장점이 있지만, 시간이 오래 걸리고, 많은 사람이 한꺼번에 이동하기 어려웠어.

가마

조그마한 집 모양의 탈것으로, 안에 사람이 타고, 앞뒤에서 두 명 또는 네 명이 들거나 끈으로 매어 이동했어.

뗏목

통나무를 이어붙여 만든 것으로, 물을 건너야 할 때 이용하던 교통수단이야.

오늘날 교통수단

과학 기술의 발달로 인해 기계의 힘을 이용하고, 철, 플라스틱, 유리, 특수 소재 등 다양한 재료를 이용해 만들어. 쉽고 빠르게 먼 곳까지 이동할 수 있고, 한꺼번에 많은 사람과 물건을 실어 나를 수 있지만, 환경을 오염시키는 경우가 많아.

일정한 지역에서만 볼 수 있는 교통수단도 있어?

그 고장의 자연환경에 따라 발달한 교통수단이 있어. 산이 있는 지역에서는 가파른 길을 오르내리거나 농작물을 수확해 운반할 때 모노레일을 이용해. 또 산이나 높은 곳을 쉽고 빠르게 오르기 위해 케이블카를 타고 이동하지. 바다를 사이에 두고 떨어진 마을에서는 멀리 돌아가지 않기 위해 갯배를 이용하는데, 갯배는 바다 양쪽에 튼튼한 줄을 고정시킨 뒤 배를 타고 이 줄을 쇠고리로 걸어 잡아당겨서 이동하는 거야.

▶ 정답과 해설 19쪽

◉ 교통수단에 해당하는 것을 모두 찾아 ○표를 하세요.

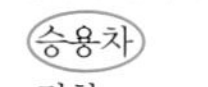

(승용차) (자전거) 전기밥솥 전화 (비행기) 텔레비전

해설 교통수단은 어떤 곳으로 이동하거나 물건을 옮기기 위해 이용하는 탈것을 말합니다.

◉ 옛날과 오늘날의 교통수단을 알맞게 선으로 이어 보세요.

옛날 ― (뗏목)

오늘날 ― (여객선)

해설 뗏목은 옛날의 교통수단이고, 여객선은 오늘날의 교통수단입니다.

◉ 오늘날 교통수단의 특징으로 알맞은 것에 ○표를 하세요.

사람이나 동물, 자연의 힘을 이용한다.	
자연에서 쉽게 구할 수 있는 재료로 만든다.	
한꺼번에 많은 사람과 물건을 실어 나를 수 있다.	○

해설 오늘날에는 과학 기술의 발달로 인해 기계로 움직이는 교통수단이 대부분입니다. 또 철, 플라스틱 외에 단단하고 충격에 강한 재료로 교통수단을 만듭니다.

1회 ② 2주차 사회

정보를 전하는 통신 수단의 변화

통신 수단의 변화: 정보를 전달하기 위해 사용하는 방법이나 도구의 변화.

소식을 주고받거나 정보를 전달하기 위해 사용하는 방법이나 도구, 즉 휴대 전화, 모바일 메신저, 인터넷, 텔레비전 같은 것을 '통신 수단'이라고 해.

휴대 전화나 인터넷이 없었던 옛날에는 어떤 통신 수단을 이용했을까? 옛날 사람들은 평소에 소식을 전할 때는 서찰, 파발, 방을 이용했고, 적의 침입과 같은 위급한 상황에서는 좀더 빨리 신호를 전할 수 있는 봉수, 신호 연, 새, 북 등을 이용했어.

오늘날 사람들이 주로 이용하는 통신 수단은 휴대 전화, 모바일 메신저, 인터넷 등이야. 운전을 하면서 길도우미로 길을 찾고, 텔레비전, 라디오, 신문 등을 통해 정보를 얻지. 그리고 장소나 하는 일에 따라 다양한 통신 수단을 이용하는데, 도시의 아파트에서는 인터폰을, 농촌에서는 마을 방송을 이용해. 물속에서 일하는 잠수부는 수신호를 이용하고, 경찰관이나 소방관, 군인은 무전기를 써.

이처럼 오늘날은 옛날에 비해 빠르고 편리하게 정보를 이용하고, 소식도 주고받을 수 있어.

한눈에 정리

- 통신 수단
  - 옛날
    - 평상시: 서 찰, 파발, 방
    - 위급할 때: 봉 수, 신호 연, 새, 북
  - 오늘날
    - 평상시: 휴대 전화, 인터넷, 모바일 메신저, 텔레비전, 편지, 엽서 등
    - 하는 일에 따라: 경찰관의 무 전 기, 할인점 직원의 무선 마이크, 잠수부의 수신호 등
    - 장소에 따라: 농촌 주택의 마을 방송, 도시 아파트의 인터폰

Tip 통신 수단은 정보를 전달하거나 소식을 주고받기 위해 이용하는 방법이나 도구를 말합니다. 오늘날에는 과학 기술의 발달로 언제, 어디서나 다양한 정보를 얻고, 쉽고 빠르게 소식을 주고받습니다.

이해 우리가 소식을 주고받거나 정보를 얻으려고 할 때 이용하는 것을 □□ □□이라고 해. (통신 수단)

옛날 통신 수단

한번에 많은 소식을 전하기 어렵고, 시간이 많이 걸리는 편이야. 또, 소식을 자세히 전하기 어렵고, 멀리 떨어져 있는 사람과 자주 연락을 주고받기가 어려워.

방

많은 사람이 볼 수 있도록 사람이 많이 다니는 곳에 글로 써 붙여서 알리는 통신 수단이야.

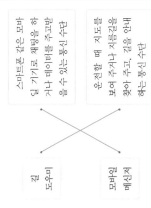

파발

공문서나 긴급한 군사 정보를 전달하기 위해 만든 통신 수단이야. 말을 타고 가서 전하는 기발과 사람이 직접 걸어서 전하는 보발이 있어.

오늘날 통신 수단

쉽고 빠르게 정보를 전할 수 있고, 한 번에 많은 사람에게 전할 수 있어. 또 때와 장소에 영향을 적게 받고, 하나의 통신 기계로 다양한 통신 방법을 이용할 수 있으며, 어떤 곳에 직접 가지 않고도 업무를 볼 수 있어서 편리한 생활을 할 수 있어.

봉수를 올리는 봉수대는 왜 5개야?

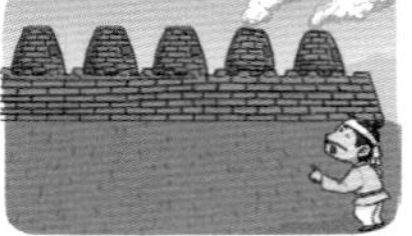

봉수는 높은 산에 봉수대를 설치하고, 연기나 횃불을 피워 소식을 전하던 방법을 말해. 이때 피어오르는 연기나 횃불의 개수에 따라 뜻하는 것이 달랐어. 1개는 평상시, 2개는 적이 나타났을 때, 3개는 적이 가까이 왔을 때, 4개는 적이 쳐들어왔을 때, 5개는 적과 싸움이 시작되었을 때를 나타내지.

전국의 주요 산 정상에 봉수대를 설치해 마치 이어달리기 경주를 하는 것처럼 봉수를 올려 서울의 남산 봉수대로 전달했어.

▶ 정답과 해설 20쪽

◎ 옛날의 통신 수단에 해당하는 것을 모두 찾아 ○표를 하세요.

(방) (신호 연) 전화 (봉수) 인터넷 텔레비전

해설 옛날에는 서찰, 파발, 방 같은 통신 수단을 이용했습니다. 위급한 상황에서는 봉수, 신호 연, 새, 북 등으로 소식이나 상황을 전했습니다.

◎ 알맞게 선으로 이어 보세요.

- 길도우미 — 운전할 때 지도를 보여 주거나 지름길을 찾아 주고, 길을 안내하는 통신 수단
- 모바일 메신저 — 스마트폰 같은 모바일 기기로 채팅을 하거나 데이터를 주고받을 수 있는 통신 수단

해설 모바일 메신저를 통해 한꺼번에 여러 사람과 대화를 할 수 있습니다. 또 운전할 때 길도우미를 이용하면 모르는 길도 쉽고 빠르게 찾아갈 수 있습니다.

◎ 봉수에 대한 설명으로 알맞은 것에 ○표를 하세요.

봉수대는 3개이다.	
횃불과 연기를 피워 소식을 전하는 방법이다.	○
평상시에 사람들끼리 소식을 주고받는 방법이다.	

해설 봉수는 횃불과 연기를 피워 나라의 위급한 상황을 알리던 통신 수단입니다. 봉수대는 모두 5개인데, 위급할수록 횃불이나 연기를 올리는 개수가 많아집니다.

2회 2주차 ① 과학

태어나 죽을 때까지 동물의 한살이

동물의 한살이: 동물이 태어나고 자라서 자손을 만들고 죽음에 이르기까지의 과정.

동물은 알이나 새끼로 태어나 자라면서 어미의 모습으로 변하고 짝짓기를 하여 다시 알이나 새끼를 낳아 대를 잇고 죽는데, 이러한 과정을 '동물의 한살이'라고 해.

닭은 알을 낳는 동물이야. 암탉이 공 모양의 알을 낳고, 품은 지 약 21일 후면 부화하여 병아리가 돼. 병아리는 점점 자라서 큰 병아리가 되고, 더 자라면 다 자란 닭이 되지. 다 자란 닭은 짝짓기를 하여 다시 알을 낳아.

개는 새끼를 낳아서 기르는 동물이야. 갓 태어난 강아지는 어미젖을 먹고 자라면서 큰 강아지가 돼. 그리고 더 자라면 다 자란 개가 되어 짝짓기를 하고 다시 새끼를 낳지.

동물의 암컷과 수컷은 어떻게 구분할 수 있을까? 동물 중에 알이나 새끼를 낳는 동물이 암컷이야. 그런데 생김새는 사자나 원앙처럼 암수가 다른 동물도 있고, 돼지나 참새처럼 비슷한 동물도 있어.

한눈에 정리

동물의 한살이
- 알을 낳는 동물: 동물 → 알 → 새끼 → 동물
  - 예 닭(조류), 연어(어류), 개구리(양서류), 뱀(파충류)
- 새 끼 를 낳는 동물: 동물 → 새끼 → 동물
  - 예 개, 소, 호랑이, 고래 (포유류)

Tip 동물에 따라 한살이 과정은 다릅니다.

이해 동물이 태어나 자라 짝짓기를 하여 다시 알이나 새끼를 낳아 대를 잇고 죽는 과정을 동물의 □□□라고 해. (한살이)

알을 낳는 동물의 한살이

연어와 같은 어류, 개구리와 같은 양서류, 뱀과 같은 파충류, 굴뚝새와 같은 조류 등은 알에서 나와 자라고, 다 자라면 어미와 비슷한 모양이 되지.

▲ 개구리의 한살이

새끼를 낳는 동물의 한살이

새끼를 낳는 동물의 새끼는 어미의 모습과 비슷하고, 어미젖을 먹고 자라다가 점차 다른 먹이를 먹게 돼.

▲ 소의 한살이

알이나 새끼를 돌보는 과정에서 암수는 어떤 역할을 해?

암컷이 혼자 새끼를 기르는 동물이 있어

곰, 소, 산양, 바다코끼리 등은 짝짓기를 한 후에 수컷이 떠나버리고 암컷이 홀로 새끼를 돌봐.

암수가 함께 알을 돌보기도 해

제비, 찌르레기, 황제펭귄, 두루미 등은 암수가 교대로 알을 품고 먹이를 물고 와.

수컷이 혼자 알을 돌보기도 해

가시고기, 물자라, 꺽지, 물장군 등의 수컷은 암컷이 낳은 알을 정성껏 돌보기로 유명해. 그래서 알에서 새끼들이 깨어나면 너무 지쳐 죽기도 한대.

▶ 정답과 해설 21쪽

◉ 알맞은 말에 ○표를 하세요.

닭은 ((알), 새끼)을/를 낳는 동물이고, 개는 (알 , (새끼))을/를 낳는 동물이다.

해설 닭은 알을 낳고, 개는 새끼를 낳습니다.

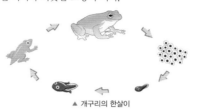

◉ 동물의 한살이에 대한 내용으로 알맞은 것에 ○표를 하세요.

- 동물 중에 알이나 새끼를 낳는 것은 수컷이다. [ ]
- 동물의 암수가 짝짓기를 하면 알이나 새끼를 낳는다. [○]
- 동물이 알이나 새끼를 낳으면 모두 어미젖을 먹고 자란다. [ ]

해설 동물은 암컷이 알이나 새끼를 낳습니다. 그리고 태어난 동물이 모두 어미젖을 먹고 자라는 것은 아닙니다.

◉ 다음은 어떤 동물의 특징인지 ○표를 하세요.

- 어미젖을 먹고 자란다.
- 어릴 때 모습이 어미와 비슷하다.

(알 , (새끼))을/를 낳는 동물

해설 새끼를 낳는 동물은 어릴 때 모습이 어미와 비슷합니다.

화려한 변신, 곤충의 한살이

곤충의 한살이: 곤충이 태어나서 어린 시절을 거치며 성장하여 자손을 남기고 죽을 때까지의 과정.

우리가 주변에서 흔히 볼 수 있는 나비나 잠자리 같은 곤충의 한살이는 어떨까?

잠자리의 한살이는 알에서 시작돼. 알에서 깨어난 애벌레는 먹이를 먹고 번데기 과정 없이 몇 번의 허물을 벗고 자라서 어미를 닮은 어른벌레가 되지.

나풀나풀 예쁜 날갯짓의 배추흰나비의 한살이도 알에서 시작돼. 알에서 나온 애벌레는 어른벌레가 되기 전에 번데기 과정을 거치게 되는데, 번데기는 애벌레가 스스로 고치를 만들고 그 안에 들어가 어른벌레가 될 준비를 하는 거야. 겉보기에는 죽은 것처럼 꼼짝도 하지 않지만, 안에서는 놀라운 기적이 일어나고 있어. 충분한 시간이 지나면 어미와 똑 닮은 어른벌레가 번데기를 찢고 밖으로 나와 멋지게 하늘로 날아오르지.

이처럼 곤충의 한살이는 번데기 과정을 거치느냐, 거치지 않느냐에 따라 나뉘어.

한눈에 정리

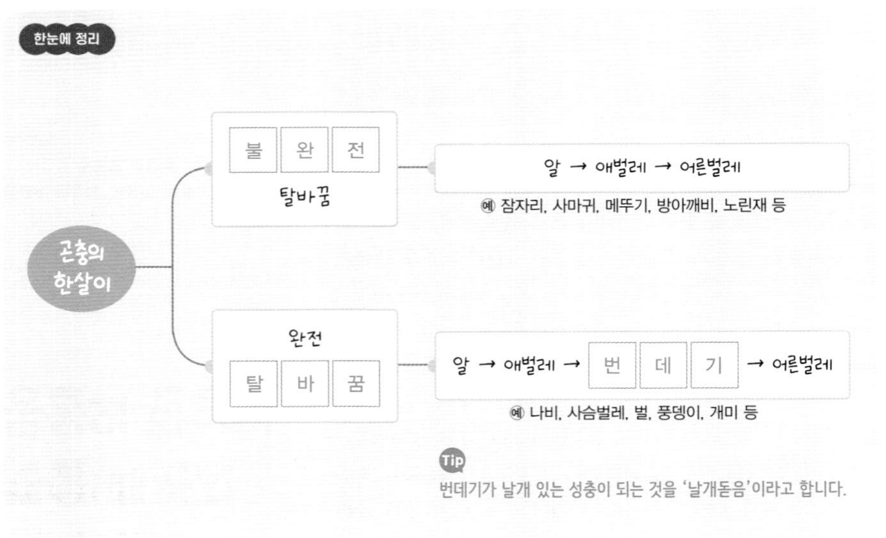

이해 알에서 깨어난 곤충이 애벌레 과정을 거쳐 성충이 될 때까지의 과정을 □□(곤충)의 □□□(한살이)라고 해.

불완전 탈바꿈

알에서 깨어난 곤충이 어른벌레가 되기까지 변해가는 과정을 '탈바꿈'이라고 하는데, 잠자리는 성격이 좀 급한가 봐. 번데기 과정을 거치지 않고 '알 → 애벌레 → 어른벌레'로 바뀌는 '불완전 탈바꿈'을 해. 불완전 탈바꿈을 하는 곤충은 애벌레와 어른벌레의 모습이 서로 닮았어.

▲ 잠자리의 한살이

완전 탈바꿈

배추흰나비는 '알 → 애벌레 → 번데기 → 어른벌레'로 바뀌는 '완전 탈바꿈'을 해. 여기서 번데기 과정이 중요한데, 운동능력이 전혀 없는 번데기에서 날개를 단 어른벌레로 날개돋음을 하는 탈바꿈이야. 꿈틀거리던 애벌레에서 예쁜 날갯짓을 하는 어른벌레(나비)로 모습이 완전히 바뀌는 탈바꿈을 하는 거야.

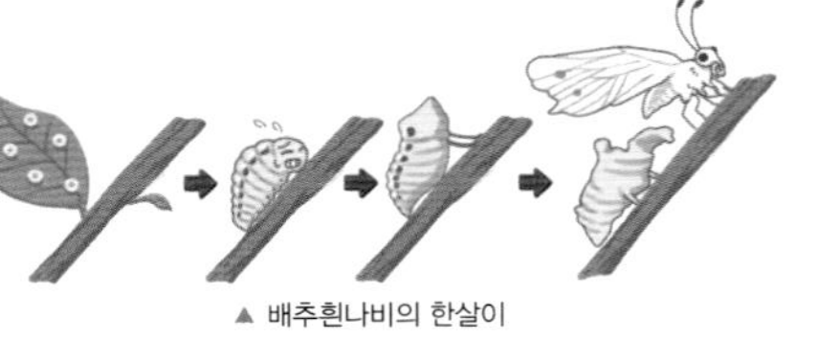

▲ 배추흰나비의 한살이

거미는 곤충일까?

머리, 가슴, 배 세 부분으로 구분되지 않고, 다리의 수가 3쌍이 아니므로 곤충이 아니야.

▲ 곤충이 아닌 것들

▶ 정답과 해설 22쪽

◉ 알맞은 말에 ○표를 하세요.

잠자리는 번데기 과정을 거치지 않는 ((불완전), 완전) 탈바꿈을 하는 곤충이다.

해설 번데기 과정을 거치지 않는 탈바꿈을 불완전 탈바꿈이라고 하고, 잠자리, 사마귀, 메뚜기 등이 속합니다.

◉ 날개돋음을 하는 곤충을 골라 ○표를 하세요.

메뚜기 ( ) 사슴벌레 (○)

해설 '날개돋음'은 완전 탈바꿈 과정 중 번데기가 날개가 있는 성충이 되는 것입니다. 날개돋음을 하는 곤충에는 나비, 사슴벌레, 벌 등이 있습니다.

◉ 곤충이 아닌 것을 골라 ○표를 하세요.

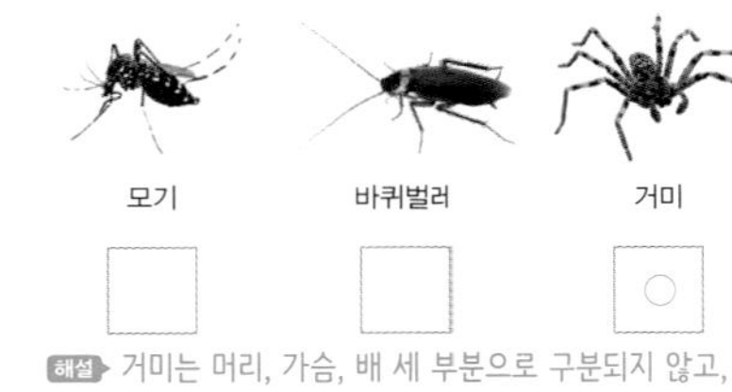

모기 ( ) 바퀴벌레 ( ) 거미 (○)

해설 거미는 머리, 가슴, 배 세 부분으로 구분되지 않고, 다리의 수가 3쌍이 아니므로 곤충이 아닙니다.

3회 2주차 ① 사회

신기하고 재미난 박물관

박물관은 옛날에 쓰였던 물건이나 예술품을 모아 보관하고 여러 사람에게 보여 주는 곳이야. 온갖 물건들이 모여 있는 박물관은 아주 신기하고 재미난 곳이지.

박물관은 전시하는 자료에 따라서 '종합 박물관'과 '전문 박물관'으로 나눌 수 있어.

종합 박물관은 쉽게 말해서 모든 분야의 자료를 소장하고 있는 박물관을 말해. 대표적인 종합 박물관은 우리나라의 국립 중앙 박물관, 국립 민속 박물관을 비롯한 각 지방 박물관 등이야.

전문 박물관은 특정 분야의 자료를 전문적으로 보존하고 전시하는 박물관을 말해. 전문 박물관에는 우리나라 화폐는 물론 세계 화폐를 알 수 있는 화폐 박물관, 우리나라 철도의 역사와 발전 과정, 철도의 미래까지 볼 수 있는 철도 박물관, 서울의 역사와 서울의 이모저모를 알 수 있는 서울 역사 박물관, 자연의 역사가 기록된 자연사 박물관 등이 있어.

박물관: 다양한 분야의 학술자료를 수집, 연구, 진열하고 알리는 곳.

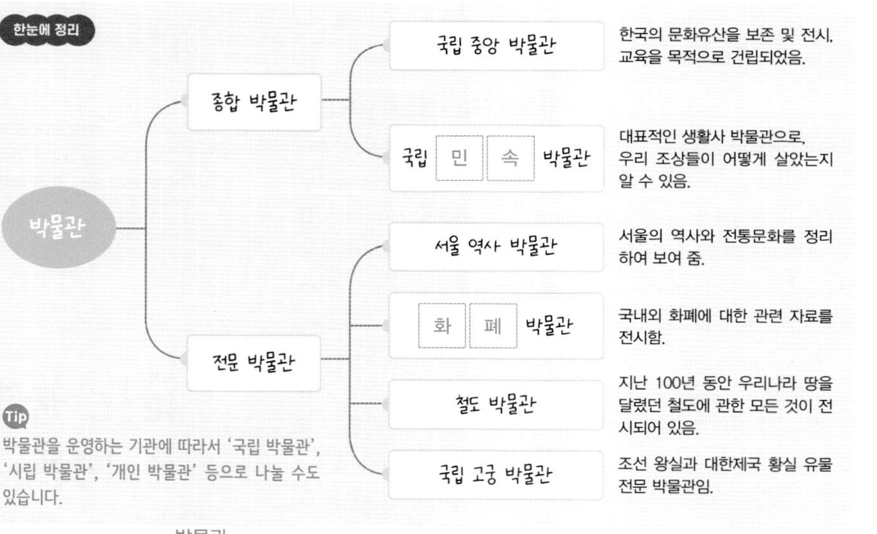

한눈에 정리
박물관
종합 박물관
국립 중앙 박물관
한국의 문화유산을 보존 및 전시, 교육을 목적으로 건립되었음.
국립 민 속 박물관
대표적인 생활사 박물관으로, 우리 조상들이 어떻게 살았는지 알 수 있음.
전문 박물관
서울 역사 박물관
서울의 역사와 전통문화를 정리하여 보여 줌.
화 폐 박물관
국내외 화폐에 대한 관련 자료를 전시함.
철도 박물관
지난 100년 동안 우리나라 땅을 달렸던 철도에 관한 모든 것이 전시되어 있음.
국립 고궁 박물관
조선 왕실과 대한제국 황실 유물 전문 박물관임.

Tip 박물관을 운영하는 기관에 따라서 '국립 박물관', '시립 박물관', '개인 박물관' 등으로 나눌 수도 있습니다.

이해 □□□(박물관)은 옛날에 쓰였던 물건이나 예술품을 모아 보관하고 여러 사람에게 보여 주는 곳이야.

박물관에서 전시를 준비하는 사람들

큐레이터

'학예사'라고도 하는데, 박물관에서 관람객을 위해 전시를 기획하고, 개최하는 일을 담당하고 있어. 그리고 작품이나 유물 등을 구입하고 관리하는 일도 맡고 있지. 이러한 일을 하려면 예술 작품과 유물에 관한 전문적 지식을 갖추고 있어야겠지.

도슨트

일정한 교육을 받고 박물관에서 일반 관람객들을 안내하면서 전시물 및 작가들에 대한 설명을 제공하여 전시물에 대한 이해를 돕는 일을 맡고 있어. 관람객과 가장 가까운 곳에서 일하고 있다고 할 수 있지. 박물관의 규모 등에 따라서 별도의 도슨트 없이 큐레이터가 도슨트 역할을 하기도 해.

우리나라에서 가장 규모가 큰 박물관은 뭐야?

우리나라의 박물관 중에서 가장 규모가 큰 박물관은 서울에 있는 국립 중앙 박물관이야. 100년이 넘는 전통을 가지고 있는 국립 중앙 박물관은 우리나라의 역사와 고고학, 미술사, 민속 등에 관한 유물을 소장하고 있는데, 그 가운데 12,000여 점의 유물을 상설 전시하고 있어. 그리고 우리나라의 소중한 유적을 조사, 발굴하고 보존하는 일도 하고 있지.

▶ 정답과 해설 23쪽

◉ 알맞게 선으로 이어 보세요.

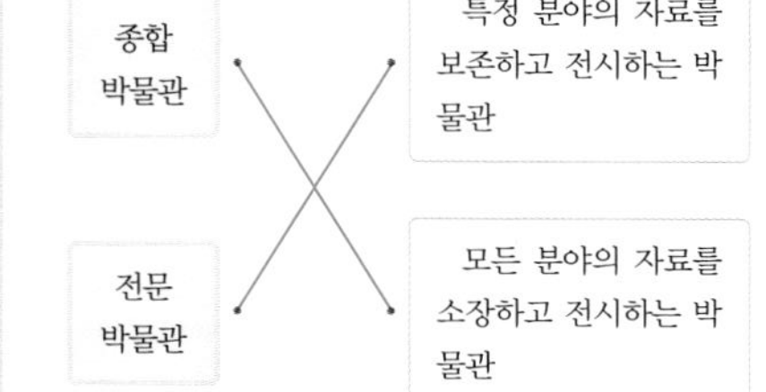

종합 박물관
전문 박물관
특정 분야의 자료를 보존하고 전시하는 박물관
모든 분야의 자료를 소장하고 전시하는 박물관

해설 박물관은 전시하는 자료에 따라서 모든 분야의 자료를 소장하고 전시하는 '종합 박물관'과 특정 분야의 자료를 보존하고 전시하는 '전문 박물관'으로 나눌 수 있습니다.

◉ 알맞은 말에 ○표를 하세요.

일정한 교육을 받고 박물관에서 관람객들을 안내하면서 전시물 및 작가들에 대한 설명을 제공하는 사람을 ((도슨트), 큐레이터)라고 한다.

해설 큐레이터는 박물관에서 전시를 기획하고, 개최하는 일을 담당하고 있는 사람을 말합니다.

◉ 국립 중앙 박물관에 대한 설명으로 알맞은 것에 ○표를 하세요.

우리나라 박물관 중에서 가장 규모가 큰 박물관이다.	○
조선 왕실과 대한제국 황실 유물을 주로 전시하고 있다.	

해설 조선 왕실과 대한제국 황실 유물을 주로 전시하고 있는 곳은 국립 고궁 박물관입니다.

3회 ② 2주차 사회

배움이 깃든 옛날의 교육 기관

옛날의 교육 기관: 교육에 관한 일을 맡아보는 곳으로 태학, 국학, 국자감, 성균관 등이 있음.

우리나라는 옛날부터 교육에 대한 관심이 높았어. 나라에서 세운 최고 교육 기관은 삼국 시대부터 있었는데, 고구려의 태학, 그 뒤를 이어 통일 신라 때의 국학과 고려 시대의 국자감, 조선 시대의 성균관이 옛날 우리나라의 최고의 교육 기관이었어.

고구려의 소수림왕 때 만들어진 태학은 우리나라 최초의 학교로, 주로 지배층의 자제들이 다니는 귀족 학교였어. 이곳에서는 주로 유교 경전을 익히거나 무예를 수련했다고 해. 통일 신라 때 신문왕이 설치한 국학은 왕권 강화와 유교 정치 확립을 위해 설치하였고, 고려 시대에 유학을 가르치던 최고의 국립 교육 기관인 국자감은 국가에서 필요한 인재를 양성하기 위해 만든 교육 기관이었어. 조선 시대 교육 기관인 성균관은 오늘날의 국립 대학과 비슷한 곳인데, 공자를 비롯한 유교의 성현들에게 제사를 지내고 학생들을 가르치는 곳이었지.

옛날 교육 기관들은 그 시대의 학문과 사상을 배우며 인재를 양성하는 데 그 목적을 두었어.

한눈에 정리

각 시대를 대표하는 교육 기관 → 유교 사상을 배우며 인재 양성에 힘씀.

- 삼국 시대
  - 고구려 – 태학
  - 백제 – 박사제도
  - 신라 – 화랑도
- 통일 신라 – 국학
- 고려 – 국자감
- 조선 – 성균관

Tip 각 시대를 대표하는 최고 교육 기관은 인재를 양성하고 왕권을 강화하는 데 도움을 주었습니다.

이해 태학, 국학, 국자감, 성균관은 모두 옛날 우리나라의 최고의 교육 기관이었어.

조선 시대 교육 기관

초등 교육 기관 – 서당

7~15세 정도의 아이들이 다니던 곳으로, 대부분의 마을마다 있어서 쉽게 이용할 수 있던 곳이야. 이곳의 선생님은 훈장님이라고 했어. 전국 어디에나 있었던 서당은 나라에서 운영하는 교육 기관은 아니었어.

중·고등 교육 기관 – 향교

향교는 지방의 공립 학교야. 고려의 제17대 임금인 인종 때부터는 지방에 학교를 세우고 유능한 학자들을 파견해 유학을 가르치도록 했어. 그러나 향교가 지방 교육의 중심으로 자리를 잡은 것은 조선 시대였지. 향교는 서당을 마친 15세 전후의 학생들이 입학하여 공부하던 곳으로, 공자의 제사를 지내기도 했어.

대학 교육 기관 – 성균관

조선 시대의 최고 교육 기관인 성균관은 전국에 한 군데 밖에 없었어. 성균관에서는 많은 학생들을 다 받을 수가 없어서 소과에 합격한 사람 가운데에서 200명 정도의 학생을 뽑았어. 성균관에서 공부하는 학생들을 유생이라고 하는데, 유생들은 성균관 안 기숙사에서 생활하면서 엄격한 규칙에 따라 공부했대.

옛날 교육 기관에서 배웠던 유학은 어떠한 학문이야?

유학은 공자의 가르침에서 시작된 학문으로, 나라에 대한 충성과 부모에 대한 효도를 중요하게 여겼어. 중국의 춘추 전국 시대에 처음 나타나 한나라 때부터 발달했으며, 우리나라에는 삼국 시대 이전에 한자와 함께 전해져 정치와 사회, 문화 등 많은 분야에 커다란 영향을 미쳤어.

▶ 정답과 해설 24쪽

◉ 알맞은 말에 ○표를 하세요.

고려 시대의 최고 교육 기관으로 지금의 대학에 해당하는 곳은 (국학 , 태학 , (국자감))이다.

해설 국학은 통일 신라 시대의 교육 기관에 해당하고, 태학은 고구려 시대의 교육 기관에 해당합니다.

◉ 알맞게 선으로 이어 보세요.

- 서당 – 7~15세 정도의 아이들이 다니는 곳으로, 아이들을 가르치는 훈장이 있었다.
- 향교 – 지방의 공립 학교로, 시작은 고려 인종 때부터이지만 조선 시대에 지방 교육의 중심으로 자리잡았다.
- 성균관 – 조선 시대의 최고 교육 기관으로, 전국에 한 곳 밖에 없었다.

해설 조선 시대의 서당은 초등 학교에 해당하는 곳, 향교는 지방의 중·고등 학교에 해당하는 곳, 성균관은 대학교에 해당하는 곳입니다.

◉ 옛날 교육 기관에서 배웠던 유학에 대한 설명으로 알맞은 것에 ○표를 하세요.

우리나라에는 조선 시대 이후에 들어온 학문이다.	
공자의 가르침을 근본으로 삼는 학문이다.	○

해설 공자의 사상이나 가르침을 근본으로 삼은 유학은 삼국 시대 이전에 한자와 함께 전해졌던 학문으로, 정치와 사회, 문화 등 많은 분야에 커다란 영향을 미쳤습니다.

2주차 국어

4회 ① 글쓴이가 하고 싶은 말, 중심 생각

중심 생각: 글쓴이가 글 전체에서 말하고 싶은 생각.

중심 생각이란 글쓴이가 글 전체에서 말하고 싶은 생각이야. 글을 읽고 중심 생각을 찾으려면 문단의 중심 문장을 찾아보고 중심 생각을 간추리거나, 글의 제목을 보고 무엇에 대해 쓴 글인지 생각해 봐도 좋아. 그리고 글에 있는 사진이나 그림을 보고 글쓴이의 중심 생각을 찾으면 돼.

중심 생각을 찾기 위해 알아두어야 할 것들이 있는데, 바로 문단과 중심 문장, 뒷받침 문장에 대한 내용이야. 여러 문장이 모여 하나의 생각을 나타내는 글의 덩어리를 문단이라고 해. 한 문단의 전체 내용을 대표하는 문장이 바로 중심 문장인데, 한 문단에서 가장 중요한 문장이지. 문단에서 중심 문장을 뒷받침하거나 예를 들어 자세히 설명하는 문장은 뒷받침 문장이라고 해.

이와 같이 문단에서 중심 문장은 문단 전체를 대표하고, 뒷받침 문장은 중심 문장을 보충하거나 자세히 설명해. 이렇게 찾은 각 문단의 중심 문장들 속에 바로 중심 생각이 담겨 있는 거야.

한눈에 정리

중심 생각을 찾는 방법
- 문단을 대표하는 중 심 문 장 을 찾아봄.
- 글의 제 목 을 보고 무엇에 대해 쓴 글인지 생각해 봄.
- 글에 나오는 사진이나 그림을 살펴보면서 글쓴이의 의도를 생각해 봄.

Tip
주요 내용을 중심으로 각 문단의 중심 문장을 정리해 보면 중심 생각을 한 문장으로 간추릴 수 있습니다.

이해 글쓴이가 글 전체에서 말하고 싶은 생각을 □□ □□(중심 생각)이라고 해.

문단의 특징

문단의 역할

문단은 생각의 단위로, 여러 문장으로 이루어진 문단은 하나의 생각을 나타내. 글쓴이의 달라지는 생각들을 구분해서 글의 내용을 쉽게 알 수 있게 하지.

한 문단 안에 있는 문장들

한 문단에는 문단의 내용을 대표하는 중심 문장과 중심 문장을 자세히 설명해 주는 뒷받침 문장이 있어.

새로운 문단을 시작할 때

문단을 시작할 때에는 '한 칸 들여쓰기'와 '줄 바꾸기'를 해. 각 문단에서 첫 문장의 첫 글자는 한 칸 들여쓰기를 해. 문단마다 한 칸 들여쓰기를 하지 않는다면 글을 읽고 내용을 파악하기 어려울 뿐만 아니라, 내용이 바뀌는 곳을 쉽게 찾지 못할 거야. 또, 문단마다 줄 바꾸어 쓰기를 하지 않는다면 글의 내용이 바뀌는 곳을 쉽게 찾지 못할 거야.

문단 — 줄 바꿔 쓰기 — 문단

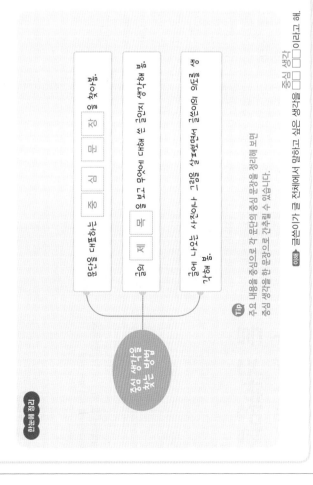

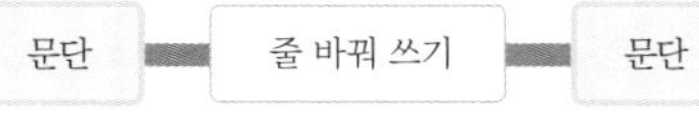

중심 생각을 잘 찾는 방법은 뭘까?

글의 중심 생각은 핵심이 되는 말을 찾는 것에서부터 시작돼

글에서 중요한 내용과 관련 있는 낱말은 반복해서 사용돼. 그리고 중요한 낱말은 일반적으로 글의 제목에서 드러나는 경우도 많아.

문단에서 중심 문장이 있는 부분을 잘 찾아볼 수 있어야 해

글쓴이가 전하고자 하는 내용을 먼저 제시하고 근거가 되는 것을 덧붙여서 이야기하는 문단에서는 중심 문장이 처음에 나타나 있어. 주제에 대해 뒷받침 내용을 먼저 이야기하고 나중에 전하고 싶은 중심 내용이 드러나는 경우도 있어. 또, 중심 문장이 중간에 있는 경우가 있는데, 이때는 주제에 대한 뒷받침 내용을 말하다가 중심 생각을 제시하고 다시 뒷받침 내용을 보충 설명하기도 해.

▶ 정답과 해설 25쪽

◎ 다음은 무엇을 찾기 위한 방법인지 알맞은 말을 쓰세요.

- 문단을 대표하는 중심 문장을 찾아본다.
- 글의 제목을 보고 무엇에 대해 쓴 글인지 생각해 본다.
- 글에 나오는 사진이나 그림을 살펴보면서 글쓴이의 의도를 생각해 본다.

중 심 생 각

해설 문단을 대표하는 중심 문장, 글의 제목, 글에 나오는 사진이나 그림을 살펴보면 중심 생각을 찾을 수 있습니다.

◎ 알맞은 말에 ○표를 하세요.

각 문단에서 첫 문장의 첫 글자는 (㉠한, 두) 칸 들여쓰기를 해서 내용이 바뀌는 곳을 쉽게 찾을 수 있도록 한다.

해설 각 문단에서 첫 문장의 첫 글자는 한 칸 들여쓰기를 합니다.

◎ 중심 문장에 대한 설명으로 알맞은 것에 ○표를 하세요.

중심 문장은 문단의 처음 부분에만 드러나 있다.	
중심 문장이 문단의 중간에 있는 경우도 있다.	○

해설 중심 문장은 대부분 문단의 처음이나 끝에 나타나는데, 문단의 중간에 드러나는 경우도 있습니다.

이해가 쏙쏙 설명하는 글

설명하는 글은 어떤 대상에 대한 지식이나 정보를 상대방이 이해하기 쉽도록 알기 쉽게 쓴 글이야. 그렇기 때문에 내용을 쉽고 간결하게 설명해야 하고, 문장의 뜻이 분명히 드러나도록 쉬운 낱말과 문장으로 풀어서 써야 해. 상상한 내용이나 자신의 생각을 써서는 안 돼. 누구나 인정할 만한 사실을 전달하는 글이기 때문이지. 설명하는 글은 이처럼 지식이나 정보를 사실대로 전달하는 데에 목적이 있어.

설명하는 글은 쉽게 이해할 수 있도록 '처음 – 가운데 – 끝'의 세 단계로 짜여 있어. 각 단계에 따라 들어가는 내용도 다르니까 잘 알아두어야 해. 처음 부분에서는 무엇을 설명할 것인지 밝히면서 읽는 사람의 흥미를 끌어야 해. 가운데 부분에서는 내가 설명하려는 내용에 알맞은 설명 방법을 찾아 대상을 쉽고 자세하게 설명해야 해. 끝부분에서는 설명한 내용을 간단히 정리하면서 마무리하면 돼.

설명하는 글: 어떤 대상에 대한 지식이나 정보를 알기 쉽게 쓴 글.

한눈에 정리

설명하는 글의 짜임
- 처음: 무엇을 설명할 것인지 밝히면서 읽는 사람의 [흥][미]를 끌어야 함.
- 가운데: 설명하려는 내용에 알맞은 설명 방법으로 알기 쉽고, 자세하게 설명해야 함.
  - 예를 들거나 나열하여 설명하기
  - 전체를 여러 부분으로 나누어 설명하기
  - 기준에 따라 같은 것끼리 묶어서 설명하기
  - 두 대상의 공통점과 차이점을 찾아 설명하기
- [끝]: 설명한 내용을 간단히 요약 • 정리하면서 마무리함.

Tip 설명하는 글을 읽을 때에는 먼저 제목을 보고 어떤 내용인지 짐작하고, 무엇을 설명하고 있는지 파악해야 합니다.

이해 □□□□ □은 어떤 대상에 대한 지식이나 정보를 알기 쉽게 쓴 글이야. (설명하는 글)

설명하는 글을 쓰는 방법

설명하려는 대상의 특징을 예를 들거나 나열하여 설명하기

설명하는 글은 읽는 이가 이해하기 쉽게 써야 하므로, 대상에 대해 예를 들어 설명하면 좋아. '예를 들어, 예컨대'와 같은 말을 사용해서 설명하고자 하는 대상과 관계있는 예를 들어 보이면 훨씬 이해하기가 쉽거든. 또 그런 예가 많은 경우에는 나열해서 보여 주면 돼.

전체를 여러 부분으로 나누어 설명하기

대상을 여러 부분으로 나누어 설명하면 전달하고자 하는 대상이 어떻게 이루어져 있는지 자세히 설명할 수 있어.

기준에 따라 같은 것끼리 묶어서 설명하기

여러 가지가 섞여 있는 대상을 일정한 기준을 정해 종류를 나누고 덩어리로 묶어 설명하면 체계적으로 정리하여 설명할 수 있어.

두 가지 이상의 대상에서 공통점과 차이점을 찾아 설명하기

두 가지 이상의 대상에서 그 특징을 생각하여 기준을 정하고 기준에 따라 공통점과 차이점을 이야기할 수 있어.

설명하는 글을 읽는 방법

읽기 전

제목이나 표지, 차례 등을 살펴보고 관련 지식이나 경험을 자유롭게 떠올려 볼 수 있어. 글을 훑어보거나 핵심어 등을 살펴 알고 있는 내용이나 떠오르는 내용을 친구들과 나누어 보아도 좋아.

읽기 중

자신이 알고 있는 내용과 비교하며 글을 읽어 보고, 새롭게 알게 된 내용에 주의를 기울여 볼 수 있어. 이때는 겪은 일이나 알고 있는 지식을 활용하며 글을 읽어야 해.

읽기 후

새롭게 알게 된 내용을 정리하고, 더 알고 싶은 내용을 생각해 보아야 해.

▶ 정답과 해설 26쪽

◉ 알맞게 선으로 이어 보세요.

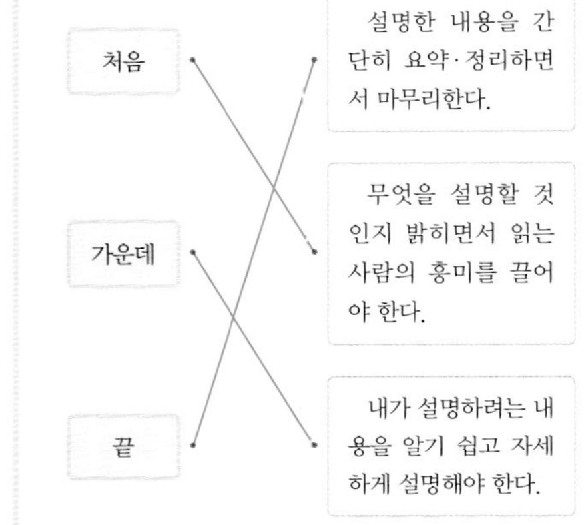

처음
가운데
끝
설명한 내용을 간단히 요약·정리하면서 마무리한다.
무엇을 설명할 것인지 밝히면서 읽는 사람의 흥미를 끌어야 한다.
내가 설명하려는 내용을 알기 쉽고 자세하게 설명해야 한다.

해설 설명하는 글은 처음, 가운데, 끝의 짜임으로 되어 있고, 각 부분이 짜임새 있게 조직되어 통일된 전체를 이룹니다.

◉ 알맞은 말에 ○표를 하세요.

두 가지 이상의 대상에서 공통점과 차이점을 찾아 쓰려면 그 특징을 생각하여 ((기준), 예)을/를 정해야 해.

해설 두 가지 이상의 대상에서 공통점과 차이점을 설명하려면 두 대상을 설명하는 기준을 정해야 합니다.

◉ 설명하는 글을 읽을 때 '읽기 후'에 할 일로 알맞은 것에 ○표를 하세요.

제목이나 표지, 차례 등을 살펴보고 관련 지식이나 경험을 떠올려 본다.	
새롭게 알게 된 내용을 정리하고, 더 알고 싶은 내용을 생각해 본다.	○

해설 제목이나 표지, 차례 등을 살펴보고 관련 지식이나 경험을 떠올려 보는 것은 '읽기 전'에 할 일입니다.

5회 ①

얼마나 될까, 들이와 무게

들이: 물체 내부 공간에 담을 수 있는 양.
무게: 어떤 물체의 무거운 정도.

더울 때 냉장고에서 페트병에 든 탄산음료 한 병을 꺼내서 컵에 따라 마셔 본 적 있을 거야. 컵에 따라 마신 음료의 양이 얼마나 될지 궁금하면 들이가 얼마나 되는지 알아보면 돼.

들이는 컵과 같은 그릇 안에 얼마나 들어 있는지를 알아볼 때 쓰는 말이야. 들이와 비슷한 의미의 부피도 있어. 그릇 안쪽 공간의 크기를 들이라 한다면, 그릇이 차지하는 공간의 크기는 부피라고 생각하면 돼. 페트병의 탄산음료를 모두 마셨다면 얼마만큼 마신 걸까? 궁금하다면 페트병에 숫자 뒤에 붙은 mL(밀리리터)나 L(리터)가 표시된 걸 보면 돼. mL나 L는 마신 음료의 양을 나타내는 들이의 단위거든.

무게는 물건의 무거운 정도를 나타내는 단위야. 무게의 단위에는 내 몸무게를 말할 때처럼 kg(킬로그램)도 사용하지만, 더 가벼운 무게를 잴 때는 g(그램), 트럭과 같은 더 무거운 물건의 무게를 잴 때는 t(톤) 같은 단위를 사용해.

한눈에 정리

- 들이 — 단위: L (리터), mL (밀리리터)
  - 1 L = 1000 mL
- 무게 — 단위: g (그램), kg (킬로그램), t (톤)
  - 1 kg = 1000 g
  - 1 t = 1000 kg

유리컵의 들이는 약 150 mL
욕조의 들이는 약 250 L
동전의 무게는 약 6 g
트럭의 무게는 약 5 t
강아지의 무게는 약 3 kg

Tip 1 mL의 1000배는 1 L 이고, 1 g의 1000배는 1 kg, 1 kg의 1000배는 1 t입니다.

이해 물체 내부 공간에 담을 수 있는 양을 □□라고 해. (들이)

들이의 단위

들이는 그릇에 담을 수 있는 양이니까 들이의 양을 정확히 나타내려면 단위가 필요해. 들이의 단위에는 리터와 밀리리터가 있는데, 리터는 L, 밀리리터는 mL라고 써. 1 mL의 1000배의 양이 1 L가 되는 거야.

$$1\,\text{L} = 1000\,\text{mL}$$

예를 들어, 물 2 L는 2000 mL와 같고, 물 5000 mL는 5 L와 같은 양이야.

무게의 단위

무게는 물건의 무거운 정도니까 무게를 정확히 나타내려면 무게를 나타내는 단위가 필요해. 무게의 단위에는 그램, 킬로그램, 톤이 있는데, 그램은 g, 킬로그램은 kg, 톤은 t이라고 써. 1 g의 1000배의 무게는 1 kg이고, 1 kg의 1000배의 무게는 1 t과 같아.

$$1\,\text{kg} = 1000\,\text{g} \qquad 1\,\text{t} = 1000\,\text{kg}$$

옛날에도 들이와 무게의 단위가 있었어?

옛날에는 곡식, 가루, 액체 등의 들이를 잴 때 '홉', '되', '말'이라는 단위를 썼어

1홉은 우유 작은 갑보다 조금 작은 크기인데, 열 홉은 한 되, 열 되면 한 말이 돼.

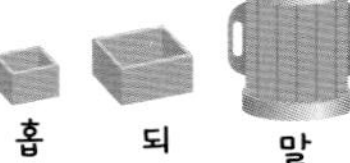

옛날에 사용했던 무게의 단위는 '근', '관'이야

정육점에서 고기를 살 때는 '근'이라는 무게의 단위를 사용했는데, 근이라는 단위는 물건의 종류에 따라 크기가 달라져서 문제가 되기도 했어.

그래서 2007년 7월 1일부터는 고기나 채소를 살 때 사용한 '근', '관'과 같은 단위 사용이 금지되어 kg, g 같은 무게의 단위를 사용하게 됐어.

▶ 정답과 해설 27쪽

◉ 알맞은 것에 각각 ○표를 하세요.

1 L는 (100 mL , (1000 mL))와 같고, ((1 리터), 1 밀리리터)라고 읽는다.

해설 1 L는 1000 mL와 같고, 1 L는 1 리터라고 읽습니다.

◉ 알맞게 선으로 이어 보세요.

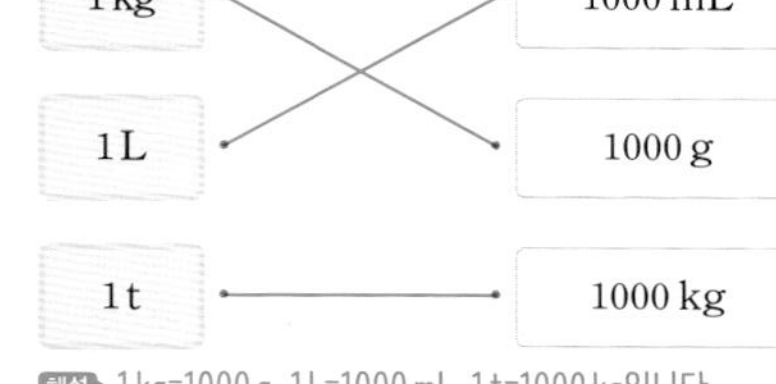

해설 1 kg=1000 g, 1 L=1000 mL, 1 t=1000 kg입니다.

◉ 알맞은 단위에 ○표를 하세요.

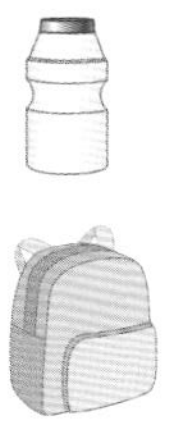

((mL), L)

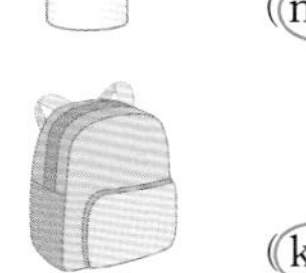

((kg), t)

해설 요구르트의 들이로 알맞은 단위는 mL이고, 책가방의 무게로 알맞은 단위는 kg입니다.

평평한 평면도형

평면도형이란 스케치북이나 벽지 같은 평평한 표면에 그린 삼각형이나 사각형, 원 같은 도형이야.

도형의 기본 요소에는 점, 선, 면이 있는데, 그중에 선은 굽은 선 아니면 곧은 선이야. 곧은 선으로 이루어진 도형의 이름은 다양해. 삼각형이나 사각형이 곧은 선으로 이루어진 도형이라면 원은 유일하게 굽은 선으로만 이루어진 도형이야.

곧은 선은 끝점이 있느냐, 양쪽이냐에 따라 선분, 직선, 반직선의 3가지로 구분할 수 있어.

반직선 2개로 이루어진 각은 삼각자의 모서리, 부채의 가운데 부분 등 뾰족한 부분에서 흔히 볼 수 있어. 직각은 삼각형이나 사각형에서도 찾을 수 있어. 삼각형에서는 직각이 하나밖에 없지만, 사각형에서는 직각이 최대 4개까지 있어. 하지만 직각이 3개인 사각형은 존재하지 않아. 사각형에 직각이 3개 있다면 나머지 한 각도 직각이기 때문이야.

평면도형: 평면에 그려진 도형.

한눈에 정리

- 평면도형
  - 곧은 선 (→ 굽은 선 / 곧은 선)
    - 선분
    - 반직선
    - 직선
  - 각
    - 예각
    - 직각
    - 둔각
  - 다각형
    - 직각삼각형
    - 직사각형
    - 정사각형
    - …

Tip 네 각이 모두 직각인 사각형은 직각사각형이 아닌 직사각형입니다.

이해 평면에 그려진 도형을 □□□□(평면도형)이라고 해.

곧은 선의 종류

곧은 선은 선분, 직선, 반직선으로 구분할 수 있어. 선분은 두 점을 곧게 이은 선이고, 직선은 이 선분을 양쪽으로 끝없이 늘인 곧은 선이야. 선분과 직선의 차이점은 선분은 끝이 있지만, 직선은 끝이 없다는 거야.

반직선은 한 점에서 시작하여 한쪽으로 끝없이 늘인 곧은 선이야. 반직선은 한쪽 방향으로만 늘어나지만, 직선은 양쪽 방향으로 늘어나. 이런 차이 때문에 반직선 ㄱㄴ과 반직선 ㄴㄱ은 같다고 할 수 없어.

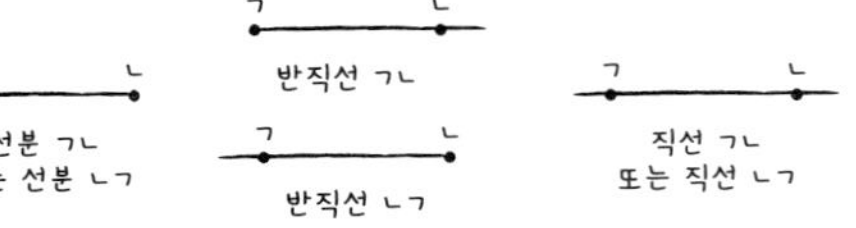

각의 종류

각은 한 점에서 그은 두 반직선으로 이루어진 도형이야. 각 중에서도 종이를 반듯하게 두 번 접었을 때 생기는 각을 직각이라고 해.

각의 크기를 각도라고 하는데, 도형에서 가장 많이 사용되는 각도는 각도가 0°보다 크고 90°보다 작은 각인 예각, 90°인 직각, 90°보다 크고 180°보다 작은 각인 둔각 3가지야.

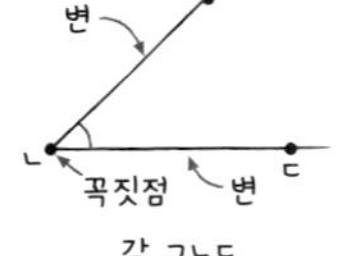

직각 ㄱㄴㄷ

0° < 예각 < 직각 = 90° < 둔각 < 180°

직각이 있는 도형

직각이 있는 도형을 부르는 이름이 있어. 직각삼각형은 한 각이 직각인 삼각형, 직사각형은 네 각이 모두 직각인 사각형이야.

직사각형처럼 네 각이 모두 직각이면서 네 변의 길이가 모두 같은 사각형은 정사각형이야.

▶ 정답과 해설 28쪽

◉ 알맞은 말에 ○표를 하세요.

선분을 양쪽으로 끝없이 늘인 곧은 선을 (반직선 , (직선))이라고 한다.

해설 선분을 양쪽으로 끝없이 늘인 곧은 선을 직선이라고 합니다.

◉ 알맞게 선으로 이어 보세요.

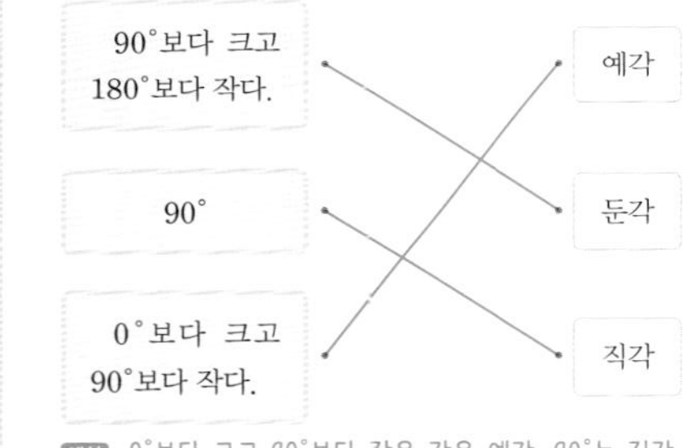

해설 0°보다 크고 90°보다 작은 각은 예각, 90°는 직각, 90°보다 크고 180°보다 작은 각은 둔각이라고 합니다.

◉ 맞으면 ○표를, 틀리면 ×표를 하세요.

한 각이 직각인 삼각형은 직삼각형이다.	×
네 각이 모두 직각인 사각형은 직사각형이다.	○

해설 한 각이 직각인 삼각형은 직각삼각형입니다.

2주차 확인 문제

1 옛날 교통수단 중 물에서 이용한 교통수단의 기호를 쓰세요. 》 사회

㉮ 말 ㉯ 가마 ㉰ 뗏목 ㉱ 당나귀 ㉲ 소달구지

(㉰)

해설 말, 가마, 당나귀, 소달구지는 땅에서 이용한 교통수단입니다.

2 다음 그림 속 상황은 어떤 상황인지 알맞은 기호를 쓰세요. 》 사회

㉮ 평상시
㉯ 적이 나타났을 때
㉰ 적이 가까이 왔을 때
㉱ 적이 쳐들어 왔을 때
㉲ 적과 싸움이 시작되었을 때

(㉯)

해설 봉수대에 연기가 2개 올라오고 있으므로 적이 나타났을 때입니다.

3 오늘날 통신 수단의 특징으로 알맞은 것에 ○표를 하세요. 》 사회

(1) 소식을 자세히 전하기 어렵다. ( )
(2) 소식을 실시간으로 전할 수 있다. (○)
(3) 한번에 많은 소식을 전하기 어렵다. ( )

해설 (1)과 (3)은 옛날 통신 수단의 특징입니다.

4 동물의 한살이에 대한 설명으로 알맞은 것은 어느 것인가요? (④) 》 과학

① 동물은 모두 암컷이 혼자 새끼를 기른다.
② 동물 중에 알이나 새끼를 낳는 것은 수컷이다.
③ 동물의 어릴 때 모습은 모두 어미와 비슷하다.
④ 동물의 암수가 짝짓기를 하면 알이나 새끼를 낳는다.
⑤ 동물이 알이나 새끼를 낳으면 모두 어미젖을 먹고 자란다.

해설 동물의 암수가 짝짓기를 하면 알이나 새끼를 낳습니다.

▶ 정답과 해설 29쪽

5 다음 빈칸에 들어갈 알맞은 말을 쓰세요. 》 과학

잠자리는 번데기 과정을 거치지 않는 불완전 [ ]을 하는 곤충이다.

(탈바꿈)

해설 알에서 깨어난 곤충이 어른벌레가 되기까지 변해가는 과정을 '탈바꿈'이라고 합니다.

6 다음 중 곤충이 아닌 것을 모두 골라 기호를 쓰세요. 》 과학

㉮ 거미 ㉯ 잠자리 ㉰ 진드기 ㉱ 쥐며느리 ㉲ 배추흰나비

(㉮, ㉰, ㉱)

해설 곤충은 머리, 가슴, 배 세 부분으로 구분되고, 다리의 수가 3쌍이어야 합니다.

7 다음에서 설명하는 것은 무엇인지 ○표를 하세요. 》 사회

박물관에서 전시를 기획하고, 개최하는 일을 담당하고 있는 사람

(1) 도슨트 ( )
(2) 큐레이터 (○)

해설 큐레이터는 박물관에서 전시를 기획하고, 개최하는 일을 담당하고 있는 사람입니다.

8 옛날 교육 기관에 대한 설명으로 알맞지 않은 것은 어느 것인가요? (②) 》 사회

① 고려 시대의 최고 국립 교육 기관은 국자감이다.
② 향교는 지방의 공립 학교로, 조선 시대 만들어졌다.
③ 소수림왕 때 만들어진 고구려의 국립 대학은 태학이다.
④ 조선 시대 서당에서 아이들을 가르치는 사람은 훈장이다.
⑤ 조선 시대 7~15세 정도의 아이들이 교육을 받던 교육 기관은 서당이다.

해설 향교는 지방의 공립 학교로 고려 시대 인종 때 지방에 세워졌고, 조선 시대 지방 교육의 중심으로 자리를 잡았습니다.

9 다음에서 설명하는 교육 기관의 이름을 쓰세요. » 사회

조선 시대의 최고 교육 기관으로, 전국에 한 곳 밖에 없었다.

(성균관)

해설 조선 시대의 최고 교육 기관으로, 전국에 한 곳 밖에 없었던 곳은 성균관입니다.

10 다음 글에서 중심 문장을 찾아 기호를 쓰세요. » 국어

㉮봄이 오면 우리 마을에 여러 가지 꽃이 핍니다. ㉯아파트 담장에는 노란 개나리가 활짝 핍니다. ㉰도서관 가는 길에는 벚꽃이 하얗게 핍니다. ㉱마을 뒷산에는 분홍 철쭉이 무리지어 핍니다.

(㉮)

해설 중심 문장은 문단 전체를 대표하는 문장입니다.

10 문단에 대해 알맞게 말하지 않은 친구의 이름을 쓰세요. » 국어

우재: 각 문단에서 첫 문장의 첫 글자는 한 칸 들여쓰기를 해.
지안: 한 문단에는 하나의 뒷받침 문장과 여러 개의 중심 문장이 있어.
현우: 여러 문장이 모여 하나의 생각을 나타내는 글의 덩어리를 문단이라고 해.

(지안)

해설 한 문단에는 문단의 내용을 대표하는 중심 문장과 중심 문장을 자세히 설명해 주는 뒷받침 문장이 있습니다.

11 설명하는 글에 대한 설명으로 알맞지 않은 것은 어느 것인가요? (⑤) » 국어

① 설명하는 글은 '처음–가운데–끝'의 세 단계로 짜여 있다.
② 끝 부분에서는 설명한 내용을 간단히 정리하며 마무리해야 한다.
③ 가운데 부분에서는 설명하려는 대상을 쉽고 자세하게 설명해야 한다.
④ 처음 부분에서는 무엇을 설명할 것인지 밝혀 읽는 사람의 흥미를 끌어야 한다.
⑤ 설명하는 글은 어떤 주제에 관하여 자기의 생각이나 주장을 짜임새 있게 밝혀 쓴 글이다.

해설 설명하는 글은 어떤 대상에 대한 지식이나 정보를 상대방이 이해하기 쉽도록 알기 쉽게 쓴 글입니다.

▶ 정답과 해설 30쪽

12 다음 중 동전에 알맞은 무게 단위의 기호를 쓰세요. » 수학

㉮ mL ㉯ L ㉰ g ㉱ kg ㉲ t

(㉰)

해설 동전에 알맞은 무게 단위는 g(그램)입니다. mL와 L는 들이의 단위입니다.

13 다음에서 반직선 ㄱㄴ에 ○표를 하세요. » 수학

(1) ㄱ—ㄴ ( )
(2) ㄱ—ㄴ (○)
(3) ㄱ—ㄴ ( )

해설 (1)은 선분, (3)은 직선입니다.

15 다음 세 조건을 모두 만족하는 도형의 이름을 쓰세요. » 수학

- 3개의 변으로 둘러싸여 있는 도형이다.
- 꼭짓점이 3개 있다.
- 직각이 1개 있다.

(직각삼각형)

해설 3개의 변으로 둘러싸여 있고, 꼭짓점이 3개인 도형은 삼각형이고, 삼각형 가운데 한 각이 직각인 삼각형은 직각삼각형입니다.

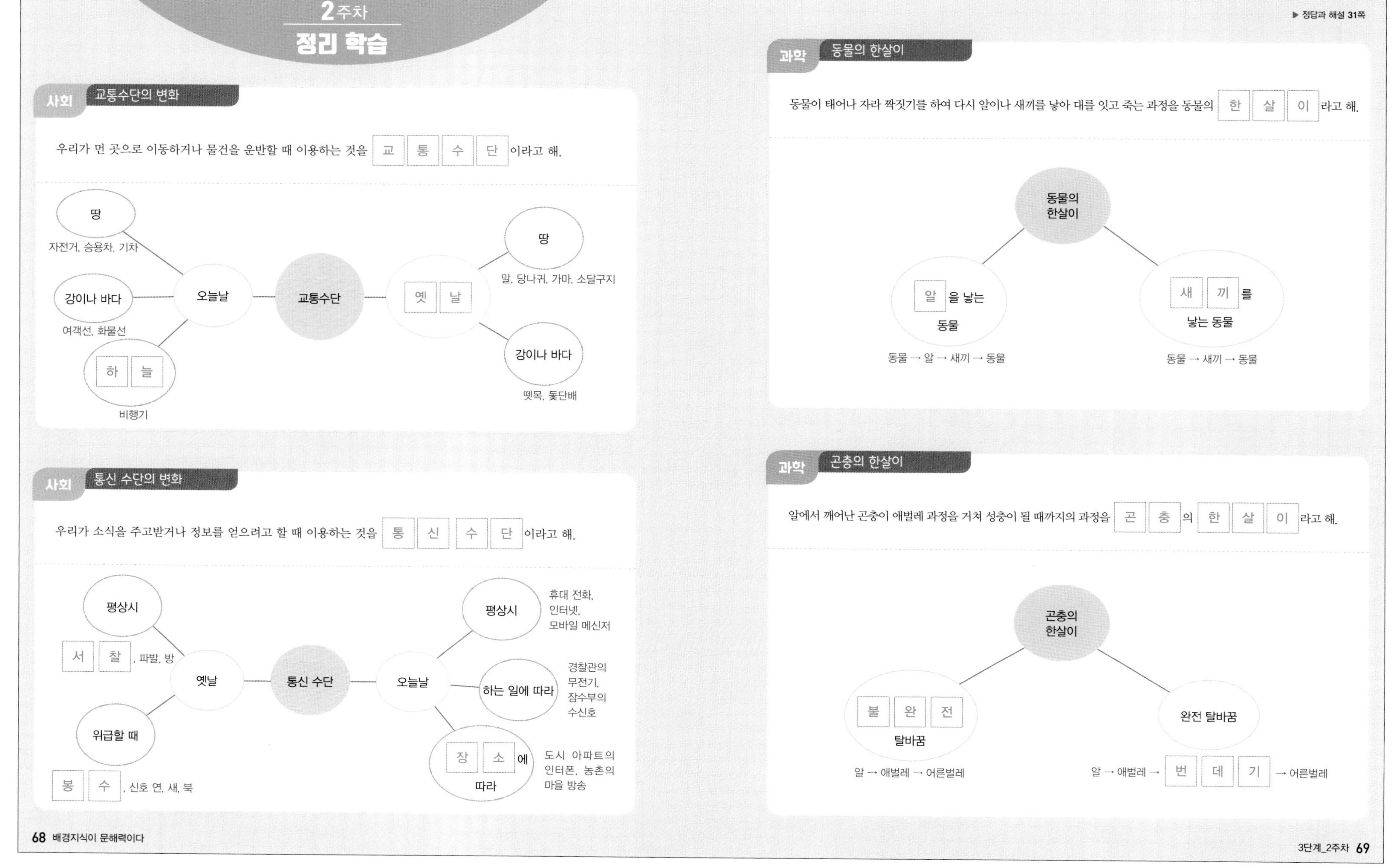
2주차
정리 학습
사회 교통수단의 변화
우리가 먼 곳으로 이동하거나 물건을 운반할 때 이용하는 것을 교 통 수 단 이라고 해.
교통수단
오늘날
땅
자전거, 승용차, 기차
강이나 바다
여객선, 화물선
하 늘
비행기
옛 날
땅
말, 당나귀, 가마, 소달구지
강이나 바다
뗏목, 돛단배
사회 통신 수단의 변화
우리가 소식을 주고받거나 정보를 얻으려고 할 때 이용하는 것을 통 신 수 단 이라고 해.
통신 수단
옛날
평상시
서 찰 , 파발, 방
위급할 때
봉 수 , 신호 연, 새, 북
오늘날
평상시
휴대 전화, 인터넷, 모바일 메신저
하는 일에 따라
경찰관의 무전기, 잠수부의 수신호
장 소 에 따라
도시 아파트의 인터폰, 농촌의 마을 방송
과학 동물의 한살이
동물이 태어나 자라 짝짓기를 하여 다시 알이나 새끼를 낳아 대를 잇고 죽는 과정을 동물의 한 살 이 라고 해.
동물의 한살이
알 을 낳는 동물
동물 → 알 → 새끼 → 동물
새 끼 를 낳는 동물
동물 → 새끼 → 동물
과학 곤충의 한살이
알에서 깨어난 곤충이 애벌레 과정을 거쳐 성충이 될 때까지의 과정을 곤 충 의 한 살 이 라고 해.
곤충의 한살이
불 완 전 탈바꿈
알 → 애벌레 → 어른벌레
완전 탈바꿈
알 → 애벌레 → 번 데 기 → 어른벌레

▶ 정답과 해설 32쪽

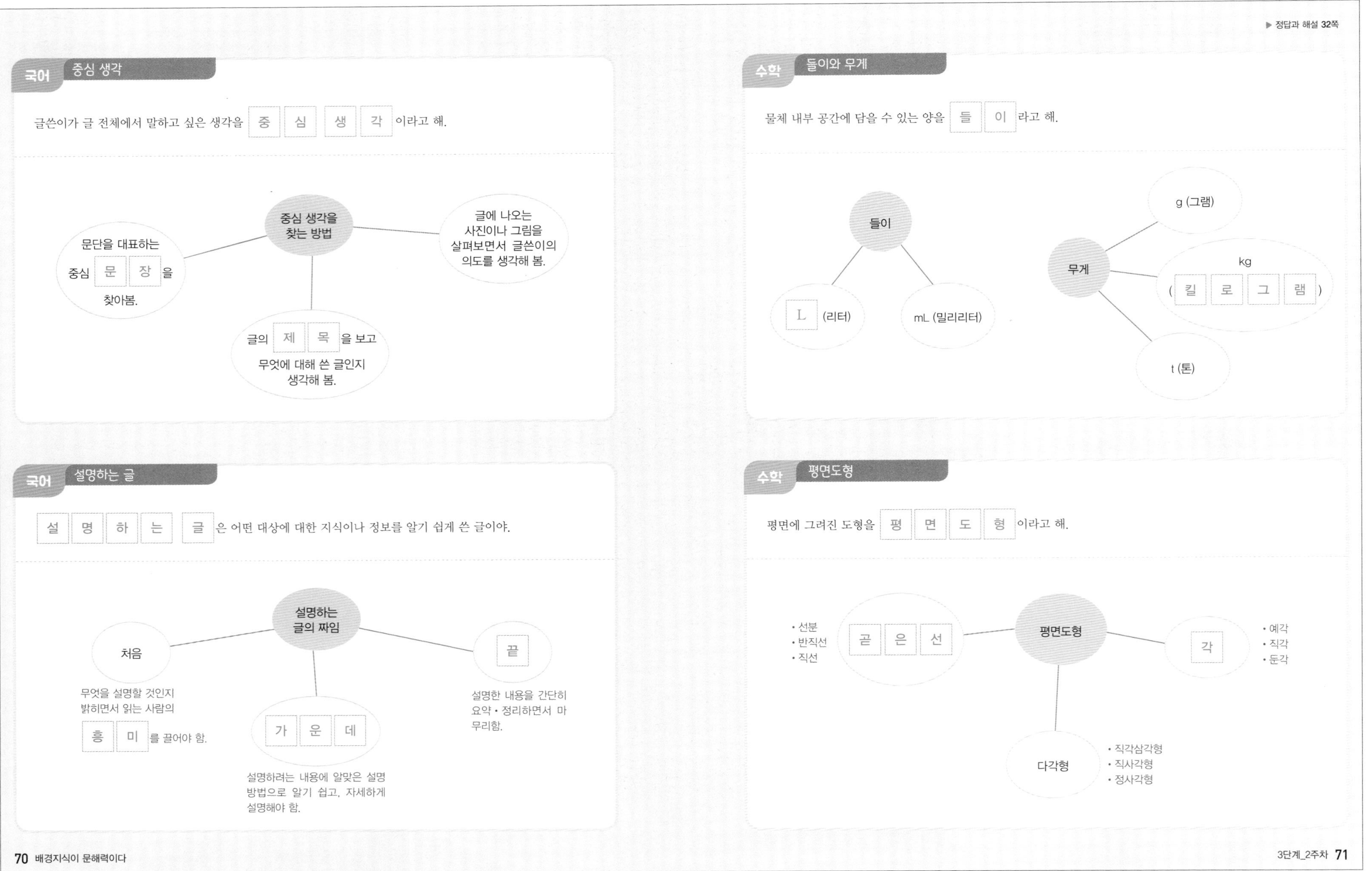

국어 중심 생각
글쓴이가 글 전체에서 말하고 싶은 생각을 중 심 생 각 이라고 해.
중심 생각을 찾는 방법
문단을 대표하는 중심 문 장 을 찾아봄.
글의 제 목 을 보고 무엇에 대해 쓴 글인지 생각해 봄.
글에 나오는 사진이나 그림을 살펴보면서 글쓴이의 의도를 생각해 봄.
국어 설명하는 글
설 명 하 는 글 은 어떤 대상에 대한 지식이나 정보를 알기 쉽게 쓴 글이야.
설명하는 글의 짜임
처음
무엇을 설명할 것인지 밝히면서 읽는 사람의 흥 미 를 끌어야 함.
가 운 데
설명하려는 내용에 알맞은 설명 방법으로 알기 쉽고, 자세하게 설명해야 함.
끝
설명한 내용을 간단히 요약・정리하면서 마무리함.
수학 들이와 무게
물체 내부 공간에 담을 수 있는 양을 들 이 라고 해.
들이
L (리터)
mL (밀리리터)
무게
g (그램)
kg (킬 로 그 램)
t (톤)
수학 평면도형
평면에 그려진 도형을 평 면 도 형 이라고 해.
평면도형
곧 은 선
• 선분
• 반직선
• 직선
각
• 예각
• 직각
• 둔각
다각형
• 직각삼각형
• 직사각형
• 정사각형

배경지식이 문해력이다 | 3단계

3 주차

정답과 해설

1회
사회
① 지혜로운 조상들의 명절과 절기
② 풍년을 기원하는 세시 풍속
2회
과학
① 철 여기 붙어! 자석
② 떨림을 느껴요, 소리의 성질
3회
사회
① 나라의 경사를 기념하는 국경일
② 가정의 중요한 행사 예법, 관혼상제
4회
과학
① 물질과 물체를 구분해요
② 섞어 보아요, 물질의 성질 변화
5회
국어
① 그래서 그렇구나! 원인과 결과
② 서로 견주어 설명하는 비교와 대조

1회 ① 3주차 사회

지혜로운 조상들의 명절과 절기

명절은 전통적으로 해마다 지켜 즐기는 날로, 우리나라에는 설날, 정월 대보름, 추석, 동지 등이 있어. 설날은 음력 1월 1일로, 음력으로 새로운 한 해가 시작되는 첫 날이야. 한해의 건강과 풍요를 기원하는 우리나라 최대의 명절이지. 정월 대보름은 음력 1월 15일로, 음력으로 새해 첫 보름달이 뜨는 날이야. 한해 농사의 풍년과 안녕을 기원하지. 추석은 음력 8월 15일로, 한가위라고도 해. 한 해 동안 가꾼 곡식과 과일을 추수하고 조상께 감사드리는 명절이야. 동지는 양력 12월 21일이나 22일 무렵으로, 일 년 중에 밤이 가장 긴 날이야. 한 해를 마무리하고 새해를 맞이하는 명절이지.

우리 조상들은 한 해를 태양의 움직임에 따라 스물넷으로 나누어 계절의 변화를 구분했어. 이것을 절기라고 해. 봄이 시작되는 입춘, 여름이 시작되는 입하, 가을이 시작되는 입추, 겨울이 시작되는 입동 등이 있어.

이렇게 우리 조상들은 명절을 정해 여러 행사를 즐기고, 절기에 맞게 농사를 지으며 지혜롭게 생활했어.

명절: 해마다 일정하게 지키어 즐기거나 기념하는 때.
절기: 한 해를 나눈, 계절의 표준이 되는 것.

한눈에 정리

명절과 절기
- 명절
  - 뜻: 해마다 일정하게 지키어 즐기거나 기념하는 때.
  - 종류: 설날, 정월 대보름, 한식, 단오, 추석, 동지 등
- 절기
  - 뜻: 한 해를 태양의 움직임에 따라 스물넷으로 나누어 정한 때.
  - 종류:
    - 봄: 입춘, 우수, 경칩, 춘분, 청명, 곡우
    - 여름: 입하, 소만, 망종, 하지, 소서, 대서
    - 가을: 입추, 처서, 백로, 추분, 한로, 상강
    - 겨울: 입동, 소설, 대설, 동지, 소한, 대한

Tip 우리 조상들은 계절마다 다양한 명절을 즐기고, 절기에 맞게 농사를 지었습니다.

이해 설날, 정월 대보름, 단오, 추석 등을 □□(명절)이라고 해.

우리나라의 명절

한식

한식은 설날, 추석, 단오와 함께 우리나라의 4대 명절 중 하나였어. 동지에서 105일째 되는 날로, 불을 사용하지 않고 찬 음식을 먹는 날이야. 그래서 차가울 '한', 먹을 '식' 자를 써서 '한식'이라고 불러. 한식에는 농사가 잘되기를 기원하며 조상들의 산소에 성묘했어.

단오

▲ 신윤복 「단오풍정」

단오는 음력 5월 5일로, 날짜에 숫자 5가 겹쳐서 태양의 기운이 가장 세다고 여긴 날이야. '수릿날'이라고도 하는데, 곧 더위가 시작되는 때를 기념하고 모내기를 끝내고 풍년을 기원하며 지낸 명절이지.

양력과 음력이 뭐야?

사람들은 태양이나 달의 움직임을 기준으로 삼아 시간이나 날짜를 구분하여 정했어.

양력은 지구가 태양의 주위를 한 바퀴 도는 데 걸리는 시간을 1년으로 정해 만든 달력이야. 지금 우리가 일상적으로 쓰는 달력이 바로 양력이지.

음력은 달이 지구를 한 바퀴 도는 시간을 기준으로 만든 달력이야. 우리가 일상적으로 쓰는 달력을 보면 날짜 아래에 작게 쓰인 날짜가 있어. 그게 음력이야. 보통 명절은 음력을 기준으로 정해져 있어.

20○○ 9월 SEP

			1 (7.25)	2 (7.26)	3 (7.27)	4
5 (7.29)	6 (7.30)	7 (8.1)	8 (8.2)	9 (8.3)	10 (8.4)	11
12 (8.6)	13 (8.7)	14 (8.8)	15 (8.9)	16 (8.10)	17 (8.11)	18
19 (8.13)	20 (8.14)	21	22 (8.16)	23 (8.17)	24 (8.18)	25
26 (8.20)	27 (8.21)	28 (8.22)	28 (8.23)	30 (8.24)		

▶ 정답과 해설 35쪽

◉ 우리나라의 명절을 모두 골라 ○표를 하세요.

(설날) 할로윈 (추석) 현충일 크리스마스 (정월 대보름)

해설 우리나라의 명절에는 설날, 정월 대보름, 한식, 단오, 추석, 동지 등이 있습니다.

◉ 알맞게 선으로 이어 보세요.

- 한식 — 불을 사용하지 않고, 찬 음식을 먹는 날
- 단오 — 곧 더위가 시작되는 때를 기념하는 날
- 동지 — 일 년 중에 밤이 가장 긴 날

해설 한식은 불을 사용하지 않는 날이고, 단오는 더위가 시작되는 때를 기념하는 날, 동지는 일 년 중 밤이 가장 긴 날입니다.

◉ 절기에 대한 설명으로 알맞은 것에 ○표를 하세요.

- 한 해를 태양의 움직임에 따라 열둘로 나누어 계절의 변화를 구분했다. ( )
- 우리 조상들은 절기에 맞게 농사를 지었다. (○)

해설 절기는 태양의 움직임에 따라 스물넷으로 나누어 계절의 변화를 구분했습니다.

1회 3주차 ② 사회

풍년을 기원하는 세시 풍속

설날이나 추석이 되면 평상시와 다르게 하는 일, 먹는 음식, 하는 놀이, 입는 옷 등이 있지? 이런 걸 세시 풍속이라고 해.

옛날에는 어떤 세시 풍속이 있었을까?

설날에는 차례를 지낸 후 설빔을 입고, 어른들께 세배를 드렸어. 윷놀이를 하며 한 해의 운세를 점치거나, 복이 많이 들어오기를 빌며 복조리를 걸어 놓기도 했어. 정월 대보름에는 쥐불놀이와 달집태우기를 하면서 나쁜 기운을 쫓아내고 새해 소원을 빌었어. 또 오곡밥을 먹고, 부럼을 깨물기도 했지. 한식에는 찬 음식을 먹고, 한 해 농사가 잘되기를 기원하며 조상들의 산소에 성묘했어. 단오에는 여름을 시원하게 지내라는 뜻으로 부채를 주고받았어. 여자들은 그네뛰기를 하고 창포물에 머리를 감았고, 남자들은 씨름을 했지. 추석에는 추수를 감사하며 새로 수확한 곡식과 과일로 조상께 차례를 지내고, 성묘를 했어. 일년 중 밤이 가장 길다는 동지에는 나쁜 기운을 쫓는 의미로 팥죽을 만들어 먹었단다.

세시 풍속: 해마다 일정한 시기에 되풀이하여 행해 온 고유의 풍속.

한눈에 정리

풍속	명절		명절	풍속
차례, 설빔, 세배, 윷놀이, 복조리, 야광귀	설날	세시 풍속	단 오	부채 주고받기, 그네뛰기, 씨름, 창포물에 머리 감기
쥐불놀이, 달집태우기, 오곡밥, 부럼, 새해 소원	정월 대보름		추 석	차례, 성묘, 줄다리기, 강강술래, 송편, 토란국
찬 음식, 성묘	한 식		동지	팥죽

Tip 명절에는 그 명절에 맞게 하는 일, 하는 놀이, 먹는 음식, 입는 옷 등을 즐겼습니다.

이해 해마다 일정한 시기에 되풀이하여 행해 온 고유의 풍속을 □□ □□이라고 해. (세시 풍속)

옛날과 오늘날의 세시 풍속

세시 풍속의 변화

옛날

주로 농사를 짓고 살았기 때문에 계절에 따라 농사와 관련된 세시 풍속이 많았어.

⬇

오늘날

농사와 관련된 풍속은 많이 사라졌고, 설날, 추석 등 큰 명절을 중심으로 한 세시 풍속만 이어져 내려오고 있어. 민속촌 같은 곳에 가면 계절이나 날씨에 상관없이 다양한 세시 풍속을 언제든지 체험해 볼 수 있어.

세시 풍속의 변화 원인

주로 농사를 짓던 사회에서 오늘날에는 교통과 통신, 과학 기술의 발달로 직업이 다양해지고, 날씨의 영향을 적게 받게 되면서 세시 풍속이 변화하게 되었어.

설날 밤에 아이들의 신발을 훔쳐 가는 귀신이 있었다고?

야광귀는 설날 밤에 잠을 자는 아이의 신발 중에서 맞는 신발을 훔쳐 신고 달아난다는 귀신이야. 아이들은 야광귀에게 도둑맞지 않으려고 설날 밤에 신발을 방 안에 두었어. 그리고 야광귀가 들어오지 못하게 일찍 대문을 걸어 잠그거나 가루를 곱게 치는 데 쓰는 구멍이 아주 많은 체를 걸어 두기도 했대. 왜냐고? 야광귀가 시간 가는 줄 모르고 구멍을 세다가 그만 새벽이 와서 달아난다고 믿었거든.

▶ 정답과 해설 36쪽

◉ 알맞은 말에 ○표를 하세요.

명절에는 그 명절에 맞게 하는 일, 하는 놀이, 먹는 음식, 입는 옷 등을 즐겼다. 이처럼 해마다 일정한 시기에 되풀이하여 행해 온 고유의 풍속을 (민속놀이 , 세시 풍속)이라고 한다. (정답: 세시 풍속)

해설 옛날부터 전해 내려오는 생활 습관을 풍속이라고 합니다. 명절날에 행해 온 고유의 풍속을 세시 풍속이라고 합니다.

◉ 알맞게 선으로 이어 보세요.

- 설날 — 윷놀이를 하며 한 해 운 점치기
- 정월 대보름 — 쥐불놀이와 달집태우기
- 단오 — 부채를 선물로 주고받기

해설 정월 대보름에 쥐불놀이와 달집태우기를 하면 들판의 잡초를 태우고, 해충을 죽일 수 있었습니다. 단오에는 여름을 대비하며 부채를 주고받았습니다.

◉ 다음에서 설명하는 것은 무엇인지 쓰세요.

설날 밤에 아이들 신발을 훔쳐 신고 달아난다는 귀신을 말한다. 아이들은 이 귀신에게 신발을 빼앗기지 않으려고 설날 밤에 신발을 방에다 두었다.

(야 광 귀)

해설 옛날에 사람들은 설날 밤에 아이들의 신발을 훔쳐 가는 귀신을 야광귀라고 했습니다.

2회 ①

철 여기 붙어! 자석

자석: 철을 끌어당기는 성질을 가진 물체.

철을 끌어당기는 성질을 가진 물체를 자석이라고 해.

철로 만든 클립에 자석을 가져가면 자석의 가운데에는 잘 붙지 않고 양쪽 끝부분에만 붙는데, 그 이유는 자석의 양쪽 끝이 자석에서 힘이 가장 센 곳이기 때문이야. 이 양 끝을 '자석의 극'이라고 하는데, 각각 N극과 S극이라고 해. 자석은 같은 극끼리는 밀어내고 다른 극끼리는 잡아당기는 성질이 있어. 이런 자석의 힘은 거리가 가까울수록 세고, 멀어질수록 약해져. 또 자석은 둘로 잘라도 각각 다시 N극과 S극을 갖는 자석이 되는 특성이 있어.

자석의 종류에는 생긴 모양에 따라 막대 모양의 막대자석, U자 모양의 말굽자석, 둥근 모양의 원형 자석 등이 있어.

자석은 우리 생활에서 다양하게 쓰이고 있어. 예를 들면 냉장고 문 안쪽 테두리에 자석이 있어서 냉장고 문이 꼭 닫히게 한다거나 낯선 곳을 여행할 때 길잡이가 되는 나침반에도 자석이 이용되었어. 나침반이 항상 일정한 방향을 가리키는 것은 나침반의 바늘이 자석으로 되어 있기 때문이야.

한눈에 정리

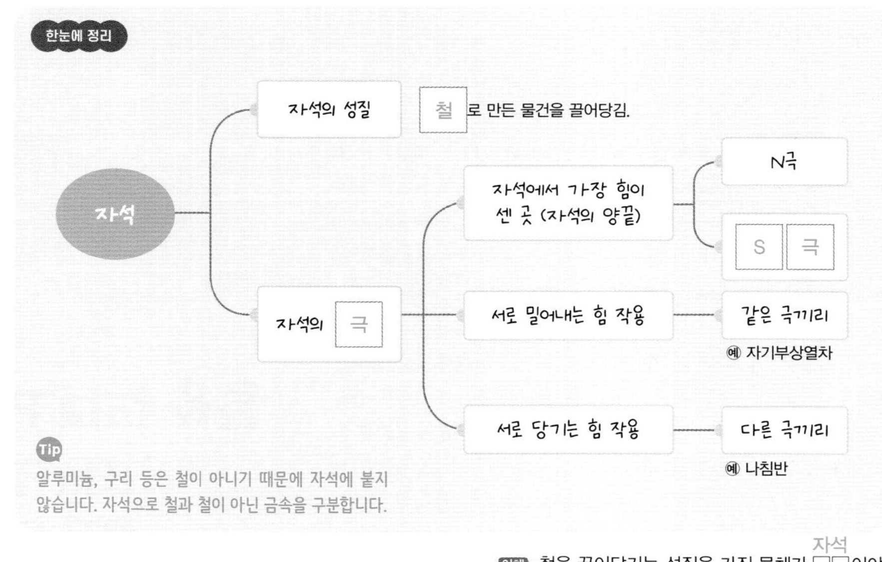

Tip 알루미늄, 구리 등은 철이 아니기 때문에 자석에 붙지 않습니다. 자석으로 철과 철이 아닌 금속을 구분합니다.

이해 철을 끌어당기는 성질을 가진 물체가 □□이야. (자석)

자석에 붙지 않는 금속

자석에는 철이 아닌 금속은 붙지 않아. 그렇기 때문에 금, 은, 구리, 알루미늄 등과 같은 금속은 자석에 붙지 않아. 자석에 붙는 금속은 철뿐이야.

장애물을 통과하는 자석의 힘

자석과 철로 만든 물체 사이에 종이, 얇은 플라스틱, 얇은 유리 등이 있어도 자석은 물체를 끌어당길 수 있어. 또 자석과 철로 만든 물체가 약간 떨어져 있어도 물체를 끌어당길 수 있어. 하지만 철로 만든 물체와 자석 사이가 멀어질수록 물체를 끌어당기는 힘은 점점 약해져서 결국에는 끌어당기지 못하게 돼.

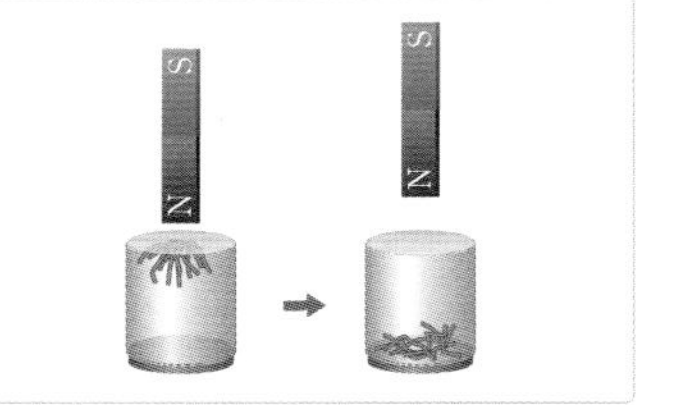

지구가 커다란 자석이라고?

막대자석을 실에 매달아 놓으면 자석은 움직이다가 북쪽과 남쪽을 가리키며 멈추게 돼. 이것은 나침반을 만들 때 사용된 원리야. 나침반의 N극이 북쪽을 향하려면, 자석의 성질에 맞게 지구의 북쪽에 S극이 있어야 해. 다시 말해서 나침반의 바늘이 항상 남북을 가리킨다는 것은 지구의 남쪽과 북쪽에 나침반을 끌어당기는 힘이 있다는 거야. 즉, 우리가 사는 지구가 큰 자석이라는 뜻이지.

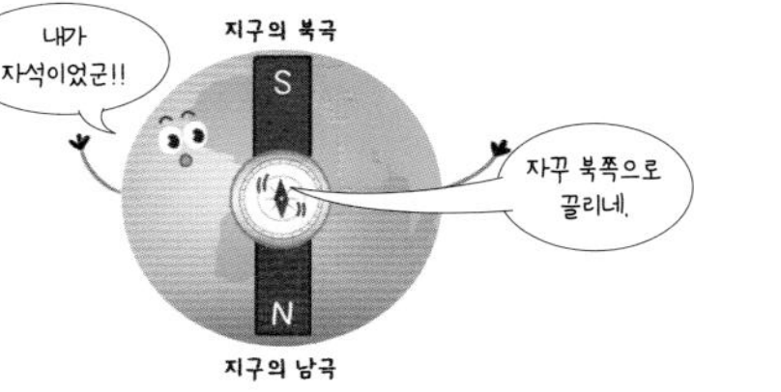

▶ 정답과 해설 37쪽

◎ 알맞은 말에 ○표를 하세요

자석에서 철을 끌어당기는 힘이 가장 센 자석의 양끝을 ((자석의 극), 자석의 중심)이라고 한다.

해설 자석에서 철을 끌어당기는 힘이 가장 센 자석의 양쪽 끝을 자석의 극이라고 합니다.

◎ 자석에 붙는 것에 ○표를 하세요.

유리잔	알루미늄 음료 캔	철로 만든 가위
□	□	○

해설 철로 만들어진 물체만 자석에 붙습니다. 따라서 철로 만든 가위만 자석에 붙습니다.

◎ 막대자석을 서로 가까이 하였을 때 서로 밀어내는 힘이 작용하는 것을 찾아 ○표를 하세요.

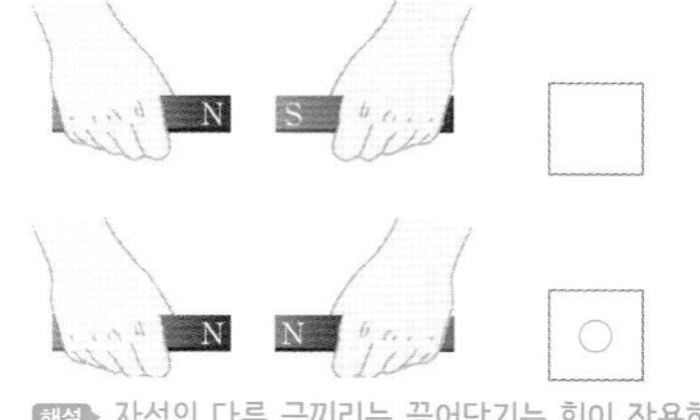

(□) / (○)

해설 자석의 다른 극끼리는 끌어당기는 힘이 작용하고, 같은 극끼리는 밀어내는 힘이 작용합니다.

2회 ② 3주차 과학

떨림을 느껴요, 소리의 성질

말을 할 때 목에 손을 대 보면 작은 떨림이 느껴져. 소리가 나는 스피커나 고무망치로 친 소리굽쇠에 손을 대어도 손에서 떨림이 느껴지지. 이처럼 물체가 떨리면 소리가 나는 거야. 소리의 크고 작은 정도를 소리의 세기라고 하는데, 물체가 떨리는 크기에 따라 소리의 크기도 달라져. 물체가 크게 떨리면 큰 소리가 나고, 물체가 작게 떨리면 작은 소리가 나. 소리의 높고 낮은 정도는 소리의 높낮이라고 해. 여러 가지 악기를 연주하는 관현악단은 소리의 높낮이를 이용해 연주를 하지.

그렇다면 소리는 무엇을 통해 전달될까?

우리 생활에서 들리는 대부분의 소리는 공기를 통해 전달돼. 하지만 고체나 액체를 통해 전달되는 경우도 있어. 실 전화기로 친구와 이야기할 때는 고체인 실을 통해서 소리가 전달되는 것이고, 수중 발레 선수가 수중 스피커로 음악을 듣는 경우는 소리가 액체를 통해 전달되는 거야. 이처럼 소리는 물질을 통해 전달되지.

소리의 성질: 소리가 가지고 있는 고유의 특성.

한눈에 정리

- 소리의 성질
  - 소리가 나는 물체의 공통점: [떨][림]이 느껴짐.
  - 소리의 [세][기]
    - 큰 소리: 물체가 크게 떨림.
    - 작은 소리: 물체가 작게 떨림.
  - 소리의 높낮이
    - 높은 소리
    - 낮은 소리
  - 소리를 전달하는 물질
    - 기체: 예 대부분의 소리
    - [고][체]: 예 실 전화기
    - 액체: 예 수중 스피커

Tip 소리는 여러 가지 물질을 통해 전달됩니다.

이해 악기를 연주할 때와 같이 물체가 떨리면 □□(소리)가 나는 거야.

소리의 전달

공기를 통한 소리의 전달

대부분의 소리는 공기(기체)를 통해 전달되지. 뒤에서 친구가 내 이름을 부를 때처럼 말이야.

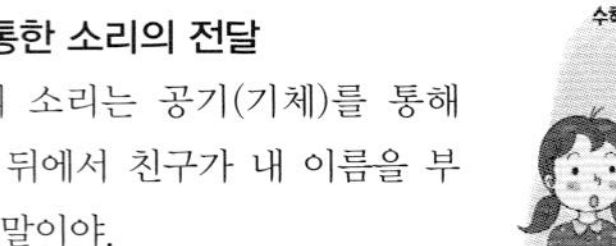

철을 통한 소리의 전달

철봉에 귀를 대고 있으면 친구가 돌멩이로 철봉을 두드리는 소리가 들려. 이때 소리는 철(고체)을 통해 전달되는 거야.

물을 통한 소리의 전달

바닷속에서 잠수부들이 멀리서 오는 배의 소리를 들을 수 있는 것은 소리가 물(액체)을 통해 전달되기 때문이야.

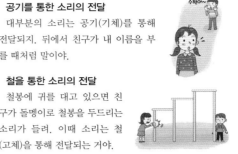

공기가 없는 우주에서도 소리가 들릴까?

우리가 말을 할 때 소리는 공기를 통해 전달돼. 그런데 우주에는 공기가 없기 때문에 소리가 전달되지 않아. 그래서 우주에서는 소리를 질러도 소리가 들리지 않아.

소음이 뭐야?

사람의 기분을 좋지 않게 만들거나 건강을 해치는 시끄러운 소리를 '소음'이라고 해. 우리 주변에 사람이 많은 곳이나 도로, 공사장, 공항 등에서 다양한 소음이 발생하고 있어. 소리의 세기를 줄이거나 소리를 잘 전달하지 않는 물질을 사용해 만든 방음벽 등을 이용하면 이러한 다양한 소음을 줄일 수 있어.

▶ 정답과 해설 38쪽

◉ 빈칸에 알맞은 말을 쓰세요.

소리가 나는 물체의 공통점은 물체에서 소리가 날 때 [떨][림]이 느껴진다는 것이다.

해설 소리가 나는 물체에 손을 대 보면 떨림이 느껴집니다.

◉ 더 큰 소리가 나는 경우에 ○표를 하세요.

- 도서관에서 친구와 귓속말을 할 때 [ ]
- 야구장에서 우리 팀을 응원할 때 [○]

해설 소리는 세기에 따라 큰 소리와 작은 소리로 나눌 수 있습니다.

◉ 소리가 고체를 통해 전달되는 경우에 ○표를 하세요.

- 수중 발레 선수가 물속에서 음악을 들을 때 [ ]
- 땅바닥에 귀를 대고 친구 발자국 소리를 들을 때 [○]
- 뒤에서 친구가 내 이름을 부르는 소리를 들을 때 [ ]

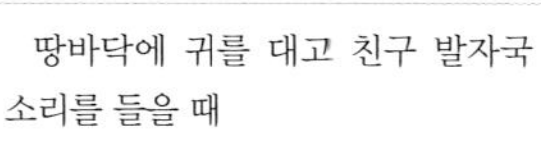

해설 수중 발레 선수가 물속에서 음악을 듣는 것은 액체를 통해 소리가 전달되는 경우이고, 친구가 부르는 소리를 듣는 것은 기체를 통해 소리가 전달되는 경우입니다.

3회 ① 나라의 경사를 기념하는 국경일

국경일은 나라의 경사를 기념하기 위하여, 국가에서 법률로 정한 경축일이야. 우리나라의 국경일이 지정된 날은 대한민국 정부 수립 다음해인 1949년 10월 1일이야. 국경일은 대부분 공휴일로 정해져 있고, 각종 기념식과 경축 행사를 하며, 가정에서는 국기를 게양해. 우리나라는 삼일절(3월 1일), 제헌절(7월 17일), 광복절(8월 15일), 개천절(10월 3일), 한글날(10월 9일) 등을 국경일로 정하였지.

그런데 국경일이 모두 공휴일은 아니야. 제헌절의 경우 국경일이지만, 공휴일이 아니어서 쉬지 않아. 토요 휴무제가 시작되면서 휴일이 많아지자 제헌절을 공휴일에서 제외했기 때문이야. 그리고 6월 6일 현충일은 국가기념일이고 법정 공휴일이지만, 경사스러운 날이 아니므로 국경일에 해당하지 않아. 현충일은 대한민국을 위해 목숨을 바친 애국 선열과 국군 장병들의 넋을 위로하고, 그 뜻을 추모하는 날이야.

국경일: 국가적인 경사를 축하하기 위하여, 법으로 정하여 온 국민이 기념하는 날.

한눈에 정리

대한민국 5대 국경일

국경일	설명
삼일절	매년 3월 1일. 3·1 운동의 정신을 계승 발전시키기 위해 지정한 날
제 헌 절	매년 7월 17일. 대한민국 정부 수립 이후 역사에서 최초로 나라의 헌법이 공포된 것을 기념하는 날
광 복 절	매년 8월 15일. 1945년 8월 15일 일제 강점기에서 나라를 되찾은 것을 기념하고 경축하는 날
개천절	매년 10월 3일. 단군 왕검이 고조선을 세운 것을 기념하는 날
한 글 날	매년 10월 9일. 세종대왕이 훈민정음을 반포한 것을 기념하고, 한글의 연구·보급을 장려하기 위하여 정한 날

Tip 우리나라의 기념일에는 법률로 지정한 '국경일'과 1월 1일, 부처님오신날, 성탄절 등과 같은 '법정 공휴일', 그리고 부부의 날, 노인의 날 등 법률로 규정한 '법정기념일'이 있습니다.

이해 삼일절, 제헌절, 한글날 등 나라의 경사를 기념하기 위하여 국가에서 법률로 정한 경축일을 □□□(국경일)이라고 해.

우리나라의 국경일

삼일절

삼일절은 1919년 3월 1일, 일제 강점기 일본에 맞서 독립을 선언하고 만세운동을 펼친 기미독립운동을 기념하는 날로, 3·1 운동 정신을 계승하고 발전시켜 민족의 단결과 애국심을 고취하기 위하여 제정한 국경일이야.

제헌절

제헌절은 1948년 7월 17일, 대한민국 헌법의 공포를 기념하는 국경일로, 민주주의를 기본으로 한 헌법의 제정 및 공포를 축하하고, 민주주의를 수호하며 헌법 수호를 다짐하는 기념행사를 해.

광복절

광복절은 1945년 8월 15일, 나라를 되찾은 것을 기념하는 날로, 국경일 중에서 가장 경사스러운 날이야. 1945년 8월 15일 일본의 항복으로 제2차 세계대전이 종식되면서 우리나라가 독립하였고, 1948년 8월 15일, 대한민국 정부가 수립되었어. 대한민국 정부는 독립과 정부 수립의 날을 기념하기 위해 매년 8월 15일을 국경일로 지정하였어.

개천절

10월 3일 개천절은 기원전 2333년에 단군의 고조선 건국을 기념하는 국경일로, '하늘이 열린 날'이라는 뜻을 가지고 있어.

한글날

10월 9일 한글날은 세종대왕이 훈민정음을 반포한 것을 기념하고, 우리나라 고유 문자인 한글의 연구·보급을 장려하기 위해 정한 국경일이야.

국군의 날이 국경일이었다고?

1956년부터 삼군의 기념일을 합쳐, 1950년 6.25 전쟁 때 38선을 돌파한 날인 10월 1일을 '국군의 날'로 제정하고 국경일로 정하였어. 하지만 10월의 공휴일이 몰려 있다는 이유로 1991년부터 국경일에서 제외되었어.

▶ 정답과 해설 39쪽

◉ 알맞게 선으로 이어 보세요.

삼일절	일제 강점기에서 벗어나 나라를 되찾은 것을 기념하는 날
광복절	세종대왕이 훈민정음을 반포한 것을 기념하는 날
한글날	3·1 운동을 기념하는 날

해설 삼일절은 3·1 운동을 기념하는 날, 광복절은 일제 강점기에서 벗어나 나라를 되찾은 것을 기념하는 날, 한글날은 한글을 반포한 것을 기념하는 날입니다.

◉ 알맞은 말에 ○표를 하세요.

대한민국 헌법의 제정·공포를 기념하는 국경일은 ((제헌절), 개천절)이다.

해설 제헌절은 1948년 7월 17일, 대한민국 헌법의 제정·공포를 축하하는 날로, 국경일에 해당합니다.

◉ 현충일에 대한 설명으로 알맞은 것에 ○표를 하세요.

조국 광복과 국토 방위를 위해 싸우다 돌아가신 순국 선열를 추모하기 위한 국경일이다. ( )

매년 6월 6일로, 국가기념일이면서 법정 공휴일이다. (○)

해설 현충일은 국가기념일이고 공휴일이지만, 대한민국을 위하여 목숨을 바친 애국 선열과 국군 장병들의 넋을 위로하고 그 뜻을 추모하기 위하여 정한 날이어서, 경사스러운 날이 아니므로 국경일에 해당하지 않습니다.

가정의 중요한 행사 예법, 관혼상제

관혼상제는 우리 조상들이 옛날부터 중요하게 여긴 가정 행사로, 정해진 나이가 되면 어른이 된다는 의미로 치르는 의식인 '관례', 남자와 여자가 부부가 되는 맹세를 하고 약속하는 의식인 '혼례', 사람이 죽었을 때 치르는 예식인 '상례', 돌아가신 조상을 위해 올리는 예식인 '제례'가 있었어.

조선 시대는 유교를 바탕으로 하고 있어서 일상생활에서도 유교의 예법을 지키는 것을 중요하게 생각했어. 나라의 행사뿐만 아니라 집안의 행사도 유교의 예법에 따라 치렀지. 그래서 관혼상제에는 유교의 예법이 많이 담겨 있어. 나라에서는 관혼상제를 가장 중요한 일이라 생각하여 백성들도 그 예법을 따르게 했어.

유교를 바탕으로 한 조선 시대의 관혼상제는 오늘날에 와서 서양식으로 많이 변화되고 간소화되었어. 그러나 여전히 중요한 가정의 행사인 것에는 변함이 없어.

관혼상제: 관례, 혼례, 상례, 제례를 아울러 이르는 말.

한눈에 정리

관혼상제
- 관례: 정해진 나이가 되면 어른이 된다는 의미로 치르는 의식
- 혼례: 남자와 여자가 부부가 되는 맹세를 하고 약속하는 의식
- 상례: 사람이 죽었을 때 치르는 예식
- 제례: 돌아가신 조상을 위해 올리는 예식

Tip 관례, 혼례, 상례, 제례는 오늘날 성인식, 결혼식, 장례식, 제사를 뜻합니다.

이해 □□□□(관혼상제)는 우리 조상들이 옛날부터 중요하게 여긴 가정 행사야.

옛날과 오늘날의 관혼상제

관례

관례는 청소년이 머리에 관을 쓰고 성년이 되는 의식으로, 주로 양반 계층에서 행해졌어. 오늘날에는 성년의 날이라 하여 갓을 쓰여 주는 대신 꽃을 선물하며 어른이 된 것을 축하하지.

혼례

혼례는 결혼식을 말하는데, 전통 혼례식은 복잡한 절차가 있었대. 결혼을 의논한 뒤 혼인 당사자의 기록이 적힌 종이를 보내고, 신랑집에서 혼인을 허락한 것에 감사의 뜻으로 신부집에 예물을 보냈어. 마지막으로 신랑이 처가로 가서 예식을 올리고 신부를 맞아오면 혼례는 끝이 나지. 오늘날에는 대부분 전통 혼례 대신 서양식으로 결혼식을 해.

상례

상례는 사람이 죽었을 때 장사를 지내는 풍습으로, 장례라고도 해. 부모님이 돌아가시면 5일이나 7일 동안 삼베로 지은 상복을 입고 문상을 온 문상객들을 맞는 등 장사를 지내는 의례야. 오늘날에는 병원이나 장례 업체에서 장례를 맡아 주는 등 절차가 간단해졌지.

제례

제례는 조상을 기리는 제사로, 한식에 조상에게 제사를 지내는 시제와 명절에 조상에게 제사를 지내는 차례, 산소에서 지내는 제사인 묘제 등이 있어. 하지만 오늘날에는 제사도 간소화되고, 아예 지내지 않거나 다른 방법으로 지내는 가정도 늘어나고 있지.

옛날에 아기가 태어났을 때 하는 가정 행사는?

아기가 태어나면 금줄을 치고 3주가 되기 전에는 사람들이 집에 함부로 들어가지 못하게 했어. 아기와 아기를 낳은 어머니에게 나쁜 병균 같은 것들이 옮겨지는 것을 막기 위해서였지. 그리고 옛날에는 병원이 많지 않아 아기가 죽는 경우가 많았대. 그래서 아기가 태어나서 100일, 1년이 되도록 건강하게 잘 자란 것을 기념하고, 아기가 잘 자라기를 바라는 마음에서 백일잔치와 돌잔치를 했대.

▶ 정답과 해설 40쪽

◉ 관례에 대한 설명으로 알맞은 것에 ○표를 하세요.

- 청소년이 머리에 관을 쓰고 성년이 되는 의식이다. (○)
- 오늘날에는 성년의 날이라 하여 조상께 의식을 치르는 것을 중요하게 생각한다. ( )

해설 오늘날에는 성년의 날이라 하여 갓을 쓰여 주는 대신 꽃을 선물하며 어른이 된 것을 축하해 줍니다.

◉ 알맞게 선으로 이어 보세요.

- 혼례 — 남자와 여자가 부부가 되는 맹세를 하고 약속하는 의식
- 상례 — 사람이 죽었을 때 치르는 예식
- 제례 — 돌아가신 조상을 위해 올리는 예식

해설 혼례는 결혼할 때, 상례는 사람이 죽었을 때, 제례는 돌아가신 조상에게 올리는 예식입니다.

◉ 알맞은 말에 ○표를 하세요.

아기가 태어나서 1년이 되도록 건강하게 잘 자란 것을 기념하기 위해 (성인식 , 돌잔치)을/를 했다.

해설 아기가 태어나서 1년이 되도록 건강하게 잘 자란 것을 기념하기 위해 돌잔치를 했습니다.

4회 3주차 ① 과학

물질과 물체를 구분해요

우리가 입고 있는 옷은 물체일까, 물질일까? 우리가 주변에서 쉽게 볼 수 있는 옷이나 신발, 장난감과 같이 보고 만질 수 있는 것들을 물체라고 해. 이것을 좀 더 과학적으로 표현하면 '모양이 있고 공간을 차지하는 것'을 '물체'라고 하는 거야.

물체는 다양한 재료로 만들어지는데 우리가 매일 입는 옷은 섬유로 만들어. 이때 옷은 물체, 그 재료인 섬유는 물질인 거야. 마찬가지로 유리컵은 물체, 그 재료인 유리는 물질, 연필은 물체, 그 재료인 나무, 흑연은 물질이야. 쉽게 말하면 물체를 만드는 재료인 나무, 유리, 금속, 플라스틱 등을 '물질'이라고 하는 거야.

물질은 각각의 특성을 가지고 있어서 그 특성에 따라 물건을 만들 수 있어. 나무는 좀 단단하지만 가볍고 다듬기 쉬워서 나무젓가락, 연필, 의자 같은 물체를 만드는 데 사용하고, 고무는 말랑하고 잘 부서지지 않아서 고무장갑, 자동차 바퀴 등을 만드는 데 사용해. 또, 물질은 고체, 액체, 기체와 같은 상태로 구분할 수도 있어.

물질: 물체를 만드는 재료.
물체: 모양이 있고, 공간을 차지하고 있는 것.

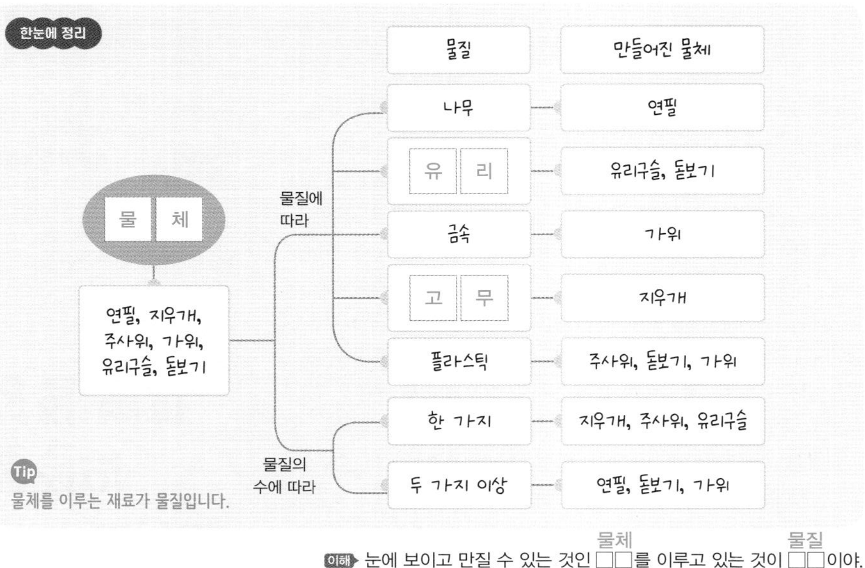

이해 눈에 보이고 만질 수 있는 것인 □□(물체)를 이루고 있는 것이 □□(물질)이야.

물질의 성질

물체를 이루는 물질은 저마다 독특한 성질을 가지고 있어. 색깔, 손으로 만졌을 때의 느낌, 긁히는 정도, 구부러지는 정도, 물에 뜨는 정도 등이 달라. 여러 물질의 대표적인 성질을 알아보면 금속은 무겁고, 단단해. 플라스틱은 가볍고, 고무는 잘 휘어져. 나무는 가볍고 딱딱하지.

물질의 상태

물체를 이루는 물질의 상태는 고체, 액체, 기체로 구분할 수 있어.

	상태	예
고체	담는 그릇이 바뀌어도 모양과 크기가 바뀌지 않는 물질의 상태	나무, 철, 플라스틱
액체	담는 그릇에 따라 모양은 변하지만, 양은 변하지 않는 물질의 상태	물
기체	담는 그릇에 따라 모양이 변하고, 담긴 그릇을 항상 가득 채우는 물질의 상태	공기

책상과 종이가 같은 물질로 만들어졌다고?

책상과 종이는 둘 다 나무로 만들어졌지만, 물질의 특성을 이용하여 가공을 했기 때문에 나무의 모양은 남아 있지 않아. 가공이란, 사람이 화학적, 기계적 처리를 하여 전혀 새로운 물질을 만들어내는 것을 말해. 나무를 잘게 부수어 물에 끓여 주면 하얀 죽과 같은 물질인 '펄프'가 돼. 이 펄프를 얇게 펴서 말리면 종이가 되는 거야. 이렇게 물질의 가공을 통해 나온 특성으로 기본 모양과는 전혀 다른 색다른 물체를 만들 수도 있어.

▶ 정답과 해설 41쪽

◉ 알맞게 선으로 이어 보세요.

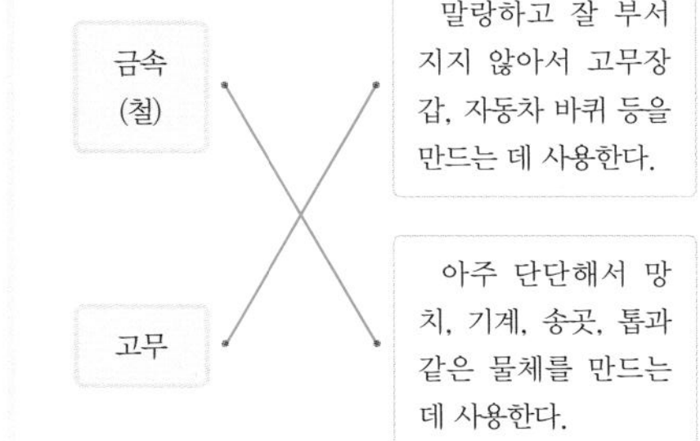

해설 금속은 아주 단단해서 망치, 기계, 송곳, 톱과 같은 물체를 만드는 데 사용하고, 고무는 말랑하고 잘 부서지지 않아서 고무장갑, 자동차 바퀴 등을 만드는 데 사용합니다.

◉ 두 가지 이상의 물질로 만들어진 물체에 ○표를 하세요.

지우개	연필	주사위
	○	

해설 지우개와 주사위는 각각 고무, 플라스틱 한 가지 물질로 만들어진 물체이고, 연필은 흑연과 나무 두 가지 물질로 만들어진 물체입니다.

◉ 알맞은 말에 ○표를 하세요.

담는 그릇에 따라 모양은 변하지만, 양은 변하지 않는 물질의 상태를 (고체 , (액체), 기체)라고 한다.

해설 담는 그릇에 따라 모양은 변하지만, 양은 변하지 않는 물질의 상태를 액체라고 합니다.

4회 ② 3주차 과학

섞어 보아요, 물질의 성질 변화

물질의 성질 변화: 각각의 물질이 가지는 고유한 성질의 변화.

물질마다 색깔, 냄새, 맛, 단단한 정도, 물에 뜨는 정도, 물에 녹는 정도 등이 다 다른데, 이것을 '물질의 성질'이라고 해. 정리하면, 물질의 성질은 각각의 물질이 가지는 고유한 성질로, 물질의 종류마다 서로 달라서 그 물질을 다른 물질과 구별할 수 있게 해 줘.

서로 다른 물질을 섞으면 물질의 성질은 변할까, 변하지 않을까?

서로 다른 물질인 소금과 설탕을 섞으면 소금과 설탕이 눈에 보이고, 소금의 짠맛과 설탕의 단맛이 그대로야. 또, 물과 소금을 섞으면 소금이 물에 녹아 보이지 않게 되지만, 맛이 짜서 소금이 여전히 물속에 있다는 것을 알 수 있어. 이와 같이 서로 다른 두 물질을 섞어도 물질의 성질이 그대로 유지될 수 있어. 하지만 물, 붕사, 폴리비닐 알코올을 섞으면 서로가 엉기게 돼. 이것을 꺼내어 손으로 주무르면 말랑말랑한 고무처럼 변해서 탱탱볼이 되지. 처음에 가지고 있던 성질이 달라진 거야.

이렇게 서로 다른 물질 무엇과 무엇을 섞는지, 어떻게 섞는지에 따라 물질의 성질이 변하는 경우도 있고, 변하지 않는 경우도 있어.

한눈에 정리

물질의 성질 변화
- 물질의 성질이 될 수 (없)(는) 것: 무게, 부피, 넓이 등
- 물질의 성질이 될 수 (있)(는) 것: 색깔, 냄새, 맛, 촉감, 굳기, 녹는점, 끓는점, 밀도 등
- 물질의 성질이 변하지 않는다.: 물과 설탕 섞기 / 물과 소금 섞기 / 쌀, 콩, 깨를 섞어 미숫가루 만들기 등
- 물질의 성질이 (변)(한)(다).: 물, 붕사, 폴리비닐 알코올 섞기 / 물, 알긴산 나트륨, 염화 칼슘 섞기 등

Tip 서로 다른 두 물질을 섞으면 물질의 성질이 변하기도 하고 유지되기도 한다.

이해 물질의 □□(성질)은 그 물질과 다른 물질을 구별할 수 있게 해 줘.

탱탱볼 만들기

물, 붕사, 폴리비닐 알코올을 섞어서 탱탱볼을 만들어 보면 물질의 성질이 변하는 경우를 확인할 수 있어.

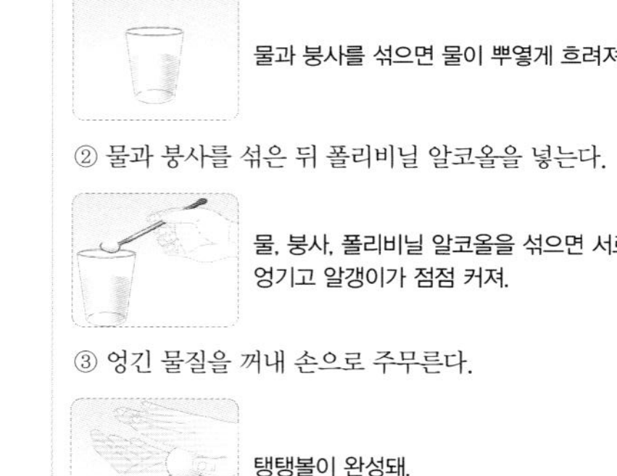

① 물과 붕사를 섞는다.

물과 붕사를 섞으면 물이 뿌옇게 흐려져.

② 물과 붕사를 섞은 뒤 폴리비닐 알코올을 넣는다.

물, 붕사, 폴리비닐 알코올을 섞으면 서로 엉기고 알갱이가 점점 커져.

③ 엉긴 물질을 꺼내 손으로 주무른다.

탱탱볼이 완성돼.

물질의 특성을 알아볼 때 주의할 점

물질의 특성 중에는 맛과 냄새와 같이 간단하게 알아 볼 수 있는 특성이 있어. 하지만 물질 중에는 인체에 해로운 것도 있으므로, 확실하게 알지 못하는 물질은 함부로 냄새를 맡거나 맛을 보아서는 안 돼.

자동차를 섬유로 만든다고?

자동차는 단단한 금속으로 되어 있어 튼튼하지만 무거워서 연료가 많이 들어. 그런데 최근에는 금속보다 훨씬 가벼운 탄소섬유를 이용하여 자동차의 무게를 줄이고 있어. 탄소섬유는 가볍고 단단한 실인데, 철보다 무게는 가볍지만 훨씬 더 단단해. 또, 녹이 안 슬고, 열에도 강하다는 장점이 있지. 플라스틱에 탄소섬유를 첨가하면, 가볍고 단단한 성질이 있는 새로운 재료를 만들 수 있어. 바로 물질(플라스틱)의 성질이 바뀌게 되는 거야. 이렇게 물질과 물질을 섞어 새로운 물질을 만들면 우리 생활을 풍요롭게 할 수 있어.

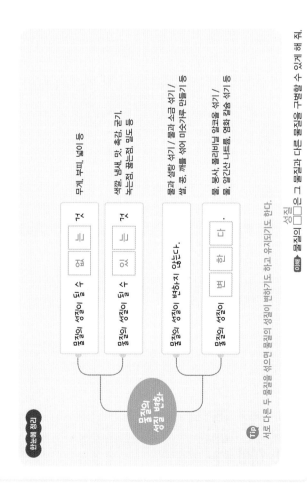

▶ 정답과 해설 42쪽

◉ 알맞게 선으로 이어 보세요.

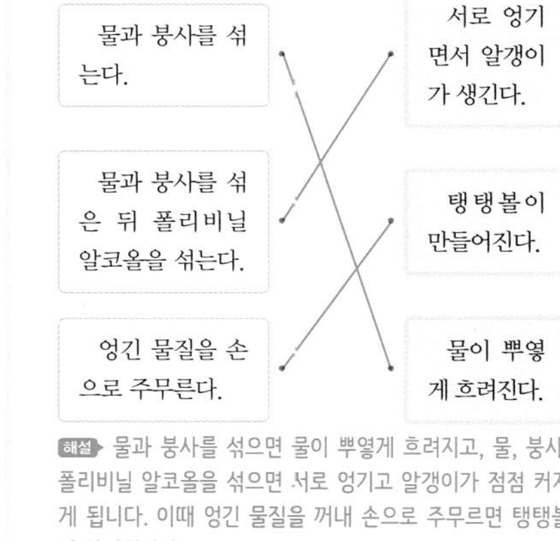

- 물과 붕사를 섞는다. — 물이 뿌옇게 흐려진다.
- 물과 붕사를 섞은 뒤 폴리비닐 알코올을 섞는다. — 서로 엉기면서 알갱이가 생긴다.
- 엉긴 물질을 손으로 주무른다. — 탱탱볼이 만들어진다.

해설 물과 붕사를 섞으면 물이 뿌옇게 흐려지고, 물, 붕사, 폴리비닐 알코올을 섞으면 서로 엉기고 알갱이가 점점 커지게 됩니다. 이때 엉긴 물질을 꺼내 손으로 주무르면 탱탱볼이 완성됩니다.

◉ 알맞은 말에 ○표를 하세요.

물질은 물질마다 색깔, 냄새, 맛, 단단한 정도, 물에 뜨는 정도, 물에 녹는 정도 등이 다 다른데, 이것을 물질의 ((성질), 모양)이라고 한다.

해설 물질의 고유한 특성을 물질의 성질이라고 합니다.

◉ 알맞은 것에 ○표를 하세요.

- 서로 다른 물질인 물과 설탕을 섞으면 물질의 성질이 변한다. [ ]
- 물, 붕사, 폴리비닐 알코올을 섞으면 물질의 성질이 변한다. [○]

해설 서로 다른 물질인 물과 설탕을 섞으면 물질의 성질이 유지됩니다.

그래서 그렇구나! 원인과 결과

원인: 어떤 일이 일어난 까닭.
결과: 어떤 원인 때문에 일어난 일.

어떤 일이 일어난 까닭을 '원인'이라고 하고, 그 때문에 일어난 일을 '결과'라고 해. 원인과 결과를 생각하며 말하는 방법은 그 일이 일어난 까닭과 그 까닭 때문에 생긴 일 또는 달라진 점을 찾아보고, 그 결과 어떤 일이 일어났는지 생각해 봐야 해. 그런 다음 이어 주는 말을 사용해서 간추려 말하면 되는 거야. 원인과 결과가 잘 드러나게 말하려면 '그래서', '때문에', '왜냐하면'과 같은 이어 주는 말을 사용하면 돼.

원인과 결과를 생각해 말하거나 글을 쓸 때 주의할 점은 원인을 찾아 결과에 어떤 영향을 주었는지 살펴보고, 일의 차례가 원인과 결과에 따라 잘 드러났는지 확인해 보면 돼.

어떤 일에 대해 들을 때에도 원인과 결과를 생각하며 들으면 좀 더 분명하게 이해할 수 있어. 또, 이야기를 간추릴 때에도 원인과 결과에 따라 간추리면 중요한 사건이 잘 드러나게 정리할 수 있지. 참, 어떤 일의 결과는 다른 일의 원인이 될 수 있다는 것도 기억해 둬.

한눈에 정리

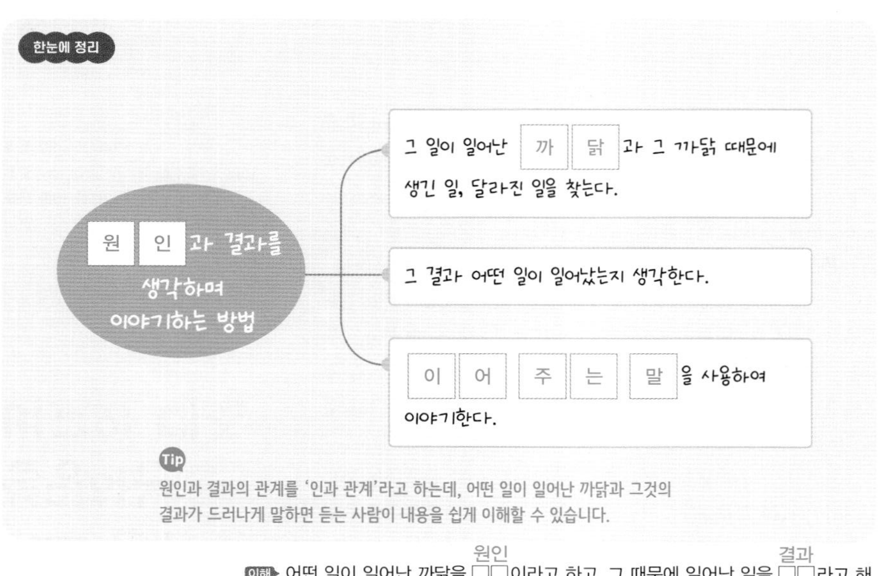

Tip
원인과 결과의 관계를 '인과 관계'라고 하는데, 어떤 일이 일어난 까닭과 그것의 결과가 드러나게 말하면 듣는 사람이 내용을 쉽게 이해할 수 있습니다.

이해 어떤 일이 일어난 까닭을 □□(원인)이라고 하고, 그 때문에 일어난 일을 □□(결과)라고 해.

이어 주는 말의 종류

비슷한 내용을 이어 주는 말

'그리고', '또'와 같은 말은 앞 문장의 내용에 비슷한 어떤 내용을 더 추가하거나 보충할 필요가 있을 때, 다음 문장이 이어질 경우 그 사이에 사용되는 말이야.

반대되는 내용을 이어 주는 말

'그러나', '하지만', '그런데'는 앞의 문장과 뒤에 나오는 문장의 내용이 서로 반대가 될 때, 또는 대립으로 이어질 때 쓰이는 말이야.

원인과 결과를 이어 주는 말

'그래서', '때문에', '왜냐하면'과 같은 말들은 어떤 원인에 대해 그 결과를 나타내거나 결과에 대한 원인이 무엇인지 말할 때 쓰이는 말이야.

원인과 결과를 생각하며 이야기를 정리하거나 경험을 말할 수 있어?

원인과 결과를 생각하며 이야기를 정리해서 말할 수 있어

이야기의 원인과 결과를 생각해 보고, 일이 일어난 차례를 알아보는 거야. 그리고 이야기를 소개하기 위해 꼭 필요한 내용을 찾아 이해하기 쉽게 정리해서 말하면 돼.

원인과 결과를 생각하며 경험을 말할 수 있어

말할 경험이 언제, 어디에서, 누구와 있었던 일인지 생각해 본 다음, 경험한 일의 원인과 결과를 생각해 봐. 그리고 나서 이어 주는 말을 적절하게 사용하여 경험한 일을 말하면 돼.

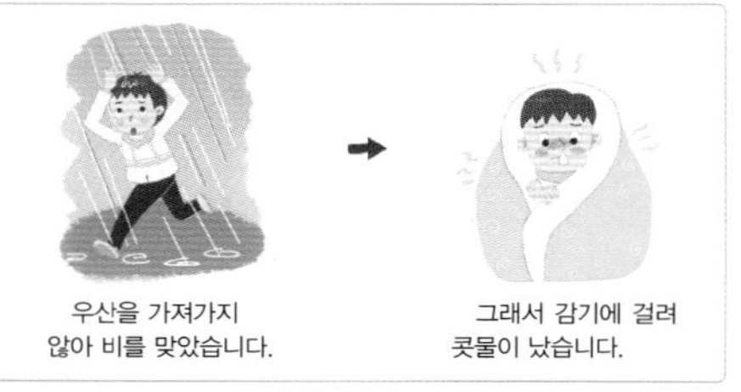
우산을 가져가지 않아 비를 맞았습니다. → 그래서 감기에 걸려 콧물이 났습니다.

▶ 정답과 해설 43쪽

◉ 원인과 결과를 생각하며 이야기하는 방법에 맞게 차례대로 번호를 쓰세요.

이어 주는 말 사용하여 이야기하기	3
그 결과 어떤 일이 일어났는지 생각하기	2
그 일이 일어난 까닭과 그 까닭 때문에 생긴 일, 달라진 일 찾기	1

해설 어떤 일이 생긴 원인을 찾고, 그 결과 어떤 일이 일어났는지 생각하여, 이어 주는 말을 사용해 말합니다.

◉ 알맞은 말에 ○표를 하세요.

앞의 문장과 뒤에 나오는 문장의 내용이 서로 반대가 될 때 또는 대립으로 이어질 때 쓰이는 이어 주는 말은 '(그래서 , (그러나))'야.

해설 '그러나'는 반대되는 내용이 이어질 때 쓰는 이어 주는 말입니다.

◉ 원인과 결과를 생각하며 경험을 말하는 방법으로 알맞은 것에 ○표를 하세요.

언제, 어디에서, 누구와 있었던 일인지, 경험한 일의 원인과 결과를 생각해서 말한다.	○
경험한 일을 떠올려 실제로 보고, 만지는 것처럼 생생하게 말한다.	

해설 경험한 일을 떠올려 생생하게 말하는 것은 감각적으로 표현하는 것과 관련 있습니다.

서로 견주어 설명하는 비교와 대조

친구들에게 내가 알고 있는 어떤 대상을 설명하려면 어떻게 해야 할까? 이럴 때는 친구들이 잘 아는 것과 비교하거나 대조하여 공통점과 차이점을 들어서 설명해 주면 좋아. 두 가지 이상의 대상에서 공통점을 찾아 설명하는 것을 '비교'라고 하고, 이와 반대로 차이점을 찾아 설명하는 것을 '대조'라고 해.

그런데 아무 대상이나 두 가지를 비교해도 될까? 예를 들어, 선풍기와 돌고래를 비교한다고 생각해 봐. 두 대상 사이의 공통점과 차이점을 찾아보면서 비교하면 좋은데, 선풍기와 돌고래 사이에는 아무리 생각해도 비교·대조할 기준이 없어. 두 가지 이상을 서로 비교·대조하려면 먼저 일정한 기준을 세워야 해.

자전거와 오토바이를 떠올려 봐. 바퀴 두 개와 안장이 있다는 것과 같은 공통점을 설명하는 것은 '비교', 움직이는 방법, 바퀴의 두께 등 차이점을 설명하는 것은 '대조'인 거야. 이처럼 비교와 대조는 두 가지 이상의 대상을 서로 견주어 설명하기에 좋은 방법이야.

비교: 두 가지 이상의 대상에서 공통점을 찾아 설명하는 것.
대조: 두 가지 이상의 대상에서 차이점을 찾아 설명하는 것.

한눈에 정리

호랑이 / 사자

- 차이점 '대조'
- 호랑이: • 단독 생활을 함. • 갈기가 없음.
- 공통점: • 고양잇과 • 육식 동물 • 포유류
- 사자: • 무리 생활을 함. • 수컷에게 갈기가 있음.
- 차이점 '대조'
- 공통점 '비교'

Tip 두 가지 이상을 서로 비교·대조하려면 먼저 일정한 기준을 세워야 합니다.

이해 두 가지 이상의 대상에서 공통점을 찾아 설명하는 것은 □□(비교), 차이점을 찾아 설명하는 것은 □□(대조)라고 해.

일정한 기준 세우기

두 가지 이상의 대상을 서로 비교·대조하려면 우선 일정한 기준을 세워야 해. 그 기준에 맞추어 설명하면 사물의 특성을 더욱 또렷하게 드러낼 수 있거든. 사격과 양궁의 공통점과 차이점을 나눈 기준을 보면 쉽게 이해할 수 있을 거야.

구분	기준	사격	양궁
공통점	경기 방식	일정한 거리에서 표적을 쏘는 경기	
	올림픽 종목	올림픽 정식 종목	
차이점	경기 도구	권총/탄환	활/화살
	경기 장소	실내	실외

비교와 비유, 비교·대조의 표현 방법의 차이점은 뭐야?

'비교와 비유', 비슷해 보이지만 표현 방법은 달라

'비교'와 '비유'를 비슷한 뜻이라고 생각한 친구들은 없겠지? '비교'와 '비유'는 대상의 공통점에서부터 출발한다는 점에서는 같지만 다른 뜻이야. 가령, '별처럼 반짝이는 눈동자'라는 문장에서 '눈동자'를 '별'에 비유하고 있지? 이때 글을 쓴 사람은 '눈동자'와 '별' 사이에서 '반짝인다'는 공통점을 찾아 표현한 거야. 즉, '비교'는 두 대상의 공통점을 서로 견주어 보는 것이라면, '비유'는 두 대상의 공통점을 빌려 와서 그것으로 한쪽 대상을 새롭게 표현하는 거야.

'비교·대조'의 설명 방법을 사용하면 자신의 관점을 분명히 말할 수 있어

비교와 대조는 전혀 다른 표현 방법이 아니라 둘 중에서 어떤 면을 더 중요하게 생각하느냐의 문제야. 그래서 이들 둘은 전체 글 속에서 짝을 이루어 나타나는 경우가 많아. 대조의 방법도 두 대상의 공통점에서 시작하는 경우가 많기 때문이지. 비교와 대조를 통해 두 사물이나 의견의 차이점을 확실히 알게 되어서 자신의 관점을 분명히 하는 데 도움이 돼.

▶ 정답과 해설 44쪽

◉ 공통점과 차이점을 설명하기 위해 가장 먼저 해야 할 일에 ○표를 하세요.

- 비교하기 [ ]
- 기준 세우기 [○]
- 대조하기 [ ]

해설 두 가지 이상의 대상을 서로 비교·대조하려면 우선 일정한 기준을 세워야 합니다.

◉ 알맞은 말에 ○표를 하세요.

두 대상의 공통점을 서로 견주어 보는 표현 방법을 ((비교), 비유)라고 한다.

해설 '비유'는 두 대상의 공통점을 빌려 와서 그것으로 한쪽 대상을 새롭게 표현하는 것을 말합니다.

◉ 다음에서 '비교'의 방법으로 설명한 것에는 '비', '대조'의 방법으로 설명한 것에는 '대'를 빈칸에 알맞게 써넣으세요.

- 자전거의 바퀴는 얇고, 오토바이의 바퀴는 두꺼워. [대]
- 자전거와 오토바이 도두 두 개의 바퀴가 움직이며 앞으로 나아가. [비]

해설 자전거와 오토바이의 바퀴의 두께 차이를 말한 것은 '대조', 자전거와 오토바이 고두 두 개의 바퀴로 움직인다는 공통점을 말한 것은 '비교'입니다.

3주차 확인 문제

1 다음에서 설명하는 명절의 이름을 쓰세요. » 사회

- 일 년 중에 밤이 가장 긴 날이다.
- 한 해를 마무리하고 새해를 맞이하는 명절이다.

(동지)

해설 동지는 일 년 중에 밤이 가장 긴 날로, 한 해를 마무리하고 새해를 맞이하는 명절입니다.

2 봄에 해당하지 않는 절기를 찾아 기호를 쓰세요. » 사회

㉮ 입춘 ㉯ 경칩 ㉰ 하지 ㉱ 춘분 ㉲ 청명

(㉰)

해설 하지는 여름에 해당하는 절기입니다.

3 가을에 볼 수 있는 세시 풍속에 ○표를 하세요. » 사회

(1) 송편 빚기 (○)
(2) 달집태우기 ( )
(3) 서로 부채 나누기 ( )

해설 달집태우기는 정월 대보름에 하던 세시 풍속으로 겨울에 볼 수 있고, 서로 부채 나누기는 단오에 하던 세시 풍속으로 여름에 볼 수 있습니다.

4 자석을 나사에 가까이 가져가면 어떻게 되나요? (②) » 과학

① 나사의 색깔이 변한다.
② 나사가 자석에 붙는다.
③ 나사가 자석을 밀어 낸다.
④ 자석의 열에 나사가 녹는다.
⑤ 나사가 제자리에서 계속 돈다.

해설 나사는 철로 되어 있어서 자석에 붙습니다.

▶ 정답과 해설 45쪽

5 다음 빈칸에 들어갈 알맞은 말에 ○표를 하세요. » 과학

[ ]은/는 자석의 성질을 이용한 도구로 방향을 알려 준다.

(1) 온도계 ( )
(2) 나침반 (○)
(3) 체중계 ( )

해설 나침반은 자석의 성질을 이용한 도구로 방향을 알려 줍니다.

6 고체를 통해 소리가 전달되는 경우를 찾아 기호를 쓰세요. » 과학

㉮ 멀리서 부르는 친구의 목소리를 듣는다.
㉯ 실 전화기로 멀리 있는 친구의 소리를 듣는다.
㉰ 수중 발레 선수는 수중 스피커로 음악을 듣는다.
㉱ 물속의 잠수부가 먼 곳에서 오는 배의 소리를 듣는다.

(㉯)

해설 ㉮는 기체를 통해 소리가 전달되는 경우, ㉰와 ㉱는 액체를 통해 소리가 전달되는 경우입니다.

7 법정 공휴일이 아닌 국경일의 기호를 쓰세요. » 사회

㉮ 삼일절 ㉯ 제헌절 ㉰ 광복절 ㉱ 개천절 ㉲ 한글날

(㉯)

해설 제헌절은 국경일이지만 법정 공휴일이 아니어서 쉬지 않습니다.

8 다음에서 설명하는 국경일은 무엇인지 쓰세요. » 사회

1945년 8월 15일에 나라를 되찾은 것과 1948년 8월 15일 대한민국의 정부가 수립된 것을 기념하는 날로, 국경일 중에서 가장 경사스러운 날이다.

(광복절)

해설 대한민국 정부는 광복과 정부 수립의 날을 기념하기 위해 매년 8월 15일을 국경일로 지정하였습니다.

9 관혼상제에 대한 설명으로 알맞지 않은 것은 어느 것인가요? (②) 사회

① 상례는 장례라고도 한다.
② 전통 혼례식은 오늘날의 혼례식보다 간소하다.
③ 명절에 조상에게 제사를 지내는 것을 차례라고 한다.
④ 한식에 조상에게 제사를 지내는 것을 시제라고 한다.
⑤ 관례는 청소년이 머리에 관을 쓰고 성년이 되는 의식이다.

해설 전통 혼례식은 복잡한 절차가 있습니다.

10 금속으로 만들어진 물체의 기호를 쓰세요. 과학

㉮ 못 ㉯ 풍선 ㉰ 타이어 ㉱ 축구공 ㉲ 장난감 블록

(㉮)

해설 못은 금속으로 만들어진 물체입니다.

11 물질의 성질에 대해 알맞게 말하지 않은 친구의 이름을 쓰세요. 과학

우재: 나무는 금속보다 가볍고, 고유한 향과 무늬가 있어.
지안: 금속은 다른 물질보다 단단하고, 광택이 있으며, 딱딱하고 무거워.
현우: 플라스틱은 쉽게 구부러지고, 잡아당기면 늘어났다가 놓으면 다시 돌아오는 성질이 있어.

(현우)

해설 현우가 말한 것은 고무의 성질입니다.

12 따뜻한 물이 담긴 컵에 붕사를 넣고 저어 주면 어떻게 되나요? (③) 과학

① 아무 변화가 없다.
② 빨간색으로 변한다.
③ 물이 뿌옇게 흐려진다.
④ 붕사가 파란색으로 변한다.
⑤ 서로 엉켜 덩어리가 생긴다.

해설 따뜻한 물이 담긴 컵에 붕사를 넣고 저어 주면 물이 뿌옇게 흐려집니다.

▶ 정답과 해설 46쪽

13 다음 빈칸에 들어갈 알맞은 이어 주는 말에 ○표를 하세요. 국어

나는 지애에게 미안하였습니다. [ ] 생일 선물을 준비하지 못하였기 때문입니다.

(1) 그리고 ( )
(2) 그래서 ( )
(3) 왜냐하면 (○)

해설 결과에 대한 원인이 무엇인지 말할 때 쓰는 이어 주는 말은 '왜냐하면'입니다.

14 원인과 결과를 생각하며 말하는 방법에 맞게 차례대로 기호를 쓰세요. 국어

㉮ 그 결과 어떤 일이 일어났는지 생각한다.
㉯ 알맞은 이어 주는 말을 사용하여 간추려 말한다.
㉰ 일이 일어난 까닭과 그 까닭 때문에 생긴 일 또는 달라진 일을 찾는다.

(㉰) → (㉮) → (㉯)

해설 원인과 결과를 생각하며 말하는 방법은 먼저 일이 일어난 까닭과 그 까닭 때문에 생긴 일 또는 달라진 일을 찾고, 그 결과 어떤 일이 일어났는지 생각합니다. 그리고 알맞은 이어 주는 말을 사용하여 간추려 말합니다.

15 다음 글에 사용된 설명 방법은 무엇인지 알맞은 것에 ○표를 하세요. 국어

벚꽃과 목련은 공통점이 있습니다. 두 꽃은 모두 봄에 나무에서 피는 꽃입니다. 그리고 꽃이 먼저 피고, 꽃이 진 뒤에 잎이 나옵니다.

(1) 비교 (○)
(2) 대조 ( )

해설 두 대상의 공통점을 찾아 설명하는 방법은 비교입니다.

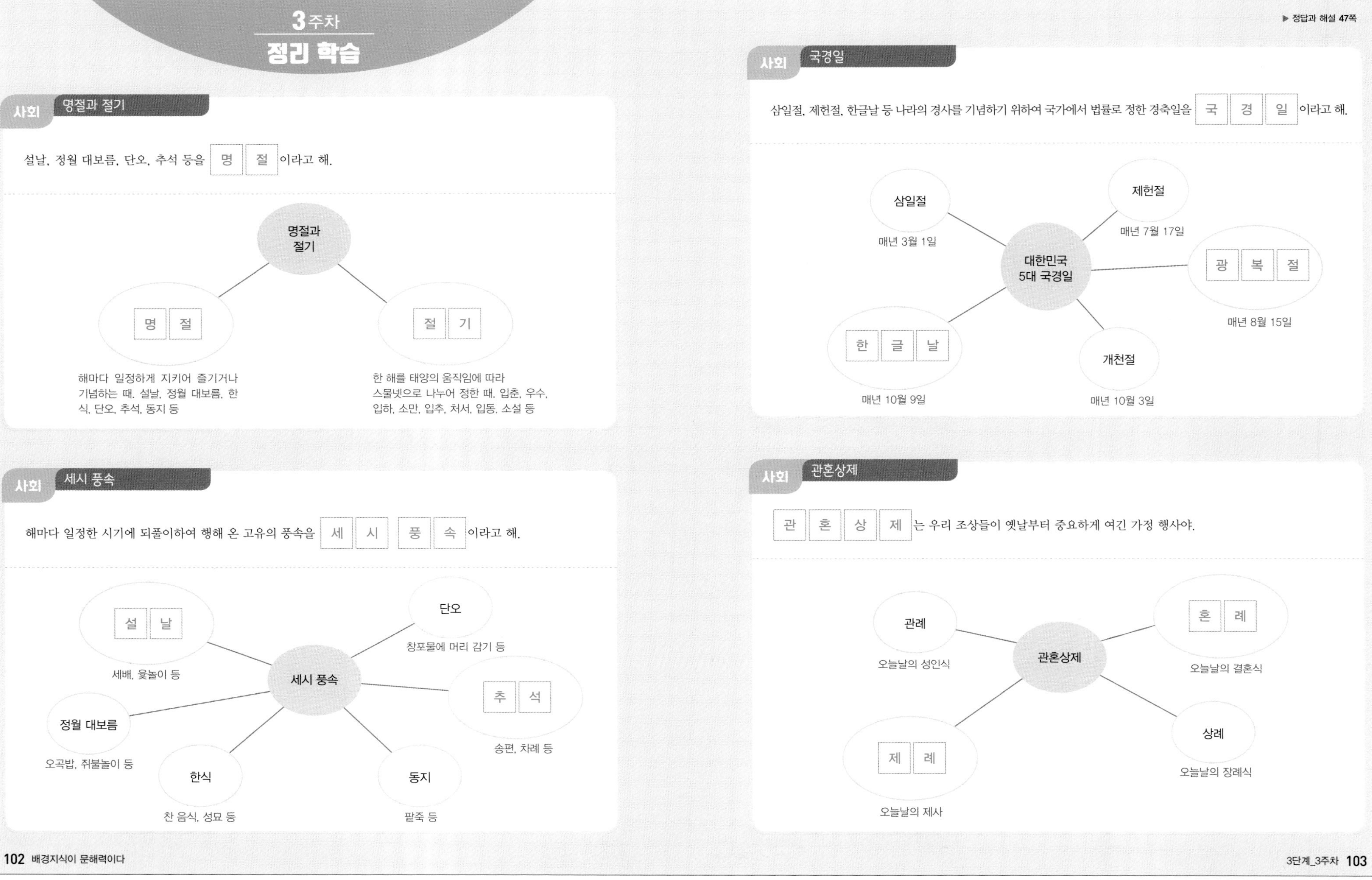
3주차
정리 학습
사회 명절과 절기
설날, 정월 대보름, 단오, 추석 등을 명 절 이라고 해.
명절과 절기
명 절
해마다 일정하게 지키어 즐기거나 기념하는 때. 설날, 정월 대보름, 한식, 단오, 추석, 동지 등
절 기
한 해를 태양의 움직임에 따라 스물넷으로 나누어 정한 때. 입춘, 우수, 입하, 소만, 입추, 처서, 입동, 소설 등
사회 세시 풍속
해마다 일정한 시기에 되풀이하여 행해 온 고유의 풍속을 세 시 풍 속 이라고 해.
세시 풍속
설 날
세배, 윷놀이 등
정월 대보름
오곡밥, 쥐불놀이 등
한식
찬 음식, 성묘 등
동지
팥죽 등
추 석
송편, 차례 등
단오
창포물에 머리 감기 등
사회 국경일
삼일절, 제헌절, 한글날 등 나라의 경사를 기념하기 위하여 국가에서 법률로 정한 경축일을 국 경 일 이라고 해.
대한민국 5대 국경일
삼일절
매년 3월 1일
제헌절
매년 7월 17일
광 복 절
매년 8월 15일
한 글 날
매년 10월 9일
개천절
매년 10월 3일
사회 관혼상제
관 혼 상 제 는 우리 조상들이 옛날부터 중요하게 여긴 가정 행사야.
관혼상제
관례
오늘날의 성인식
혼 례
오늘날의 결혼식
상례
오늘날의 장례식
제 례
오늘날의 제사

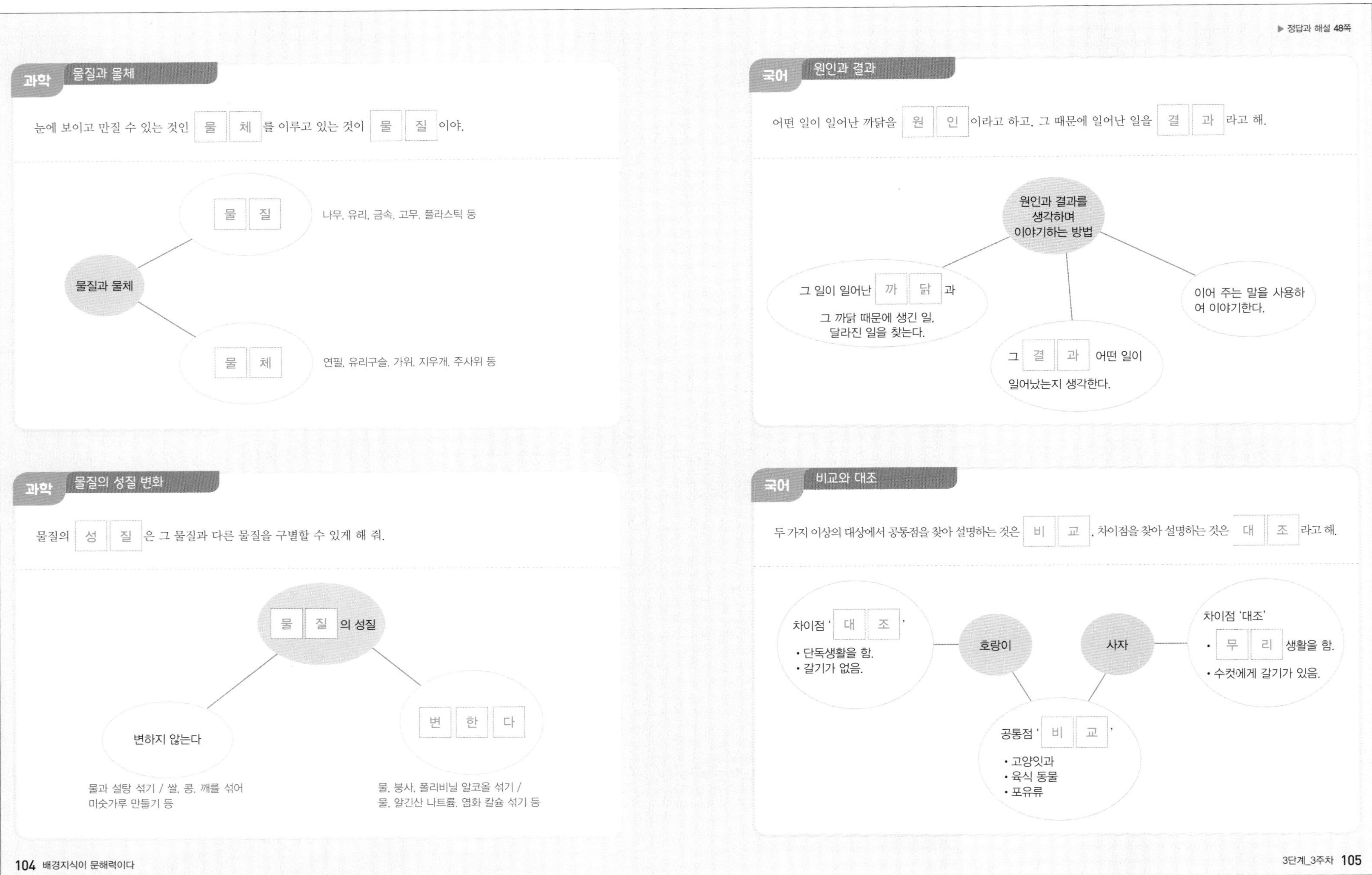
과학 물질과 물체
눈에 보이고 만질 수 있는 것인 물 체 를 이루고 있는 것이 물 질 이야.
물질과 물체
물 질
나무, 유리, 금속, 고무, 플라스틱 등
물 체
연필, 유리구슬, 가위, 지우개, 주사위 등
과학 물질의 성질 변화
물질의 성 질 은 그 물질과 다른 물질을 구별할 수 있게 해 줘.
물 질 의 성질
변하지 않는다
물과 설탕 섞기 / 쌀, 콩, 깨를 섞어 미숫가루 만들기 등
변 한 다
물, 붕사, 폴리비닐 알코올 섞기 / 물, 알긴산 나트륨, 염화 칼슘 섞기 등
국어 원인과 결과
어떤 일이 일어난 까닭을 원 인 이라고 하고, 그 때문에 일어난 일을 결 과 라고 해.
원인과 결과를 생각하며 이야기하는 방법
그 일이 일어난 까 닭 과 그 까닭 때문에 생긴 일, 달라진 일을 찾는다.
그 결 과 어떤 일이 일어났는지 생각한다.
이어 주는 말을 사용하여 이야기한다.
국어 비교와 대조
두 가지 이상의 대상에서 공통점을 찾아 설명하는 것은 비 교 , 차이점을 찾아 설명하는 것은 대 조 라고 해.
호랑이
사자
차이점 '대 조'
• 단독생활을 함.
• 갈기가 없음.
공통점 '비 교'
• 고양잇과
• 육식 동물
• 포유류
차이점 '대조'
• 무 리 생활을 함.
• 수컷에게 갈기가 있음.

4
주차

정답과 해설

배경지식이 문해력이다 | 3단계

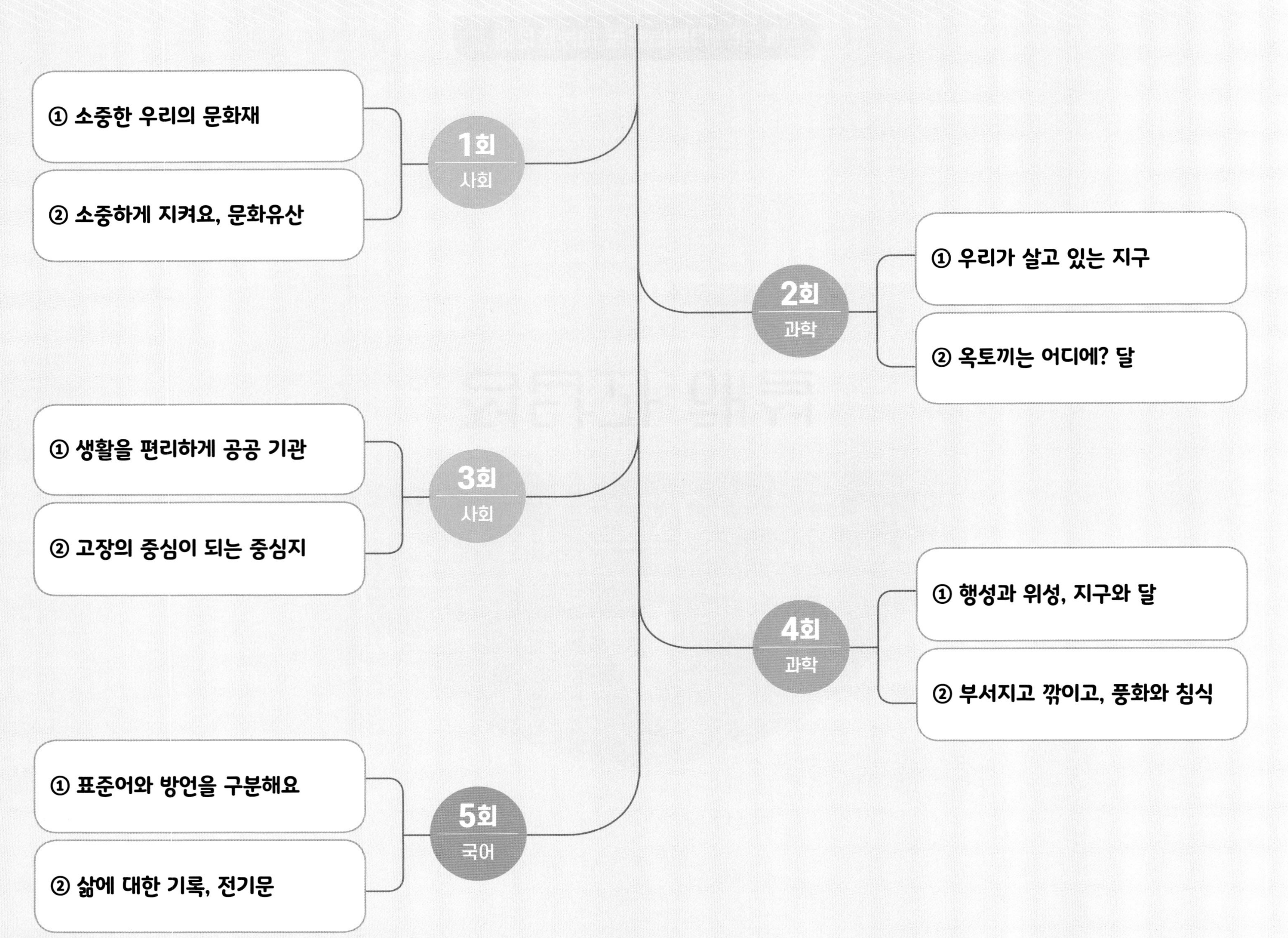

1회
사회
① 소중한 우리의 문화재
② 소중하게 지켜요, 문화유산
2회
과학
① 우리가 살고 있는 지구
② 옥토끼는 어디에? 달
3회
사회
① 생활을 편리하게 공공 기관
② 고장의 중심이 되는 중심지
4회
과학
① 행성과 위성, 지구와 달
② 부서지고 깎이고, 풍화와 침식
5회
국어
① 표준어와 방언을 구분해요
② 삶에 대한 기록, 전기문

1회 4주차 사회 ①

소중한 우리의 문화재

문화재: 문화 활동에 의하여 창조된 가치가 뛰어난 사물로, 문화재 보호법이 보호의 대상으로 정한 유형 문화재, 무형 문화재, 민속 문화재, 천연기념물, 사적, 명승지 따위를 이르는 말.

선호는 가족과 함께 안동으로 여행을 가기로 했어. 여행을 가기 전에 안동에 대해 조사해 보니, 안동에는 많은 문화재가 있다는 것을 알게 되었어.

안동의 '문화재' 하면 하회탈이 떠오르는데, 그밖에 또 어떤 것이 있을까? 안동 하회마을, 하회별신굿탈놀이, 안동 봉정사 대웅전, 안동 도산서원 등이 모두 안동의 문화재야. 이처럼 꼭 형태가 있는 것만 문화재는 아니야.

문화재는 조상들이 남긴 유산 가운데 역사적, 문화적 가치가 높아 보호해야 할 모든 것을 뜻해. 문화재가 언제, 어떻게, 왜 만들어졌는지 문화재에 대한 이모저모를 살펴보다 보면 조상의 생활 모습뿐만 아니라 그 안에 담긴 조상의 지혜도 배울 수 있어. 그리고 우리의 전통문화를 계승하여 발전시켜 나갈 수 있는 밑거름이 되어 주지. 그래서 문화재를 법으로 지정해서 보호하고 있는 거야.

한눈에 정리

- 문화재
  - 유 형 문화재 — 예 경주 동궁과 월지, 성덕 대왕 신종, 서울 숭례문, 수원 화성, 부여 정림사지 오층 석탑, 경주 불국사 다보탑
  - 무 형 문화재 — 예 가야금 병창, 전통장, 종묘제례악, 승무, 살풀이춤, 판소리

Tip 문화재는 형태가 있는지, 없는지에 따라 유형 문화재와 무형 문화재로 구분합니다.

이해 조상들이 남긴 유산 중 역사적, 문화적 가치가 높아 보호해야 할 것을 □□□(문화재)라고 해.

문화재의 종류

유형 문화재

형태가 있는 문화유산으로 건축물, 공예품, 책 등을 말해. 대표적인 유형 문화재에는 서울 숭례문, 수원 화성, 부여 정림사지 오층 석탑, 경주 불국사 다보탑 등이 있어.

경주 불국사 다보탑 ▶
경상북도 경주시 진현동 불국사 경내에 있는 통일신라시대의 화강석 석탑.

무형 문화재

예술 활동이나 기술 등과 같이 형태가 없는 문화유산을 말해. 그리고 판소리나 춤 같은 중요 무형 문화재를 보유하고 있는 사람을 '인간문화재'라고도 불러. 대표적인 무형 문화재에는 종묘제례악, 승무, 살풀이춤, 판소리, 가야금 병창 등이 있어.

◀ 가야금 병창
직접 가야금을 연주하면서 민요나 판소리의 한 부분을 부르는 전통 예술.

지폐 안에도 문화재가 있어?

만 원권에는 '혼천의'가 있어

만 원권 지폐에 있는 혼천의는 현종 때 송이영이 만든 천문 시계의 일부로, 자명종의 원리를 이용했어. 홍문관에 설치해 시간 측정과 천문학 교습용으로 쓰던 거야.

오천 원권에는 강릉 오죽헌의 '몽룡실'이 있어

오천 원권 지폐에 있는 강릉 오죽헌의 '몽룡실'은 율곡 이이가 태어난 곳으로, 한국의 주택 건물 중에 가장 오래된 건물 중 하나야.

천 원권에는 '명륜당'이 있어

천 원권 지폐에 있는 '명륜당'은 생원이나 진사 시험에 합격한 유생들이 공부하던 성균관 내에 있는 건물이야.

▶ 정답과 해설 51쪽

◉ 유형 문화재에 모두 ○표를 하세요.

(숭례문), (다보탑), 종묘제례악

해설 종묘제례악은 무형 문화재에 해당합니다.

◉ 다음에서 설명하는 문화재의 종류는 무엇인지 쓰세요.

예술 활동이나 기술 등과 같이 형태가 없는 문화유산을 말한다.

무 형 문 화 재

해설 판소리나 춤, 종묘제례악과 같이 모양이 없어 보관할 수 없는 문화재는 '무형 문화재'입니다.

◉ 각 지폐 안에 있는 문화재를 찾아 알맞게 선으로 이어 보세요.

천 원권 — 명륜당
만 원권 — 혼천의

해설 천 원권 지폐 안에는 '명륜당'이 있고, 만 원권 지폐 안에는 '혼천의'가 있습니다.

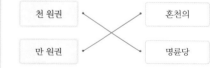

소중하게 지켜요, 문화유산

문화유산: 앞 세대의 사람들이 물려준, 후대에 계승되고 상속될 만한 가치를 지닌 문화적 전통.

우리 조상 대대로 전해 내려온 문화 중에서 다음 세대에 물려줄 만한 가치가 있는 것을 문화유산이라고 해. 우리는 이러한 문화유산을 통해 조상들의 의식주 생활 모습, 조상들이 사용한 생활 도구, 옛날 사람들의 생각, 조상들이 즐기던 여가 생활과 종교 등에 대해 알 수 있지.

1972년 유네스코는 세계 문화 및 자연 유산 보호 협약을 채택했어. 유네스코 세계유산에 등재되는 것은 인류가 공동으로 보호해야 할 가치가 있는 중요한 유산임을 증명하는 것으로 큰 의미를 지니지.

유네스코 세계유산으로 등재된 우리나라의 문화유산은 해인사 장경판전, 창덕궁, 한국의 서원 등이 있어. 그리고 무형문화유산으로 종묘제례 및 종묘제례악, 판소리, 제주해녀문화 등이 등재되었고, 세계기록유산에는 『훈민정음(해례본)』, 『조선왕조실록』, 『직지심체요절』 등이 등재되었지.

유네스코 세계유산에 등재된 우리나라의 문화유산

석굴암과 불국사(1995년)

불국사와 석굴암은 신라의 불교 문화를 대표하는 문화재야. 특히 불국사의 다보탑과 삼층석탑, 석굴암의 본존불은 신라 문화의 걸작이라고 할 수 있어.

화성(1997년)

경기도 수원에 있는 조선 시대의 성곽으로, 전통적인 축성 기법에 과학적 기술을 활용하여 성곽을 지었지. 주변 지형에 맞춰 자연스럽게 쌓은 아름다움을 볼 수 있어.

제주 화산섬과 용암 동굴(2007년)

빼어난 아름다움뿐만 아니라 지질학적 특성과 발전 과정 등 지구의 역사를 잘 보여 주는 유산이야.

종묘제례 및 종묘제례악(2001년)

종묘에서 지내던 역대 왕과 왕비의 제사 의식을 '종묘제례'라고 하고, 이때 사용된 음악과 춤을 '종묘제례악'이라고 해. 단순한 제사가 아니라 종합 문화 행사이며, 조선시대 왕실의 제사 의식이지.

판소리(2003년)

조선 중기 이후 남도 지방을 중심으로 발달하여 민족의 정서를 잘 대변해 주는 전통 음악으로, 독창성과 고유성을 인정받았어. 공연자인 소리꾼과 고수가 청중과 하나가 되어 공감하고 즐기던 문화였어.

『훈민정음(해례본)』(1997년)

세종대왕이 만든 훈민정음은 전 세계에서 가장 과학적이며, 사용하기 편리하고 배우기도 쉬운 문자야. 그리고 해례본을 통해 창제 과정을 기록한 세계에서 유일한 문자이기도 하지.

문화유산을 보존해야 하는 까닭은?

문화 민족이라는 자부심을 잃지 않고, 밀려들어 오는 외래문화에 기죽지 않으며, 더 나은 새로운 문화 창조의 밑거름으로 삼기 위해서 문화유산의 보존은 반드시 필요해.

한눈에 정리

문화유산 — 우리나라의 대표적인 유네스코 세계유산

화성	전통적인 축성 기법에 과학적 기술을 활용한, 경기도 수원에 있는 조선 시대의 성곽
석 굴 암 과 불국사	고대 불교 건축의 최고 수준을 보여주는 신라 시대에 만들어진 절
『훈 민 정 음 (해례본)』	세종대왕이 만든 글자인 훈민정음의 제자 원리 등을 설명한 해설서
종묘제례 및 종묘제례악	종묘에서 역대 왕과 왕비를 위하여 지내던 제사 의식과 이때 사용되었던 음악과 춤
판 소 리	소리꾼이 고수의 북장단에 맞춰 노래와 말, 몸짓을 섞어 이야기를 풀어내는 음악
제주 화산섬과 용암 동굴	화산 활동으로 만들어져 빼어난 아름다움을 간직한 한라산, 거문오름 용암 동굴, 성산 일출봉 지역

Tip 유네스코 세계유산의 종류에는 세계유산, 무형문화유산, 세계기록유산이 있습니다.

이해 고장의 □□□□(문화유산)을 살펴보면 우리 조상들의 생활 모습, 슬기와 멋을 알 수 있어.

▶ 정답과 해설 52쪽

◉ 신라 시대 문화유산에 ○표를 하세요.

판소리 , (석굴암), 화성 , 종묘제례악

해설 '석굴암'은 신라 시대, '화성, 종묘제례악, 판소리'는 조선 시대 문화유산입니다.

◉ 다음에서 설명하는 문화유산은 무엇인지 쓰세요.

- 세종대왕이 만들었다.
- 전 세계에서 가장 과학적이며 사용하기 편리하고 배우기도 쉬운 문자이다.

훈 민 정 음

해설 훈민정음은 세종대왕이 만든 문자입니다.

◉ 문화유산을 보존해야 하는 까닭으로 알맞지 않은 것에 ×표를 하세요.

외래문화에 기죽지 않기 위해서이다.	
오래될수록 값이 높아지기 때문이다.	×
문화 민족이라는 자부심을 잃지 않기 위해서이다.	
더 나은 새로운 문화 창조의 밑거름으로 삼기 위해서이다.	

해설 값을 높이기 위해 문화유산을 보존해야 하는 것은 아닙니다.

우리가 살고 있는 지구

우주에서 지구를 찍은 사진을 보면 우리가 살고 있는 지구는 둥근 공 모양이야. 지구의 표면에는 산, 들, 강, 바다, 사막, 빙하, 화산 등이 있어. 지구 표면은 크게 육지와 바다로 나눌 수 있는데, 지구 표면의 대부분은 바다가 차지하고 있어. 바닷물에는 짠맛을 내는 여러 가지 물질이 녹아 있어서 맛이 짜. 그래서 바닷물은 육지의 물보다 훨씬 많지만, 사람이 마시기에 적당하지 않아. 반면에 육지의 물은 바닷물처럼 짜지 않아. 그리고 육지와 바다에 사는 생물은 달라.

지구에서 사람들이 숨을 쉬고 살아갈 수 있는 까닭은 공기가 지구를 둘러싸고 있기 때문이야. 지퍼 백에 공기를 가득 담고 입구를 살짝 열어 손을 가까이 대면 공기가 빠져나가는 걸 느낄 수 있어. 이렇게 공기는 눈에 보이지는 않지만 우리 주변에 항상 존재해. 공기는 사람과 동물이 숨을 쉬고 살 수 있게 해 주고, 사람들이 연날리기를 하거나 요트를 타는 등 다양한 활동을 할 수 있게 해 줘. 공기가 없는 지구에는 생명이 살 수 없어.

지구: 우리가 살아가는 태양계 행성.

한눈에 정리

지구
- 지구의 표면
  - 둥근 공 모양임.
  - 육지와 바다로 이루어져 있음.
- 지구의 육지
  - 산, 들, 사막 등이 있음.
  - 육지의 물은 짜지 않음.
- 지구의 바다
  - 육지보다 넓음.
  - 바닷물은 육지의 물보다 짬.
- 지구의 공기
  - 지구에는 공기가 있어 생물이 살 수 있음.
  - 사람들은 다양한 방법으로 공기를 이용하고 있음.

Tip 지구의 바다는 육지보다 넓습니다.

이해 우리가 살고 있는 태양계 행성은 □□야. 지구

지구가 둥글다는 것을 증명한 마젤란 탐험대

옛날 사람들은 지구가 편평하다고 생각했어. 그 생각을 깨고 지구가 둥글다는 것을 증명한 것은 마젤란 탐험대로, 세계 일주를 통해 지구가 둥글다는 것을 알게 되었지.

1500년대 초 에스파냐의 지원을 받은 마젤란이 이끄는 탐험대가 뱃길을 따라 계속 한 방향으로 나아갔더니 결국 처음 출발한 곳으로 돌아왔대. 지구가 둥근 모양이기 때문에 가능한 일이었지. 이때부터 사람들은 지구가 편평한 모양이 아니라 둥근 공 모양이라는 사실을 인정하게 되었어.

바닷물은 쓸모없는 물일까?

바닷물에는 짠맛을 내는 물질뿐만 아니라 아주 적은 양의 금속이나 기체도 포함되어 있어. 그래서 사람이 마시기에 적당하지 않고 농사에 이용할 수도 없어. 심지어 여러 가지 물체를 썩게 만들기도 하지.

그렇다면 바닷물은 쓸모없는 물일까? 그건 아니야. 사람들은 바다에서 해수욕을 즐기기도 하고, 바닷물을 이용해 천일염을 얻기도 해. 또 바닷속에는 이러한 환경에 적응한 생물이 많이 살고 있어.

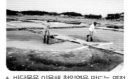

▲ 바닷물을 이용해 천일염을 만드는 염전

▶ 정답과 해설 53쪽

◉ 빈칸에 알맞은 말을 쓰세요.

우주에서 찍은 지구 사진을 보면 지구는 둥근 공 모양이다.

해설 지구는 둥근 공 모양입니다.

◉ 물에서 짠맛이 나는 곳에 ○표를 하세요.

육지	바다
	○

해설 육지의 물은 짜지 않습니다.

◉ 다음과 같은 역할을 하는 것을 쓰세요.

- 지구를 둘러싸고 있는 기체이다.
- 지구에서 생물이 숨을 쉬고 살 수 있게 해 준다.
- 연날리기, 요트 타기 등을 할 수 있다.

공기

해설 공기가 지구를 둘러싸고 있습니다.

4주차 ② 과학

옥토끼는 어디에? 달

밤하늘에 떠 있는 달을 본 적이 있니? 옛날부터 사람들은 달에 관심이 많았어. 보름달을 보며 소원을 빌기도 하고, 달을 보며 여러 가지 상상을 했대. 토끼가 방아를 찧는 모습을 떠올리기도 하고, 여러 가지 동물 모양이라고도 생각했대. 달과 관련된 이야기나 노래도 있어. '해와 달이 된 오누이'라는 전래 동화도 있고, '달 달 무슨 달'이라는 동요도 있지. 달은 이렇게 사람들에게 친숙한 존재야.

그렇다면 실제 달은 어떤 모양일까?

지구에서 볼 때 달의 모양이 변하는 것처럼 보이지만, 실제 달은 계속 둥근 공 모양이야. 우주에서 찍은 달 사진을 보면 달 표면의 색깔이 밝은 부분과 어두운 부분이 있어. 달의 표면에서 어둡게 보이는 부분은 '달의 바다'라고 불러. 또 매끈매끈한 면도 있고, 울퉁불퉁한 면도 있어. 그리고 표면에 돌도 있고, 크고 작은 구덩이도 많이 있지. 달의 크기는 지구보다 작아. 지구가 야구공 크기라면 달은 유리구슬 정도 크기라고 할 수 있지.

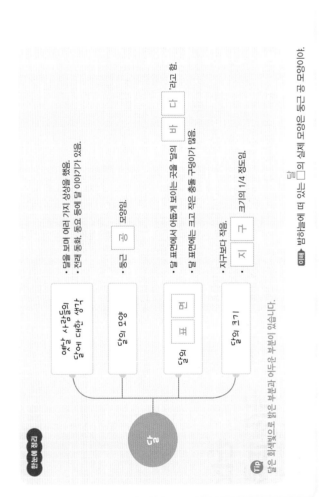

달: 지구의 위성. 햇빛을 반사하여 밤에 밝은 빛을 냄.

한눈에 정리

달
- 옛날 사람들의 달에 대한 생각
  - 달을 보며 여러 가지 상상을 했음.
  - 전래 동화, 동요 등에 달 이야기가 있음.
- 달의 모양
  - 둥근 [공] 모양임.
- 달의 [표][면]
  - 달 표면에서 어둡게 보이는 곳을 '달의 [바][다]'라고 함.
  - 달 표면에는 크고 작은 충돌 구덩이가 많음.
- 달의 크기
  - 지구보다 작음.
  - [지][구] 크기의 1/4 정도임.

Tip 달은 회색빛으로 밝은 부분과 어두운 부분이 있습니다.

이해 밤하늘에 떠 있는 [달]의 실제 모양은 둥근 공 모양이야.

달 표면에 나타나는 무늬

옛날 사람들은 달 표면의 밝은 부분과 어두운 부분에 따라 나타나는 무늬를 보고 여러 가지 상상을 했대. 우리나라에서는 방아 찧는 토끼가 있다고 생각했고, 페루에서는 두꺼비 모양이라고 생각했대. 유럽에서는 집게발을 든 게, 목걸이를 한 귀부인 등 다양한 상상을 했대.

달의 바다에는 물이 있을까?

달의 바다
달의 고지
물이 없잖아!

1600년대 초 과학자들은 달의 어두운 부분이 물로 가득 차 있을 거라고 생각했대. 그래서 '달의 바다'라고 이름 붙였지. 그런데 과학이 발달하면서 달의 바다에는 물이 없다는 것을 알게 되었어. 달의 바다가 어둡게 보이는 까닭은 현무암질의 용암대지로 이루어져 있기 때문이래.

충돌 구덩이? 운석 구덩이?

달 표면에 있는 충돌 구덩이는 소행성이나 혜성, 유성체가 충돌하여 만들어졌어. 달뿐만 아니라 단단한 표면을 가진 거의 모든 천체에서 볼 수 있지. 지구에도 운석이 충돌하여 만들어진 운석 구덩이가 있어. 지구권 밖에 있던 운석이 지구의 중력에 의해 지구 표면에 떨어진 거야. 하지만 달은 지구가 아닌 천체이기 때문에 '충돌 구덩이'라고 하기로 했어.

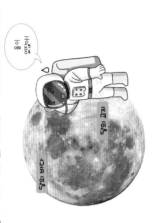

▶ 정답과 해설 54쪽

◉ 달에 대한 설명으로 알맞은 것에 ○표를 하세요.

둥근 공 모양이다.	○
달의 바다에는 물이 있다.	
공기가 달을 둘러싸고 있다.	

해설 달에는 물과 공기가 없습니다.

◉ 크기가 더 큰 것에 ○표를 하세요.

달	지구
	○

해설 달은 지구의 1/4 정도 크기입니다.

◉ 빈칸에 알맞은 말을 쓰세요.

달 표면에는 움푹 파인 크고 작은 구덩이가 많이 있는데, 이러한 구덩이를 [충][돌] 구덩이라고 한다.

해설 달 표면에는 크고 작은 충돌 구덩이가 많이 있습니다.

생활을 편리하게 공공 기관

공공 기관: 개인의 이익이 아닌 주민 전체의 이익과 생활의 편의를 위해 국가가 세우거나 관리하는 기관.

우리는 생활하면서 다양한 시설이나 기관을 이용해. 그중에서 여러 사람을 위해 일하는 곳을 공공 기관이라고 해. 아파트, 백화점, 시장, 대형 마트는 여러 사람이 이용하는 곳이지만, 공공 기관이 아니야. 공공 기관은 개인뿐만 아니라 주민 전체의 이익과 생활의 편의를 위해 국가가 세우거나 관리하는 곳이거든.

우리 주변에는 학교, 주민 센터, 소방서, 보건소, 경찰서, 도서관 등 다양한 공공 기관이 있어. 공공 기관은 어떤 일을 할까? 학교는 학생들을 교육시키고, 교육청은 학생들의 교육과 관련된 일을 해. 도서관은 책을 읽고 공부하는 공간을 제공하지. 소방서는 화재를 예방하고 응급 환자를 구조하는 일을 하고, 경찰서는 우리 지역의 안전을 책임지고 질서를 유지해. 주민 센터는 주민 등록증을 발급해 주는 등 주민들의 생활에 도움을 주고, 보건소는 감염병과 질병을 예방하고 치료하기 위해 노력해.

이처럼 각 공공 기관은 지역 주민들이 안전하고 편리하게 생활할 수 있도록 여러 가지 일을 해.

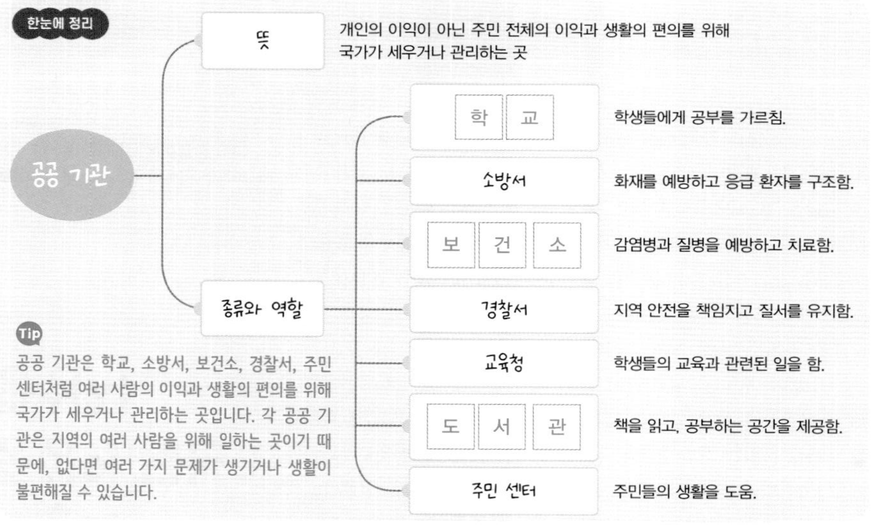
한눈에 정리
공공 기관
뜻
개인의 이익이 아닌 주민 전체의 이익과 생활의 편의를 위해 국가가 세우거나 관리하는 곳
종류와 역할
학 교
학생들에게 공부를 가르침.
소방서
화재를 예방하고 응급 환자를 구조함.
보 건 소
감염병과 질병을 예방하고 치료함.
경찰서
지역 안전을 책임지고 질서를 유지함.
교육청
학생들의 교육과 관련된 일을 함.
도 서 관
책을 읽고, 공부하는 공간을 제공함.
주민 센터
주민들의 생활을 도움.
Tip
공공 기관은 학교, 소방서, 보건소, 경찰서, 주민 센터처럼 여러 사람의 이익과 생활의 편의를 위해 국가가 세우거나 관리하는 곳입니다. 각 공공 기관은 지역의 여러 사람을 위해 일하는 곳이기 때문에, 없다면 여러 가지 문제가 생기거나 생활이 불편해질 수 있습니다.

이해 소방서, 보건소, 주민 센터 같이 공공의 이익을 위해 국가가 관리하는 곳을 □□ □□이라고 해. (공공 기관)

공공 기관을 이용하는 모습

우체국에서는 우편물이나 택배를 보내고, 각 고장의 특산물을 주문해서 살 수 있어. 보건소에서는 건강과 관련한 검진을 받고, 예방 접종을 받지. 박물관에 가서는 문화재를 감상하고, 박물관 교육 프로그램에 참가하며, 도청에 가서는 어린이 도서관을 설치해 달라고 요청하는 등의 민원을 건의해.

공공 기관 견학하기

견학하기 전	• 견학하고 싶은 장소 정하기 • 알고 있는 것과 알고 싶은 것 정리하기 • 견학 계획을 세우고, 준비물과 역할 나누기 • 견학할 곳에 미리 연락하기
견학하는 동안	• 예절을 지켜 견학하기
견학을 다녀와서	• 견학하며 조사한 내용을 친구들과 함께 이야기하기 • 견학하며 알게 된 점과 느낀 점을 보고서로 작성하기

집 앞으로 찾아오는 도서관이 있다고?

가까운 곳에 도서관이 없는 외진 지역이나 도서관을 방문하기 어려운 사람들을 위해 찾아가는 도서관이 있어. 바로 '이동 도서관'이야.

찾아가는 도서관

▶ 정답과 해설 55쪽

◉ 공공 기관으로 알맞은 것을 모두 골라 ○표를 하세요.

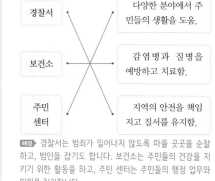

(보건소) 아파트 대형 마트 백화점 (경찰서) (주민 센터)

해설 공공 기관은 개인의 이익이 아니라 주민 전체의 이익과 생활의 편의를 위해 국가가 세우거나 관리하는 곳입니다.

◉ 알맞게 선으로 이어 보세요.

- 경찰서 — 지역의 안전을 책임지고 질서를 유지함.
- 보건소 — 감염병과 질병을 예방하고 치료함.
- 주민 센터 — 다양한 분야에서 주민들의 생활을 도움.

해설 경찰서는 범죄가 일어나지 않도록 마을 곳곳을 순찰하고, 범인을 잡기도 합니다. 보건소는 주민들의 건강을 지키기 위한 활동을 하고, 주민 센터는 주민들의 행정 업무와 민원을 처리합니다.

◉ 알맞은 것에 ○표를 하세요.

- 공공 기관은 개인이 세우거나 관리하는 곳이다. ( )
- 공공 기관이 제 역할을 하지 않아도 주민들은 알 수 없다. ( )
- 각 공공 기관은 주민들이 안전하고 편리하게 생활할 수 있도록 여러 가지 일을 한다. (○)

해설 공공 기관은 주민 전체의 이익과 편의를 위해 국가가 세우거나 관리하는 곳입니다. 공공 기관이 제 역할을 하지 않으면 주민들의 생활이 불편해집니다.

3회 ② 4주차 사회

고장의 중심이 되는 중심지

중심지는 간단히 말해 중심이 되는 장소야. 고장의 중심지라고 하면 고장에서 중심이 되는 중요한 장소를 뜻하지.

중심지의 특징은 우선 사람들이 이용할 수 있는 다양한 시설이 모여 있고, 생활에 필요한 것을 살 수 있는 상점들이 많아. 그리고 교통이 편리해. 이런 이유로 사람들이 많이 모이고, 그래서 건물도 많고, 복잡해. 이에 비해 중심지가 아닌 곳은 사람들이 이용할 수 있는 시설이 적고, 조용하고 한적해. 그래서 사람들이 많지 않아.

고장에는 하나의 중심지만 있을까? 그렇지 않아. 다양한 중심지가 있을 수 있어. 산업의 중심지는 물건을 만드는 회사나 공장에서 일하려고 사람들이 모이는 곳이야. 행정의 중심지는 지역 사람들이 행정 업무를 처리하려고 모이는 곳이지. 상업의 중심지는 지역 사람들이 생활에 필요한 물건을 사기 위해 모이는 곳이고, 문화의 중심지는 지역의 문화유산을 직접 보려는 사람들이 모이는 곳이야. 이처럼 중심지마다 모습이 다르고, 역할과 기능도 달라.

중심지: 어떤 일이나 활동의 중심이 되는 중요한 장소로, 사람들이 많이 모이는 곳.

한눈에 정리

중심지
- 뜻: 어떤 일이나 활동의 중심이 되는 장소로, 고장 사람들이 많이 모이는 곳
- 특징:
  - 다양한 시설이 모여 있고, 상점이 많음.
  - 교통이 편리하고, 건물이 많고 복잡함.
- 종류:
  - 산업의 중심지 — 예 아산시
  - 행정의 중심지 — 예 홍성군 내포신도시
  - 상업의 중심지 — 예 천안시
  - 문화의 중심지 — 예 부여군

Tip 중심지는 구청이나 군청, 시장, 버스 터미널 등 고장 사람들이 많이 모이는 곳입니다. 중심지는 역할과 기능에 따라 산업, 행정, 상업, 문화의 중심지가 있습니다. 지역에는 이외에도 기능과 역할에 따라 다양한 중심지가 있습니다.

이해 어떤 일이나 활동을 하기 위해 고장 사람들이 많이 모이는 곳을 고장의 □□□(중심지)라고 해.

지역의 다양한 중심지 모습

지역에는 기능과 역할에 따라 다양한 중심지가 있어.

산업의 중심지
회사나 공장에서 일하려고 사람들이 모이는 곳으로, 전자 제품 공장, 자동차 공장, 높은 빌딩 등이 있어.

행정의 중심지
행정 업무를 보기 위해 모이는 곳으로, 도청, 교육청 등 다양한 공공 기관이 있어.

상업의 중심지
물건을 사거나 팔기 위해 모이는 곳으로, 대형 마트, 백화점, 시장 등이 모여 있어.

문화의 중심지
문화유산을 직접 보거나 문화 생활을 즐기기 위해 모이는 곳으로, 박물관, 유적지 등이 있어.

교통의 중심지
다른 고장이나 지역으로 이동하기 위해 모이는 곳으로, 버스 터미널, 기차역, 공항 등이 있어.

지도만 봐도 중심지를 찾을 수 있다고?

중심지에는 사람들이 이용할 수 있는 다양한 시설이 모여 있어. 그래서 건물이 많고, 도로도 발달해 있지. 지도나 위성 사진을 보면 교통이 발달하고, 여러 시설이 모여 있는 중심지를 한눈에 알아볼 수 있어. 아래 지도를 보면, 빨간색 네모 부분이 중심지이고, 파란색 네모 부분은 중심지가 아닌 곳이야.

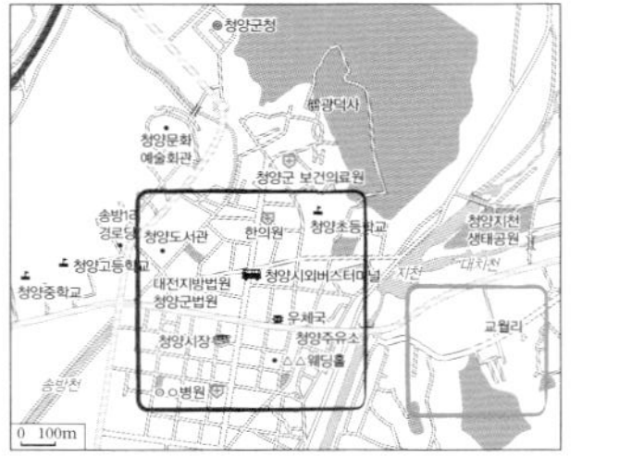

▶ 정답과 해설 56쪽

⊙ 중심지에 대한 설명으로 알맞은 것에 모두 ○표를 하세요.

사람들이 많이 모이는 곳이다.	○
주로 논과 밭이 많고, 조용하고 한적하다.	
교통이 편리하고, 주변에 다양한 시설이 있다.	○

해설 중심지는 어떤 일이나 활동의 중심이 되는 곳으로, 사람이 많이 모입니다. 교통이 편리해서 접근하기 좋고, 주변에 다양한 시설이 있습니다.

⊙ 알맞게 선으로 이어 보세요.

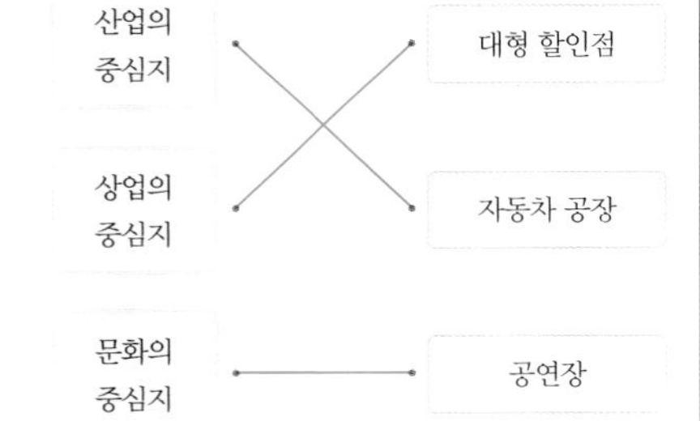

해설 지역에는 여러 역할과 기능에 따라 다양한 중심지가 있습니다. 각 중심지에는 그 역할에 맞는 시설이나 장소가 있습니다.

⊙ 지도에서 중심지인 곳에 ○표를 하세요.

해설 중심지는 사람들이 이용하는 여러 시설이 모여 있어 복잡하고, 교통도 발달해 있습니다.

4회 ① 4주차 과학

행성과 위성, 지구와 달

지구와 달: 태양계 세 번째 행성과 그 위성으로, 모양은 비슷하지만 크기나 색깔은 다름.

우주에서 지구와 달을 같이 찍은 사진을 보면 지구와 달은 둘 다 둥근 모양인데, 색깔은 달라. 달은 회색빛을 띠고 있는 반면에, 지구는 하얀색, 초록색, 파란색, 갈색 등 색깔이 다양해. 지구 사진의 하얀색은 구름, 초록색은 산, 파란색은 바다, 갈색은 육지야. 이렇게 지구와 달은 공통점도 있고, 다른 점도 있어.

지구와 달은 모두 둥근 공 모양이고, 표면에 모두 돌이 있어.

그렇다면 지구와 달은 어떤 점이 다를까?

먼저, 지구와 달은 크기가 달라. 지구가 달보다 4배 정도 크지. 그리고 지구에는 공기가 있어서 파란 하늘을 볼 수 있고, 물과 공기가 있어서 다양한 생물이 살아가고 있어. 하지만 달은 물과 공기가 없고, 표면에 크고 작은 구덩이가 아주 많아. 지구의 바다에는 물이 있지만, 달의 바다에는 물이 없지.

즉, 지구는 물, 공기, 알맞은 온도 등 생물이 살기에 적합한 환경을 갖추고 있어. 그래서 다양한 생물이 숨을 쉬며 살아가고 있지. 하지만 달에는 물과 공기가 없고, 생물도 살지 않아.

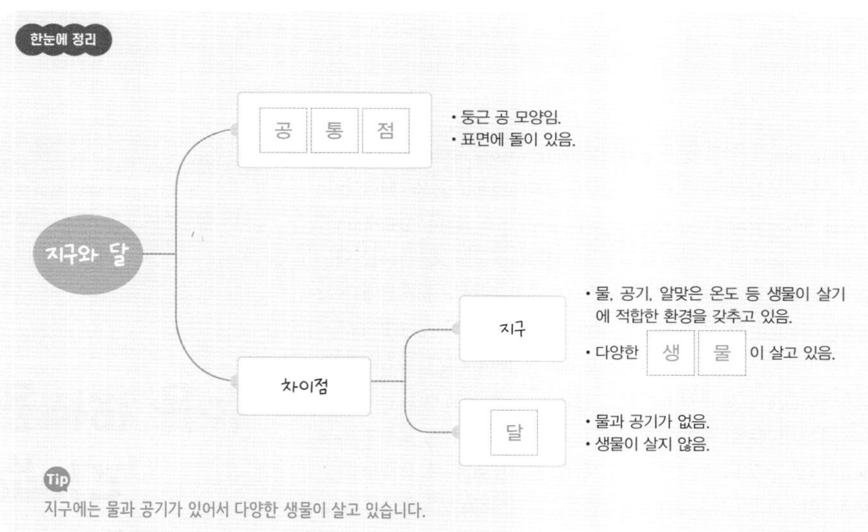

한눈에 정리
지구와 달
공 통 점
• 둥근 공 모양임.
• 표면에 돌이 있음.
차이점
지구
• 물, 공기, 알맞은 온도 등 생물이 살기에 적합한 환경을 갖추고 있음.
• 다양한 생 물 이 살고 있음.
달
• 물과 공기가 없음.
• 생물이 살지 않음.
Tip
지구에는 물과 공기가 있어서 다양한 생물이 살고 있습니다.

이해 지구와 달 중 다양한 생물이 살고 있는 곳은 □□야. 지구

지구와 달의 모양

우주에서 바라보면 지구와 달이 둘 다 둥근 모양임을 알 수 있어.

▲ 지구

▲ 달

달의 뒷면

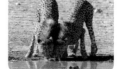

지구에서는 달의 뒷면을 볼 수 없어. 우리가 볼 수 있는 것은 달의 앞면이야. 그런데 우주선에서 찍은 달의 사진을 보면 달의 앞면과 뒷면이 달라. 달의 앞면에서는 달의 바다라고 불리는 어두운 부분을 볼 수 있는 반면, 달의 뒷면은 크고 작은 구덩이들로 가득해.

지구에 생물이 살 수 있는 까닭은?

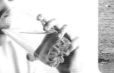

지구에 생물이 존재할 수 있는 가장 큰 이유는 물이 있기 때문이야. 모든 생명체는 물이 없으면 살 수 없어. 사람의 경우 물이 몸의 약 70퍼센트를 차지해. 물은 공기와 더불어 생물이 살아가는 데 가장 중요한 요소야.

▶ 정답과 해설 57쪽

◉ 지구와 달의 공통점에 ○표를 하세요.

둥근 공 모양이다.	○
물과 공기가 있다.	
다양한 생물이 살고 있다.	

해설 지구와 달은 모두 둥근 공 모양입니다.

◉ 알맞은 말에 ○표를 하세요.

지구에는 (물, (공기))이/가 있어서 파란 하늘을 볼 수 있다.

해설 지구에서 파란 하늘을 볼 수 있는 까닭은 공기가 있기 때문입니다.

◉ 달의 특징에 ○표를 하세요.

물이 있다.	
공기가 있다.	
움푹 파인 구덩이가 많다.	○

해설 달에는 물과 공기가 없습니다.

4회 ②

부서지고 깎이고, 풍화와 침식

풍화: 비·바람·햇빛·기온·식물 등에 의해 바위나 돌이 부서지는 것.
침식: 흐르는 물이나 얼음, 바람, 파도 등에 의해 지표가 깎여 나가는 것.

바위가 오랜 세월 계속해서 비와 바람을 맞고, 바위틈에 있는 물이 얼었다 녹았다를 반복하고, 때로는 식물 뿌리가 바위의 작은 틈을 파고들어 자라기도 해. 그러면 바위가 부서지고, 쪼개지고, 또 쪼개져서 돌과 모래가 되지. 이처럼 비·바람·햇빛·기온·식물 등에 의해 바위나 돌이 부서지는 것을 '풍화'라고 해. 바위나 돌이 물에 의해 조금씩 녹거나 색 등이 변하는 것도 풍화야. 돌과 모래가 흙이 되려면 다시 나무나 벌레, 동물들이 썩어지고 풍화가 되어 더 잘게 부서진 모래와 섞이면서 진정한 흙이 되는 거야.

땅의 표면은 흐르는 강물에 의해 바위, 돌, 흙 등이 깎여 나가고 파도에 육지가 깎여 나가면서 조금씩 모양이 변해. 언제나 같아 보이는 산이나 강, 해안도 사실은 조금씩 변하고 있어. 이렇게 흐르는 물이나 얼음, 바람, 파도 등에 의해 지표가 깎여 나가는 것을 '침식'이라고 해. 침식 작용이 오랜 시간 되풀이되면서 지표의 모습이 조금씩 변하는 거지. 해안의 절벽이나 해식 동굴 등은 침식에 의해 생긴 거야.

한눈에 정리

풍화 — 바위가 잘게 부서져 가루가 되는 일 — 원인: 기온 / 비, 바람 / 식물 / 햇빛 → 돌과 모래 → 흙 (← 나무, 동물 등의 풍화)

침식 — 지표의 바위, 돌, 흙 등이 깎여 나가는 일 — 원인: 강물 / 파도 / 빙하 / 바람 → 지표의 모습 변화 — 해안 절벽, 해식 동굴

Tip 풍화와 침식 모두 오랜 세월에 걸쳐서 일어나는 변화로, 지표면의 모습을 변화시킵니다.

이해 비·바람·햇빛·기온·식물 등에 의해 바위나 돌이 부서지는 것을 □□(풍화)라고 해.

강 주변의 모습

흐르는 강물이 위쪽의 흙을 깎고 운반하여 아래쪽에 쌓으면서 강 주변의 모습이 서서히 달라지게 돼.

강 상류는 강폭이 좁고, 강의 경사가 급하여 침식 작용이 활발하게 일어나.

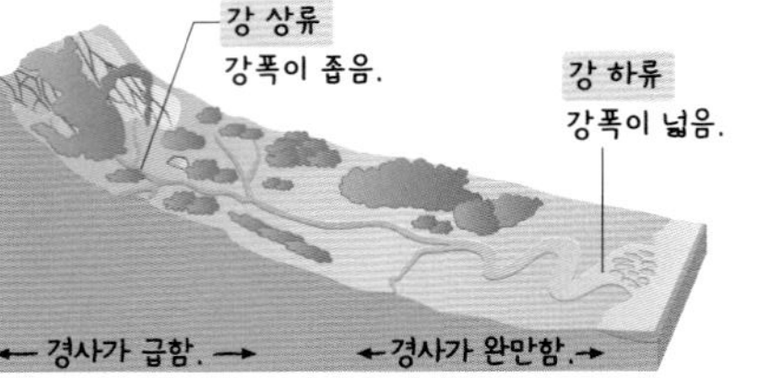

식물에 의한 풍화

풍화는 자연에 있는 돌과 바위뿐만 아니라 사람이 만든 건축물에도 일어나.

▲ 앙코르와트 사원의 식물에 의한 풍화

풍화와 침식의 차이가 뭐야?

풍화는 바위가 부서져 흙이 되는 과정이고, 침식은 흐르는 물 등에 의해 지표가 깎이는 과정이야. 풍화는 바위에 대한 작용이고, 침식은 지표에 대한 작용이지.

▶ 정답과 해설 58쪽

◉ 풍화의 원인에 모두 ○표를 하세요.

기온	비	중력
○	○	

해설 비·바람·햇빛·기온·식물 등에 의해 바위나 돌이 부서지는 것을 풍화라고 합니다.

◉ 알맞게 선으로 이어 보세요.

- 풍화 — 바위가 잘게 부서져 가루가 되는 일
- 침식 — 지표의 바위, 돌, 흙 등이 깎여 나가는 일

해설 바위가 잘게 부서져 가루가 되는 것은 풍화, 지표의 바위, 돌, 흙 등이 깎여 나가는 것은 침식입니다.

◉ 빈칸에 공통으로 들어갈 말을 쓰세요.

흐르는 물이나 얼음, 바람, 파도 등에 의해 □가 깎여 나가는 것을 침식이라고 한다. 침식 작용이 오랜 시간 되풀이 되면서 □의 모습이 조금씩 변해 간다.

지 표

해설 흐르는 물이나 얼음, 바람, 파도 등에 의해 지표가 깎여 나가는 것을 침식이라고 합니다. 침식 작용이 오랜 시간 되풀이 되면서 지표의 모습이 조금씩 변해 갑니다.

5회 ① 표준어와 방언을 구분해요

표준어: 교양 있는 사람들이 두루 쓰는 현대 서울말로 정함.
방언: 어느 한 지방에서만 쓰는, 표준어가 아닌 말.

'교양 있는 사람들이 두루 쓰는 현대 서울말로 정함.'을 원칙으로 하는 것이 표준어야. 즉, 비속어나 유행어 같은 것이나 이미 쓰이지 않게 된 말은 표준어가 될 수 없어. 한 나라에서 공통적으로 사용할 표준어를 정하는 까닭은 서로 다른 말을 사용하면서 겪을 수 있는 불편함을 덜기 위해서야. 그렇기 때문에 공식적인 말하기 상황에서는 표준어를 사용하여 말해야 해.

언어에는 여러 가지 예상치 못한 변화가 나타나. 같은 방법으로 만들어진 언어가 오랜 역사와 지역적인 요인으로 서로 다른 언어로 발전되어 갈 뿐만 아니라, 하나의 언어 안에서도 각 지역에 따라 독특한 모습을 나타내게 되거든. 이와 같은 지역적인 변화에 의한 언어를 '방언'이라고 하는 거야. 방언은 한 지방에서만 쓰는 표준어가 아닌 말로, '사투리' 또는 '지역어'라고도 해. 각 지역에 따라 독특한 모습을 지니고 있어서 특정 지역에 따라 다르게 사용하는 말이야.

한눈에 정리

표준어와 방언
- 표준어
  - 사용하는 상황
    - [공][식][적][인] 상황
    - 신문이나 방송에서 소식을 전할 때
  - 사용하면 좋은 점
    - 의사소통이 잘 이루어짐.
    - 모든 사람이 이해하기 쉬움.
- [방][언]
  - 사용하는 상황
    - 비공식적인 상황
    - 같은 지역 사람끼리 이야기할 때
  - 사용하면 좋은 점
    - [친][밀][감]이 느껴짐.
    - 지역적 특색이 나타남.

Tip 표준어를 사용하면 말하는 사람이나 지역과 상관 없이 의사소통이 잘 이루어지고, 방언을 사용하면 지역 사람들끼리 친밀감을 느낄 수 있습니다.

이해 ▶ 어느 한 지방에서만 쓰는, 표준어가 아닌 말을 □□(방언)이라고 해.

표준어와 방언을 사용하는 상황

표준어를 사용하는 상황

표준어는 공식적인 자리에서 발표할 때, 신문, 방송, 잡지 등 언론 매체에서 보도할 때, 출판 매체에서 책이나 신문, 잡지를 편찬할 때, 선생님이 학교에서 교육 활동을 할 때와 같은 상황에서 사용해.

방언을 사용하는 상황

방언은 특정 지역을 배경으로 하는 영화 속 대사를 할 때, 오랜만에 고향 친구를 만났을 때와 같은 지역적 특색을 나타내거나 친밀감을 높이는 상황에서 사용해.

방언은 왜 생겼고, 사용하는 까닭은 뭐야?

방언은 지역적 차이로 생기게 된 거야

방언이 생기는 까닭은 우선 지역적으로 격리되어 있기 때문이야. 한 언어가 지리적 경계로 인하여 나누어져서 해당 지역 사람들의 독특한 정서가 배어 있게 된 경우야. 물론 지역의 차이 안에는 정치적·문화적인 면도 스며들어 있지. 우리나라는 예부터 신라어, 백제어, 고구려어 등이 따로 존재했기 때문에 지역마다 언어의 차이가 생기면서 여러 가지 방언이 나타나게 된 거야.

방언을 사용하는 사람들끼리 가깝게 느껴져

방언은 같은 지역 사람들끼리 사용하는 말이야. 그래서 방언을 사용하면 서로 가깝게 느껴져. 만약 경상도 사람이 낯선 강원도에 가서 경상도 방언을 들으면 상대방이 아주 반갑고 가깝게 느껴질 거야. 이렇게 같은 지역 사람들끼리 이야기를 나눌 경우 방언을 사용하면 서로 친근감을 느낄 수 있지.

▶ 정답과 해설 59쪽

◉ 방언과 관련 있는 설명으로 알맞은 것에 ○표를 하세요.

현대 서울말	
지역적인 요인	○
공식적인 말하기 상황	

해설 ▶ 방언은 지역적인 요인으로 생긴 지역어, 즉 사투리를 말합니다.

◉ 알맞은 말에 ○표를 하세요.

공통으로 사용할 언어를 정하는 까닭은 서로 다른 말을 사용하면서 겪을 수 있는 불편함을 덜기 위해서다. 그렇기 때문에 ((공식적), 비공식적)인 말하기 상황에서는 표준어를 사용하여 말해야 한다.

해설 ▶ 공식적인 상황에서는 의사소통이 원활하게 이루어지게 하기 위해 표준어를 사용합니다.

◉ 알맞은 것에 ○표를 하세요.

비속어나 유행어, 이미 쓰이지 않게 된 말은 표준어가 될 수 없다.	○
상스럽고 거친 말로, 점잖지 못한 말을 방언이라고 한다.	

해설 ▶ 방언은 상스럽고 거친 말이 아니라 특정 지역에 따라 다르게 사용하는 말입니다.

5회 ② 4주차 국어

삶에 대한 기록, 전기문

전기문: 어떤 인물의 삶을 사실을 바탕으로 기록한 글.

전기문이란, 실제 살았던 인물의 삶을 기록한 글을 말해. 인물의 삶을 사실에 근거하여 기록한 글이기 때문에 작품 속 대상은 실제로 살았던 인물들이지. 이에 비해 이야기는 가상의 인물이 주인공이고, 지어낸 이야기가 사건이 돼.

전기문의 구성 요소는 인물, 사건, 배경, 비평이야. 이야기의 3요소에 비평이 더 들어가. 비평은 인물, 사건, 배경에 대한 작가의 느낌이나 생각, 의견을 말해.

전기문을 통해 인물과 인물이 살았던 당시의 현실, 인물의 삶을 알 수 있을 뿐만 아니라, 인물의 신념과 가치관을 파악할 수 있어. 즉, 전기문은 인물의 삶을 사실에 근거하여 쓴 글이라는 '사실성', 인물의 삶과 신념을 배울 수 있는 '교훈성', 인물, 사건, 배경이 드러나는 '문학성'이 있는 글이야. 전기문을 읽을 때에는 인물이 살았던 시대적, 사회적 배경을 이해하며 읽고, 인물의 업적이 주는 교훈과 인물의 가치관을 파악하며 읽어야 해.

한눈에 정리

전기문의 특성
- 사실성: 인물의 삶을 사실에 근거하여 쓴 글임.
- 교훈성: 인물의 삶과 신념을 배울 수 있음.
- 문학성: 인물, 사건, 배경이 드러남.

Tip 전기문에 문학성이 드러나는 까닭은 사실의 기록이지만 지식 전달에만 그치지 않고 글쓴이의 개성적이고 주관적인 시점이 드러나기 때문입니다.

이해 전기문은 훌륭한 인물의 삶을 사실을 바탕으로 기록한 글이야.

전기문의 종류

자기 자신이 쓴 것

자신의 생애를 직접 쓴 글을 '자서전'이라고 하고, 자신의 생애 중 특별한 시기나 활동, 업적을 기억하며 쓴 글을 '회고록'이라고 해.

다른 사람이 쓴 것

'전기'는 어떤 인물의 일생이나 그 중 일부를 다른 사람이 쓴 글이야. '평전'은 어떤 인물의 활동이나 업적에 대한 평가를 위주로 쓴 글이고, '열전'은 여러 사람의 전기를 간단히 적어 함께 모아 차례로 기록한 글이야.

전기문과 소설의 공통점과 차이점은 뭐야?

전기문의 가장 큰 특성은 '사실'이라는 거야

전기문은 실제로 살아 있던 인물의 일생이나 일생의 일부를 기록한 글로, 전기문 속의 모든 인물, 장소, 사건 등은 실제로 있었던 일들이야. 바로 이 '사실성'이 전기문의 가장 큰 특성이라고 할 수 있어. 전기문은 실제의 역사적 사실, 실제 인물에 대해 쓴 글이지만, 소설은 상상을 통해서 꾸며 낸 허구지. 그리고 전기문에는 인물, 사건, 배경뿐 아니라 인물에 대한 글쓴이의 생각이나 느낌, 평가 등의 '비평'도 기록되어 있어.

전기문과 소설은 인물, 사건, 배경이 표현되는 글이야

전기문과 소설은 인물, 사건, 배경, 심리 묘사에 대한 내용이 들어가고, 그것을 표현하기 위한 여러 가지 문학적인 방법을 사용해. 또, 전기문 역시 중심 인물의 활동과 그 동기, 활동에 참가하거나 관계한 다른 인물 등에 의해 전개되므로, 소설과 같이 일정한 줄거리를 갖고 있어.

▶ 정답과 해설 60쪽

◉ 전기문의 특성에 알맞게 선으로 이어 보세요.

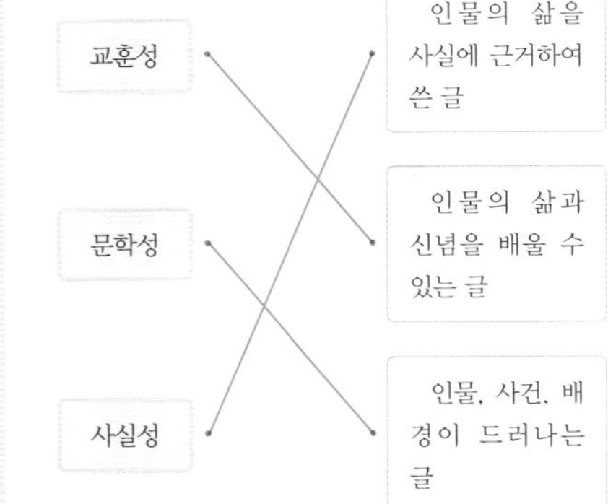

해설 전기문은 사실성(진실성), 교훈성, 문학성의 특성을 갖습니다.

◉ 알맞은 말에 ○표를 하세요.

전기문에는 인물, 사건, 배경뿐만 아니라 인물에 대한 글쓴이의 생각이나 느낌, 평가 등의 (비난 , (비평))도 기록되어 있다.

해설 전기문에는 인물, 사건, 배경뿐만 아니라 인물에 대한 글쓴이의 생각이나 느낌, 평가 등의 비평도 기록되어 있습니다.

◉ '평전'에 대한 설명으로 알맞은 것에 ○표를 하세요.

어떤 인물의 활동이나 업적에 대한 평가를 위주로 쓴 글	○
자신의 생애 중 특별한 시기나 활동, 업적을 기억하며 쓴 글	

해설 자신의 생애 중 특별한 시기나 활동, 업적을 기억하며 쓴 글은 '회고록'이라고 합니다.

4주차 확인 문제

1 다음 빈칸에 들어갈 알맞은 말을 쓰세요. » 사회

> 우리 조상 대대로 전해 내려온 문화 중에서 다음 세대에게 물려줄 만한 가치가 있는 것을 [   ]이라고 한다.

(문화유산)

해설 우리 조상 대대로 전해 내려온 문화 중에서 다음 세대에게 물려줄 만한 가치가 있는 것을 문화유산이라고 합니다.

2 다음 문화유산 중 무형 문화재에 해당하는 것의 기호를 쓰세요. » 사회

> ㉮ 오죽헌 ㉯ 석가탑 ㉰ 혼천의 ㉱ 가야금 병창 ㉲ 성덕 대왕 신종

(㉱)

해설 가야금 병창은 형태가 없는 무형 문화재에 속합니다.

3 다음에서 설명하는 문화유산은 무엇인지 ○표를 하세요. » 사회

> 종묘에서 역대 왕과 왕비를 위해 지내던 제사 의식 때 사용된 음악과 춤

(1) 석굴암 (   )
(2) 판소리 (   )
(3) 종묘제례악 (○)

해설 종묘에서 역대 왕과 왕비를 위해 지내던 제사 의식 때 사용된 음악과 춤은 '종묘제례악'입니다.

4 공기에 대한 설명으로 알맞지 않은 것은 어느 것인가요? (①) » 과학

① 공기는 눈에 잘 보인다.
② 공기는 우리 주변에 있다.
③ 공기는 생물이 숨을 쉬게 해 준다.
④ 공기가 없으면 바람이 불지 않을 것이다.
⑤ 공기가 없으면 구름이 없고 비가 오지 않을 것이다.

해설 공기는 눈에 보이지 않지만, 우리 주위를 둘러싸고 있습니다.

▶ 정답과 해설 61쪽

5 우리나라에서 볼 수 없는 지구 표면의 모습에 ○표를 하세요. » 과학

(1) 산 (   )
(2) 바다 (   )
(3) 사막 (○)

해설 지구 표면의 모습 가운데 우리나라에서 볼 수 있는 것은 산, 들, 강, 계곡, 호수, 갯벌, 바다 등 다양하지만, 사막은 볼 수 없습니다.

6 달 표면의 어두운 부분을 부르는 말을 찾아 기호를 쓰세요. » 과학

> ㉮ 달의 강 ㉯ 달의 호수
> ㉰ 달의 육지 ㉱ 달의 바다

(㉱)

해설 달의 표면에서 어둡게 보이는 곳을 '달의 바다'라고 부릅니다.

7 공공 기관이 아닌 곳을 찾아 기호를 쓰세요. » 사회

> ㉮ 학교 ㉯ 보건소 ㉰ 도서관 ㉱ 대형 마트 ㉲ 주민 센터

(㉱)

해설 공공 기관은 개인의 이익이 아니라 주민 전체의 이익과 생활 편의를 위해 국가가 세우거나 관리하는 곳입니다.

8 공공 기관을 견학하기 전 할 일이 아닌 것을 찾아 ○표를 하세요. » 사회

(1) 견학할 곳에 미리 연락을 한다. (   )
(2) 견학 계획을 세우고, 준비물과 역할을 나눈다. (   )
(3) 견학하며 알게 된 점과 느낀 점을 보고서로 작성한다. (○)
(4) 견학할 곳에 대해 알고 있는 것과 알고 싶은 것을 정리한다. (   )

해설 견학하며 알게 된 점과 느낀 점을 보고서로 작성하는 것은 공공 기관 견학을 다녀와서 할 일입니다.

9 중심지에 대한 설명으로 알맞지 않은 것은 어느 것인가요? (⑤) » 사회

① 교통이 편리하다.
② 건물이 많고 복잡하다.
③ 생활에 필요한 것을 살 수 있는 상점들이 많다.
④ 사람들이 이용할 수 있는 다양한 시설이 모여 있다.
⑤ 다양한 공공 기관이 모여 있는 중심지를 산업 중심지라고 한다.

해설 다양한 공공 기관이 모여 있는 중심지는 행정 중심지입니다.

10 다음은 지구와 달 중 무엇의 특징인지 쓰세요. » 과학

- 물이 있는 바다가 없다.
- 전체적으로 회색빛으로 보인다.
- 표면에 크고 작은 구덩이가 많이 있다.

(달)

해설 물이 있는 바다가 없고, 전체적으로 회색빛으로 보이며, 표면에 크고 작은 구덩이가 많은 것은 달입니다.

11 다음 중 침식 작용이 활발하게 일어나는 곳은 어디인지 ○표를 하세요. » 과학

(1) 강폭이 좁고, 경사가 급한 강 상류 (○)
(2) 강폭이 넓고, 경사가 완만한 강 하류 ( )

해설 침식 작용은 강폭이 좁고, 경사가 급한 강 상류에서 활발하게 일어납니다.

12 바위나 돌에서 흙이 만들어지는 과정에 대한 설명으로 알맞지 않은 것은 어느 것인가요? (①) » 과학

① 겨울에 흙이 얼면 바위가 된다.
② 바위가 흙이 되는 데 오랜 시간이 걸린다.
③ 바위틈에서 나무뿌리가 자라면 바위가 부서진다.
④ 바위가 부서진 알갱이와 생물이 썩어 생긴 물질이 섞여 흙이 된다.
⑤ 겨울에 바위틈에 있는 물이 얼었다 녹았다를 반복하면서 바위가 부서진다.

해설 바위나 돌에서 흙이 만들어지는 과정은 풍화 작용에 의한 것입니다.

▶ 정답과 해설 62쪽

13 다음에서 설명하는 것은 무엇인지 쓰세요. » 국어

교양 있는 사람들이 두루 쓰는 현대 서울말

(표준어)

해설 교양 있는 사람들이 두루 쓰는 현대 서울말은 표준어입니다.

14 다음 중 표준어를 사용해야 하는 말하기 상황이 아닌 것을 찾아 기호를 쓰세요. » 국어

㉮ 언론 매체에서 보도할 때
㉯ 선생님이 학교에서 교육 활동을 할 때
㉰ 특정 지역을 배경으로 하는 영화 속 대사를 할 때

(㉰)

해설 특정 지역을 배경으로 하는 영화 속 대사를 할 때에는 표준어로 말하지 않고 특정 지역의 방언으로 말합니다.

15 소설과 다른 전기문의 가장 큰 특성은 무엇인지 ○표를 하세요. » 국어

(1) 사실성 (○)
(2) 교훈성 ( )
(3) 문학성 ( )

해설 전기문 속의 모든 인물, 장소, 사건 등은 실제로 있었던 것으로, 이 사실성이 전기문의 가장 큰 특성입니다.

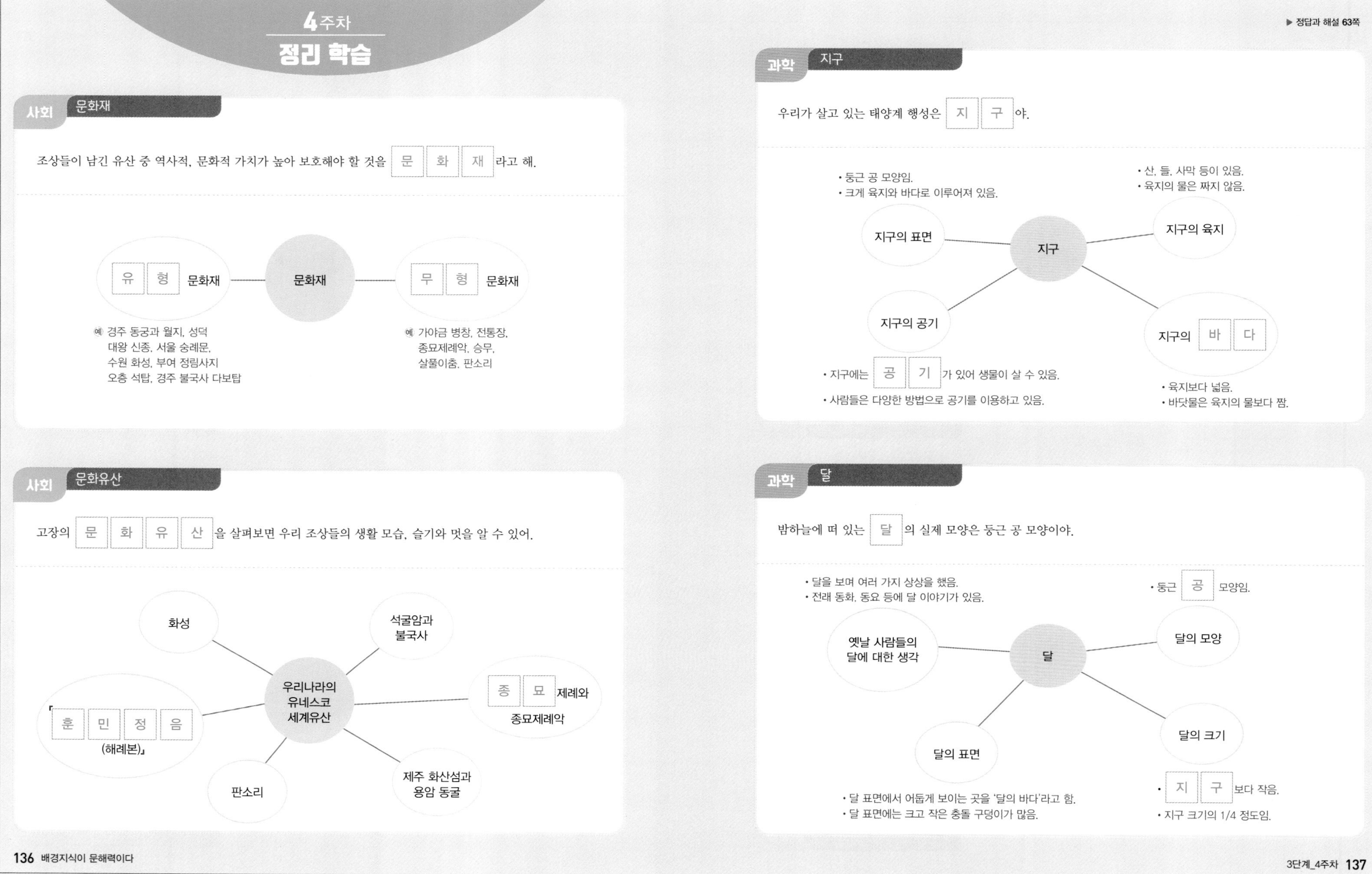

4주차 정리 학습

사회 문화재

조상들이 남긴 유산 중 역사적, 문화적 가치가 높아 보호해야 할 것을 [문][화][재]라고 해.

- 문화재
  - [유][형] 문화재
    - 예 경주 동궁과 월지, 성덕 대왕 신종, 서울 숭례문, 수원 화성, 부여 정림사지 오층 석탑, 경주 불국사 다보탑
  - [무][형] 문화재
    - 예 가야금 병창, 전통장, 종묘제례악, 승무, 살풀이춤, 판소리

사회 문화유산

고장의 [문][화][유][산]을 살펴보면 우리 조상들의 생활 모습, 슬기와 멋을 알 수 있어.

- 우리나라의 유네스코 세계유산
  - 화성
  - 석굴암과 불국사
  - [종][묘]제례와 종묘제례악
  - 제주 화산섬과 용암 동굴
  - 판소리
  - 『[훈][민][정][음](해례본)』

▶ 정답과 해설 63쪽

과학 지구

우리가 살고 있는 태양계 행성은 [지][구]야.

- 지구
  - 지구의 표면
    - 둥근 공 모양임.
    - 크게 육지와 바다로 이루어져 있음.
  - 지구의 육지
    - 산, 들, 사막 등이 있음.
    - 육지의 물은 짜지 않음.
  - 지구의 공기
    - 지구에는 [공][기]가 있어 생물이 살 수 있음.
    - 사람들은 다양한 방법으로 공기를 이용하고 있음.
  - 지구의 [바][다]
    - 육지보다 넓음.
    - 바닷물은 육지의 물보다 짬.

과학 달

밤하늘에 떠 있는 [달]의 실제 모양은 둥근 공 모양이야.

- 달
  - 옛날 사람들의 달에 대한 생각
    - 달을 보며 여러 가지 상상을 했음.
    - 전래 동화, 동요 등에 달 이야기가 있음.
  - 달의 모양
    - 둥근 [공] 모양임.
  - 달의 표면
    - 달 표면에서 어둡게 보이는 곳을 '달의 바다'라고 함.
    - 달 표면에는 크고 작은 충돌 구덩이가 많음.
  - 달의 크기
    - [지][구]보다 작음.
    - 지구 크기의 1/4 정도임.

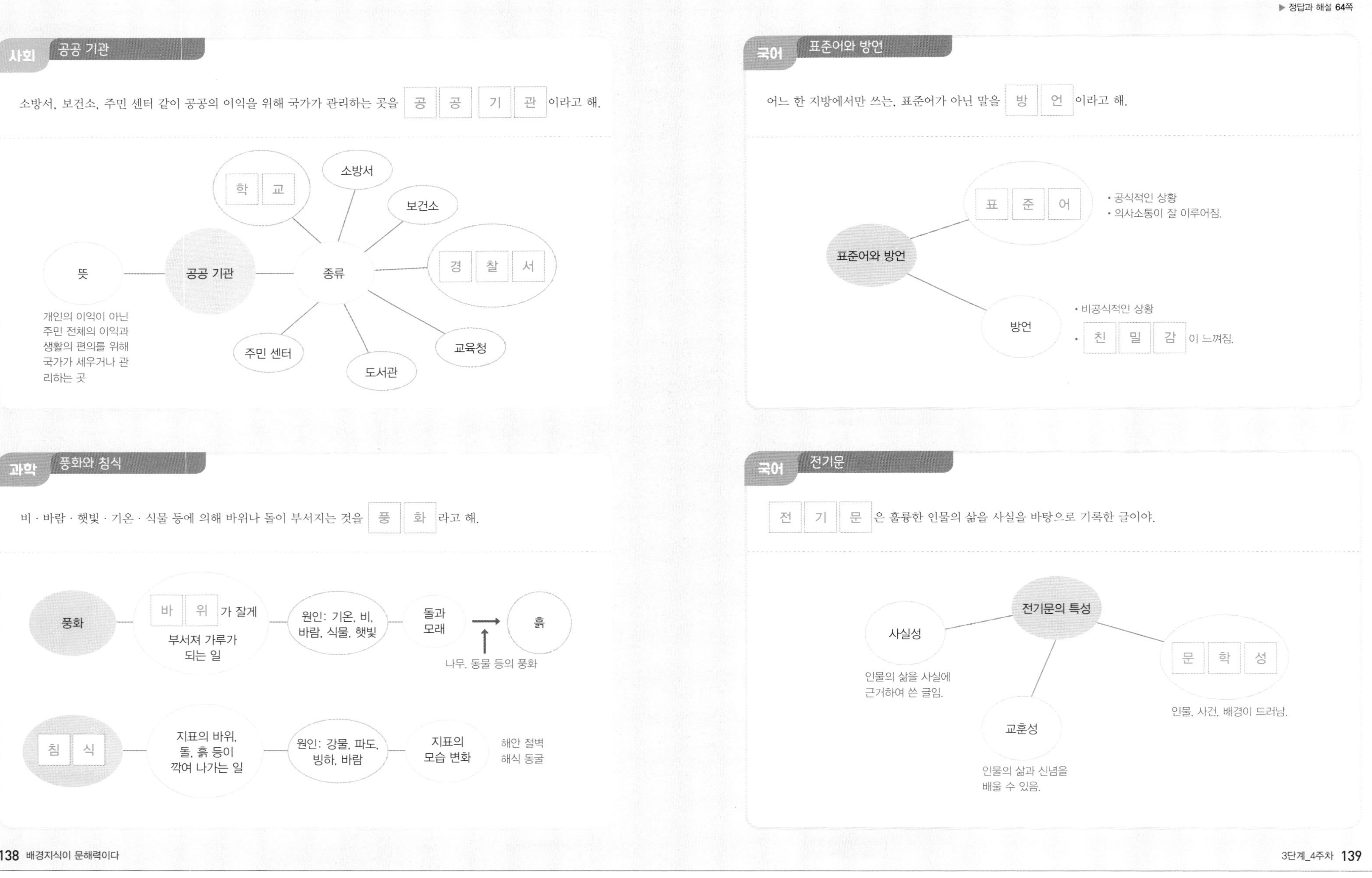

사회 공공 기관

소방서, 보건소, 주민 센터 같이 공공의 이익을 위해 국가가 관리하는 곳을 공공기관이라고 해.

과학 풍화와 침식

비 · 바람 · 햇빛 · 기온 · 식물 등에 의해 바위나 돌이 부서지는 것을 풍화라고 해.

국어 표준어와 방언

어느 한 지방에서만 쓰는, 표준어가 아닌 말을 방언이라고 해.

국어 전기문

전기문은 훌륭한 인물의 삶을 사실을 바탕으로 기록한 글이야.

정답과 해설

배경지식이
문해력
이다